독자의 1초를 아껴주는 정성!

세상이 아무리 바쁘게 돌아가더라도

책까지 아무렇게나 빨리 만들 수는 없습니다.

인스턴트 식품 같은 책보다는

오래 익힌 술이나 장맛이 밴 책을 만들고 싶습니다.

길벗이지톡은 독자여러분이 우리를 믿는다고 할 때 가장 행복합니다.

나를 아껴주는 어학도서, 길벗이지톡의 책을 만나보십시오.

독자의 1초를 아껴주는 정성을 만나보십시오.

미리 책을 읽고 따라해본 2만 베타테스터 여러분과

무따기 체험단, 길벗스쿨 엄마 2% 기획단,

시나공 평가단, 토익 배틀, 대학생 기자단까지!

믿을 수 있는 책을 함께 만들어주신 독자 여러분께 감사드립니다.

홈페이지에 오시면 책을 함께 만들 수 있습니다.

(주)도서출판길벗 www.gilbut.co.kr

길벗이지톡 www.gilbut.co.kr

길벗스쿨 www.gilbutschool.co.kr

〈초초강추 토익 LC 실전문제집〉 부가 자료 다운로드 방법

1 길벗이지톡 홈페이지(gilbut.co.kr)에서 로그인한 다음 검색창에 '초초강추 토익'을 검색합니다.

2 해당 책을 클릭한 다음 상세 페이지로 들어가 '자료실'을 클릭합니다.

3 '자료실'에서 MP3나 학습자료를 선택해 다운로드 할 수 있습니다. (MP3는 실시간 듣기 가능)

도서 관련 질문하는 방법

1 시나공 토익 홈페이지(sinagong.gilbut.co.kr/toeic)에 접속해서 상단에 '묻고 답하기'
를 클릭합니다.

2 하단에 문의하기를 클릭하고, 〈다른 도서 찾기 –〉 도서 선택 –〉 페이지 입력 –〉 하단
문의하기 클릭 –〉 문의 내용 입력〉 순으로 문의를 남겨주시면 됩니다. 자주 질문하는
책은 처음에 도서 등록을 해놓으시면 더 간편하게 이용하실 수 있습니다.

3 길벗이지톡 홈페이지(gilbut.co.kr)에 접속해서 상단에 〈고객센터〉 클릭 후 〈1:1 문의〉
를 통해서도 질문하실 수 있습니다.

시험에 나오는 것만 공부한다!

시나공 토익 MAP

고득점 공략
950 시리즈

끝장 가성비
실전 문제집

부족한 파트만
공략하는
파트별 문제집

실전서
권장점수 600점 이상

이론 + 전략서
권장점수 500~700점

목표 점수대를
공략하는
이론+전략서

기본서
권장점수 500~700점

실전용 기본기를
다지는
기본서

입문서
권장점수 400~500점

체계적인
시작을 위한
입문서

초초강추 TOEIC

실전문제집
LISTENING

엄대섭 지음

글벗
이지:톡

초초강추 토익 LC 실전문제집

초판 발행 · 2019년 12월 24일

지은이 · 엄대섭
발행인 · 이종원
발행처 · ㈜도서출판 길벗
출판사 등록일 · 1990년 12월 24일
주소 · 서울시 마포구 월드컵로 10길 56(서교동)
대표전화 · 02) 332–0931 | **팩스** · 02) 322–6766
홈페이지 · www.gilbut.co.kr | **이메일** · eztok@gilbut.co.kr

기획 및 책임편집 · 고경환 (kkh@gilbut.co.kr) | **디자인** · 최주연 | **제작** · 이준호, 손일순, 이진혁
영업마케팅 · 김학흥, 장봉석 | **웹마케팅** · 이수미, 최소영 | **영업관리** · 심선숙 | **독자지원** · 송혜란, 홍혜진

CTP 출력 및 인쇄 · 예림인쇄 | **제본** · 예림바인딩

• 이 도서의 국립중앙도서관 출판예정도서목록(CIP)은 서지정보유통지원시스템 홈페이지(http://seoji.nl.go.kr)와
  국가자료공동목록시스템(http://www.nl.go.kr/kolisnet)에서 이용하실 수 있습니다.(CIP제어번호: CIP2019050399)

ISBN 979-11-6521-016-8 03740
(이지톡 도서번호 301033)

정가 13,000원

··

독자의 1초까지 아껴주는 정성 길벗출판사

(주)도서출판 길벗 | IT실용, IT/일반 수험서, 경제경영, 취미실용, 인문교양(더퀘스트) **www.gilbut.co.kr**
길벗이지톡 | 어학단행본, 어학수험서 **www.eztok.co.kr**
길벗스쿨 | 국어학습, 수학학습, 어린이교양, 주니어 어학학습, 교과서 **www.gilbutschool.co.kr**

오프라인 수강생 10만 명 돌파
"초초강추 토익"의 첫 교재!

저는 토익이든 어떤 영어 시험이든 사실은 '시험 범위'가 있고 이 시험 범위를 제대로 규정해서 전달하는 사람이 진정한 그 시험의 전문가라고 생각합니다. 영어를 잘하시는 분들을 많지만, 이 시험 범위를 제대로 파악하여 학생들에게 제대로 전달하는 분은 극히 드뭅니다. 여러분들이 그런 강사들, 저자들, 그리고 교재들에 현혹되어 토익이라는 '시험 영어'에 방향을 못 잡고 있는 것이 너무 안타까웠습니다. 그래서 이 책을 쓰게 되었습니다.

LC의 '시험 범위'를 제대로 전달하고 싶은 교재!

본 교재를 기획하면서 가장 심사숙고했던 부분은 토익 시험을 준비하는 수험생들에게 실질적인 도움을 줄 수 있는 가장 효율적이고 효과적인 학습이 바로 이 '시험 범위'를 제대로 전달하자는 것이었습니다. 시중에는 이미 많은 토익 교재들이 존재하는데, 과연 그 교재들이 이 시험 범위를 제대로 전달하고 있는지 라는 점을 면밀히 분석하여 분명한 차별점을 두기 위해 최선을 다했습니다. 본 교재에 수록된 문제와 문장들은 지난 토익 시험에 어떠한 형태로든 나왔던 어휘들을 포함하고 있습니다.

10년 간의 데이터를 근거로 만든 책!

이 책을 준비하는 과정에서 지난 10년 동안 토익 시험에 출제되었던 많은 양의 데이터를 정리하고 재구성했습니다. 시행착오가 많았지만 나름의 기준을 정했고, 문제로 만든 후 이를 베타테스트를 통해 검증해 보았습니다. 그 결과 거의 모든 수험생이 실제 시험에서 150점 이상 상승했고, 일부는 200점 이상 상승하여 고득점까지 받을 수 있었습니다.

실제 수강생들에게 주는 자료를 카톡 아이디만 등록해도 드립니다!

매달 시험을 보고 거의 매일 수험생 앞에서 강의하다 보면 토익 시험에 뭐가 나오는지 뚜렷하게 보일 때가 있습니다. 이런 생각을 정리해서 꾸준히 자료로 남겨왔습니다. 저는 현장에서 수험생들이 아쉬움을 느끼는 점을 몸소 체험해 왔다고 자부하기 때문에 제가 수강생들한테 주는 자료는 정말 '도움이 되는' 자료라고 확신합니다. 이 책 표지에 있는 제 카톡 아이디를 등록하시면 이런 제 경험과 그동안 쌓인 노하우를 풀어낸 수업 시간에 수강생들한테만 주는 자료를 제가 직접 드립니다.

마지막으로 이 교재가 나오기까지 함께 하자고 먼저 제안을 해 준 강진오 선생님과 '초초강추'의 숨은 조력자 이경진 강사, 그리고 뒤에서 묵묵히 최고의 퀄리티를 위해 지원과 조언을 아끼지 않으셨던 도서출판 길벗 임직원분들께 진심으로 감사드립니다.

2019년 12월 겨울
저자 엄대섭

1 오프라인 수강생 수 10만명의 '초초강추 토익'의 첫 책!

총 수강생 수 10만명을 돌파한 신촌 YBM '초초강추'팀의 이름으로 출간한 첫 책입니다. 10년 이상 강의 현장에서 체득한 풀이 노하우와 실제 시험을 보며 알게된 출제 포인트를 이 책에서 모두 풀어냈습니다. 국내 어떤 문제집보다 밀도있고 핵심이 살아있는 500제를 담았습니다.

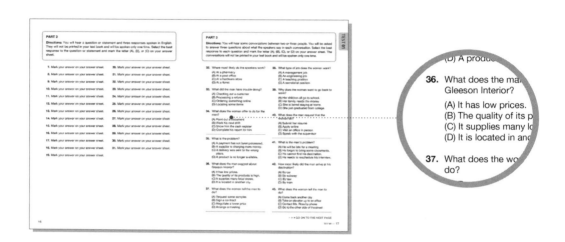

2 정기 토익의 핵심만을 담은 500제!

이 책에 실린 500제는 그냥 500제가 아니라 10년 간의 데이터를 근거로 만든 핵심만을 담은 500제입니다. 문제 하나하나를 정성을 들여 만들었고 또 세심하게 검증했습니다. 각각의 세트는 실제 토익 문제 유형과 난이도, 출제자의 의도를 파악해서 수험생들이 토익 시험을 응시하기 전에 최적화된 모의고사를 치를 수 있도록 구성이 되어 있습니다.

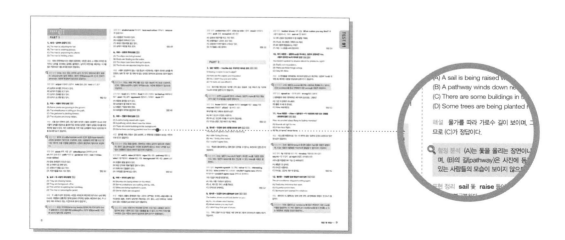

3 저자 카톡을 등록하면 수업 자료를 보내줍니다!

이 책 표지에 있는 저자의 카톡 아이디를 등록하시면 저자가 그동안 쌓아온 풀이 노하우를 아낌없이 공개한, 수업 시간에 수강생들한테만 주는 자료를 저자가 직접 보내줍니다. 학원을 굳이 다니지 않고도 모든 자료를 공개해 수험생들이 학습 효율을 높일 수 있게 배려했습니다.

4 그냥 읽기만 해도 점수가 오르는 LC '기출 전략집' 제공!

저자가 고득점 수험생을 위해 필요한 전략과 기출 표현을 정리해서 부록으로 제공합니다. 그냥 읽기만 해도 LC에서 실수를 크게 줄일 수 있습니다. 추가로 설명이 필요하면 저자에게 카톡으로 질문하시거나 저희 홈페이지를 통해 질문하시면 됩니다.

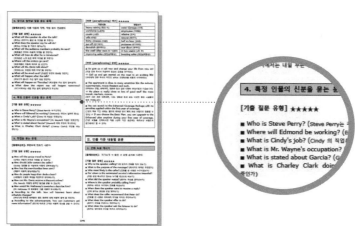

1 TOEIC이란?

TOEIC은 Test Of English for International Communication의 앞 글자들을 따서 만든 용어로서, 영어가 모국어가 아닌 사람들을 대상으로 하여 언어의 주 기능인 의사소통 능력을 평가하는 시험입니다. 주로 비즈니스와 일상생활 같은 실용적인 주제들을 주로 다루고 있으며, 듣고 이해하는 Listening 분야와 읽고 파악하는 Reading 분야로 나뉩니다. 이 두 부분은 각각 495점의 배점이 주어지며, 총 만점은 990점입니다. 특히 Listening은 미국뿐만 아니라 영국, 호주의 영어발음까지 섞여 나오기도 합니다.

2 시험의 구성

구성	Part	내용	문항 수	시간	배점
Listening Comprehension	1	올바른 사진 설명 찾기	6	45분	495점
	2	질문에 알맞은 대답 찾기	25		
	3	짧은 대화 내용 찾기	39		
	4	긴 연설문 내용 찾기	30		
Reading Comprehension	5	문법 / 어휘 빈칸 채우기(문장)	30	75분	495점
	6	문법 / 어휘 빈칸 채우기(지문)	16		
	7	1개 장문의 주제와 세부사항 찾기	29		
		2개 장문의 주제와 세부사항 찾기	10		
		3개 장문의 주제와 세부사항 찾기	15		
Total		7 Part	200	120분	990점

3 토익 출제분야

토익은 국제적으로 통용되는 비즈니스와 특정 문화에 국한되지 않는 일상생활에 관한 내용을 다룹니다.

	일반업무	구매, 영업/판매, 광고, 서비스, 계약, 연구/개발, 인수/합병
비즈니스	제조	생산 공정, 품질/공장 관리
	인사	채용, 지원, 승진, 퇴직, 급여
	통신	공지, 안내, 회의, 전화, 이메일, 팩스, 회람, 인트라넷, 협조
	재무/회계	투자, 세금 신고, 환급/청구, 은행
	행사	기념일, 행사, 파티, 시상식
일상생활	문화/레저	영화, 공연, 박물관, 여행, 쇼핑, 외식, 캠핑, 스포츠
	구매	주문/예약, 변경/취소, 교환/환불, 배송
	건강	병원 예약, 진료, 의료보험
	생활	고장, 보수, 생활 요금, 일정

4 시험 시간 안내

시간	내용
09:30 ~ 09:45	답안지 배부 및 작성 오리엔테이션
09:45 ~ 09:50	휴식 시간
09:50 ~ 10:05	1차 신분증 검사
10:05 ~ 10:10	문제지 배부 및 파본 확인
10:10 ~ 10:55	LC 시험 진행
10:55 ~ 12:10	RC 시험 진행(2차 신분 확인)

＊아무리 늦어도 9시 50분까지는 입실해야 하며, 고사장의 상황에 따라 위의 시간은 약간 변할 수 있습니다.

5 토익 접수 방법

접수기간 및 접수처 확인 : TOEIC 위원회 홈페이지 / **응시료** : 44,500원

① 방문 접수
- 해당 회 접수기간에 지정된 접수처에서 응시료를 납부하고, 신청서를 작성한 후 접수합니다.
- 사진(반명함판, 3×4cm) 한 장을 지참합니다.
- 원서 접수시간: 09:00~18:00(점심시간 12:00~13:00)

② 인터넷 접수
해당 회 접수기간에 TOEIC 위원회 홈페이지(www.toeic.co.kr)에서 언제든 등록이 가능합니다. 사진은 jpg 파일로 준비하면 됩니다.

③ 특별 추가 접수
특별 접수기간 내에 인터넷 접수로만 가능하며 응시료가 48,900원입니다.

6 시험 준비 사항

① 규정 신분증
주민등록증, 운전면허증, 공무원증, 여권, 초·중·고생의 경우는 TOEIC 정기시험 신분 확인 증명서, 학생증, 청소년증을 인정합니다. 신분증이 없으면 절대 시험을 볼 수 없습니다. 꼭 챙기세요!

② 필기도구
컴퓨터용 연필(연필심은 굵게 준비해 두면 답안지 작성할 때 편리함), 지우개 ＊사인펜은 사용할 수 없습니다.

7 성적확인 및 성적표 수령
성적은 정해진 성적 발표일 오전 6시부터 토익위원회 홈페이지와 ARS 060-800-0515를 통해 조회할 수 있습니다. 성적표는 선택한 방법으로 수령이 가능하며 최초 발급만 무료입니다.

PART 1

(A) The man is adjusting his hat.
(B) The man is wearing glasses.
(C) The man is answering the phone.
(D) The man is holding a tool.

출제 경향

동작을 나타내는 표현에 더욱 구체적이고 어려운 단어를 사용한다. 추상적인 보기가 많이 줄어들었다. 문장을 읽는 속도가 빨라졌으며 문장도 길고 어려워졌다.

PART 2

The air conditioner stopped working again.

(A) That's the third time this week.
(B) It's pretty cool in here.
(C) Someone just opened the windows.

출제 경향

의문사 의문문과 선택 의문문에서 yes/no로 시작하는 응답이 증가하고 있으며 질문에 대한 응답 유형이 다양해지고 있다. 의문사 의문문과 선택 의문문에서 yes/no로 대답을 할 수 없다는 점을 문법처럼 암기해왔다. 하지만 최근 들어 문제가 어려워지면서 의문사가 있는 의문문이나 선택 의문문에도 yes/no로 답하는 보기가 정답인 경우가 많아졌다. 또한 정형화된 답변이 아니라 간접적으로 다른 답변을 하는 유형의 출제도 꾸준하다.

PART 3, 4

M: I heard a report that Danielson's is raising the prices of the paint it sells. I made a few calculations and determined that we'll have to pay an extra $350 for each house we paint.
W: That will cut into our profit margin by a considerable amount. Do you have any suggestions?

35. What is the problem?

(A) A payment has not been processed.
(B) A supplier is charging more money.
(C) A delivery was sent to the wrong place.
(D) A product is no longer available.

출제 경향

특정 표현에 치중해 대화의 일부만을 이해해서는 안 된다. 대화의 전체적인 내용을 파악할 수 있어야 정답을 고를 수 있는 유형의 비중이 높아졌다. 또한 키워드가 대화의 특정 부분에 고정되어 있지 않다. 처음과 마지막 대사를 집중해서 들으라고 강조했지만 최근에는 특정부분에 한정되기보다는 대화의 종류에 따라 다양한 위치에 등장하고 있다. 전체 내용을 이해해야 정답을 파악할 수 있는 것이다. 파트 4는 전체적인 문제 난이도와 형식이 예전과 비슷하지만 지문의 길이가 좀 길고 빨라진 것이 특징이다.

목차

＊자세한 해설을 확인하고 싶으시면 홈페이지에서 해설집을 다운로드하세요.(www.gilbut.co.kr)

TEST 01

시작 시간 ___시 ___분

종료 시간 ___시 ___분

목표 개수 _____ / 100

실제 개수 _____ / 100

- 중간에 멈추지 말고 처음부터 끝까지 풀어보세요.
  문제를 풀 때에는 실전처럼 답안지에 마킹하세요.

- 정답 개수에 5를 곱하면 대략적인 점수가 됩니다.

LISTENING TEST

In the Listening test, you will be asked to demonstrate how well you understand spoken English. The entire Listening test will last approximately 45 minutes. There are four parts, and directions are given for each part. You must mark your answers on the separate answer sheet. Do not write your answers in the test book.

PART 1

Directions: For each question in this part, you will hear four statements about a picture in your test book. When you hear the statements, you must select the one statement that best describes what you see in the picture. Then find the number of the question on your answer sheet and mark your answer. The statements will not be printed in your test book and will be spoken only one time.

Statement (B), "They are sitting at a table," is the best description of the picture. So you should select answer (B) and mark it on your answer sheet.

1.

2.

3.

4.

5.

6.

▶ ▶ ▶GO ON TO THE NEXT PAGE

PART 2

Directions: You will hear a question or statement and three responses spoken in English. They will not be printed in your test book and will be spoken only one time. Select the best response to the question or statement and mark the letter (A), (B), or (C) on your answer sheet.

7. Mark your answer on your answer sheet.

8. Mark your answer on your answer sheet.

9. Mark your answer on your answer sheet.

10. Mark your answer on your answer sheet.

11. Mark your answer on your answer sheet.

12. Mark your answer on your answer sheet.

13. Mark your answer on your answer sheet.

14. Mark your answer on your answer sheet.

15. Mark your answer on your answer sheet.

16. Mark your answer on your answer sheet.

17. Mark your answer on your answer sheet.

18. Mark your answer on your answer sheet.

19. Mark your answer on your answer sheet.

20. Mark your answer on your answer sheet.

21. Mark your answer on your answer sheet.

22. Mark your answer on your answer sheet.

23. Mark your answer on your answer sheet.

24. Mark your answer on your answer sheet.

25. Mark your answer on your answer sheet.

26. Mark your answer on your answer sheet.

27. Mark your answer on your answer sheet.

28. Mark your answer on your answer sheet.

29. Mark your answer on your answer sheet.

30. Mark your answer on your answer sheet.

31. Mark your answer on your answer sheet.

PART 3

Directions: You will hear some conversations between two or three people. You will be asked to answer three questions about what the speakers say in each conversation. Select the best response to each question and mark the letter (A), (B), (C), or (D) on your answer sheet. The conversations will not be printed in your test book and will be spoken only one time.

32. Where most likely do the speakers work?

(A) At a pharmacy
(B) At a post office
(C) At a hardware store
(D) At a florist

33. What did the man have trouble doing?

(A) Checking out a customer
(B) Processing a refund
(C) Ordering something online
(D) Locating some items

34. What does the woman offer to do for the man?

(A) Point out a document
(B) Work his next shift
(C) Show him the cash register
(D) Complete his report for him

35. What is the problem?

(A) A payment has not been processed.
(B) A supplier is charging more money.
(C) A delivery was sent to the wrong place.
(D) A product is no longer available.

36. What does the man suggest about Gleeson Interior?

(A) It has low prices.
(B) The quality of its products is high.
(C) It supplies many local stores.
(D) It is located in another city.

37. What does the woman tell the man to do?

(A) Request some samples
(B) Sign a contract
(C) Negotiate a lower price
(D) Arrange a meeting

38. What type of job does the woman want?

(A) A management job
(B) An engineering job
(C) A teaching position
(D) A secretarial position

39. Why does the woman want to go back to work?

(A) Her children all go to school.
(B) Her family needs the money.
(C) She is bored staying at home.
(D) She just graduated from college.

40. What does the man request that the woman do?

(A) Submit her résumé
(B) Apply online
(C) Visit an office in person
(D) Speak with the supervisor

41. What is the man's problem?

(A) He will be late for a meeting.
(B) He forgot to bring some documents.
(C) He cannot find his destination.
(D) He needs to reschedule his interview.

42. How most likely did the man arrive at his destination?

(A) By car
(B) By subway
(C) By taxi
(D) By train

43. What does the woman tell the man to do?

(A) Come back another day
(B) Take an elevator up to an office
(C) Contact Ms. Ross by phone
(D) Go to the other side of the street

▶ ▶ ▶ GO ON TO THE NEXT PAGE

44. What is the man looking for?

(A) A stapler
(B) A file cabinet
(C) Some toner cartridges
(D) Some folders

45. What most likely is Mercer's?

(A) A stationery store
(B) A café
(C) A fast-food restaurant
(D) An electronics store

46. What does the woman tell the man to give her?

(A) An order form
(B) A receipt
(C) A survey sheet
(D) A coupon

---

47. Why does the woman say, "I'm supposed to meet a client in the café downstairs"?

(A) To ask the man what he wants to drink
(B) To invite the man to go with her
(C) To indicate she does not have much time
(D) To reject the man's request to talk

48. What does the man request?

(A) Rescheduling of a meeting
(B) Copying of some documents
(C) Changing of an itinerary
(D) Approving of a budget

49. What will the man do this afternoon?

(A) Meet Ms. Chu
(B) Inspect a facility
(C) Stay in his office
(D) Contact a client

---

50. Where does the conversation most likely take place?

(A) At a clothing store
(B) At a grocery store
(C) At a movie theater
(D) At a bookstore

51. Why is the man unable to use the coupon?

(A) It is for an item he is not buying.
(B) He needs to purchase two items.
(C) The coupon recently expired.
(D) The store does not accept coupons.

52. How will the man pay for his items?

(A) With cash
(B) By credit card
(C) With a check
(D) By bank transfer

---

53. What type of company will the woman most likely interview at?

(A) An architectural firm
(B) A manufacturer
(C) A delivery company
(D) A caterer

54. What does the woman ask the men for?

(A) Hints on how to interview
(B) Directions to a company
(C) Advice on writing a résumé
(D) Letters of recommendation

55. What does Greg imply when he says, "It's your lucky day"?

(A) The woman is fortunate to have an interview.
(B) He can go to the interview along with the woman.
(C) He knows about the position the woman wants.
(D) The woman will interview with the HR director.

---

56. Who made a mistake?

(A) A customer
(B) An executive
(C) An intern
(D) A manager

57. What does the woman say the problem is?

(A) Not enough items were ordered.
(B) The wrong address was given.
(C) The incorrect brand was ordered.
(D) Express delivery was not requested.

58. What does the woman imply when she says "I'd be pleased if you did that"?

(A) She would like the items to be sent by courier.
(B) She appreciates being offered some free samples.
(C) She wants the bill charged to an account.
(D) She likes receiving a discount on her order.

59. What have clients spoken with the man about?

(A) The appearance of the office
(B) The quality of some services
(C) The prices of several items
(D) The attitudes of his employees

60. What does the woman offer to do?

(A) Visit some furniture stores
(B) Speak with a professional
(C) Revise some work herself
(D) Provide an estimate

61. What does the man request the woman to do?

(A) Arrange a meeting
(B) E-mail her friend
(C) Replace the lighting
(D) Order some lunch

62. What is the conversation mainly about?

(A) Plans to start constructing robots
(B) The need to take time off from work
(C) Preparations for an upcoming event
(D) The hiring of some new employees

63. What is suggested about Martin Duncan?

(A) He will be busy this coming weekend.
(B) He is knowledgeable about robotics.
(C) He has to attend to a family matter.
(D) He is close friends with the women.

64. What will the man probably do next?

(A) Make a phone call
(B) Visit an event site
(C) Speak with Sandra Watson
(D) Go out to lunch

Day	Interviewer
Monday	Jessica Walsh
Tuesday	Theodore Rhodes
Wednesday	Igor Romanov
Thursday	Henrietta Davis

65. What does the woman say about the man?

(A) He has a graduate degree.
(B) He is able to speak a few languages.
(C) He has experience working in the industry.
(D) He did well on the application test he took.

66. Look at the graphic. Who will interview the man?

(A) Jessica Walsh
(B) Theodore Rhodes
(C) Igor Romanov
(D) Henrietta Davis

67. What does the woman tell the man to bring?

(A) A form of personal identification
(B) A copy of his portfolio
(C) Copies of his job certifications
(D) His college diploma

▶ ▶ ▶ GO ON TO THE NEXT PAGE

Seating Chart

Row **A**	■■□■■■■□□■
Row **B**	□□■■■■□□■■
Row **C**	■□■□■□□□■□
Row **D**	■■■□□■□□■■
Row **E**	□■■■■□□■■□

Note: This should be a seating chart. There are five rows.

□ available seat   ■ unavailable seat

68. What does the man say about today's performance?

(A) There are no tickets available.
(B) It starts in half an hour.
(C) All tickets for it cost $40.
(D) It features actors from out of town.

69. Look at the graphic. In which row are the woman's tickets?

(A) Row B
(B) Row C
(C) Row D
(D) Row E

70. What does the man suggest about the performance?

(A) It lasts for more than two hours.
(B) Tomorrow's will be the last one.
(C) It has been nominated for some awards.
(D) The woman's friends will enjoy it.

PART 4

Directions: You will hear some short talks given by a single speaker. You will be asked to answer three questions about what the speaker says in each short talk. Select the best response to each question and mark the letter (A), (B), (C), or (D) on your answer sheet. The talks will not be printed in your test book and will be spoken only one time.

71. What does the speaker mainly discuss?

(A) An award for an employee
(B) The retirement of an employee
(C) An employee's major accomplishments
(D) The hiring of a new employee

72. What is suggested about Chet Wilson?

(A) He intends to move to another city.
(B) He is currently the CEO of a company.
(C) He hopes to become a manager.
(D) He worked at the company when it was founded.

73. What does the speaker ask Chet Wilson to do?

(A) Speak to the crowd
(B) Reconsider his actions
(C) Accept an award
(D) Open a present

74. Why did the speaker call?

(A) To offer a discount
(B) To inquire about a payment
(C) To apologize for a mistake
(D) To say an item is unavailable

75. What does the speaker request that Mr. Reynolds do?

(A) Visit a store in person
(B) E-mail his response
(C) Give her a phone call
(D) Change his order

76. Who most likely is Henry?

(A) A customer
(B) A cashier
(C) A manager
(D) A delivery person

77. What does the speaker most likely mean when she says, "That's going to come to an end soon"?

(A) The temperature will decrease.
(B) There will be no more sunny skies.
(C) The rain is going to stop.
(D) There is a chance of snow.

78. When will the weather conditions be windy?

(A) On Tuesday
(B) On Wednesday
(C) On Thursday
(D) On Friday

79. What will the listeners hear next?

(A) A commercial
(B) Some music
(C) An interview
(D) A news report

80. What caused the problem?

(A) An accident
(B) An equipment failure
(C) A late passenger
(D) Bad weather

81. Why does the speaker say, "It will take about ten minutes for that to happen"?

(A) To indicate when a subway car will be moved
(B) To say when the subway will arrive at the station
(C) To mention when everyone will be rescued
(D) To state when the missing part will arrive

82. What does the speaker say that he will do?

(A) Provide directions
(B) Turn on the air conditioning
(C) Assure passengers they are safe
(D) Give regular updates

▶ ▶ ▶ GO ON TO THE NEXT PAGE

83. What is most likely true about Sylvester Hampton?

(A) He intends to retire soon.
(B) He works in the manufacturing industry.
(C) He is the mayor of Arlington.
(D) He has been an employer for three decades.

84. What can listeners get at the reception desk?

(A) A schedule of events
(B) A registration packet
(C) A nametag
(D) A brochure

85. What will probably happen next?

(A) A speech will be given.
(B) A seminar will begin.
(C) An introduction will be made.
(D) A change will be announced.

86. What does the speaker imply when she says, "With hard work, we can do it"?

(A) A company can become more profitable.
(B) An office can be opened on schedule.
(C) An inspection can be passed.
(D) A business trip can be successful.

87. What does the speaker say about the transfer opportunity?

(A) It will come with a high salary.
(B) The application date is October 1.
(C) Individuals must work abroad.
(D) Managers are requested to apply.

88. How can listeners get more information from the speaker?

(A) By sending her an e-mail
(B) By speaking with her in person
(C) By sending a text message to her
(D) By contacting her on the phone

89. What is the news report mainly about?

(A) How people can go to a game
(B) How fans can purchase tickets
(C) How a game will affect traffic
(D) How long a game is expected to last

90. What does the speaker mention about the game?

(A) It will not be a sellout.
(B) It will be held downtown.
(C) It is the first game of the season.
(D) It should end about 9:30 P.M.

91. What will listeners hear next?

(A) Financial news
(B) Sports news
(C) An advertisement
(D) Some music

92. Why did nobody answer the phone?

(A) The call was made late at night.
(B) All the lines are currently busy.
(C) There is a problem with the telephone.
(D) No employees are working at the moment.

93. Why would a person press the number five?

(A) To discuss a bill
(B) To report a problem
(C) To listen to the message again
(D) To schedule an appointment

94. What is suggested about Danbury Power?

(A) Its offices will be open the following day.
(B) Its work crews are trying to restore power.
(C) It charges the lowest rates in the city.
(D) It is looking to hire new employees.

Weather Forecast

Monday	Tuesday	Wednesday	Thursday	Friday
☀	☁	🌧	🌬	⛅
sunny	cloudy	rainy	windy	partly cloudy

95. What is the speaker mainly discussing?

(A) An upcoming event
(B) A weather forecast
(C) A rescheduled meeting
(D) An introduction speech

96. Look at the graphic. When was the event originally scheduled to be held?

(A) Monday
(B) Tuesday
(C) Wednesday
(D) Thursday

97. Who is scheduled to speak at the event?

(A) A popular celebrity
(B) The CEO of a company
(C) The building owner
(D) A local politician

Destiny Realty
Houses for Sale

Address	Number of Bedrooms	Price
42 Winston Street	Three	$160,000
99 Amethyst Boulevard	Five	$250,000
181 Shamrock Road	Four	$200,000
65 Hunter Lane	Two	$115,000

98. Look at the graphic. Where is the house the speaker is discussing?

(A) 42 Winston Street
(B) 99 Amethyst Boulevard
(C) 181 Shamrock Road
(D) 65 Hunter Lane

99. What does the speaker say about the house?

(A) It has a large backyard.
(B) It is across the street from a school.
(C) It has two floors.
(D) It has a swimming pool.

100. How does the speaker request that he be contacted?

(A) By e-mail
(B) By text message
(C) By phone call
(D) In person

TEST
02

적정 풀이 시간 45분

45 min

시작 시간 ___시 ___분	목표 개수 _____ / 100
종료 시간 ___시 ___분	실제 개수 _____ / 100

- 중간에 멈추지 말고 처음부터 끝까지 풀어보세요.
  문제를 풀 때에는 실전처럼 답안지에 마킹하세요.

- 정답 개수에 5를 곱하면 대략적인 점수가 됩니다.

LISTENING TEST

In the Listening test, you will be asked to demonstrate how well you understand spoken English. The entire Listening test will last approximately 45 minutes. There are four parts, and directions are given for each part. You must mark your answers on the separate answer sheet. Do not write your answers in the test book.

PART 1

Directions: For each question in this part, you will hear four statements about a picture in your test book. When you hear the statements, you must select the one statement that best describes what you see in the picture. Then find the number of the question on your answer sheet and mark your answer. The statements will not be printed in your test book and will be spoken only one time.

Statement (B), "They are sitting at a table," is the best description of the picture. So you should select answer (B) and mark it on your answer sheet.

1.

2.

▶ ▶ ▶GO ON TO THE NEXT PAGE

3.

4.

5.

6.

▶ ▶ ▶GO ON TO THE NEXT PAGE

PART 2

Directions: You will hear a question or statement and three responses spoken in English. They will not be printed in your test book and will be spoken only one time. Select the best response to the question or statement and mark the letter (A), (B), or (C) on your answer sheet.

7. Mark your answer on your answer sheet.

8. Mark your answer on your answer sheet.

9. Mark your answer on your answer sheet.

10. Mark your answer on your answer sheet.

11. Mark your answer on your answer sheet.

12. Mark your answer on your answer sheet.

13. Mark your answer on your answer sheet.

14. Mark your answer on your answer sheet.

15. Mark your answer on your answer sheet.

16. Mark your answer on your answer sheet.

17. Mark your answer on your answer sheet.

18. Mark your answer on your answer sheet.

19. Mark your answer on your answer sheet.

20. Mark your answer on your answer sheet.

21. Mark your answer on your answer sheet.

22. Mark your answer on your answer sheet.

23. Mark your answer on your answer sheet.

24. Mark your answer on your answer sheet.

25. Mark your answer on your answer sheet.

26. Mark your answer on your answer sheet.

27. Mark your answer on your answer sheet.

28. Mark your answer on your answer sheet.

29. Mark your answer on your answer sheet.

30. Mark your answer on your answer sheet.

31. Mark your answer on your answer sheet.

PART 3

Directions: You will hear some conversations between two or three people. You will be asked to answer three questions about what the speakers say in each conversation. Select the best response to each question and mark the letter (A), (B), (C), or (D) on your answer sheet. The conversations will not be printed in your test book and will be spoken only one time.

32. What does the man have a problem with?

(A) A mixer
(B) A drill
(C) A laptop
(D) A flashlight

33. What does the man say about the equipment?

(A) He dropped it on the ground.
(B) It turns off at certain times.
(C) Some functions do not work properly.
(D) There are some cracks in it.

34. What does the woman suggest doing?

(A) Refunding the man's money
(B) Sending an item away to be repaired
(C) Upgrading to a better machine
(D) Exchanging an item for another one

35. Where does the conversation most likely take place?

(A) At a restaurant
(B) At a supermarket
(C) At a pharmacy
(D) At a home improvement store

36. What do the speakers want to do?

(A) Take a vacation
(B) Employ more workers
(C) Transfer to another location
(D) Get promoted

37. What will the man have the woman do later?

(A) Interview some job candidates
(B) Take a training class
(C) Do some additional duties during her shift
(D) Put an advertisement in a newspaper

38. What does Ms. Coleman want to do this afternoon?

(A) Sign a contract
(B) Visit a location
(C) Rehearse her speech
(D) Attend a conference

39. What does the man imply when he says, "She's going to be pretty disappointed"?

(A) A room is in need of renovations.
(B) He did not register for a conference.
(C) Some preparations will not be complete.
(D) Ms. Coleman will be charged more than she had expected.

40. What does the woman say she will do?

(A) Speak with some of her colleagues
(B) Stay late after her shift is done
(C) Give Ms. Coleman a personal tour
(D) Volunteer to work overtime

41. Where do the speakers work?

(A) At an advertising firm
(B) At a recruiting agency
(C) At a computer manufacturer
(D) At a radio station

42. What are the speakers pleased about?

(A) Some new programs are succeeding.
(B) They recruited some new sponsors.
(C) An investment has increased in value.
(D) They were given extra funding.

43. What does the woman say about revenues?

(A) They are too low to permit more investment.
(B) They declined in the last quarter.
(C) They are likely to increase.
(D) They are lower than expected.

▶ ▶ ▶ GO ON TO THE NEXT PAGE

44. Who is the man?

(A) A member of the cleaning staff
(B) A security guard
(C) A repairman
(D) A landscaper

45. What was the woman concerned about?

(A) If some clients would arrive
(B) How a meeting would end
(C) When the man would arrive
(D) Why nobody called her

46. What does the man say happened an hour ago?

(A) He had to assist another person.
(B) He started working for the day.
(C) He moved some boxes to the basement.
(D) He found a ladder he needed.

47. What are the speakers mainly discussing?

(A) Employee work schedules
(B) A new supervisor
(C) A company's daycare policy
(D) A contract that was just signed

48. What does the man say about the supervisors?

(A) They are punishing some employees for poor work.
(B) They are refusing employees permission to do something.
(C) They are making their employees take training classes.
(D) They are recommending employees for awards.

49. What does the woman tell the man to do?

(A) Call a meeting
(B) Make a phone call
(C) Write a memo
(D) Send an e-mail

50. What is the problem?

(A) A negotiation was not completed.
(B) An e-mail was not sent.
(C) A copier was not repaired.
(D) A document was not received.

51. What does the man offer to do?

(A) Rewrite some information
(B) Print a presentation
(C) Show the woman his office
(D) Fix the woman's e-mail account

52. Why does the woman want to meet the man?

(A) To discuss a negotiating strategy
(B) To talk about editing a draft
(C) To find out how to use a computer program
(D) To learn more about Omega Systems

53. What type of product did the speakers' company release?

(A) An electronic appliance
(B) A computer game
(C) A beverage
(D) A vitamin supplement

54. What do the women suggest doing?

(A) Giving away free samples
(B) Selling the item at a discount
(C) Conducting a customer survey
(D) Increasing the number of advertisements

55. What will the women do tomorrow?

(A) Visit some stores
(B) Do some research
(C) Complete a report
(D) Request a higher budget

56. What is wrong with the woman's car?

(A) It has a flat tire.
(B) It will not start sometimes.
(C) It has an engine problem.
(D) It is leaking oil.

57. What does the man say about his business?

(A) It is always open.
(B) It offers discounts.
(C) It hired some new workers.
(D) It has a membership program.

58. What does the woman imply when she says, "That won't be a problem"?

(A) She can arrive in half an hour.
(B) She does not mind the price.
(C) She is willing to wait a while.
(D) She knows where a place is located.

---

59. When does the man want to release the app?

(A) This week
(B) Next week
(C) Next month
(D) In two months

60. What is the problem with the app?

(A) It is too complicated.
(B) The coding is faulty.
(C) It has not been tested yet.
(D) The graphics are poor.

61. What does the man tell the women to do?

(A) Figure out how to market the app
(B) Schedule a meeting with the design team
(C) Work together with the lead designer
(D) Provide him with progress reports

Kansas City Convention Center Order Form

Equipment Needed	Number
Laptop Computer	3
Screen	1
Microphone	5
Table	10
Chair	40

62. What does the woman suggest about the event?

(A) It will last for three days.
(B) It costs money to attend.
(C) It is being led by experts.
(D) It was held in the past.

63. Look at the graphic. Which number must be changed?

(A) 3
(B) 5
(C) 10
(D) 40

64. What will the woman do tomorrow?

(A) Go over her presentation
(B) Visit the convention center
(C) Pay a registration fee
(D) Advertise for the seminar

► ► ►GO ON TO THE NEXT PAGE

European Delights Discount Coupon

15% off French food

20% off German food

25% off Italian food

30% off Spanish food

65. What news does the man tell the woman about?

(A) An application was just accepted.
(B) A retirement ceremony will be held.
(C) A contract was just signed.
(D) A colleague is being transferred.

66. Look at the graphic. How much of a discount will the speakers receive?

(A) 15%
(B) 20%
(C) 25%
(D) 30%

67. What does the man offer to do?

(A) Pay for a meal
(B) Make arrangements with Alice
(C) Speak with his coworkers
(D) Book a table at a restaurant

Chances of Rain

Monday	Tuesday	Wednesday	Thursday	Friday
100%	65%	30%	0%	20%

68. Where are the speakers?

(A) At a hotel
(B) At an airport
(C) On a bus
(D) In a taxi

69. Look at the graphic. On which day does the conversation take place?

(A) Monday
(B) Tuesday
(C) Wednesday
(D) Thursday

70. What does the woman want to acquire?

(A) A map
(B) A transportation card
(C) A guidebook
(D) A souvenir

PART 4

Directions: You will hear some short talks given by a single speaker. You will be asked to answer three questions about what the speaker says in each short talk. Select the best response to each question and mark the letter (A), (B), (C), or (D) on your answer sheet. The talks will not be printed in your test book and will be spoken only one time.

71. What time is this announcement made?

(A) At 7:30 P.M.
(B) At 8:00 P.M.
(C) At 8:30 P.M.
(D) At 9:00 P.M.

72. What is happening tomorrow?

(A) New clothes will arrive.
(B) A seasonal sale will end.
(C) Hours will be extended.
(D) The store will be closed.

73. How much can shoppers save on children's clothing?

(A) 20%
(B) 30%
(C) 40%
(D) 50%

74. What does the speaker imply when she says, "You have nothing to worry about there"?

(A) A road has just reopened.
(B) Construction is not blocking a road.
(C) An accident will be cleared away soon.
(D) Traffic is moving quickly.

75. According to the speaker, where is traffic moving well?

(A) On the Fairmont Bridge
(B) On the Emerson Bridge
(C) On Sugarloaf Lane
(D) On Orange Road

76. When will the next traffic update take place?

(A) In fifteen minutes
(B) In thirty minutes
(C) In forty-five minutes
(D) In sixty minutes

77. Who most likely are the listeners?

(A) Customers
(B) Job applicants
(C) HR workers
(D) New employees

78. What does the speaker want the listeners to fill out?

(A) Application forms
(B) Payment documents
(C) Vacation request papers
(D) Tax forms

79. What does the speaker say the listeners will do later?

(A) Meet their supervisors
(B) Do role-playing activities
(C) Look around a facility
(D) Take a break for lunch

80. What will happen next week?

(A) An inspection will take place.
(B) A contract will be signed.
(C) A merger will be announced.
(D) Some interviews will be held.

81. What will the speaker e-mail to the listeners?

(A) A revised contract
(B) A work schedule
(C) A trip itinerary
(D) A sales report

82. What should company employees do?

(A) Get in touch with headquarters
(B) Apply to transfer to another office
(C) Register for a training course
(D) Speak politely with the CEO

▶ ▶ ▶ GO ON TO THE NEXT PAGE

83. What is mentioned about the Oceanside Resort?

(A) It renovated all of its rooms.
(B) It is a new establishment.
(C) It underwent a change in ownership.
(D) It is located in a cold place.

84. What does the speaker mean when she says, "It simply can't be beat"?

(A) The food at a restaurant is delicious.
(B) The staff provides excellent treatment.
(C) The view of the ocean is incredible.
(D) A discount offer is very good.

85. What can guests receive free of charge?

(A) A fishing trip
(B) Lunch
(C) Internet service
(D) A local tour

86. What is most likely true about Simon Palmer?

(A) He lived in Asia in the past.
(B) He has prior consulting experience.
(C) He is a manager at TPR, Inc.
(D) He hopes to transfer to Europe.

87. What is suggested about TPR, Inc.?

(A) It has an office located in Houston.
(B) It has branches in several countries.
(C) It has been in business for several years.
(D) It has more than 300 employees.

88. What does the speaker tell the listeners to do?

(A) Consider requesting promotions
(B) Volunteer to work on a new project
(C) Introduce themselves to a new employee
(D) Take some clients out around town

89. What does the speaker mainly discuss?

(A) A change in a show's format
(B) The schedule for a program
(C) A new cohost for a show
(D) The reason a program is ending

90. What type of program does Ted McClain most likely host?

(A) An interview show
(B) A local news show
(C) A music show
(D) A cooking show

91. Who is Deanna Wilson?

(A) An instructor
(B) A politician
(C) A chemist
(D) An author

Davidson, Inc. Directory

Department	Phone Number
Accounting	983-0382
Human Resources	983-0387
Marketing	983-0380
R&D	983-0381
Sales	983-0385

92. What problem does the speaker mention?

(A) Employees are arriving at work late.
(B) More staff members need to be hired.
(C) Some cards are working improperly.
(D) Weekly sales have been declining.

93. Look at the graphic. Which number should a person dial to speak with Tina?

(A) 983-0382
(B) 983-0387
(C) 983-0380
(D) 983-0385

94. What will the speaker probably do next?

(A) Answer a question
(B) Continue the meeting
(C) Hand out some documents
(D) Take a short break

Item	Item Number	Price
Wine Glass	TR-594	$12.99
Dinner Plate Set	OL-993	$99.99
Salad Bowl	WS-112	$29.99
Frying Pan	NN-875	$45.99

95. What is the problem?

(A) Some items are broken.
(B) The wrong items were delivered.
(C) An item is the wrong size.
(D) A delivery has not been made yet.

96. Look at the graphic. Which product does the speaker want to exchange?

(A) TR-594
(B) OL-993
(C) WS-112
(D) NN-875

97. What did the cashier fail to give the speaker?

(A) A discount
(B) A receipt
(C) A refund
(D) A coupon

St. Petersburg Airport Arrival Board

Flight Number	Departing From	Arrival Time
PR41	Moscow	2:00 P.M.
MR126	Oslo	2:45 P.M.
SD08	Copenhagen	3:30 P.M.
MT43	Stockholm	4:00 P.M.

98. Why is the clients' plane late?

(A) There was bad weather.
(B) Their plane had a mechanical problem.
(C) The flight crew arrived late.
(D) There were too many other departing flights.

99. Look at the graphic. Where are the clients coming from?

(A) Moscow
(B) Oslo
(C) Copenhagen
(D) Stockholm

100. What does the speaker ask Dave to do?

(A) Make a hotel reservation
(B) Arrange a tour of the city
(C) Pick up some clients
(D) Book a table at a restaurant

TEST
03

적정 풀이 시간 45분

45 min

시작 시간 ___시 ___분

종료 시간 ___시 ___분

목표 개수 _____ / 100

실제 개수 _____ / 100

- 중간에 멈추지 말고 처음부터 끝까지 풀어보세요.
  문제를 풀 때에는 실전처럼 답안지에 마킹하세요.

- 정답 개수에 5를 곱하면 대략적인 점수가 됩니다.

LISTENING TEST

In the Listening test, you will be asked to demonstrate how well you understand spoken English. The entire Listening test will last approximately 45 minutes. There are four parts, and directions are given for each part. You must mark your answers on the separate answer sheet. Do not write your answers in the test book.

PART 1

Directions: For each question in this part, you will hear four statements about a picture in your test book. When you hear the statements, you must select the one statement that best describes what you see in the picture. Then find the number of the question on your answer sheet and mark your answer. The statements will not be printed in your test book and will be spoken only one time.

Statement (B), "They are sitting at a table," is the best description of the picture. So you should select answer (B) and mark it on your answer sheet.

1.

2.

▶ ▶ ▶GO ON TO THE NEXT PAGE

3.

4.

5.

6.

▶ ▶ ▶ GO ON TO THE NEXT PAGE

PART 2

Directions: You will hear a question or statement and three responses spoken in English. They will not be printed in your test book and will be spoken only one time. Select the best response to the question or statement and mark the letter (A), (B), or (C) on your answer sheet.

7. Mark your answer on your answer sheet.

8. Mark your answer on your answer sheet.

9. Mark your answer on your answer sheet.

10. Mark your answer on your answer sheet.

11. Mark your answer on your answer sheet.

12. Mark your answer on your answer sheet.

13. Mark your answer on your answer sheet.

14. Mark your answer on your answer sheet.

15. Mark your answer on your answer sheet.

16. Mark your answer on your answer sheet.

17. Mark your answer on your answer sheet.

18. Mark your answer on your answer sheet.

19. Mark your answer on your answer sheet.

20. Mark your answer on your answer sheet.

21. Mark your answer on your answer sheet.

22. Mark your answer on your answer sheet.

23. Mark your answer on your answer sheet.

24. Mark your answer on your answer sheet.

25. Mark your answer on your answer sheet.

26. Mark your answer on your answer sheet.

27. Mark your answer on your answer sheet.

28. Mark your answer on your answer sheet.

29. Mark your answer on your answer sheet.

30. Mark your answer on your answer sheet.

31. Mark your answer on your answer sheet.

PART 3

Directions: You will hear some conversations between two or three people. You will be asked to answer three questions about what the speakers say in each conversation. Select the best response to each question and mark the letter (A), (B), (C), or (D) on your answer sheet. The conversations will not be printed in your test book and will be spoken only one time.

32. What type of business do the speakers work at?

    (A) A clothing store
    (B) A coffee shop
    (C) A dry cleaner
    (D) A bakery

33. Why was the establishment temporarily closed?

    (A) It was a national holiday.
    (B) The owner was away on vacation.
    (C) Employees could not come due to bad weather.
    (D) Work was being done on the interior.

34. What do the speakers need to do?

    (A) Rearrange some furniture
    (B) Hire more employees
    (C) Update the store's Web site
    (D) Pay a consultant's fee

35. What is the man's job?

    (A) Interior decorator
    (B) University professor
    (C) Shopkeeper
    (D) Real estate agent

36. Why is the woman disappointed?

    (A) Something is out of her price range.
    (B) She has no time to conduct an inspection.
    (C) Her instructions were not followed.
    (D) An item is not as good as advertised.

37. What does the woman agree to do?

    (A) Look at a place
    (B) Talk to a client
    (C) Renegotiate a price
    (D) Meet the man in his office

38. What are the speakers mainly discussing?

    (A) A training course for employees
    (B) A supervisory position
    (C) A conference they will attend
    (D) A new round of promotions

39. What does the man suggest doing?

    (A) Taking some time off to go on vacation
    (B) Waiving the registration fee for an event
    (C) Providing employees with information by e-mail
    (D) Letting people sign up for a longer period of time

40. What will the woman probably do next?

    (A) Meet her boss
    (B) Write a memo
    (C) Go to lunch
    (D) Finish a report

41. What is the purpose of the woman's visit?

    (A) To make a purchase
    (B) To apply for a job
    (C) To conduct an inspection
    (D) To attend a lecture

42. What does the man say he will do?

    (A) Give the woman a parking pass
    (B) Hand out some forms
    (C) Make a telephone call
    (D) Submit the woman's request

43. What does the woman ask the man about?

    (A) How she can contact Mr. Watson
    (B) Where the lobby is located
    (C) Where she can park her car
    (D) How much time she has left

▶ ▶ ▶ GO ON TO THE NEXT PAGE

44. In which department does Chris work?

(A) Sales
(B) Accounting
(C) Marketing
(D) Personnel

45. What did Chris say was missing?

(A) Receipts
(B) A signature
(C) An itinerary
(D) Documents

46. What does the man suggest about the woman?

(A) She has not worked at the company for long.
(B) She is in line for a promotion.
(C) She will be traveling abroad regularly.
(D) She needs more training for her position.

---

47. What are the speakers mainly discussing?

(A) A book cover
(B) A pamphlet
(C) A business card
(D) A poster

48. What does the man tell the woman to change?

(A) The company motto
(B) The color
(C) The phone number
(D) The address

49. Why does the woman say, "How embarrassing"?

(A) She forgot to add a price.
(B) She did not include a date.
(C) She used the wrong logo.
(D) She misspelled some words.

---

50. Why does the man say, "I'm sorry"?

(A) He made a mistake.
(B) An offer is not available.
(C) He quoted the wrong price.
(D) There are no sale items left.

51. What does the woman suggest about her subscription?

(A) It just expired.
(B) She received it as a present.
(C) It is almost finished.
(D) She does not use it that much.

52. What does the man suggest the woman do?

(A) Renew her subscription at a later time
(B) Read the magazine in the library
(C) Purchase the material from a newsstand
(D) Use a special code to get a discount

---

53. Where do the men work?

(A) At an electronics shop
(B) At a furniture store
(C) At a medical center
(D) At a clothing store

54. Why did the woman visit the store?

(A) To ask for a refund
(B) To complain about a purchase
(C) To receive an estimate
(D) To check up on an item

55. What is the woman asked to do?

(A) Return to the store the next day
(B) Tell her friends about a business
(C) Leave an online recommendation
(D) Pay a fee in advance

---

56. Who most likely is the woman?

(A) A schoolteacher
(B) An interior designer
(C) A real estate agent
(D) A supermarket owner

57. What is suggested about the man?

(A) He has children.
(B) He enjoys outdoor activities.
(C) He recently changed jobs.
(D) He is employed at a school.

58. What does the man mean when he says, "I can do that"?

(A) He will check his e-mail soon.
(B) He is willing to pay a price.
(C) He can sign a contract.
(D) He has time to meet the woman.

59. What is the problem?

(A) Several employees have resigned.
(B) A company is selling fewer items.
(C) A new product has problems.
(D) The company lost money last year.

60. What does the man suggest doing?

(A) Staying late to finish his work
(B) Placing an online advertisement
(C) Contacting a marketing firm
(D) Canceling an appointment with a client

61. What does the man say could happen by the end of the week?

(A) A customer could be visited.
(B) A payment could be made.
(C) A factory could be inspected.
(D) A presentation could be given.

62. Where does the conversation take place?

(A) At a restaurant
(B) In a government office
(C) At a hotel
(D) At an information desk

63. Why are the men visiting Melbourne?

(A) To attend a professional event
(B) To conduct a meeting
(C) To take a vacation
(D) To give a speech

64. Why do the two men want to call an establishment?

(A) To determine when it closes
(B) To find out about its prices
(C) To get its location
(D) To ask if it has any rooms

Interview Schedule for May 28

Time	Candidate
10:00 A.M.	Steve Lawrence
11:00A.M.	Florence Kettler
1:00 P.M.	Alicia Russell
2:00 P.M.	Benedict Davis

65. What is suggested about the job?

(A) It is for a newly created position.
(B) It requires dealing with international clients.
(C) It is an executive-level position.
(D) It must be filled as soon as possible.

66. Look at the graphic. Which candidate will the woman be unable to interview?

(A) Steve Lawrence
(B) Florence Kettler
(C) Alicia Russell
(D) Benedict Davis

67. Why does the man want Brian's assistance?

(A) To process some forms
(B) To complete an application
(C) To receive some advice
(D) To get some interviewing tips

▶ ▶ ▶ GO ON TO THE NEXT PAGE

Specials of the Week

Day	Special
Monday	Seafood Lasagna
Tuesday	Lamb Chops
Wednesday	Beef Stew
Thursday	Baked Salmon
Friday	Pork Chops

68. Look at the graphic. On which day will the special be changed?

   (A) Monday
   (B) Wednesday
   (C) Thursday
   (D) Friday

69. What does the man tell the woman to do?

   (A) Get approval from him
   (B) Serve some customers
   (C) Change the dessert menu
   (D) Order more supplies

70. What is suggested about David?

   (A) He was recently hired.
   (B) He is the head chef.
   (C) He will not work today.
   (D) He asked for time off.

PART 4

Directions: You will hear some short talks given by a single speaker. You will be asked to answer three questions about what the speaker says in each short talk. Select the best response to each question and mark the letter (A), (B), (C), or (D) on your answer sheet. The talks will not be printed in your test book and will be spoken only one time.

71. Why is the store having a sale?

(A) To commemorate its grand opening
(B) To get rid of overstocked items
(C) To celebrate its anniversary
(D) To encourage customers to get memberships

72. How much can customers save on a tune-up?

(A) 20%
(B) 25%
(C) 40%
(D) 50%

73. What change does the speaker mention?

(A) A store's hours have been extended.
(B) A store is opening in a new location.
(C) A store has hired more employees.
(D) A store has been increased in size.

74. Why did the speaker call Ms. West?

(A) To remind her about an overdue payment
(B) To determine her interest in renewing a contract
(C) To ask about any problems she may have
(D) To indicate that she needs to leave a property at once

75. What does the speaker say about Ms. West's monthly rent?

(A) It will increase.
(B) It must be paid on time.
(C) It will not change.
(D) It will decrease.

76. What does the speaker ask Ms. West to do?

(A) Send him an e-mail
(B) Sign a contract
(C) Get in touch with him
(D) Complete a survey

77. Who most likely are the listeners?

(A) Runners
(B) Volunteers
(C) Race organizers
(D) Fans

78. What does the speaker tell the listeners to do?

(A) Form small groups
(B) Register for an event
(C) Speak with a supervisor
(D) Get ready to run

79. What will the listeners do after returning to the speaker?

(A) Assist the organizers
(B) Discuss their achievements
(C) Receive payment
(D) Have a meal together

80. What is the news report mainly about?

(A) A local election
(B) The importance of voting
(C) A problem with some ballots
(D) A speech by a mayor

81. Why does the speaker say, "We probably won't find out until tomorrow morning"?

(A) To say when the mayor will announce his future plans
(B) To indicate when the results of an election will be known
(C) To point out when a vote will be scheduled to be held
(D) To remark on when a new law will go into effect

82. Who is Jasmine Snow?

(A) The mayor of a city
(B) The loser in a city council race
(C) A newly elected official
(D) A local election official

▶ ▶ ▶GO ON TO THE NEXT PAGE

83. What does the speaker mean when she says, "We've never done anything like this before"?

(A) Contracts with foreign firms have not been signed before.
(B) Record profits were earned during the last quarter.
(C) An assembly line has never operated continuously.
(D) Temporary workers are being hired and trained.

84. What does the speaker suggest about overtime work?

(A) It will be paid at a higher rate than regular working hours.
(B) Only workers on the assembly line qualify to do it.
(C) Workers can do up to ten hours of it per week.
(D) Supervisors will determine which employees can do it.

85. What does the speaker want to have later in the week?

(A) An advertisement for temporary workers
(B) A delivery schedule for the newest clients
(C) The names of employees who want to work overtime
(D) A list of products that must be purchased

86. Where do the listeners work?

(A) At a department store
(B) At an amusement park
(C) At a shopping center
(D) At a restaurant

87. What does the speaker imply when she states, "I found that rather surprising"?

(A) More people than normal filed various complaints.
(B) She was expecting the place to stay open later than usual.
(C) The renovations on the establishment were not completed.
(D) Attendance in September is usually higher than in April.

88. What does the speaker want to do?

(A) Offer discounts to visitors
(B) Increase the size of the parking lot
(C) Have events for customers
(D) Provide food with better quality

89. Who is Mr. Turner?

(A) A company CEO
(B) A lawyer
(C) A corporate executive
(D) A professional speaker

90. What did Mr. Turner recently do?

(A) He traveled to Europe.
(B) He signed an agreement.
(C) He won a case.
(D) He found a new employer.

91. What will probably happen next?

(A) A speech will be given.
(B) Pamphlets will be handed out.
(C) A schedule change will be announced.
(D) A product demonstration will start.

92. Why would a listener press three?

(A) To describe a problem
(B) To make an appointment
(C) To ask about a prescription
(D) To cancel an appointment

93. Who would most likely call the number given in the message?

(A) A person with a medical emergency
(B) A person who wants to reschedule an appointment
(C) A person who has run out of medication
(D) A person who has a question for a doctor

94. How can a listener hear the message again?

(A) By pressing four
(B) By calling 874-4847
(C) By remaining on the line
(D) By pressing one

Company	Item Ordered	Quantity
Nano Data	Clip Cord	1,500
Sync Systems	Air Compressor	120
Weston Aerospace	Control Sensor	450
Grover Manufacturing	Drill Bit	2,000

95. What is suggested about Mr. Sykes?

(A) He founded his company.
(B) He is a regular customer.
(C) He wants to sign a new contract.
(D) He will visit the speaker tomorrow.

96. Look at the graphic. Which product does the speaker's company need to acquire?

(A) Clip cord
(B) Air compressor
(C) Control sensor
(D) Drill bit

97. What will the speaker most likely do next?

(A) Call Mr. Sykes
(B) Listen to suggestions
(C) Speak with the factory foreman
(D) Show an invoice

Floor	Department
First	Jewelry, Women's Clothing
Second	Men's Clothing, Children's Clothing
Third	Furniture, Housewares
Fourth	Toy, Home Repair

98. How often does the store have a sale?

(A) Every day
(B) Once a week
(C) Twice a week
(D) Once a month

99. Look at the graphic. What floor has items on sale?

(A) The first floor
(B) The second floor
(C) The third floor
(D) The fourth floor

100. What is the largest discount shoppers can receive?

(A) 20%
(B) 40%
(C) 60%
(D) 80%

TEST
04

적정 풀이 시간 45분

45
min

시작 시간 ___시 ___분	**목표 개수** _____ / 100
종료 시간 ___시 ___분	**실제 개수** _____ / 100

- 중간에 멈추지 말고 처음부터 끝까지 풀어보세요.
  문제를 풀 때에는 실전처럼 답안지에 마킹하세요.

- 정답 개수에 5를 곱하면 대략적인 점수가 됩니다.

LISTENING TEST

In the Listening test, you will be asked to demonstrate how well you understand spoken English. The entire Listening test will last approximately 45 minutes. There are four parts, and directions are given for each part. You must mark your answers on the separate answer sheet. Do not write your answers in the test book.

PART 1

Directions: For each question in this part, you will hear four statements about a picture in your test book. When you hear the statements, you must select the one statement that best describes what you see in the picture. Then find the number of the question on your answer sheet and mark your answer. The statements will not be printed in your test book and will be spoken only one time.

Statement (B), "They are sitting at a table," is the best description of the picture. So you should select answer (B) and mark it on your answer sheet.

1.

2.

▶ ▶ ▶ GO ON TO THE NEXT PAGE

3.

4.

5.

6.

▶ ▶ ▶ GO ON TO THE NEXT PAGE

PART 2

Directions: You will hear a question or statement and three responses spoken in English. They will not be printed in your test book and will be spoken only one time. Select the best response to the question or statement and mark the letter (A), (B), or (C) on your answer sheet.

7. Mark your answer on your answer sheet.

8. Mark your answer on your answer sheet.

9. Mark your answer on your answer sheet.

10. Mark your answer on your answer sheet.

11. Mark your answer on your answer sheet.

12. Mark your answer on your answer sheet.

13. Mark your answer on your answer sheet.

14. Mark your answer on your answer sheet.

15. Mark your answer on your answer sheet.

16. Mark your answer on your answer sheet.

17. Mark your answer on your answer sheet.

18. Mark your answer on your answer sheet.

19. Mark your answer on your answer sheet.

20. Mark your answer on your answer sheet.

21. Mark your answer on your answer sheet.

22. Mark your answer on your answer sheet.

23. Mark your answer on your answer sheet.

24. Mark your answer on your answer sheet.

25. Mark your answer on your answer sheet.

26. Mark your answer on your answer sheet.

27. Mark your answer on your answer sheet.

28. Mark your answer on your answer sheet.

29. Mark your answer on your answer sheet.

30. Mark your answer on your answer sheet.

31. Mark your answer on your answer sheet.

PART 3

Directions: You will hear some conversations between two or three people. You will be asked to answer three questions about what the speakers say in each conversation. Select the best response to each question and mark the letter (A), (B), (C), or (D) on your answer sheet. The conversations will not be printed in your test book and will be spoken only one time.

32. Where do the speakers most likely work?

    (A) At a medical clinic
    (B) At a restaurant
    (C) At a school
    (D) At a movie theater

33. Why does the woman reject the man's invitation?

    (A) Her boss asked her to attend a meeting.
    (B) She is not particularly hungry.
    (C) She has to complete some work.
    (D) There is a meeting she must attend.

34. What does the woman suggest about Mr. Nelson?

    (A) He is one of her co-workers.
    (B) He is on vacation.
    (C) He will be at lunch.
    (D) He is not busy now.

35. What is the woman concerned about?

    (A) The price of some furniture
    (B) The size of an item
    (C) The time of a delivery
    (D) The color of an object

36. What does the man say the delivery team will do?

    (A) Arrive in the afternoon
    (B) Bring their own tools
    (C) Move any obstructions
    (D) Assemble a product

37. What does the woman request?

    (A) An invoice
    (B) A telephone call
    (C) A text message
    (D) A refund

38. Why was the man's flight canceled?

    (A) The plane arrived late from another airport.
    (B) The weather is too bad.
    (C) The plane has a mechanical problem.
    (D) Not enough passengers booked tickets.

39. What does the woman say about Flight 84?

    (A) It is departing from Madrid.
    (B) It still has seats available.
    (C) It will take off in forty minutes.
    (D) It is a nonstop flight.

40. What is the man scheduled to do tonight?

    (A) Have a business meeting
    (B) Check in to his hotel
    (C) Contact his supervisor
    (D) Sign a contract

41. Where do the speakers most likely work?

    (A) At a café
    (B) At a grocery store
    (C) At a bakery
    (D) At a restaurant

42. What does the woman say about Elmer's?

    (A) It recently opened.
    (B) It offers free delivery.
    (C) It is a foreign company.
    (D) It is trying to expand.

43. What does the man tell the woman to do?

    (A) Get in touch with a company
    (B) Talk to customers about a product
    (C) Coordinate a survey
    (D) Make a large order of items

▶ ▶ ▶ GO ON TO THE NEXT PAGE

44. What are the speakers mainly discussing?

   (A) The need to improve profits
   (B) A professional event
   (C) The lack of customers
   (D) A commercial advertisement

45. What does the woman say about the speakers' business?

   (A) It gets customers when others refer them.
   (B) It has been open for several years.
   (C) It recently opened a new branch in the city.
   (D) It has been losing money lately.

46. What does the woman most likely mean when she says, "I'll convince him"?

   (A) She believes that a product should be ordered.
   (B) She has a good relationship with a customer.
   (C) She thinks paying $1,000 is worth the money.
   (D) She knows the importance of purchasing ads.

47. Who is the woman?

   (A) A real estate agent
   (B) A teacher
   (C) A city employee
   (D) A university student

48. What does the man say about the rent?

   (A) It includes a parking pass.
   (B) He only accepts cash.
   (C) Utility fees are included in it.
   (D) It must be paid once a month.

49. What type of transportation does the woman most likely use?

   (A) Subway
   (B) Car
   (C) Bus
   (D) Bicycle

50. Who most likely is the woman?

   (A) A fan
   (B) A radio host
   (C) A writer
   (D) A book promoter

51. Why is the man excited?

   (A) A new release is selling well.
   (B) He just signed with a new publisher.
   (C) He completed a novel last week.
   (D) A movie will be made of his book.

52. What will the listeners most likely hear next?

   (A) A question from a caller
   (B) A local news update
   (C) A weather report
   (D) Some commercials

53. Who most likely is the man?

   (A) An attorney
   (B) A real estate agent
   (C) An interior decorator
   (D) A painter

54. What do both women agree about?

   (A) They do not have enough time.
   (B) A job was not done well.
   (C) They need to talk to their boss.
   (D) An estimate is too high.

55. What does the man promise to send by the end of the day?

   (A) A receipt
   (B) A list of necessary equipment
   (C) An itemized list
   (D) A revised report

56. What does the man imply when he says, "I already took care of that"?

(A) He just signed up for a membership.
(B) He does not need to meet the woman.
(C) He applied for a transfer to a new branch.
(D) He believes that he will be successful.

57. What does the woman suggest doing?

(A) Giving a speech at an event
(B) Leading a group discussion
(C) Driving to Chicago together
(D) Updating the man's personnel file

58. · What does the man suggest about the seminar?

(A) It is located far from his present location.
(B) It is scheduled to last for the entire weekend.
(C) It is not worth paying a registration fee to attend.
(D) It has several famous people attending.

59. What are the speakers mainly talking about?

(A) Schools in their neighborhood
(B) An upcoming work project
(C) A meeting they will attend soon
(D) A carpooling opportunity

60. What can be inferred about the man?

(A) He is a new employee.
(B) He lives in Triple Oaks.
(C) He takes many business trips.
(D) He is the women's supervisor.

61. What will the speakers most likely do in the future?

(A) Drive to work together
(B) Have their families meet
(C) Move to a new location
(D) Change their jobs

Sugar Cookie Recipe

2½ cups flour
1 cup butter
1½ cups sugar
1 teaspoon vanilla
1 egg

62. Why does the man thank the woman?

(A) She made some cookies for him.
(B) She helped him with his preparations.
(C) She organized a work party.
(D) She gave him a recipe.

63. Look at the graphic. Which amount does the woman suggest reducing?

(A) 2½ cups
(B) 1 cup
(C) 1½ cups
(D) 1 teaspoon

64. What does the man say about the training session?

(A) It has been postponed until later.
(B) He managed to reserve a room for it.
(C) The woman needs to lead a class.
(D) There is a chance no one will attend it.

▶ ▶ ▶GO ON TO THE NEXT PAGE

List of Books Checked Out

Author	Title
Cindy Harper	*Taylor's Run*
Daniel West	*The Art of Drawing*
Arthur Murray	*Musings from beside a Lake*
Alice Mayfield	*The Amazon Rainforest*

Convention Halls	Crystal Hall
Brian Caldwell	Computer Software Training
Ted Colby	Overseas Branches
David Propst	Hiring Issues
Stephen Brooks	Funding Requests

65. Look at the graphic. Which book is overdue?

(A) *Taylor's Run*
(B) *The Art of Drawing*
(C) *Musings from beside a Lake*
(D) *The Amazon Rainforest*

66. What does the man say he will do?

(A) Visit the library today
(B) Renew his library card
(C) Return a book tomorrow
(D) Pay a fine with a check

67. What does the woman tell the man?

(A) His borrowing privileges have been suspended.
(B) She can help him search for the books he needs.
(C) He must return all of his books at once.
(D) The library will be closed for the weekend.

68. Look at the graphic. Who just finished speaking?

(A) Brian Caldwell
(B) Ted Colby
(C) David Propst
(D) Stephen Brooks

69. What does the woman suggest?

(A) The meeting has lasted for a long time.
(B) She has to attend a luncheon soon.
(C) There is no time to complete the meeting.
(D) She wants to hear more about the previous topic.

70. What will the speakers most likely do next?

(A) Fill out some forms
(B) Answer questions
(C) Take a break
(D) Conduct a vote

PART 4

Directions: You will hear some short talks given by a single speaker. You will be asked to answer three questions about what the speaker says in each short talk. Select the best response to each question and mark the letter (A), (B), (C), or (D) on your answer sheet. The talks will not be printed in your test book and will be spoken only one time.

71. Who most likely is the speaker?

(A) An instructor
(B) A customer
(C) An inventor
(D) A director

72. What is on the slides the speaker has?

(A) Instructions
(B) Pictures
(C) Maps
(D) Safety tips

73. What will the listeners do after looking at the slides?

(A) Tour a facility
(B) Use a new product
(C) Take a short quiz
(D) Listen to a talk on safety

---

74. What does the speaker say about the lecture series?

(A) Only university students may attend it.
(B) It is the first lecture of the year.
(C) A small fee is required to attend.
(D) Attendance is normally low.

75. What will Dr. Addison Monroe speak about?

(A) His recent book
(B) A discovery that he made
(C) A paper that he wrote
(D) Some medical research

76. What will happen at the end of Dr. Addison Monroe's speech?

(A) He will answer questions.
(B) He will sign copies of his book.
(C) He will show a short film.
(D) He will have dinner with some people.

---

77. What does the speaker suggest about the weather?

(A) The cool weather is unusual for the season.
(B) It has been raining constantly.
(C) There will be rain the following day.
(D) There is a possibility of snow in the forecast.

78. Why does the speaker mention Coldwater Creek?

(A) To say it flooded in one place
(B) To warn listeners to stay away from it
(C) To state its normal water level
(D) To encourage listeners to swim in it

79. What does the speaker say will happen soon?

(A) Emergency aid will arrive.
(B) More flooding of rivers will occur.
(C) Road repair work will begin.
(D) Local water levels will decline.

---

80. What is the announcement mainly about?

(A) Building renovations
(B) An upcoming inspection
(C) The closure of some offices
(D) New tenants who are moving in

81. What does the speaker encourage listeners to do?

(A) Avoid a building on the weekend
(B) Pay their rent on time
(C) Use the stairs
(D) Remove obstructions in the halls

82. What does the speaker most likely mean when he says, "Please be sure not to miss it"?

(A) Listeners should read a notice.
(B) Listeners should visit a Web site.
(C) Listeners should watch a program.
(D) Listeners should obtain a survey form.

▶ ▶ ▶GO ON TO THE NEXT PAGE

83. What caused the workers to get hurt?

(A) A worker's error
(B) A fire in a facility
(C) A driving accident
(D) Faulty equipment

84. Why does the speaker say, "Cost is nothing to worry about"?

(A) To point out that spending is very high
(B) To emphasize the importance of safety
(C) To encourage the listeners to buy more equipment
(D) To approve a request for additional funds

85. What will happen next week?

(A) The CEO will give a speech.
(B) A budget will be introduced.
(C) A special course will be held.
(D) A factory will be inspected.

86. What does the speaker mention about Drive Away Rentals?

(A) It opened last week.
(B) It has a single location.
(C) It charges the city's cheapest rates.
(D) It only has large vehicles.

87. How can a customer get a discount?

(A) By making an online reservation
(B) By booking a vehicle in person
(C) By renting a vehicle for three days
(D) By choosing to book a sports car

88. Why does the speaker recommend visiting a Web site?

(A) To learn about various opportunities
(B) To inquire about vehicle rates
(C) To read comments about the company
(D) To learn about some vehicles' safety features

89. Where most likely do the listeners work?

(A) At a construction firm
(B) At a national park
(C) At a government office
(D) At a landscaping company

90. What does the speaker say about some clients?

(A) They have complained about the service they received.
(B) They have signed new contracts with the company.
(C) They have taken their business to other companies.
(D) They have asked to speak to the workers personally.

91. What does the speaker tell Terry to do?

(A) Assist one of his colleagues
(B) Trade work assignments with Marvin
(C) Finish his job by the end of the day
(D) Come to work on the weekend

Recipient	Address
Albert Watson	88 Brookline Avenue
David Arthur	65 Livingstone Lane
Matthew Roth	901 Quartermaster Road
Percy Chapman	58 Anderson Street

92. What is the problem?

(A) An item cannot be delivered.
(B) A person will not accept a delivery.
(C) An address is incorrect.
(D) A customer has not paid for an order.

93. Look at the graphic. Whose home is the speaker at now?

(A) Albert Watson's
(B) David Arthurs's
(C) Matthew Roth's
(D) Percy Chapman's

94. What does the speaker request Mr. Pierce to do?

(A) Deliver an item for him
(B) Make a telephone call
(C) Provide someone with information
(D) Speak with a supervisor

Presenter	Time	Topic
Alicia Stewart	9:00 A.M. – 10:00 A.M.	Social Media and You
Roger Morris	10:00 A.M. – 10:40 A.M.	Using Newspapers for Marketing
Clyde Struthers	10:40 A.M. – 11:30 A.M.	Making the Most of Your Budget
Peter Lee	11:30 A.M. – 12:00 P.M.	Creating Viral Ads

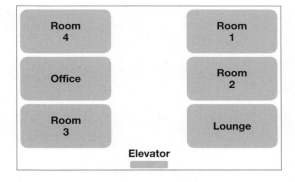

95. What does the speaker suggest about the conference?

(A) It offers group discounts.
(B) It does not permit repeat customers.
(C) It is held on a regular basis.
(D) It is the second in a series of events.

96. Look at the graphic. What is the title of Linda Peterson's talk?

(A) Social Media and You
(B) Using Newspapers for Marketing
(C) Making the Most of Your Budget
(D) Creating Viral Ads

97. What does the speaker say about Linda Peterson?

(A) She is a local businesswoman.
(B) She is making her speaking debut.
(C) She has years of experience in marketing.
(D) She has worked with his firm before.

98. Why will the speaker have a meeting later today?

(A) To discuss a budget report
(B) To see a product demonstration
(C) To reach an agreement on a deal
(D) To discuss compensation for an error

99. Why did the speaker change offices?

(A) Her old one suffered some damage.
(B) She received a promotion recently.
(C) Her manager requested that she move.
(D) She transferred to a different office.

100. Look at the graphic. Where is the speaker's office?

(A) Room 1
(B) Room 2
(C) Room 3
(D) Room 4

TEST
05

적정 풀이 시간 45분

45 min

시작 시간 ___시 ___분	목표 개수 _____ / 100
종료 시간 ___시 ___분	실제 개수 _____ / 100

- 중간에 멈추지 말고 처음부터 끝까지 풀어보세요.
  문제를 풀 때에는 실전처럼 답안지에 마킹하세요.

- 정답 개수에 5를 곱하면 대략적인 점수가 됩니다.

LISTENING TEST

In the Listening test, you will be asked to demonstrate how well you understand spoken English. The entire Listening test will last approximately 45 minutes. There are four parts, and directions are given for each part. You must mark your answers on the separate answer sheet. Do not write your answers in the test book.

PART 1

Directions: For each question in this part, you will hear four statements about a picture in your test book. When you hear the statements, you must select the one statement that best describes what you see in the picture. Then find the number of the question on your answer sheet and mark your answer. The statements will not be printed in your test book and will be spoken only one time.

Statement (B), "They are sitting at a table," is the best description of the picture. So you should select answer (B) and mark it on your answer sheet.

1.

2.

▶ ▶ ▶ GO ON TO THE NEXT PAGE

TEST 05

3.

4.

5.

6.

▶ ▶ ▶GO ON TO THE NEXT PAGE

PART 2

Directions: You will hear a question or statement and three responses spoken in English. They will not be printed in your test book and will be spoken only one time. Select the best response to the question or statement and mark the letter (A), (B), or (C) on your answer sheet.

7. Mark your answer on your answer sheet.

8. Mark your answer on your answer sheet.

9. Mark your answer on your answer sheet.

10. Mark your answer on your answer sheet.

11. Mark your answer on your answer sheet.

12. Mark your answer on your answer sheet.

13. Mark your answer on your answer sheet.

14. Mark your answer on your answer sheet.

15. Mark your answer on your answer sheet.

16. Mark your answer on your answer sheet.

17. Mark your answer on your answer sheet.

18. Mark your answer on your answer sheet.

19. Mark your answer on your answer sheet.

20. Mark your answer on your answer sheet.

21. Mark your answer on your answer sheet.

22. Mark your answer on your answer sheet.

23. Mark your answer on your answer sheet.

24. Mark your answer on your answer sheet.

25. Mark your answer on your answer sheet.

26. Mark your answer on your answer sheet.

27. Mark your answer on your answer sheet.

28. Mark your answer on your answer sheet.

29. Mark your answer on your answer sheet.

30. Mark your answer on your answer sheet.

31. Mark your answer on your answer sheet.

PART 3

Directions: You will hear some conversations between two or three people. You will be asked to answer three questions about what the speakers say in each conversation. Select the best response to each question and mark the letter (A), (B), (C), or (D) on your answer sheet. The conversations will not be printed in your test book and will be spoken only one time.

32. Why is the woman unhappy?

(A) She will not get transferred.
(B) She dislikes her working hours.
(C) She cannot take a vacation.
(D) She is not getting paid enough.

33. According to the man, where did he get the information from?

(A) A bulletin board
(B) A text message
(C) A Web site
(D) His manager

34. What does the man suggest?

(A) He is going to quit his job sometime next month.
(B) The company is going to expand to another country soon.
(C) Many employees are displeased with their working conditions.
(D) Several employees will be getting fired next week.

35. What are the speakers mainly discussing?

(A) Their need to improve profits
(B) A new service they will offer
(C) A potential project by the city
(D) The office they are currently renting

36. What does the man want to do?

(A) Schedule a meeting
(B) Have his taxes done by a professional
(C) Recruit some foreign investors
(D) Move the business to another location

37. What does the woman suggest?

(A) She can acquire the necessary funding.
(B) She will not make an immediate decision.
(C) She is considering acquiring another company.
(D) She will schedule a meeting with the mayor.

38. Why does the woman congratulate the man?

(A) He wrote a good article.
(B) He was nominated for a prize.
(C) He was given a promotion.
(D) He won an award.

39. According to the man, what did the Bertrand Foundation do?

(A) Paid for his travel
(B) Provided funding
(C) Helped with research
(D) Edited a paper

40. Why is the man unavailable this week?

(A) He has scheduled some time off.
(B) He needs to be in the office.
(C) He is going on a business trip.
(D) He is moving to a new home.

41. In which department do the speakers most likely work?

(A) Information Technology
(B) Accounting
(C) Research and Development
(D) Marketing

42. What does the woman suggest doing?

(A) Inspecting some machinery
(B) Calling in an expert
(C) Speaking with a supervisor
(D) Downloading some software

43. Why is the man unable to help the woman now?

(A) He has to go to lunch.
(B) He is going to teach a class.
(C) He is meeting a client.
(D) He has to repair some equipment.

▶▶▶GO ON TO THE NEXT PAGE

44. What does the man say about Mr. Carter?

(A) He recommended the speakers' company to others.
(B) He canceled an order of decorations he made.
(C) He requested that additional work be done at his office.
(D) He plans to visit the office to meet in person.

45. What does the man most likely mean when he says, "I'll take care of that"?

(A) He will talk to a new client.
(B) He will sign a document.
(C) He will thank Mr. Carter.
(D) He will arrange an interview.

46. What does the woman suggest doing?

(A) Hiring some workers
(B) Rejecting some offers
(C) Raising their prices
(D) Opening another branch

47. What does the woman want?

(A) A better position
(B) A longer vacation
(C) More benefits
(D) More money

48. Who most likely is Mr. Albertson?

(A) The CEO of the speakers' company
(B) The director of the Marketing Department
(C) The woman's direct supervisor
(D) A client of the speakers

49. What does the man suggest the woman do?

(A) Talk to another person
(B) Apply for a job abroad
(C) Accept a promotion from him
(D) Improve her education

50. What is the subject of the woman's talk?

(A) Using computer software
(B) Meeting new clients
(C) Protecting valuable information
(D) Competing in the marketplace

51. What do the speakers agree on?

(A) That the man should interview some workers
(B) That the man should take a training course
(C) That the woman should work harder
(D) That the woman should discuss certain actions

52. What does the man most probably mean when he says, "My office is available if you like"?

(A) The woman can have a meeting in his office.
(B) He can listen to the woman's speech.
(C) His office is currently empty.
(D) Anyone is free to use his office.

53. Where most likely does the conversation take place?

(A) At a car dealership
(B) At a shopping center
(C) At a gas station
(D) At a rest stop

54. What problem does the woman mention?

(A) Her car cannot go very fast.
(B) Her car is making some noises.
(C) Her car uses too much gas.
(D) Her car has faulty brakes.

55. What does the woman tell the man to do?

(A) Lend her another car to drive
(B) Introduce her to a mechanic
(C) Give her a price estimate
(D) Contact her on the telephone

56. What does the woman suggest about the staff meeting?

(A) It should already have finished.
(B) She was not invited to it.
(C) Only executives are attending it.
(D) It is held twice a month.

57. Why is the woman unable to check the schedule?

(A) She forgot her password.
(B) It has not been released yet.
(C) The office computers are offline.
(D) She does not know where she put it.

58. What does the man imply when he says, "I really appreciate it, Mark"?

(A) He is glad Mark will repair his computer.
(B) He agrees with the advice Mark gave him.
(C) He is willing to let Mark meet his client.
(D) He accepts the offer to use Mark's office.

59. Where do the speakers most likely work?

(A) At a real estate agency
(B) At a landscaping company
(C) At an architectural firm
(D) At a government agency

60. What is the man's problem?

(A) He did not follow some instructions.
(B) He took too long to finish a project.
(C) He did not meet a client in person.
(D) He made some wrong calculations.

61. What does the woman request by Thursday?

(A) That the man acquire some materials
(B) That the man call Mr. Granger
(C) That the man assist her with a project
(D) That the man complete an assignment

62. What does the man say about the company?

(A) It will hire workers soon.
(B) Morale is poor.
(C) It is doing poorly.
(D) Profits are high.

63. What do the women recommend doing?

(A) Meeting some of the top employees
(B) Awarding cash bonuses
(C) Finding a way to make suggestions
(D) Conducting a surprise inspection

64. What is suggested about the man?

(A) He works in the computer industry.
(B) He recently started working at the firm.
(C) He wants to give the women a raise.
(D) He supports the women's idea.

▶ ▶ ▶GO ON TO THE NEXT PAGE

Name	Feature
Thompson Gourmet Food	Cheapest Prices
Claude's Fine Dining	Fresh Ingredients
Anderson Catering	Vegetarian Dishes
Top Market	Ethnic Cuisine

65. What are the speakers preparing for?

(A) An inspection by the government
(B) A visit by upper-level employees
(C) A meeting with some stockholders
(D) A conference they will attend

66. What will the woman arrange?

(A) A tour
(B) A demonstration
(C) A contract signing
(D) A lecture

67. Look at the graphic. Which service will the man most likely contact?

(A) Thompson Gourmet Food
(B) Claude's Fine Dining
(C) Anderson Catering
(D) Top Market

Warranty Restrictions

The following are not covered by this warranty:

1) Items purchased more than 2 years ago
2) Items repaired by an unauthorized individual
3) Items using batteries not made by Felton, Inc.
4) Items modified by the user in any way

68. What type of item does the woman have?

(A) A laptop computer
(B) A kitchen appliance
(C) A stereo system
(D) A video recorder

69. Look at the graphic. Why is the woman's item not covered by the warranty?

(A) Restriction 1
(B) Restriction 2
(C) Restriction 3
(D) Restriction 4

70. What is suggested about the woman?

(A) She is able to repair the item herself.
(B) She wants to purchase a warranty.
(C) She would rather buy a new item.
(D) She does not mind paying for repairs.

PART 4

Directions: You will hear some short talks given by a single speaker. You will be asked to answer three questions about what the speaker says in each short talk. Select the best response to each question and mark the letter (A), (B), (C), or (D) on your answer sheet. The talks will not be printed in your test book and will be spoken only one time.

71. What does the speaker say about the items the store sells?

(A) They are available at reduced prices.
(B) They are hard to find at other stores.
(C) They are being sold for the first time.
(D) They are for sale on the store's Web site.

72. For how long is the class being offered?

(A) One week
(B) One month
(C) Two months
(D) All spring

73. What should people do to enroll in a class?

(A) Make a purchase
(B) Send an e-mail
(C) Call a store
(D) Pay a fee

74. In which department do the listeners most likely work?

(A) Sales
(B) Marketing
(C) Human Resources
(D) Accounting

75. What will the speaker do next week?

(A) Update some software
(B) Return to a company
(C) Sign a contract
(D) Go on a trip abroad

76. What does the speaker mean when she says, "That's the best way to learn"?

(A) She is willing to answer the listeners' questions.
(B) The listeners should practice to get everything right.
(C) It is important to listen closely to the speaker.
(D) Demonstrations are the most effective learning methods.

77. Where most likely do the listeners work?

(A) At a restaurant
(B) At a clothing store
(C) At a stationery store
(D) At a supermarket

78. What is the problem?

(A) The business is not making money.
(B) Several workers recently quit their jobs.
(C) The quality of a product is declining.
(D) Employees are doing their jobs poorly.

79. What does the speaker want to be informed about?

(A) Returned merchandise
(B) Employee mistakes
(C) Customer complaints
(D) Broken machinery

80. What is the announcement mainly about?

(A) A seasonal sale
(B) A discount offer
(C) A new line of items
(D) A customer survey

81. Why does the speaker tell members to check their e-mail?

(A) To find a registration form
(B) To learn how to upgrade a membership
(C) To get some online coupons
(D) To obtain a special code

82. Why does the speaker say, "You need to act fast"?

(A) Supplies of items are limited.
(B) Only some customers can get lower prices.
(C) An offer will end soon.
(D) Few free items are available.

▶ ▶ ▶ GO ON TO THE NEXT PAGE

83. Why is Catherine Bell unable to check her voicemail?

(A) She is on vacation.
(B) She is attending a meeting.
(C) She is traveling abroad.
(D) She is leading a training session.

84. How does Catherine Bell request that people contact her?

(A) By e-mail
(B) By telephone
(C) By text message
(D) In person

85. Why would a listener talk to Cindy?

(A) To arrange a personal meeting
(B) To get Catherine Bell's personal number
(C) To set up a conference call
(D) To discuss something important

86. What is the broadcast mainly about?

(A) The lack of a response from the mayor
(B) The traffic situation downtown
(C) The way local motorists are driving
(D) The conditions of the roads in a city

87. What does the speaker mean when he says, "This cannot be tolerated any longer"?

(A) The mayor must give an answer at once.
(B) More money should be budgeted now.
(C) Repairs need to be made immediately.
(D) Laws must be passed to control bad drivers.

88. What will most likely happen next?

(A) Listeners will make comments.
(B) The mayor will be interviewed.
(C) Some music will be played.
(D) A news update will be given.

89. What type of event is being celebrated?

(A) An anniversary
(B) A new construction project
(C) A grand opening
(D) A sales achievement

90. What did Ms. Wilkinson do?

(A) Designed a hospital
(B) Hired some doctors
(C) Organized an event
(D) Financed a building

91. What does the speaker request Ms. Wilkinson do?

(A) Speak to the audience
(B) Sign a contract
(C) Wave to the crowd
(D) Reconsider her actions

92. Where do the listeners most likely work?

(A) At a logistics company
(B) At a shoe manufacturer
(C) At a supermarket
(D) At a law firm

93. What does the speaker suggest about Louis?

(A) He runs the Sales Department.
(B) He decides on the departmental budgets.
(C) He needs to spend more money.
(D) He will lead a new campaign.

94. Why did one department's budget get increased?

(A) It will hire more employees.
(B) It will send employees on sales trips.
(C) It will work on research and development.
(D) It will run advertisements.

Customer Survey Results

Category	1 (lowest)	2	3	4	5 (highest)
Prices					X
Customer Service				X	
Store Appearance		X			
Selection					X
Return Policy			X		

95. How were the survey forms most likely submitted to the company?

(A) By e-mail
(B) By mail
(C) By hand
(D) By fax

96. Look at the graphic. Which category does the speaker want to discuss?

(A) Customer Service
(B) Store Appearance
(C) Selection
(D) Return Policy

97. What will the speaker probably do next?

(A) Ask the listeners for their opinions
(B) Read some printed material out loud
(C) Present some numbers from the survey
(D) Introduce a guest speaker to the listeners

Shiny Teeth Dental Clinic Schedule

Day	Time	Dentist
Thursday	9:00 A.M. – 1:00 P.M.	Dr. Rose
Thursday	1:00 P.M. – 6:00 P.M.	Dr. Adler
Friday	9:00 A.M. – 1:00 P.M.	Dr. Stewart
Friday	1:00 P.M. – 6:00 P.M.	Dr. Price

98. Why did Betty Sullivan call the listener?

(A) To ask him for some personal information
(B) To remind him about an appointment
(C) To tell him to bring his insurance card
(D) To advise him that he must pay cash

99. Why is Dr. Patterson unavailable?

(A) He has a personal problem.
(B) He is on vacation.
(C) He is taking classes in another city.
(D) He is attending a professional event.

100. Look at the graphic. Which dentist is the listener scheduled to see?

(A) Dr. Rose
(B) Dr. Adler
(C) Dr. Stewart
(D) Dr. Price

`<파트별 실전문제집>` 분야 베스트셀러
부동의 누적 판매 1위!

시나공 토익

NEW 파트 1·2·3·4 실전문제집

토미 지음 | 532쪽 | 18,000원

특별 부록 : 독학용 학습 노트, 파트2 200문제, 다양한 버전의 MP3 제공

시나공 토익

NEW 파트 5·6 실전문제집

강진오, 강원기 지음 | 384쪽 | 15,000원

특별 부록 : 독학용 학습 노트(MP3포함) 고득점용 추가 문제 20회분(별책), 독학용 복습노트 PDF, 어휘 문제 2회분

시나공 토익

NEW 파트 7 실전문제집

강진오, 강원기 지음 | 500쪽 | 16,000원

특별 부록 : 독학용 복습 노트, 고난도 100문제, 패러프레이징 암기장

무료! 자세한 해설집 + 독학용 학습 노트 + 추가 학습 자료

- 파트 1·2·3·4 : 받아쓰기 훈련, 어려워진 파트 2 추가 200문제!
- 파트 5·6 : 고득점용 추가 문제 20회분, 고득점용 어휘 문제 추가 2회분!
- 파트 7 : 직독직해 훈련, 고난도 추가 100문제!

권장하는 점수대	400	500	600	700	800	900

이 책의 난이도	쉬움	비슷함	어려움

900점은 기본, 만점까지 가능한 고득점용 실전 1000제!

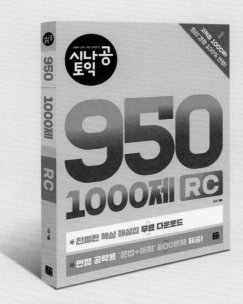

시나공 토익
시나공 토익 950 1000제 RC
니오 지음 | 428쪽 | 12,900원
특별부록 : 해설집 무료 다운로드, 만점 공략용 추가 600제 제공

시나공 토익
시나공 토익 950 1000제 LC
백형식 지음 | 280쪽 | 12,900원
특별 부록 : 해설집 무료 다운로드 ,학습용 MP3 4종,
　　　　　　만점 공략용 파트 2 출제 표현집

······ **극강의 가성비! 자세한 해설집 + 만점 공략용 학습자료** ······

❶ 오답까지 자세하게 설명한 친절한 해설집 무료 다운로드

❷ 만점 공략용 추가 '문법+어휘 600문제'

❸ 만점 공략용 '파트 2 출제 표현집 + 학습용 MP3'

권장하는 점수대	400	500	600	700	800	900

이 책의 난이도	쉬움	비슷함	어려움

<파트별 실전문제집> 분야 베스트셀러
부동의 누적 판매 1위!

시나공 토익
NEW 파트 1·2·3·4
실전문제집

토미 지음 | 532쪽 | 18,000원
특별 부록 : 독학용 학습 노트, 파트 2 200문제,
다양한 버전의 MP3 제공

시나공 토익
NEW 파트 5·6
실전문제집

강진오, 강원기 지음 | 384쪽 | 15,000원
특별 부록 : 독학용 학습 노트(MP3포함)
고득점용 추가 문제 20회분(별책),
독학용 복습노트 PDF, 어휘 문제 2회분

시나공 토익
NEW 파트 7
실전문제집

강진오, 강원기 지음 | 500쪽 | 16,000원
특별 부록 : 독학용 복습 노트,
고난도 100문제, 패러프레이징 암기장

무료! 자세한 해설집 + 독학용 학습 노트 + 추가 학습 자료

- 파트 1·2·3·4 : 받아쓰기 훈련, 어려워진 파트 2 추가 200문제!
- 파트 5·6 : 고득점용 추가 문제 20회분, 고득점용 어휘 문제 추가 2회분!
- 파트 7 : 직독직해 훈련, 고난도 추가 100문제!

권장하는 점수대	400	500	600	700	800	900

이 책의 난이도	쉬움	비슷함	어려움

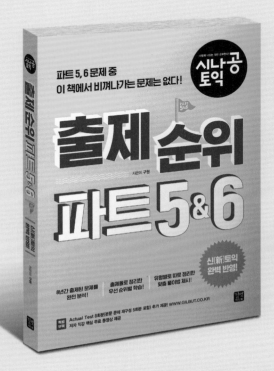

토익 실전서는 이 책 한 권이면 충분합니다!

········ 900은 기본, 만점까지 가능한 12회분, 2400제 수록! ········

❶ 최신 경향을 반영한 12회분, 2400제 수록!
최근 출제 경향을 완벽하게 반영한 2400제를 수록했습니다.

❷ 친절한 해설집 온라인 무료 다운로드!
필요한 문제만 간편하게 확인할 수 있게 해설집을 PDF로 제공합니다.

❸ 만점 대비용 '독학용 복습 노트' 제공!
저자들의 강의 노하우가 담긴 '만점 훈련용' 독학용 학습노트를 제공합니다.

> **LC** 저자의 수업 방식을 그대로 가져온 소리 통암기 훈련 및 MP3 제공
> **RC** 고득점을 좌우하는 어휘 문제를 통해 고난도 어휘 학습

❹ 실전용, 복습용, 1.2배속, 고사장 소음버전 MP3 무료 다운로드!
www.gilbut.co.kr에서 무료로 다운로드 하세요.

| 권장하는 점수대 | 400 | 500 | 600 | 700 | 800 | 900 | | 이 책의 난이도 | 쉬움 | 비슷함 | 어려움 |

실전문제집
LISTENING
정답 & 해설

엄대섭 지음

길벗
이지:톡

초초강추 토익 LC 실전문제집

초판 발행 · 2019년 12월 24일

지은이 · 엄대섭
발행인 · 이종원
발행처 · ㈜도서출판 길벗
출판사 등록일 · 1990년 12월 24일
주소 · 서울시 마포구 월드컵로 10길 56(서교동)
대표전화 · 02) 332-0931 | **팩스** · 02) 322-6766
홈페이지 · www.gilbut.co.kr | **이메일** · eztok@gilbut.co.kr

기획 및 책임편집 · 고경환 (kkh@gilbut.co.kr) | **디자인** · 최주연 | **제작** · 이준호, 손일순, 이진혁
영업마케팅 · 김학흥, 장봉석 | **웹마케팅** · 이수미, 최소영 | **영업관리** · 심선숙 | **독자지원** · 송혜란, 홍혜진

CTP 출력 및 인쇄 · 예림인쇄 | **제본** · 예림바인딩

ISBN 979-11-6521-016-8 03740
(이지톡 도서번호 301033)

정가 13,000원

독자의 1초까지 아껴주는 정성 길벗출판사
㈜도서출판 길벗 | IT실용, IT/일반 수험서, 경제경영, 취미실용, 인문교양(더퀘스트) www.gilbut.co.kr
길벗이지톡 | 어학단행본, 어학수험서 www.eztok.co.kr
길벗스쿨 | 국어학습, 수학학습, 어린이교양, 주니어 어학학습, 교과서 www.gilbutschool.co.kr

목차

＊자세한 해설을 확인하고 싶으시면 홈페이지에서 해설집을 다운로드하세요.(www.gilbut.co.kr)

TEST 정답표

01

1. (D)	2. (A)	3. (B)	4. (B)	5. (C)	6. (D)	7. (C)	8. (C)	9. (B)	10. (C)
11. (A)	12. (A)	13. (C)	14. (B)	15. (C)	16. (A)	17. (B)	18. (C)	19. (A)	20. (B)
21. (A)	22. (C)	23. (C)	24. (B)	25. (A)	26. (C)	27. (A)	28. (B)	29. (A)	30. (A)
31. (C)	32. (C)	33. (D)	34. (A)	35. (B)	36. (A)	37. (D)	38. (D)	39. (A)	40. (A)
41. (C)	42. (B)	43. (B)	44. (D)	45. (A)	46. (B)	47. (C)	48. (A)	49. (B)	50. (B)
51. (C)	52. (A)	53. (B)	54. (A)	55. (D)	56. (C)	57. (A)	58. (C)	59. (A)	60. (B)
61. (A)	62. (C)	63. (B)	64. (A)	65. (B)	66. (C)	67. (A)	68. (A)	69. (B)	70. (D)
71. (B)	72. (D)	73. (A)	74. (B)	75. (C)	76. (D)	77. (C)	78. (C)	79. (D)	80. (B)
81. (A)	82. (D)	83. (B)	84. (A)	85. (A)	86. (B)	87. (C)	88. (B)	89. (C)	90. (D)
91. (C)	92. (D)	93. (B)	94. (A)	95. (A)	96. (C)	97. (D)	98. (C)	99. (D)	100. (B)

02

1. (A)	2. (B)	3. (D)	4. (A)	5. (A)	6. (D)	7. (C)	8. (A)	9. (B)	10. (C)
11. (A)	12. (C)	13. (B)	14. (C)	15. (B)	16. (C)	17. (B)	18. (A)	19. (B)	20. (C)
21. (C)	22. (A)	23. (B)	24. (A)	25. (B)	26. (B)	27. (C)	28. (A)	29. (B)	30. (C)
31. (C)	32. (C)	33. (B)	34. (D)	35. (A)	36. (B)	37. (D)	38. (B)	39. (C)	40. (A)
41. (D)	42. (A)	43. (C)	44. (C)	45. (C)	46. (A)	47. (A)	48. (B)	49. (C)	50. (D)
51. (B)	52. (B)	53. (C)	54. (D)	55. (B)	56. (C)	57. (A)	58. (A)	59. (C)	60. (B)
61. (D)	62. (B)	63. (D)	64. (A)	65. (D)	66. (B)	67. (C)	68. (C)	69. (D)	70. (A)
71. (A)	72. (C)	73. (D)	74. (D)	75. (A)	76. (B)	77. (D)	78. (B)	79. (C)	80. (A)
81. (B)	82. (D)	83. (B)	84. (D)	85. (D)	86. (B)	87. (A)	88. (C)	89. (B)	90. (A)
91. (D)	92. (C)	93. (C)	94. (B)	95. (A)	96. (B)	97. (B)	98. (A)	99. (D)	100. (C)

03

1. (C)	2. (B)	3. (A)	4. (A)	5. (D)	6. (B)	7. (C)	8. (A)	9. (B)	10. (A)
11. (B)	12. (C)	13. (B)	14. (C)	15. (B)	16. (B)	17. (A)	18. (B)	19. (C)	20. (C)
21. (B)	22. (A)	23. (C)	24. (A)	25. (A)	26. (A)	27. (C)	28. (B)	29. (A)	30. (B)
31. (B)	32. (B)	33. (D)	34. (A)	35. (D)	36. (C)	37. (A)	38. (A)	39. (D)	40. (B)
41. (B)	42. (C)	43. (C)	44. (B)	45. (A)	46. (A)	47. (D)	48. (B)	49. (D)	50. (B)
51. (C)	52. (A)	53. (B)	54. (D)	55. (B)	56. (C)	57. (A)	58. (D)	59. (B)	60. (C)
61. (D)	62. (C)	63. (A)	64. (D)	65. (B)	66. (D)	67. (C)	68. (C)	69. (A)	70. (A)
71. (C)	72. (D)	73. (A)	74. (B)	75. (C)	76. (C)	77. (B)	78. (A)	79. (D)	80. (A)
81. (B)	82. (C)	83. (C)	84. (A)	85. (C)	86. (B)	87. (D)	88. (C)	89. (B)	90. (C)
91. (A)	92. (C)	93. (A)	94. (C)	95. (B)	96. (D)	97. (B)	98. (A)	99. (C)	100. (C)

TEST 정답표

04

1. (C)	**2.** (B)	**3.** (B)	**4.** (B)	**5.** (B)	**6.** (D)	**7.** (B)	**8.** (C)	**9.** (A)	**10.** (B)
11. (C)	**12.** (A)	**13.** (A)	**14.** (B)	**15.** (C)	**16.** (B)	**17.** (A)	**18.** (C)	**19.** (A)	**20.** (C)
21. (A)	**22.** (B)	**23.** (C)	**24.** (B)	**25.** (A)	**26.** (C)	**27.** (C)	**28.** (C)	**29.** (A)	**30.** (B)
31. (A)	**32.** (A)	**33.** (C)	**34.** (A)	**35.** (B)	**36.** (D)	**37.** (B)	**38.** (C)	**39.** (B)	**40.** (A)
41. (B)	**42.** (D)	**43.** (A)	**44.** (B)	**45.** (A)	**46.** (C)	**47.** (D)	**48.** (C)	**49.** (D)	**50.** (B)
51. (A)	**52.** (D)	**53.** (C)	**54.** (D)	**55.** (C)	**56.** (B)	**57.** (C)	**58.** (A)	**59.** (D)	**60.** (B)
61. (A)	**62.** (D)	**63.** (B)	**64.** (B)	**65.** (C)	**66.** (C)	**67.** (A)	**68.** (B)	**69.** (A)	**70.** (C)
71. (A)	**72.** (B)	**73.** (D)	**74.** (B)	**75.** (D)	**76.** (A)	**77.** (B)	**78.** (A)	**79.** (D)	**80.** (B)
81. (C)	**82.** (A)	**83.** (D)	**84.** (B)	**85.** (C)	**86.** (B)	**87.** (C)	**88.** (A)	**89.** (D)	**90.** (A)
91. (A)	**92.** (A)	**93.** (B)	**94.** (C)	**95.** (C)	**96.** (B)	**97.** (D)	**98.** (C)	**99.** (A)	**100.** (A)

05

1. (B)	**2.** (B)	**3.** (A)	**4.** (D)	**5.** (C)	**6.** (A)	**7.** (C)	**8.** (A)	**9.** (B)	**10.** (A)
11. (C)	**12.** (C)	**13.** (B)	**14.** (B)	**15.** (C)	**16.** (C)	**17.** (A)	**18.** (C)	**19.** (A)	**20.** (B)
21. (B)	**22.** (A)	**23.** (C)	**24.** (A)	**25.** (B)	**26.** (C)	**27.** (A)	**28.** (A)	**29.** (B)	**30.** (A)
31. (B)	**32.** (B)	**33.** (A)	**34.** (C)	**35.** (C)	**36.** (D)	**37.** (B)	**38.** (A)	**39.** (C)	**40.** (C)
41. (A)	**42.** (A)	**43.** (B)	**44.** (A)	**45.** (C)	**46.** (A)	**47.** (A)	**48.** (B)	**49.** (A)	**50.** (C)
51. (D)	**52.** (B)	**53.** (A)	**54.** (B)	**55.** (D)	**56.** (A)	**57.** (C)	**58.** (D)	**59.** (C)	**60.** (A)
61. (D)	**62.** (B)	**63.** (C)	**64.** (D)	**65.** (B)	**66.** (A)	**67.** (C)	**68.** (C)	**69.** (B)	**70.** (D)
71. (A)	**72.** (B)	**73.** (C)	**74.** (D)	**75.** (B)	**76.** (A)	**77.** (A)	**78.** (D)	**79.** (B)	**80.** (B)
81. (D)	**82.** (C)	**83.** (C)	**84.** (A)	**85.** (D)	**86.** (D)	**87.** (C)	**88.** (A)	**89.** (B)	**90.** (D)
91. (A)	**92.** (B)	**93.** (A)	**94.** (D)	**95.** (B)	**96.** (D)	**97.** (B)	**98.** (B)	**99.** (D)	**100.** (A)

LC 정답 및 해설

TEST 01

PART 1

1. 실내 – 남자의 손동작 미W

(A) The man is adjusting his hat.
(B) The man is wearing glasses.
(C) The man is answering the phone.
(D) The man is holding a tool.

해설 파트1 전반부에서 한 사람이 등장하는 사진은 대개 그 사람의 부각된 동작이나 상태를 묘사하는 문제로 출제된다. 남자가 무언가를 재단하는 도구를 들고 있으므로 이를 묘사한 (D)가 정답이다.

🔍 **함정 분석** (A)는 쓰고 있는 모자에 손이 가 있지 않으므로 동작 표현 (is adjusting)이 잘못 되었고, (B)의 안경(glasses)과 (C)의 전화기(phone)는 사진에 등장하지 않으므로 오답이다.

표현 정리 adjust 조절하다, 맞추다 hold 들다, 잡다 tool 도구, 공구

(A) 남자가 모자를 고쳐 쓰고 있다.
(B) 남자가 안경을 쓰고 있다.
(C) 남자가 전화를 받고 있다.
(D) 남자가 도구를 들고 있다.   정답 (D)

2. 야외 – 식물의 위치/상태 미M

(A) Some plants are growing in the ground.
(B) The wheelbarrow is sitting on the path.
(C) The gardener is planting flowers.
(D) The bicycles are being ridden.

해설 사물 묘사 문제의 경우, 최근 들어 부각된 사물의 상태뿐만 아니라 주변 사물의 상태를 정답으로 출제하기도 하므로 등장한 사물의 상태와 위치를 모두 확인할 필요가 있다. 사진 오른쪽으로 지면 위로 초목들이 자라고 있으므로 이를 묘사한 (A)가 정답이다.

🔍 **함정 분석** (B)의 손수레(wheelbarrow)와 (C)의 정원사(gardener)는 사진에 등장하지 않으므로 오답이며, (D)는 사람들이 자전거를 타고 있다는 의미의 수동 진행형 문장인데, 사람이 등장하지 않으므로 오답이다.

표현 정리 plant 초목, 식물; 심다 wheelbarrow (외바퀴) 손수레 sit (어떤 곳에) 있다 path (작은) 길 gardener 정원사 ride 타다(ride-rode-ridden)

(A) 땅에 초목들이 자라고 있다.
(B) 손수레가 길 위에 있다.
(C) 정원사가 꽃을 심고 있다.
(D) 자전거들을 타고 가고 있다.   정답 (A)

3. 실내 – 두 사람의 위치/방향 호M

(A) They are shaking hands.
(B) They are facing each other.
(C) The woman is opening her handbag.
(D) The man is removing his jacket.

해설 두 사람 이상이 등장하는 사진은 개개인의 특징적인 동작이나 상태 뿐만 아니라, 사람들의 공통적인 동작/상태와 규칙적인 방향도 확인해야 한다. 두 사람이 서로 마주보고 있는 사진이므로 (B)가 정답이다.

🔍 **함정 분석** (A)는 악수하는(shaking hands) 동작이 아니므로 동작 묘사가 잘못되었고, (C)의 핸드백(handbag)이나, (D)의 재킷(jacket)은 사진에 보이지 않으므로 오답이다.

표현 정리 shake hands 악수하다 face each other 마주보다 remove (옷 등을) 벗다

(A) 사람들이 악수하고 있다.
(B) 사람들이 마주보고 있다.
(C) 여자가 핸드백을 열고 있다.
(D) 남자가 재킷을 벗고 있다.   정답 (B)

4. 야외 – 보트의 위치/상태 영W

(A) The ships are being loaded.
(B) Boats are floating on the water.
(C) The ships have been tied up to posts.
(D) The boats are approaching the dock.

해설 사람이 등장하지 않는 사물 중심의 사진에서는 사물의 위치와 상태를 확인한다. 보트 몇 대가 물 위에 떠 있는 상태로 정박되어 있으므로 (B)가 정답이다.

🔍 **함정 분석** (A)는 배에 무언가를 싣고 있는 모습이 아니므로 오답이며, (C)의 기둥(posts)이나 (D)의 부두(dock)는 사진에 등장하지 않으므로 오답이다.

표현 정리 load 싣다, 적재하다 float 떠 있다, 띄우다 be tied up 매여[묶여] 있다 post 기둥, 말뚝 approach 접근하다, 다가오다 dock 부두

(A) 배들에 물건을 싣고 있다.
(B) 보트들이 물 위에 떠 있다.
(C) 배들이 기둥에 매여 있다.
(D) 보트들이 부두로 접근하고 있다.   정답 (B)

5. 야외 – 건물의 위치/상태 미W

(A) A sail is being raised with ropes.
(B) A pathway winds down near the shore.
(C) There are some buildings in the background.
(D) Some trees are being planted near the water.

해설 물가를 따라 가로수 길이 보이며, 그 뒤쪽으로 건물들이 보이는 사진이므로 (C)가 정답이다.

🔍 **함정 분석** (A)는 돛을 올리는 장면이나 사람이 보이지 않으므로 오답이며, (B)의 길(pathway)은 사진에 등장하지 않는다. (D)는 나무를 심고 있는 사람들의 모습이 보이지 않으므로 오답이다.

표현 정리 sail 돛 raise 들어올리다 rope 밧줄, 로프 pathway 좁은 길 wind 구불구불하다 shore 해안; 기슭 background 뒤쪽, 배경 plant 심다

(A) 밧줄로 돛을 올리고 있다.
(B) 해안 근처에 구불구불한 길이 나 있다.
(C) 뒤쪽으로 건물들이 있다.
(D) 나무들을 물가에 심고 있다.   정답 (C)

6. 야외 – 의자의 상태 영W

(A) Bicycles are being ridden on the street.
(B) Some pedestrians are walking side by side.
(C) Bikes are being repaired in a park.
(D) Some chairs are occupied.

해설 사람과 사물이 혼재되어 있는 사진의 경우에는 부각된 사람/사물의 동작/상태는 물론, 주변의 상태까지 확인하는 것이 좋다. 사진 뒤쪽으로 의자에 앉아 있는 사람들이 보이므로 (D)가 정답이다.

🔍 **함정 분석** (A)는 자전거가 주차되어 있지만, 타고 있는 사람들은 보이지 않으며, (B)는 나란히 걷고 있는 사람들을 볼 수 없다. (C) 역시 자전거를 수리하고 있는 사람이 보이지 않으므로 동작 묘사가 잘못되었다.

8

표현 정리 **pedestrian** 보행자 **side by side** 나란히 **repair** 수리하다, 고치다 **park** 공원 **occupied** 사용 중인

(A) 길에서 자전거를 타고 가고 있다.
(B) 보행자들이 나란히 걷고 있다.
(C) 공원에서 자전거들이 수리되고 있다.
(D) 의자들을 사용 중이다.   정답 (D)

PART 2

7. 일반 의문문 – Yes/No 또는 우회적인 의미로 답변 〔미W〕 〔미M〕

Is leasing a copier in our budget?

(A) Here are the copies you requested.
(B) No, I didn't buy you any coffee.
(C) I'm sure we can afford it.

해설 복사기를 예산으로 대여할 건지 묻는 질문에 그럴 여유가 될 거라며 Yes의 의미로 답한 (C)가 정답이다.

🔍 함정 분석 (A)의 copies와 (B)의 coffee는 질문의 copier를 듣고 혼동하기 쉬운 유사 발음을 이용한 함정이다.

표현 정리 **lease** 대여하다 **copier** 복사기 **budget** 예산 **copy** 사본 **request** 요청하다 **afford** ~할 여유가 되다

복사기를 예산 내에서 대여하나요?

(A) 여기 당신이 요청한 사본이요.
(B) 아니요, 당신께 커피를 사 드리지 않았어요.
(C) 우리는 분명 그럴 여유가 될 거예요.   정답 (C)

8. 평서문 – 언급한 말에 의견을 보이며 답변 〔호M〕 〔미W〕

The keynote speech was rather interesting.

(A) I didn't bring the key.
(B) Yes, I took a few notes.
(C) I couldn't agree less.

해설 연설이 흥미로웠다는 말에 절대 동의할 수 없다는 표현으로 답한 (C)가 정답이다.

🔍 함정 분석 (A)는 질문의 keynote와 발음이 유사한 key를 이용한 함정이고, (B)는 질문의 speech를 듣고 연상할 수 있는 notes를 이용한 함정이다.

표현 정리 **keynote speech** 기조 연설 **rather** 꽤, 다소 **interesting** 흥미로운 **take a note** 적다, 노트하다 **couldn't agree less** 전적으로 반대하다(↔ **couldn't agree more** 전적으로 동의하다)

기조 연설이 꽤 흥미로웠어요.

(A) 저는 키를 가져오지 않았어요.
(B) 네, 제가 몇 가지 노트를 했어요.
(C) 전적으로 반대해요.   정답 (C)

9. 평서문 – 언급한 말에 되물어보며 답변 〔영W〕 〔호M〕

The leather shoes would look better on you.

(A) No, my shoes aren't leather.
(B) What makes you say that?
(C) I didn't buy that pair of shoes.

해설 가죽 신발이 더 잘 어울릴 거란 말에 왜 그렇게 생각하는지 되묻는 (B)가 정답이다.

표현 정리 **leather shoes** 가죽 신발 **What makes you say that?** 왜 그렇게 말씀하시는 거죠? **pair of** (한) 켤레의

그 가죽 신발이 당신에게 더 잘 어울릴 거예요.

(A) 아니요, 제 신발은 가죽이 아니에요.
(B) 왜 그렇게 말씀하시는 거죠?
(C) 저는 그 신발을 사지 않았어요.   정답 (B)

10. 부가 의문문 – 질문의 not을 무시하고, 답변이 긍정이면 Yes, 그렇지 않으면 No의 의미로 답변 〔미M〕 〔영W〕

You haven't spoken to anyone about the problems, right?

(A) That's not my problem.
(B) There are three things wrong.
(C) Only Mr. Kline.

해설 그 문제들을 아무에게도 얘기하지 않았냐고 확인하는 질문에 Yes를 생략한 채, 얘기한 사람을 언급하며 답한 (C)가 정답이다.

🔍 함정 분석 (A)는 질문의 problem을 반복 사용하여 혼동을 주고 있으며, (B)는 problems를 듣고 연상하기 쉬운 wrong을 이용한 함정이다.

표현 정리 **speak to** ~와 얘기하다 **wrong** 틀린, 잘못된

그 문제들에 대해 아무에게도 얘기하지 않으셨죠, 그렇죠?

(A) 그건 제 문제가 아니에요.
(B) 틀린 게 세 개 있어요.
(C) Kline 씨에게만요.   정답 (C)

11. How 의문문 – 〈How + 일반동사 ~?〉 의문문에 의견 또는 감정을 나타내어 답변 〔미W〕 〔호M〕

How do you feel about flying to Sydney nonstop?

(A) Sounds all right to me.
(B) A ten-hour flight.
(C) No, I haven't been there.

해설 시드니행 직항편으로 가는 게 어떤지 묻는 질문에 긍정의 표현으로 답변한 (A)가 정답이다.

🔍 함정 분석 (B)는 질문의 flying과 유사한 발음의 flight를 이용한 함정이며, (C)는 의문사 의문문은 Yes/No로 응답할 수 없으므로 오답이다.

표현 정리 **fly** 비행기를 타고 가다 **nonstop** 직항으로; 휴식 없이 **sound** ~인 것 같다 **all right** 괜찮은, 받아들일 만한

시드니행 직항편으로 가는 건 어떠세요?

(A) 괜찮은 것 같아요.
(B) 10시간 비행이요.
(C) 아니요, 그곳에 가본 적 없어요.   정답 (A)

12. 평서문 – 언급한 말에 맞장구 치며 답변 〔미M〕 〔미W〕

The air conditioner stopped working again.

(A) That's the third time this week.
(B) It's pretty cool in here.
(C) Someone just opened the windows.

해설 에어컨이 또 멈췄다는 말에 이번 주만 세 번째라며 맞장구 친 (A)가 정답이다.

🔍 함정 분석 (B)는 질문의 air conditioner를 듣고 연상하기 쉬운 cool을 이용한 함정이며, (C) 역시 질문의 air conditioner를 듣고 연상할 수 있는 표현으로 오답을 유도한 함정이다.

에어컨이 또 작동하지 않네요.

(A) 이번 주만 세 번째네요.
(B) 이 안은 꽤 시원해요.
(C) 누군가 방금 창문을 열었어요. 정답 (A)

13. 요청문 – 요청 문의에 우회적인 응답으로 완곡하게 거절한 답변
[호M] [영W]

Do you mind running the projector at the meeting?

(A) This quarter's projections are due soon.
(B) No, I haven't gone running lately.
(C) I've got a doctor's appointment this afternoon.

해설 프로젝터를 작동시켜 주겠냐는 문의에 오후에 병원 예약이 되어 있어서 자신은 하기 힘들다는 것을 우회적으로 말한 (C)가 정답이다.

🔍 함정 분석 (A)는 질문의 projector와 유사한 발음의 projections를 이용하여 오답을 유도하고 있으며, (B)는 질문의 running을 반복 사용하여 혼동을 주고 있다.

표현 정리 **run** 작동시키다 **projection** 예상, 추정 **due** (~하기로) 예정된 **go running** 달리기하다 **lately** 최근에 **doctor's appointment** 진료 예약

그 회의에서 프로젝터를 작동시켜 주시겠어요?

(A) 이번 분기 예상치가 곧 나올 예정이에요.
(B) 아니요, 최근에는 달리기하지 않았어요.
(C) 제가 오늘 오후에 진료 예약이 되어 있어서요. 정답 (C)

14. 제공문 – 다과 제의에 특정 음료를 들어 답변 [미W] [미M]

Would you care for some refreshments?

(A) She doesn't care at all.
(B) Some coffee would be nice.
(C) The tea refreshed everyone.

해설 다과를 드시겠냐는 제의에 커피가 좋겠다며 우회적으로 수락한 (B)가 정답이다.

🔍 함정 분석 (A)는 질문의 care를 반복 사용하여 혼동을 주고 있으며, (C)는 질문의 refreshments의 파생어인 refreshed로 함정을 유도하고 있다.

표현 정리 **Would you care for ~?** ~하시겠어요? **refreshments** 다과, 음료 **care** 상관하다, 관심을 갖다 **not ~ at all** 전혀 ~하지 않다 **refresh** 생기를 되찾게 하다

다과를 좀 드릴까요?

(A) 그녀는 전혀 신경쓰지 않아요.
(B) 커피가 좋겠어요.
(C) 그 차가 모두를 상쾌하게 해줬어요. 정답 (B)

15. Which 의문문 – 특정 대상의 선택을 요구하는 질문에 대상 모두를 선택한 답변 [미M] [영W]

Which executives will be attending today's meeting?

(A) He's in charge of marketing.
(B) Around three thirty.
(C) All of them, I believe.

해설 어느 이사가 참석할 건지 묻는 질문에 이사들 모두 참석할 거라고 답변한 (C)가 정답이다.

🔍 함정 분석 (A)는 질문의 executives를 듣고 연상하기 쉬운 표현으로 혼동을 유도하고 있으며, (B)는 When 의문문에 어울리는 응답이다.

표현 정리 **executive** (기업의) 이사, 간부 **attend** 참석하다 **in charge of** ~을 담당하는

오늘 회의에 어느 이사님들이 참석할 건가요?

(A) 그는 마케팅을 담당하고 있어요.
(B) 세시 반쯤이요.
(C) 그들 모두일 거예요. 정답 (C)

16. 간접 의문문 – 만날 장소를 묻는 질문에 특정 장소로 답변 [영W] [미W]

Do you know where Mr. Lawrence wants to meet us?

(A) In the conference room.
(B) Right away.
(C) About our project.

해설 Lawrence 씨가 만나고 싶어 하는 장소를 묻는 질문에 회의실에서라고 응답한 (A)가 정답이다.

🔍 함정 분석 (B)는 When 의문문에 어울리는 응답이며, (C)는 What 의문문에 어울리는 응답이다.

표현 정리 **conference room** 회의실 **right away** 즉시, 곧바로

Lawrence 씨가 우리를 어디서 만나고 싶어하는지 아세요?

(A) 회의실에서요.
(B) 지금 당장이요.
(C) 우리 프로젝트에 관해서요. 정답 (A)

17. 평서문 – 언급한 말에 의견을 보이며 답변 [영W] [미M]

The accommodations here are rather pleasant.

(A) Checkout time is noon tomorrow.
(B) The rooms are a bit small for me.
(C) For the next three days and nights.

해설 이곳 숙박 시설이 쾌적하다는 말에 자기한테는 좀 작다며 동의하지 않는 의견을 들어 답변한 (B)가 정답이다.

🔍 함정 분석 (A)는 질문의 accommodations를 듣고 연상할 수 있는 checkout time을 이용한 함정이며, (C)는 How long 의문문에 어울리는 답변이다.

표현 정리 **accommodations** 숙박 시설 **rather** 꽤, 상당히 **pleasant** 쾌적한, 즐거운 **a bit** 조금, 약간

이곳 숙박 시설이 상당히 쾌적하네요.

(A) 체크아웃 시간은 내일 정오예요.
(B) 방이 저한테는 조금 작네요.
(C) 다음 사흘 동안이요. 정답 (B)

18. 부정 의문문 – Actuallly를 이용한 답변 [미W] [호M]

Isn't this the lost and found center?

(A) Here's the wallet you lost.
(B) No, I haven't found anything.
(C) Actually, it's the next office.

해설 분실물 센터가 여기 아니냐는 질문에 Actually를 사용하여 새로운 정보로 답한 (C)가 정답이다. 'Actually'는 토익이 좋아하는 응답 방식으로 질문에 이견을 나타내거나 추가 정보를 제공할 때 사용되는 빈출 표현이다.

🔍 **함정 분석** (A)는 질문의 lost를, (B)는 질문의 found를 반복 사용하여 혼동을 유도한 함정이다.

표현 정리 lost and found 분실물 취급소

여기가 분실물 보관 센터 아닌가요?

(A) 당신이 잃어버린 지갑 여기 있어요.
(B) 아니요, 아무것도 찾지 못했어요.
(C) 실은, 옆 사무실이에요.　　　　　　　　　정답 (C)

19. Why 의문문 – 이유를 묻는 질문에 Because를 생략한 채, 특정 이유를 들어 답변 [호M] [미M]

Why is there a forklift in the parking lot?

(A) Some crates need to be moved.
(B) Eat your food with a fork.
(C) It took a while to find parking.

해설 주차장에 지게차가 있는 이유를 묻는 질문에 물건을 옮겨야 해서라고 답한 (A)가 정답이다.

🔍 **함정 분석** (B)는 질문의 forklift와 발음이 유사한 fork를 이용한 함정이며, (C)는 질문의 parking을 반복 사용하여 혼동을 주고 있다.

표현 정리 forklift 지게차 parking lot 주차장 crate 상자 take a while 시간이 좀 걸리다

주차장에 왜 지게차가 있죠?

(A) 상자들을 옮겨야 해서요.
(B) 음식을 포크로 드세요.
(C) 주차장을 찾는 데 시간이 좀 걸렸어요.　　　정답 (A)

20. 선택 의문문 – 식사 장소를 어디로 선택할 건지 묻는 질문에 선택을 포기한 답변 [미W] [미M]

Would you like to eat in or head to the cafeteria?

(A) That's a great idea.
(B) I'm not really very hungry.
(C) No, I haven't had lunch yet.

해설 식사를 안에서 할 건지, 구내식당에서 할 건지 묻는 질문에 배가 별로 안 고프다며 선택을 하지 않은 (B)가 정답이다.

🔍 **함정 분석** (A)는 제안문에 어울리는 응답이며, (C)는 질문의 eat, cafeteria를 듣고 연상하기 쉬운 lunch를 이용한 함정이다.

표현 정리 Would you like to ~? ~하시겠어요? head to ~로 향하다 cafeteria 구내식당

안에서 드시겠어요, 아니면 구내식당으로 가시겠어요?

(A) 그거 아주 좋은 생각이네요.
(B) 배가 많이 고프지는 않네요.
(C) 아니요, 아직 점심을 못 먹었어요.　　　　　정답 (B)

21. 평서문 – 언급한 말에 추가 정보를 제공하며 답변 [호M] [영W]

Construction is going much faster than expected.

(A) We're three weeks ahead of schedule.
(B) No, we're not under budget yet.
(C) That vehicle is driving too fast.

해설 공사가 예정보다 빨리 진행된다고 한 말에 예정보다 3주나 빠르다며 부연 설명한 (A)가 정답이다.

🔍 **함정 분석** (B)는 질문과 전혀 무관한 응답이며, (C)는 질문의 faster의 원급 부사인 fast를 이용하여 유사 발음으로 혼동을 준 함정이다.

표현 정리 ahead of schedule 일정보다 앞선 under budget (비용이) 예산보다 적게 드는

공사가 예상보다 훨씬 빠르게 진행되고 있네요.

(A) 예정보다 3주나 앞당긴 거예요.
(B) 아니요, 아직 예산이 안 돼요.
(C) 저 차는 너무 빨리 달리고 있어요.　　　　정답 (A)

22. 요청문 – 요구를 나타내는 질문에 되물으며 답변 [미W] [미M]

Can I interest you in a premium membership?

(A) I paid a premium for it.
(B) There are dozens of members.
(C) What are the benefits?

해설 프리미엄 멤버십에 관심이 있냐는 질문에 혜택이 무엇인지 추가 정보를 요구한 (C)가 정답이다. Part 2의 되묻기 응답은 정답 가능성이 매우 높지만 최근에는 오답에도 많이 쓰이고 있어 질문과 내용상 어울리는지 꼭 확인해야 한다.

🔍 **함정 분석** (A)는 질문의 premium을 반복 사용하여 혼동을 준 함정이며, (B)는 질문의 membership과 유사한 발음의 members를 이용한 함정이다.

표현 정리 interest ~의 관심을 끌다 premium 고급의; 보험료, 할증료 dozens of 수십의, 많은 benefit 혜택, 이득

프리미엄 멤버십에 관심이 있으신가요?

(A) 할증료를 지불했어요.
(B) 수십 명의 회원이 있어요.
(C) 혜택이 무엇인가요?　　　　　　　　　　정답 (C)

23. 요청문 – 예약 문의에 완곡한 거절 답변 [영W] [미W]

I'd like to reserve a table for six.

(A) Sorry to have kept you waiting.
(B) You'll love reading it.
(C) We're all booked this week.

해설 6인용 테이블을 예약하고 싶다는 말에 예약이 다 찼다며 완곡하게 거절한 (C)가 정답이다.

🔍 **함정 분석** (A)는 질문을 듣고 연상하기 쉬운 식당 표현을 이용한 함정이며, (B)는 질문과 전혀 무관한 응답이다.

표현 정리 reserve 예약하다 book 예약하다

6인용 테이블을 예약하고 싶어요.

(A) 기다리게 해서 죄송해요.
(B) 그것 읽는 것을 좋아할 거예요.
(C) 이번 주에는 예약이 다 찼어요.　　　　　정답 (C)

24. When 의문문 – 특정 시점으로 답변 [영W] [미M]

When do you expect tickets to go on sale?

(A) At least fifty dollars a piece.
(B) No later than Thursday.
(C) By ordering them online.

해설 티켓의 판매 시점을 묻는 질문에 늦어도 목요일에는 판매될 거라며 시간 표현으로 응답한 (B)가 정답이다.

표현 정리 expect 기대하다, 예상하다 **go on sale** 판매하다 **at least** 최소한, 적어도 **no later than** 늦어도 ~까지는 **order** 주문하다

티켓은 언제 판매될 것으로 예상하세요?

(A) 개당 최소 50달러요.
(B) 늦어도 목요일에는요.
(C) 온라인 주문으로요. 　　　　　　　　　　　　 정답 (B)

---

25. 부정 의문문 – 의견을 드러낸 의문문에 우회적으로 대답 미W 호M

Shouldn't we call a taxi to go to the airport?

(A) Our flight doesn't leave until ten.
(B) Take me to Terminal 2, please.
(C) Yes, we just flew in from London.

해설 공항에 가려면 택시를 불러야 하지 않느냐는 질문에 10시나 되어야 떠나니 안 불러도 된다는 의미를 우회적으로 나타낸 (A)가 정답이다.

함정 분석 (B)와 (C)는 각각 질문의 airport를 듣고 연상하기 쉬운 terminal, flew in을 이용한 함정이다.

표현 정리 airport 공항 **not A until B** B가 되어서야 비로소 A하다

공항으로 가려면 택시를 불러야 하지 않을까요?

(A) 우리 비행기는 10시까지는 출발하지 않아요.
(B) 2번 터미널로 데려다 주세요.
(C) 네, 우리는 방금 런던에서 날아왔어요. 　　　　 정답 (A)

---

26. Who 의문문 – 정체를 묻는 질문에 찾아보겠다는 간접 응답 호M 영W

Who is in charge of this office?

(A) We also accept cash and checks.
(B) I'll reverse the charge.
(C) Let me try to find her.

해설 사무실 책임자가 누군지 묻는 질문에 그녀를 찾아보겠다고 답한 (C)가 정답이다.

함정 분석 (A)는 질문의 charge를 '부과하다'는 뜻으로 이해했을 때 연상하기 쉬운 표현(accept cash and checks)을 이용한 함정이며, (B)의 charge는 질문의 charge와 다른 의미로 쓰이긴 했으나 같은 단어를 반복 사용하여 혼동을 준 함정이다.

표현 정리 in charge of ~을 담당하는 **accept** 받아들이다, 수락하다 **cash** 현금 **check** 수표

이 사무실의 책임자는 누구인가요?

(A) 현금과 수표도 받아요.
(B) 혐의를 뒤집을 거예요.
(C) 제가 그녀를 찾아볼게요. 　　　　　　　　　　 정답 (C)

---

27. 일반 의문문 – 경험을 묻는 질문에 음식이 맛있다는 우회적인 표현으로 대답 미W 미M

Have you dined at the new Indian restaurant yet?

(A) The dishes there are incredible.
(B) Yes, he comes from India.
(C) Actually, it's located downtown.

해설 새 인도 식당에서 식사해 봤느냐는 질문에 그곳 요리가 믿기 힘들 정도라며 이미 먹어 봤음을 우회적으로 나타낸 (A)가 정답이다.

함정 분석 (B)는 질문의 Indian의 파생어인 India를 이용하여 혼동을 주고 있으며, (C)는 위치를 묻는 질문에 어울리는 응답이다.

표현 정리 dine 식사를 하다 **dish** 요리 **incredible** 믿을 수 없는

새로 생긴 인도 식당에서 식사해 보셨어요?

(A) 그곳의 요리는 믿기 힘들 정도예요.
(B) 네, 그는 인도에서 왔어요.
(C) 사실, 그곳은 시내에 있어요. 　　　　　　　　 정답 (A)

---

28. What time 의문문 – 시간 의문문에 특정 시간대로 답변 호M 미W

What time is Mr. Simmons supposed to arrive?

(A) Two days ago.
(B) Between six and seven.
(C) No, he's not here.

해설 Simmons 씨가 도착하기로 한 시간을 묻는 질문에 6시에서 7시 사이라며 특정 시간대로 답한 (B)가 정답이다.

함정 분석 (A)는 When 의문문에 어울리는 응답이며, (C)의 경우 의문사 의문문은 Yes/No로 답할 수 없으므로 듣는 즉시 오답 처리한다.

표현 정리 be supposed to ~하기로 되어 있다

Simmons 씨는 몇 시에 도착하기로 되어 있나요?

(A) 이틀 전에요.
(B) 6시에서 7시 사이예요.
(C) 아니요, 그는 여기에 없어요. 　　　　　　　　 정답 (B)

---

29. 제공문 – 컴퓨터를 꺼주겠다는 제의에 끄지 말라는 것을 우회적으로 답변 영W 호M

Do you want me to turn off the computer?

(A) I've got to print a report soon.
(B) Nobody turned it off.
(C) I did some computations.

해설 컴퓨터를 꺼 주겠다는 제의에 곧 보고서를 인쇄해야 한다며 끄지 말 것을 우회적으로 나타낸 (A)가 정답이다.

함정 분석 (B)는 turn off를 반복 사용하여 혼동을 주고 있으며, (C)는 computer와 유사한 발음의 computations를 이용하여 발음 혼동을 준 함정이다.

표현 정리 turn off (전원을) 끄다 **computation** 계산

컴퓨터를 꺼 드릴까요?

(A) 제가 곧 보고서를 인쇄해야 해서요.
(B) 아무도 끄지 않았어요.
(C) 제가 계산을 좀 했어요. 　　　　　　　　　　 정답 (A)

---

30. 평서문 – 언급한 말에 맞장구 치며 답변 미W 미M

I've never interviewed for a management position before.

(A) Neither have I.
(B) I'm glad you got the job.
(C) Sorry to hear the news.

해설 전에 관리직 면접을 본 적이 없다는 말에 자신도 그렇다며 맞장구치며 답한 (A)가 정답이다.

함정 분석 (B)는 질문의 interviewed, management position을 듣고 연상할 수 있는 job을 이용한 함정이며, (C)는 질문과 전혀 무관한 응답이다.

표현 정리 **interview** 면접을 보다 **management position** 관리직

저는 전에 관리직 면접을 본 적이 없어요.

(A) 저도 마찬가지예요.
(B) 취직해서 다행이에요.
(C) 그 소식을 들으니 유감이네요. 　　　　　　　정답 (A)

31. 부가 의문문 – 질문의 not을 무시하고, 답변이 긍정이면 Yes, 그렇지 않으면 No의 의미로 답변 [미W] [호M]

You haven't spoken with Anna yet today, have you?.

(A) She's waiting in her office.
(B) Anna works in Accounting.
(C) I have, and she's quite unhappy.

해설　Anna랑 아직 얘기 안 했냐는 질문에 Yes를 생략한 채, 얘기했다고 하면서 부연 설명한 (C)가 정답이다.

🔍 함정 분석 (A)는 질문과 전혀 무관한 응답이며, (B)는 Anna를 반복 사용하여 혼동을 준 오답이다.

표현 정리 **unhappy** 기분이 나쁜, 불만족스러워 하는

오늘 Anna랑 아직 얘기 안 하셨죠, 그렇죠?

(A) 그녀가 사무실에서 기다리고 있어요.
(B) Anna는 회계부에서 일해요.
(C) 했어요, 그녀가 기분이 꽤 안 좋네요. 　　　　정답 (C)

PART 3

문제 32-34번은 다음 대화를 참조하시오. [미M] [미W]

> M: Tina, I wish you had been here a few minutes ago. I could have used some assistance.
> W: Really? What happened? I was out back taking a break for a few minutes.
> M: A customer asked about the locations of some items. **(32) I found all of the nails and screws he needed. (33) But I couldn't locate the saws. It took me five minutes to find them.**
> W: **(34) There's a paper posted** up by the checkout counter **(34) that mentions where everything in the store is located. (34) Why don't I show it to you so that you can study it and be prepared the next time someone requests assistance**?

남: Tina, 당신이 몇 분 전에 여기 있었으면 좋겠다고 생각했어요. 제가 도움을 좀 받을 수 있었을 텐데요.
여: 정말이요? 무슨 일 있었어요? 저는 뒤에 나가서 잠깐 쉬고 있었어요.
남: 고객 한 분이 몇 가지 물건의 위치를 물어보셨어요. 그 분이 필요하신 못과 나사들은 모두 찾았어요. 그런데, 톱을 찾을 수 없었거든요. 그것들을 찾는 데 5분이나 걸렸어요.
여: 상점 안에 있는 게 모두 어디에 있는지 써 있는 종이가 계산대 옆에 붙어 있어요. 그걸 확인해 두고 다음 번에 누군가 도움을 요청할 때를 대비할 수 있게 제가 보여 드릴까요?

표현 정리 **could have p.p.** ~할 수 있었을 텐데 **assistance** 도움, 지원 **take a break** 휴식을 취하다 **nail** 못 **screw** 나사 **locate** ~의 위치를 찾아내다 **saw** 톱 **post ~ up** ~을 붙이다 **checkout counter** 계산대

---

study 검토하다, 살펴보다

32. 대화 장소/근무지 – 특정 장소와 관련된 단어/표현 포착

해설　대화 중반부에서 남자가 못과 나사는 찾았지만 톱을 찾는 데 어려움을 겪었다고 하며, 상점에서 판매되는 물건들(nails, screws, saws)을 언급한 것을 토대로 화자들이 철물점에서 일한다는 사실을 알 수 있으므로 (C)가 정답이다.

표현 정리 **pharmacy** 약국 **post office** 우체국 **hardware store** 철물점 **florist** 꽃집

화자들은 어디서 일하겠는가?

(A) 약국에서
(B) 우체국에서
(C) 철물점에서
(D) 꽃집에서 　　　　　　　　　　　　　　　정답 (C)

33. 세부 사항 문제 – 문제점 및 남자의 대사에 집중

해설　대화 중반부에서 남자가 톱을 찾는 데 5분이나 걸렸다고 했으므로 (D)가 정답이다.

패러프레이징 locate the saws ▶ locating some items

표현 정리 **have trouble ~ing** ~하는 데 어려움을 겪다 **check out** ~을 확인하다 **process** 처리하다 **refund** 환불

남자는 무엇을 하는 데 어려움이 있었는가?

(A) 고객을 확인하는 것
(B) 환불을 처리하는 것
(C) 온라인으로 주문하는 것
(D) 물건들을 찾는 것 　　　　　　　　　　　정답 (D)

34. 제의/제안/요청 – 여자의 제안 표현에 집중

해설　마지막 여자의 대사에서 물건의 위치가 적힌 종이가 어디에 있는지 알려 주면서, 다음 번에 손님이 도움을 요청할 때를 대비할 수 있도록 자신이 보여 주겠다고 했으므로 (A)가 정답이다.

패러프레이징 show ▶ point out / paper ▶ document

표현 정리 **point out** ~을 가리키며 알려 주다 **shift** 교대 근무, 교대 조 **cash register** 금전 등록기 **complete** 작성하다

여자는 남자를 위해 무엇을 하겠다고 제의하는가?

(A) 문서를 보여 주겠다고
(B) 그의 다음 교대 근무를 해 주겠다고
(C) 그에게 금전 등록기를 보여 주겠다고
(D) 그를 위해 보고서를 작성해 주겠다고 　　　정답 (A)

문제 35-37번은 다음 대화를 참조하시오. [호M] [미W]

> M: **(35) I heard a report that Danielson's is raising the prices of the paint it sells. I made a few calculations and determined that we'll have to pay an extra $350 for each house we paint.**
> W: That will cut into our profit margin by a considerable amount. Do you have any suggestions?
> M: Gleeson Interior has been trying to get us to sign an agreement for a few months. **(36) If we let Gleeson become our main supplier, we could get a cheaper rate.**
> W: That sounds promising. **(37) Make a call and request that one of the store's representatives come here to talk business by the end of the week.**

남: Danielson's가 그들이 판매하는 페인트의 가격을 올릴 거라는 보

고를 받았어요. 제가 계산을 좀 했는데, 우리가 페인트칠하는 집 한 가구당 350달러를 추가로 지불해야 할 거라는 결론이 나왔네요.
여: 그렇게 되면 저희 이윤이 상당히 삭감되겠는데요. 어떤 제안이라도 있으신가요?
남: Gleeson 인테리어가 몇 달 동안 우리와 계약을 맺으려고 노력해 오고 있어요. Gleeson을 우리의 주요 공급처로 하면, 우리가 더 저렴한 요금을 적용받을 수 있겠죠.
여: 그거 좋은데요. 전화하셔서 그 상점 담당자에게 이번 주 말까지 사업 논의를 하러 이곳으로 오라고 요청하세요.

표현 정리 raise 올리다 make a calculation 계산하다 determine 결론을 내리다 profit margin 이윤 considerable (양, 금액이) 상당한 sign an agreement 계약을 맺다 supplier 공급처 rate 요금 That sounds promising. 그거 좋은데요. representative 담당자; 대표

35. 문제점/걱정거리 – 부정적 어구에 집중

해설 첫 번째 남자의 대사에서 거래처인 Danielson's가 페인트 가격을 올리겠다고 했다면서, 그렇게 되면 한 가구당 350달러의 페인트 비용이 더 들어가는 셈이 된다고 했으므로 (B)가 정답이다.

패러프레이징 Danielson's is raising the prices of the paint ▶ A supplier is charging more money.

표현 정리 payment 지급, 납부 process 처리하다 supplier 공급업체 charge 청구하다 no longer 더 이상 ~않은 available 이용 가능한

무엇이 문제인가?
(A) 지불금이 처리되지 않았다.
(B) 공급처가 돈을 더 청구하고 있다.
(C) 배달이 잘못된 곳으로 보내졌다.
(D) 어떤 제품을 더 이상 이용할 수 없다.　　　　정답 (B)

36. 암시/시사 – 남자의 대사에 집중

해설 대화 중반부에서 남자가 Gleeson을 언급하며, 그 회사가 우리의 거래처가 되기를 원한다면서, Gleeson이 주요 공급처가 되면 요금을 더 낮출 수 있다고 암시했으므로 (A)가 정답이다.

패러프레이징 get a cheaper rate ▶ It has low prices.

표현 정리 suggest 암시하다, 시사하다 supply 공급하다

Gleeson 인테리어에 관하여 남자가 암시한 것은?
(A) 가격이 저렴하다.
(B) 제품의 품질이 좋다.
(C) 많은 지역 상점에 공급한다.
(D) 다른 도시에 위치해 있다.　　　　정답 (A)

37. 세부 정보 – 여자의 대사에 집중

해설 여자의 마지막 대사에서 남자에게 전화를 걸어서 사업 논의를 위해 그곳 담당자를 오게 하라고 말했으므로 (D)가 정답이다.

패러프레이징 request that one of the store's representatives come here to talk business ▶ Arrange a meeting

표현 정리 sign a contract 계약하다 negotiate 협상하다

여자는 남자에게 무엇을 하라고 말하는가?
(A) 샘플을 요청하라고
(B) 계약을 맺으라고
(C) 더 낮은 가격으로 협상하라고
(D) 회의를 잡으라고　　　　정답 (D)

문제 38-40번은 다음 대화를 참조하시오. 영W 미M

> W: Good afternoon. I noticed your advertisement that was posted on the city's Web site this morning. (38) **Do you still need someone to work in the front office?**
> M: Yes, we haven't filled the position yet. Can you tell me about your experience?
> W: (38) **I worked as a secretary in another city for five years.** (39) **Now that my children are attending school, I have some free time, so I'm looking to get back into the workplace.**
> M: (40) **Why don't you send me a copy of your résumé?** If I like what I see, I'll contact you for an interview.
>
> 여: 안녕하세요. 오늘 아침에 시 웹사이트에 게시된 귀사의 광고를 보았습니다. 프론트 오피스에서 일할 사람이 아직 필요하신가요?
> 남: 네, 저희가 아직 그 자리를 채우지 못했어요. 당신의 경력에 대해 얘기해 주시겠어요?
> 여: 저는 5년 동안 다른 도시에서 비서로 일했습니다. 제 아이들이 학교에 다녀서, 시간 여유가 있거든요. 그래서 직장으로 복귀하는 걸 생각해 보고 있습니다.
> 남: 제게 이력서 사본 한 부를 보내 주시겠어요? 좋다고 판단되면, 면접을 위해 연락 드리겠습니다.

표현 정리 notice 주목하다, 알아차리다 post 게시하다 front office 프론트 오피스 (특히 호텔의 체크인/아웃 카운터) fill 채우다 position 자리, 직책 experience 경험 secretary 비서 attend ~에 다니다 look to ~을 생각해 보다 get back 돌아오다 workplace 일터, 직장 résumé 이력서

38. 세부 정보 – 여자의 대사에 집중

해설 여자의 첫 대사에서 'front office'에서 일할 사람이 아직 필요한지 묻고 있으며, 두 번째 대사에서 자신이 다른 도시에서 비서(secretary)로 일했다고 밝히고 있으므로 (D)가 정답이다.

패러프레이징 secretary ▶ A secretarial position

표현 정리 management 관리, 경영 engineering 공학기술 secretarial 비서 일의

여자는 어떤 종류의 일을 원하는가?
(A) 관리직
(B) 공학 기술직
(C) 교사직
(D) 비서직　　　　정답 (D)

39. 이유/방법 – 여자의 대사에 집중

해설 여자의 두 번째 대사에서 아이들이 학교에 다니고, 시간 여유가 생겨서 다시 일을 시작할지 생각 중이라고 말했으므로 (A)가 정답이다.

패러프레이징 are attending school ▶ go to school

표현 정리 go back to ~로 돌아가다 bored 지루한 graduate 졸업하다

여자는 왜 일터로 돌아가기를 원하는가?
(A) 그녀의 아이들 모두 학교에 다닌다.
(B) 그녀의 가족이 돈이 필요하다.
(C) 집에 있는 걸 지루해한다.
(D) 대학을 막 졸업했다.　　　　정답 (A)

40. 제의/제안/요청 – 남자의 요청 표현에 집중

해설 남자의 마지막 대사에서 이력서 사본을 보내 주겠냐며(Why don't you send me a copy of your résumé?) 이력서를 요구하고 있으므로 (A)가 정답이다.

패러프레이징 **send me a copy of your résumé ▶ submit her résumé**

표현 정리 **submit** 제출하다 **apply** 지원하다, 신청하다 **in person** 직접, 몸소 **supervisor** 관리자, 감독관

남자는 여자에게 무엇을 하라고 요청하는가?

(A) 이력서를 제출하라고
(B) 온라인으로 지원하라고
(C) 직접 사무실을 방문하라고
(D) 관리자와 얘기하라고　　　　　　　　　　　정답 (A)

문제 41-43번은 다음 대화를 참조하시오. 호M 영W

M: Hello. My name is Mark Reynolds. I'm supposed to be at your office in twenty minutes for an interview with Alice Ross. (41) **Unfortunately, I can't seem to find your establishment.**
W: Why don't you let me know where you are now, and then I can give you directions?
M: (42) **I just came out Exit 4 at Glenwood Station.** I'm directly in front of Jimbo's Sandwich Shop.
W: You're almost here. Walk straight out the exit to the subway station and go into the second building on your left. (43) **Then, take the elevator up to the thirteenth floor.** Once the doors open, you'll be looking straight at our office.

남: 안녕하세요. 제 이름은 Mark Reynolds입니다. Alice Ross 씨와의 인터뷰를 위해 20분 후에 그곳 사무실에 가기로 했습니다. 유감스럽게도, 그곳 건물을 찾을 수가 없네요.
여: 지금 어디 계신지 저한테 알려 주시면, 오시는 길을 알려 드릴게요.
남: 제가 방금 Glenwood 역 4번 출구에서 나왔어요. 지금 Jimbo's 샌드위치 가게 바로 앞에 있고요.
여: 이곳에 거의 다 오셨어요. 지하철역 출구에서 직진하셔서 왼쪽으로 보이는 두 번째 건물 안으로 들어오세요. 그리고, 엘리베이터를 타고 13층으로 올라오세요. 문이 열리면, 정면으로 저희 사무실이 보일 겁니다.

표현 정리 **be supposed to** ~하기로 되어 있다 **unfortunately** 유감스럽게도, 안타깝게도 **establishment** 기관, 시설 **directions** 길 안내 **directly** (위치상) 바로 ~에

41. 문제점/걱정거리 – 남자의 대사에서 부정적인 어구에 집중

해설　남자의 첫 번째 대사에서 면접을 위해 20분 안에 여자의 사무실로 가기로 했는데, 건물을 찾을 수 없다(Unfortunately, I can't seem to find your establishment.)고 말했으므로 (C)가 정답이다.

패러프레이징 **establishment ▶ destination**

표현 정리 **destination** 목적지 **reschedule** 일정을 변경하다

남자의 문제는 무엇인가?

(A) 회의에 늦을 것이다.
(B) 잊어버리고 서류를 가져오지 않았다.
(C) 목적지를 찾을 수 없다.
(D) 인터뷰 일정을 변경해야 한다.　　　　　　정답 (C)

42. 이유/방법 – 남자의 대사에 집중

해설　대화 중반부에 남자가 방금 Glenwood 역 4번 출구로 나왔다고 말했으므로 (B)가 정답이다.

패러프레이징 **came out ▶ arrive**

남자는 목적지에 어떻게 도착했겠는가?

(A) 자동차로
(B) 지하철로
(C) 택시로
(D) 기차로　　　　　　　　　　　　　　　　정답 (B)

43. 세부 정보 – 여자의 대사에 집중

해설　여자가 회사로 오는 길을 안내하며, 건물로 들어와서 13층까지 엘리베이터를 타고 올라오면, 정면으로 사무실이 보일 거라고 했으므로 (B)가 정답이다.

표현 정리 **contact** 연락하다

여자는 남자에게 무엇을 하라고 말하는가

(A) 다른 날 다시 오라고
(B) 엘리베이터를 타고 사무실로 올라오라고
(C) Ross 씨에게 전화로 연락하라고
(D) 길 맞은 편으로 가라고　　　　　　　　정답 (B)

문제 44-46번은 다음 대화를 참조하시오. 미M 미W

M: Sarah, (44) **I'm looking for the file folders,** but I can't seem to find any. Did somebody put them in a different place?
W: Actually, I believe Rachel used the last one this morning. She should have told Peter to order some more. In that case, we'll have more by tomorrow.
M: Hmm... I could use a few today. (45) **Is it alright if I run across the street to Mercer's and buy a package?**
W: If you really need them, you can do that. (46) **Be sure to get a receipt so that you can be reimbursed.** If you give it to me, I'll process the application.

남: Sarah, 제가 파일 폴더를 찾고 있는데요, 아무것도 찾을 수가 없네요. 누가 그걸 다른 곳에 두었나요?
여: 실은, Rachel이 마지막 걸 오늘 아침에 사용했어요. 그녀가 Peter에게 좀 더 주문하라고 얘기했어야 했는데 안 했나봐요. 그런 경우, 내일쯤 더 있을 거예요.
남: 흠… 제가 오늘 몇 개를 사용할 것 같아요. 제가 Mercer's로 얼른 건너 가서 한 상자 사 와도 괜찮을까요?
여: 정말 그게 필요하시면, 그렇게 하셔도 돼요. 변제받으실 수 있도록 영수증을 꼭 챙겨오세요. 그걸 제게 주시면, 제가 신청해 드릴게요.

표현 정리 **look for** ~을 찾다 **should have p.p.** ~했어야 했는데 하지 못했다 **receipt** 영수증 **reimburse** 변제하다, 배상하다 **process** 처리하다 **application** 신청(서)

44. 세부 정보 – 남자의 대사에 집중

해설　남자의 첫 대사에서 여자를 부르면서, 파일 폴더를 찾고 있다고 말했으므로 (D)가 정답이다.

남자는 무엇을 찾고 있는가?

(A) 스테이플러
(B) 파일 캐비닛
(C) 토너 카트리지
(D) 폴더　　　　　　　　　　　　　　　　정답 (D)

45. 세부 정보 – Mercer's를 키워드로 삼아 해당 내용 포착

해설　대화 전반부에서 남자가 파일 폴더(file folders)를 찾고 있었고, 내일이나 되어야 들어올 거라고 여자가 말하자, 남자가 오늘 쓸 것 같다며 Mercer's

로 가서 한 상자를 사 와도 되겠냐고 묻는 내용을 토대로 Mercer's가 file folders를 취급하는 문구점임을 유추할 수 있으므로 (A)가 정답이다.

Mercer's는 무엇이겠는가?

(A) 문구점
(B) 카페
(C) 패스트푸드점
(D) 전자제품점

정답 (A)

46. 세부 정보 – 여자의 대사에 집중

해설 여자의 대화 마지막 대사에서 변제받을 수 있도록 영수증을 꼭 챙기라고 하면서, 자기한테 주면, 신청해 주겠다고 했으므로 (B)가 정답이다.

여자는 남자에게 무엇을 달라고 말하는가?

(A) 주문서
(B) 영수증
(C) 설문지
(D) 쿠폰

정답 (B)

문제 47-49번은 다음 대화를 참조하시오. 호M 영W

M: Mary, I'm so glad I ran into you. **(47) Do you have a moment?**
W: Well, I'm supposed to meet a client in the café downstairs.
M: This won't take long at all. **(48) I need to reschedule our 3:30 meeting today.**
W: How come? The budget report is due on Friday, and we still have plenty of work to do to complete it.
M: I know, but Ms. Chu told me **(49) I have to spend the afternoon inspecting the factory. I don't have a choice.**
W: All right. Then let's meet first thing tomorrow. Please remember to arrive at my office with every document we need.

남: Mary, 갑자기 이렇게 보게 돼서 무척 반가운데요. 시간 좀 있어요?
여: 아, 제가 아래층 카페에서 고객을 만나기로 해서요.
남: 전혀 오래 걸리지 않을 거예요. 제가 오늘 3시 30분 회의 일정을 변경해야 해서요.
여: 왜요? 예산 보고서가 금요일 마감이고, 아직 저희가 작성할 게 많은데요.
남: 알아요, 그런데 추 씨가 제게 오후에 공장을 점검해야 한다고 했거든요. 선택의 여지가 없네요.
여: 알겠어요. 그러면 내일 아침에 출근하는 대로 만나요. 잊지 말고 필요한 서류를 모두 가지고 제 사무실로 와 주세요.

표현 정리 glad 기쁜 **run into** (사람을) 우연히 마주치다 **be supposed to** ~하기로 되어 있다 **not ~ at all** 전혀 ~아닌 **reschedule** 일정을 변경하다 **How come?** 왜요? 어째서요? **budget report** 예산 보고서 **plenty of** 많은 **inspect** 점검하다, 조사하다 **first thing tomorrow** 내일 (순서상) 제일 먼저

47. 화자 의도 파악 – 주어진 발화 문장의 앞뒤 맥락을 토대로 유추

해설 남자가 시간이 있냐고 묻자(Do you have a moment?), 여자가 아래층 카페에서 고객을 만나기로 했다고 하며 지금은 시간이 되지 않음을 완곡하게 표현한 것이므로 (C)가 정답이다.

표현 정리 invite 권유하다. 요청하다 **indicate** 나타내다 **reject** 거절하다

여자는 왜 "제가 아래층 카페에서 고객을 만나기로 해서요"라고 말하는가?

(A) 남자에게 마시고 싶은 걸 물어보려고

(B) 남자에게 같이 가자고 권유하려고
(C) 시간이 많지 않음을 암시하려고
(D) 남자의 얘기하자는 요청을 거절하려고

정답 (C)

48. 제의/제안/요청 – 남자의 요청 표현에 집중

해설 남자의 두 번째 대사에서 오늘 3시 30분 회의 일정을 변경해야 한다(I need to reschedule our 3:30 meeting today.)고 말했으므로 (A)가 정답이다.

표현 정리 itinerary 여행 일정표

남자는 무엇을 요청하는가?

(A) 회의 일정 조정
(B) 서류 복사
(C) 여행 일정 변경
(D) 예산 승인

정답 (A)

49. 세부 정보 – 'this afternoon'을 키워드로 삼아 해당 내용 포착

해설 대화 후반부에서 남자가 오후에 공장 점검을 해야 한다고 말했으므로 (B)가 정답이다.

패러프레이징 factory ▶ facility

남자는 오늘 오후에 무엇을 할 것인가?

(A) 추 씨를 만난다.
(B) 시설을 점검한다.
(C) 사무실에 있다.
(D) 고객에게 연락한다.

정답 (B)

문제 50-52번은 다음 대화를 참조하시오. 미W 호M

W: All right, it looks like your total comes to $84.52. Will that be cash or charge?
M: Oh, hold on a moment. **(50) I totally forgot that I have this coupon for orange juice with me.** Here you are.
W: **(51) I'm sorry, sir, but it appears as though this coupon has already expired. The last day it was valid was yesterday.**
M: Really? I thought that today was the fifteenth. I can't believe I made a mistake like that.
W: Don't worry about it. It happens sometimes. So how would you like to pay for everything?
M: Just a minute. **(52) Let me get some money from my wallet.**

여: 네, 계산하실 금액이 총 84.52달러입니다. 현금으로 하시겠어요, 신용카드로 하시겠어요?
남: 아, 잠시만요. 제가 이 오렌지 주스 쿠폰을 가지고 있다는 걸 까맣게 잊고 있었네요. 여기 있어요.
여: 죄송하지만 선생님. 이 쿠폰은 이미 만료된 것으로 보입니다. 마지막 유효일이 어제였어요.
남: 그래요? 오늘이 15일인 줄 알았어요. 제가 그런 실수를 하다니 어이가 없네요.
여: 걱정 마세요. 그런 일이 가끔씩 생기니까요. 그럼 무엇으로 지불하시겠어요?
남: 잠시만요. 지갑에서 돈 좀 꺼내고요.

표현 정리 come to (총계가) ~이 되다 **charge** 신용카드로 지불하다 **hold on a moment** 잠시 기다리세요 **appear** ~인 듯하다 **as though** 마치 ~인 것처럼 **expire** 만료되다 **valid** 유효한

50. 대화 장소 – 특정 장소와 관련된 단어/표현 포착

해설 대화 초반에 여자가 총 금액을 말해 주며 지불 방법을 묻자, 남자가 오렌지 주스(orange juice)의 쿠폰 쓰는 걸 잊었다고 하므로 대화 장소는 음료를 판매하는 가게로 유추할 수 있다. 따라서 (B)가 정답이다.

어디서 일어나는 대화겠는가?

(A) 옷가게
(B) 식료품점
(C) 영화관
(D) 서점   정답 (B)

51. 이유/방법 – 'unable to use the coupon'을 키워드로 삼아 해당 내용 포착

해설 남자가 쿠폰을 사용하겠다고 하자, 여자가 미안하다면서 해당 쿠폰이 이미 만료되었고, 어제가 유효 기간 마지막 날이었다고 말했으므로 (C)가 정답이다.

남자는 왜 쿠폰을 사용할 수 없는가?

(A) 그가 사지 않은 물건에 대한 것이다.
(B) 물건 두 개를 구매해야 한다.
(C) 그 쿠폰은 최근에 만료되었다.
(D) 그 상점은 쿠폰을 받지 않는다.   정답 (C)

52. 이유/방법 – 남자의 대사에 집중

해설 대화 후반부에서 여자가 물건값을 무엇으로 계산할 건지 다시 묻자, 남자가 지갑에서 돈을 꺼내겠다고 말했으므로 (A)가 정답이다.

패러프레이징 some money from my wallet ▶ cash

남자는 그가 산 물건을 무엇으로 지불할 것인가?

(A) 현금으로
(B) 신용카드로
(C) 수표로
(D) 계좌 이체로   정답 (A)

문제 53-55번은 다음의 3자 대화를 참조하시오. 미W 미M 호M

> W: Guess what? (53) I've got an interview with Grover Manufacturing tomorrow.
> M1: Good luck, (54) Tina. Have you prepared for your interview?
> W: (54) Not yet. I only found out about it two days ago. Do you have any tips?
> M1: Do some research on the company before going there. You should ask one or two questions about the firm to show you're familiar with it.
> M2: (55) I'll put in a good word for you with the HR director. We used to work together at another place.
> W: (55) Her name wouldn't happen to be Samantha Edwards, would it, Greg? That's my interviewer's name.
> M2: It's your lucky day. (55) I'll give her a call after lunch.

여: 저 있잖아요? 제가 내일 Grover 제조사 면접이 있거든요.
남1: 행운을 빌어요, Tina. 면접 준비는 하셨어요?
여: 아직 못했어요. 그 사실을 불과 이틀 전에 알았거든요. 조언 좀 해주시겠어요?
남1: 가시기 전에 그 회사에 대해서 조사를 하세요. 당신이 그 회사를 잘 알고 있다는 걸 보여주려면 그 회사에 대한 질문을 한두 가지 하셔야 돼요.

남2: 거기 인사 책임자에게 당신을 추천할게요. 다른 곳에서 함께 일한 적이 있거든요.
여: 그분 이름이 혹시 Samantha Edwards는 아니겠죠, 그렇죠, Greg? 그게 제 면접관의 이름이거든요.
남2: 운이 참 좋으시네요. 점심 먹고 그녀에게 전화할게요.

표현 정리 guess what? (대화를 시작할 때) 저 있잖아요? tip 조언 firm 회사 be familiar with ~을 잘 알고 있다, ~에 친숙하다 put in a good word for ~을 추천하다, ~을 지지하는 말을 하다 used to (한때) ~한 적이 있다

53. 대화 장소/근무지 – 특정 장소와 관련된 단어/표현 포착

해설 여자의 첫 대사에서 내일 Grover 제조사 면접이 있다고 말했으므로 (B)가 정답이다.

표현 정리 caterer (행사의) 음식 공급사

여자는 어떤 회사에서 인터뷰를 하겠는가?

(A) 건축회사
(B) 제조사
(C) 택배회사
(D) 음식 공급사   정답 (B)

54. 제의/제안/요청 – 여자의 대사에서 요청 표현 포착

해설 남자1이 여자에게 면접 준비를 했냐고 묻자, 여자가 아직 못했다면서 얘기해 줄 조언이 있는지(Do you have any tips?) 물었으므로 (A)가 정답이다.

패러프레이징 tips ▶ hints

표현 정리 directions 길 안내

여자는 남자들에게 무엇을 요청하는가?

(A) 면접보는 방법에 대한 힌트
(B) 회사 가는 길 안내
(C) 이력서 작성에 대한 조언
(D) 추천서   정답 (A)

55. 화자 의도 파악 – 주어진 발화 문장의 앞뒤 맥락을 토대로 유추

해설 남자 2가 여자가 면접볼 회사의 인사 책임자를 알고 있다고 했고, 여자가 면접관의 이름을 말하며, 그 분이 인사 책임자냐고 묻자, 남자 2가 운이 좋은 날이라며, 그녀에게 전화하겠다고 말한 것이므로 여자는 인사 책임자와 면접을 볼 거라는 사실을 알 수 있다. 따라서 (D)가 정답이다.

Greg이 "운이 참 좋으시네요"라고 말할 때, 그가 암시한 것은?

(A) 그 여자가 면접을 보는 것이 행운이다.
(B) 그가 여자와 함께 면접에 갈 수 있다.
(C) 그는 여자가 원하는 자리에 관하여 알고 있다.
(D) 그 여자가 인사 책임자와 면접을 볼 것이다.   정답 (D)

문제 56-58번은 다음 대화를 참조하시오. 영W 미M

> W: Hello. This is Kate Homer calling from Madison Textiles. I'd like to speak to you regarding my company's most recent order. It was made yesterday morning at around eleven.
> M: Hello, Ms. Homer. It's good to hear from you again. How would you like to change it?
> W: Well, (56) one of our interns submitted the order this week, but she failed to request enough toner cartridges. (57) She requested two when we actually need eight.
> M: I'll take care of that right away. (58) Should I charge the extra expense to your corporate account?
> W: I'd be pleased if you did that.

여: 안녕하세요. Madison 직물회사에서 전화 드린 Kate Homer라고 합니다. 저희가 가장 최근에 한 주문에 대해 얘기 나누고 싶어서요. 그 주문은 어제 오전 11시 경에 했거든요.

남: 안녕하세요, Homer 씨. 다시 연락을 받게 돼서 좋네요. 그걸 어떻게 바꾸고 싶으신데요?

여: 음, 저희 인턴 중 한 명이 이번주에 주문을 넣었는데, 토너 카트리지를 충분히 신청하지 못했어요. 저희가 실제로 8개가 필요한데 2개를 신청했거든요.

남: 제가 바로 처리할게요. 추가 비용은 고객님 회사 전용 계정으로 청구하면 될까요?

여: 그렇게 해 주시면 좋겠습니다.

표현 정리 regarding ~에 관하여 around 약, 대략 fail to ~하지 못하다 take care of ~을 처리하다 right away 즉시 corporate account 회사 전용 계정

56. 세부 정보 – mistake를 키워드로 삼아 해당 내용 포착

해설 여자가 우리 인턴 중 한 명이 주문을 넣었는데, 토너 카트리지를 넉넉히 요청하지 못했다고 했으므로 (C)가 정답이다.

표현 정리 make a mistake 실수하다

실수한 사람은 누구인가?

(A) 고객
(B) 회사 간부
(C) 인턴
(D) 관리자   정답 (C)

57. 세부 정보 – problem을 키워드로 삼아 부정 어구에 집중

해설 여자가 충분한 양을 주문하지 못했다고 하면서, 실제로 8개가 필요한데, 2개만 넣었다고 말했으므로 (A)가 정답이다.

표현 정리 incorrect 틀린, 잘못된 express delivery 빠른 배송

여자는 무엇이 문제라고 말하는가?

(A) 물건이 충분히 주문되지 않았다.
(B) 주소가 잘못 제공되었다.
(C) 다른 브랜드가 주문되었다.
(D) 빠른 배송이 요청되지 않았다.   정답 (A)

58. 화자 의도 파악 – 주어진 발화 문장의 앞뒤 맥락을 토대로 유추

해설 대화 후반부에서 남자가 잘못 들어간 주문에 대해 바로 처리해 주겠다며, 추가 비용을 회사 계좌로 청구하면 되겠냐고 묻자, 여자가 그렇게 해 주면 좋겠다고 말한 것이므로 (C)가 정답이다.

패러프레이징 the extra expense ▶ the bill

표현 정리 appreciate 고마워하다 bill 계산서 charge 청구하다

여자가 "그렇게 해 주시면 좋겠습니다"라고 말할 때 그녀가 암시한 것은?

(A) 물건들을 택배로 받기를 원한다.
(B) 무료 샘플을 제공받은 것에 고마워한다.
(C) 계산서가 계좌로 청구되기를 바란다.
(D) 자신의 주문에 대해 할인 받는 것을 좋아한다.   정답 (C)

제 59–61번은 다음 대화를 참조하시오. 호M 미W

M: I've been thinking about remodeling our office. (59) **Several clients have commented negatively on how it looks lately.**

W: Really? What did they say about it?

M: They remarked that the lighting is poor, making it hard to see. Additionally, a couple commented about the furniture

being old fashioned.

W: I happen to know an outstanding interior designer. (60) **I could call her if you'd like an estimate.**

M: (61) **Why don't you set up a meeting?** I'd like to tell her what I want, and then she can provide me with a price.

W: Okay. I'll get in touch with her right after lunch.

남: 우리 사무실을 리모델링하는 걸 고려하고 있어요. 몇몇 고객들이 최근에 외관에 대해 좋지 않게 얘기했거든요.

여: 그래요? 그들이 뭐라고 하던가요?

남: 조명 상태가 안 좋아서 보기 힘들게 한다고 하더군요. 게다가, 두 분은 가구가 구식이라고 지적했어요.

여: 제가 마침 훌륭한 인테리어 디자이너를 알고 있어요. 견적을 받아보고 싶으시면 제가 연락해 드릴 수 있어요.

남: 회의를 주선해 주시겠어요? 제가 원하는 걸 그분께 얘기하고 싶고, 그런 후에야 그분이 제게 가격을 제시할 수 있을텐데요.

여: 알겠어요. 점심 먹고 나서 바로 그분께 연락할게요.

표현 정리 remodel 리모델링하다, 개조하다 comment 지적하다, 견해를 밝히다 negatively 부정적으로 lately 최근에 remark 발언하다, 언급하다 lighting 조명 poor 좋지 않은 additionally 게다가 old fashioned 구식인, 낡은 happen to know 마침 ~을 알다 outstanding 뛰어난, 돋보이는 estimate 견적(서) get in touch with ~와 연락을 취하다

59. 세부 정보 – clients, spoken with를 키워드로 삼아 남자의 대사에 집중

해설 남자의 첫 번째 대사에서 사무실 리모델링을 생각 중이라면서, 최근에 몇몇 고객들이 회사 외관에 대해 안 좋게 얘기했다고 말했으므로 (A)가 정답이다.

패러프레이징 how it looks ▶ appearance

표현 정리 appearance 외관, 겉모습 attitude 태도

고객들이 남자와 얘기한 것은?

(A) 사무실의 외관
(B) 서비스의 품질
(C) 몇 가지 물건들의 가격
(D) 그의 직원들의 태도   정답 (A)

60. 제의/제안/요청 – 여자의 대사에서 제안 표현에 집중

해설 대화 중반부 여자의 대사에서 자신이 훌륭한 인테리어 디자이너를 알고 있다면서 남자에게, 견적을 받고 싶으면 그녀에게 전화해 주겠다(I could call her if you'd like an estimate.)고 했으므로 (B)가 정답이다.

패러프레이징 interior designer ▶ professional / call ▶ speak with

표현 정리 professional 전문가 revise 변경하다, 수정하다

여자는 무엇을 하겠다고 제의하는가?

(A) 가구점을 몇 군데 방문하겠다고
(B) 전문가와 얘기하겠다고
(C) 어떤 업무를 직접 변경하겠다고
(D) 견적을 제공하겠다고   정답 (B)

61. 제의/제안/요청 – 남자의 대사에서 요청 표현에 집중

해설 견적을 원하면 유명 인테리어 디자이너에게 전화해 주겠다는 여자의 말에, 남자가 회의를 주선해 주면 안 되겠냐(Why don't you set up a meeting?)고 물었으므로 (A)가 정답이다.

패러프레이징 set up a meeting ▶ arrange a meeting

표현 정리 arrange 주선하다 replace 교체하다

남자는 여자에게 무엇을 하라고 요청하는가?

(A) 회의를 주선하라고
(B) 그녀의 친구에게 이메일을 보내라고
(C) 조명을 교체하라고
(D) 점심식사를 주문하라고   정답 (A)

문제 62-64번은 다음의 3자 대화와 그래프를 참조하시오. 미W 영W 미M

> W1: (62) I've got some bad news. Sandra Watson, the keynote speaker for this weekend's seminar, just canceled her appearance because of a family emergency.
> W2: (62) That's unfortunate. What are we going to do about replacing her? Do we have any options?
> W1: I spoke with Ted Keller, but he's already got plans for the weekend.
> M: (63) Sandra was going to speak about the future of robotics, right? I could give Martin Duncan a call if you want.
> W1: You know him? It would be incredible if we managed to convince him to come.
> M: Sure. (64) I'll contact him and get back to you by the end of the day.

여1: 안 좋은 소식이 있어요. 이번 주말 세미나 기조 연설자인 Sandra Watson이 급한 집안 일로 방금 출연을 취소했어요.
여2: 안됐네요. 그녀를 대체하는 것과 관련해 어떻게 할까요? 다른 옵션이 있나요?
여1: 제가 Ted Keller랑 얘기했는데, 이미 주말에 계획이 있네요.
남: Sandra가 로봇 공학의 미래에 관해 얘기하려고 했었죠, 그렇죠? 원하시면 Martin Duncan에게 전화해 볼게요.
여: 그분을 아세요? 그분이 오도록 어떻게든 설득시킨다면 놀라운 일이 될 거예요.
남: 그럼요, 그분께 연락해 보고 오늘 퇴근할 때쯤 다시 연락 드릴게요.

표현 정리 **keynote speaker** 기조 연설자 **appearance** 출연 **family emergency** 급한 집안 일 **replace** 대체하다, 교체하다 **robotics** 로봇 공학 **incredible** 믿을 수 없는 **manage to** 용케 ~하다 **get back to** ~에게 다시 연락하다

62. 주제/목적 – 대화의 전반부에 집중

해설 대화 초반에 여자1이 나쁜 소식이 있다면서 이번 주말 세미나(this weekend's seminar)를 위한 연사가 출연을 취소했다고 했고, 여자2가 그 사람을 대신하기 위해 무엇을 할 수 있는지 물으며 대화가 전개되고 있으므로 대화의 주제는 행사 준비에 관한 내용임을 알 수 있다. 따라서 (C)가 정답이다.

패러프레이징 **this weekend's seminar ▶ an upcoming event**

표현 정리 **take time off** 휴가를 내다 **upcoming** 곧 있을, 다가오는 **hiring** 고용

대화는 주로 무엇에 관한 것인가?

(A) 로봇 제작을 시작할 계획
(B) 휴가의 필요성
(C) 곧 있을 행사 준비
(D) 신입 직원들의 고용   정답 (C)

63. 암시/추론 – Martin Duncan을 키워드로 삼아 언급된 부분에 집중

해설 대화 중간에 남자가 원래 연설하기로 했던 Sandra가 로봇 공학의 미래(the future of robotics)에 대해 연설하기로 했던 게 맞는지 확인하면서, 그렇다면 대체 연사로 Martin Duncan에게 전화해 주겠다고 말한 것이므로 Martin Duncan 역시 로봇 공학 전문가임을 유추할 수 있다. 따라서 (B)가

정답이다.

표현 정리 **knowledgeable** 해박한, 아는 것이 많은 **family matter** 가족사, 가족 문제 **close** 친한, 가까운

Martin Duncan에 관하여 알 수 있는 것은?

(A) 다가오는 이번 주말에 바쁠 것이다.
(B) 로봇 공학에 관하여 해박하다.
(C) 가족사에 참석해야 한다.
(D) 여자들과 친한 친구 사이이다.   정답 (B)

64. 다음 행동 – 대화 후반부 남자의 대사에 집중

해설 대화 마지막 남자의 말에서 Martin Duncan에게 연락해서 퇴근할 때쯤 알려 주겠다고 했으므로 (A)가 정답이다.

패러프레이징 **contact ▶ make a phone call**

표현 정리 **make a call** 전화를 걸다

남자는 다음에 무엇을 하겠는가?

(A) 전화를 건다
(B) 행사장을 방문한다
(C) Sandra Watson과 얘기한다
(D) 점심 먹으러 나간다   정답 (A)

문제 65-67번은 다음 대화와 일정표를 참조하시오. 미W 호M

> W: Hello. This is Irene Chang calling from the Drummond Corporation. May I please speak with Robert Carl?
> M: Hello, Ms. Chang. This is Robert speaking. How can I be of assistance?
> W: I'd like to inform you that we received your application package and were highly impressed with your qualifications. (65) We really liked your ability to speak several foreign languages. We'd love for you to come in for an interview.
> M: Of course. I'm available any day next week.
> W: That's wonderful news. (66) We've scheduled you for Wednesday morning at 11:00. (67) Please be sure to bring a copy of your résumé as well as your passport.

여: 안녕하세요. 저는 Drummond 사에서 전화 드린 Irene Chang입니다. Robert Carl 씨와 얘기 나눌 수 있을까요?
남: 안녕하세요, Chang 씨. 제가 Robert입니다. 어떻게 도와드릴까요?
여: 저희가 귀하의 지원서 패키지를 받았는데, 귀하의 능력에 큰 인상을 받았어요. 여러 개 외국어 구사 능력이 정말 좋았고요. 귀하가 면접에 와주기를 바랍니다.
남: 물론이죠. 저는 다음 주 아무 때나 시간이 됩니다.
여: 좋은 소식이군요. 저희가 수요일 오전 11시로 시간을 잡았어요. 여권과 함께 이력서 사본을 꼭 가져오세요.

요일	면접관
월요일	Jessica Walsh
화요일	Theodore Rhodes
수요일	Igor Romanov
목요일	Henrietta Davis

표현 정리 **assistance** 지원, 도움 **inform** 알리다 **highly impressed** 깊은 인상을 받은 **qualifications** 자격 요건, 능력 **résumé** 이력서 **passport** 여권

65. 세부 정보 – 여자의 대사에 집중

해설 대화 중반에 여자가 여러 언어를 구사하는 남자의 능력이 정말로 마음에 들었다고 말했으므로 (B)가 정답이다.

패러프레이징 several foreign languages ▶ a few languages

표현 정리 graduate degree 대학원 학위 experience 경험 do well 잘 해내다, 성공하다

남자에 대해 여자가 말한 것은?

(A) 대학원 학위가 있다.
(B) 몇 가지 언어를 말할 수 있다.
(C) 해당 업계에서 일한 경험이 있다.
(D) 입사 시험을 잘 치렀다.　　　　　　　　　　정답 (B)

66. 시각 정보 – Who, interview, man을 키워드로 삼아 그래프를 보며 단서 포착

해설 대화 마지막 여자의 말에서 면접 일정을 수요일 오전 11시로 잡았다고 했고, 그래프에서 수요일 면접관이 Igor Romanov임을 확인할 수 있으므로 (C)가 정답이다.

그래프를 보시오. 누가 남자를 면접할 것인가?

(A) Jessica Walsh
(B) Theodore Rhodes
(C) Igor Romanov
(D) Henrietta Davis　　　　　　　　　　　　　정답 (C)

67. 세부 정보 – bring을 키워드로 삼아 여자의 대사에 집중

해설 대화 마지막 여자의 대사에서 여권과 이력서를 꼭 가져오라(Please be sure to bring a copy of your résumé as well as your passport.)고 했으므로 (A)가 정답이다.

패러프레이징 passport ▶ A form of personal identification

여자는 남자에게 무엇을 가져오라고 말하는가?

(A) 개인 신분 증명서
(B) 포트폴리오 사본
(C) 업무 자격증 사본
(D) 대학 졸업장　　　　　　　　　　　　　　　정답 (A)

문제 68-70번은 다음 대화와 좌석 배치도를 참조하시오. 〔미W〕〔호M〕

W: Hello. **(68) I want to purchase tickets for tonight's performance.** I can't wait to see it.
M: **(68) I'm sorry, but that show is sold out.** Would you be interested in tickets for tomorrow's showing at six thirty?
W: Sure, I guess I can do that. Where are seats available? I need three tickets.
M: **(69) The only place we have three tickets next to one another is in this row.** You'll have to pay $40 per ticket.
W: That's a bit steep, **(70) but I've got some friends visiting from out of town, and they're really eager to see the show.** Here's my credit card.
M: **(70) Don't worry. They'll definitely get their money's worth tomorrow.**

여: 안녕하세요. 제가 오늘밤 공연 티켓을 구매하고 싶은데요, 빨리 공연을 보고 싶네요.
남: 죄송하지만, 그 쇼는 매진되었습니다. 내일 6시 30분에 있는 공연 티켓에 관심이 있으신가요?
여: 그럼요, 그런 것 같아요. 이용 가능한 자리가 어디인가요? 티켓 3장

이 필요해서요.
남: 세 자리가 나란히 있는 자리는 여기 이 열뿐입니다. 티켓당 40달러를 지불하셔야 할 거고요.
여: 약간 비싸긴 하지만, 다른 지역에서 친구들이 오는데, 그 친구들이 그 공연을 정말 간절히 보고 싶어해요. 여기 제 신용카드요.
남: 염려 마세요. 그분들은 내일 분명 돈이 아깝지 않을 겁니다.

좌석 배치도

A열	■	■	□	■	■	■	■	□	□	■
B열	□	□	■	■	■	■	□	■	□	■
C열	■	□	■	■	■	□	■	□	□	□
D열	■	■	■	□	□	■	□	■	■	□
E열	□	■	■	■	■	□	■	□	■	□

주의: 이것은 좌석 배치도입니다. 다섯 개의 열이 있습니다.

□ 이용 가능한 자리　　■ 이용 불가한 자리

표현 정리 performance 공연 sold out 매진된 steep 터무니없이 비싼 eager 간절히 바라는 get one's money's worth 지불한 만큼의 대가를 얻다

68. 세부 정보 – today's performance를 키워드로 삼아 남자의 대사에 집중

해설 대화 초반에 여자가 오늘밤 공연 티켓을 구매하고 싶다고 했는데, 남자가 그 공연이 매진되었다고 했으므로 (A)가 정답이다.

패러프레이징 sold out ▶ no tickets available

표현 정리 cost (얼마의) 비용이 들다 feature ~을 특징으로 삼다

오늘 공연에 관하여 남자가 말한 것은?

(A) 이용 가능한 티켓이 없다.
(B) 30분 후에 시작된다.
(C) 모든 티켓이 40달러이다.
(D) 외지에서 온 배우들로 구성된다.　　　　　정답 (A)

69. 시각 정보 – which row, woman's tickets를 키워드로 삼아 그래프를 보며 단서 포착

해설 대화 중반에 여자가 세 장의 티켓이 필요하다고 하자, 남자가 세 자리가 나란히 있는 곳은 한 열 뿐이라고 했는데, 그래프 상에서 연이어 있는 세 자리는 C열이므로 (B)가 정답이다.

그래프를 보시오. 여자의 티켓은 어느 열에 있는가?

(A) B열
(B) C열
(C) D열
(D) E열　　　　　　　　　　　　　　　　　　정답 (B)

70. 암시/추론 – performance를 키워드로 삼아 남자의 마지막 대사에 집중

해설 대화 후반부에서 여자가 다른 지역에서 친구가 온다고 하면서 그들이 그 공연을 너무나 보고 싶어 한다고 하자, 남자가 걱정하지 말며, 분명 지불한 만큼 보상이 따를 거라고 말한 것이므로 여자의 친구들이 공연을 재미있게 볼 거라는 의미를 담고 있다. 따라서 (D)가 정답이다.

패러프레이징 get their money's worth ▶ enjoy

표현 정리 last 지속되다; 마지막의 nominate (후보자로) 지명하다

공연에 관하여 남자가 암시한 것은?

(A) 2시간 이상 진행된다.
(B) 내일이 마지막 공연이 될 것이다.
(C) 몇몇 상의 수상 후보작으로 지명되었다.
(D) 여자의 친구들이 그 공연을 좋아할 것이다.　정답 (D)

PART 4

문제 71-73번은 다음 담화문을 참조하시오. 미M

Before we conclude tonight's awards ceremony, there's one more thing which I ought to mention to you. **(71) It has been brought to my attention that Chet Wilson has announced his intention to retire. (72) Chet has been with us for twenty-five years. In fact, he was one of the company's original employees**. I know he's served as a mentor to numerous people in attendance tonight. But Chet's ready to spend more time with his grandkids, so his last day on the job will be this coming Friday. **(73) Chet, how about coming up here and saying a few words? I'm sure that everybody would love to hear from you.**

오늘 시상식을 마무리하기 전에, 여러분께 말씀드려야 할 게 하나 더 있습니다. Chet Wilson 씨가 발표한 그의 은퇴 계획이 주목을 끌었는데요. Chet 씨는 우리와 25년 간 함께해 왔습니다. 사실, 그는 회사의 창립 직원들 중 한 분이었습니다. 저는 그가 오늘밤 참석하신 수많은 분들의 멘토 역할을 했다는 것을 알고 있습니다. 하지만 Chet 씨는 손주들과 더 많은 시간을 보내려고 해서, 그가 회사에 나오는 마지막 날은 이번 금요일이 될 것입니다. Chet 씨, 여기 올라오셔서 몇 마디 하시죠? 분명 모두가 당신의 얘기를 듣고 싶어할 거예요.

표현 정리 conclude 끝내다, 마치다 **awards ceremony** 시상식 **ought to** ~해야 한다 **mention** 말하다, 언급하다 **bring ~ to one's attention** ~에 …가 주목하게 하다 **intention** 의도, 계획 **retire** 은퇴하다 **serve as** ~의 역할을 하다 **numerous** 수많은 **in attendance** 참석해 있는 **grandkid** 손주

71. 주제/목적 – 담화 전반부에 집중

해설 담화 초반에 시상식을 마무리하면서 Chet Wilson의 은퇴 소식을 알리며, 그에 관한 내용이 전개되므로 (B)가 정답이다.

표현 정리 **award** 상 **retirement** 은퇴 **major** 주요한, 주된 **accomplishment** 업적 **hiring** 고용

화자는 주로 무엇을 얘기하는가?

(A) 한 직원의 시상
(B) 한 직원의 은퇴
(C) 한 직원의 주요 업적
(D) 신입 직원의 고용　　　　　　　　**정답 (B)**

72. 암시/추론 – Chet Wilson을 키워드로 삼아 해당 내용에 집중

해설 Chet Wilson의 은퇴 소식을 밝히며, 그가 25년간 일했고, 회사의 원년 멤버(original employees)라고 소개하고 있으므로 Chet Wilson은 회사가 설립된 때부터 이곳에서 일해 왔음을 알 수 있다. 따라서 (D)가 정답이다.

패러프레이징 he was one of the company's original employees ▶ He worked at the company when it was founded.

표현 정리 **intend to** ~하려고 생각하다 **currently** 현재 **found** 설립하다

Chet Wilson에 관하여 알 수 있는 것은?

(A) 다른 도시로 옮길 계획이다.
(B) 현재 한 회사의 CEO이다.
(C) 매니저가 되기를 바란다.
(D) 회사가 설립되었을 당시에 일했다.　　　**정답 (D)**

73. 제의/제안/요청 – 화자가 Chet Wilson에게 하는 요청 표현에 집중

해설 담화 후반부에서 Chet를 부르며, 모두가 당신의 얘기를 듣고 싶어할

거라며, 올라와서 한 마디 하는 게 어떻겠냐고 했으므로(Chet, how about coming up here and saying a few words? I'm sure that everybody would love to hear from you.) (A)가 정답이다.

표현 정리 **reconsider** 재고하다 **action** 행동 **accept** 수락하다, 받아들이다 **present** 선물

화자는 Chet Wilson에게 무엇을 하라고 요청하는가?

(A) 사람들에게 얘기하라고
(B) 그의 행동을 재고하라고
(C) 상을 받으라고
(D) 선물을 개봉하라고　　　　　　　　**정답 (A)**

문제 74-76번은 다음 전화 메시지를 참조하시오. 미W

Hello, Mr. Reynolds. This is Tina Gardener at Robinson Supplies. **(74) I'd like to inform you that it appears you overpaid us this month. We received a check in the amount of $500, but you only spent $450 in July.** Would you like us to return the check and wait for you to remit the proper amount? Or would you simply prefer that we cash the check and then add $50 to your account? I'll be here until 6:00 this evening, **(75) so if you could return my call at 980-3837 before then, I'd appreciate it. (76) Oh, just so you know, your most recent order will be brought to your office by Henry sometime around 5:00 this evening.** Goodbye.

안녕하세요, Reynolds 씨. Robinson Supplies의 Tina Gardener입니다. 이번 달에 귀하께서 저희에게 초과 지급을 한 것 같아서 알려 드리려고요. 저희가 500달러짜리 수표를 받았는데, 7월에 450달러밖에 지출하지 않으셨거든요. 저희가 수표를 돌려드리고 귀하가 맞는 금액을 송금하기를 기다릴까요? 아니면 간단히 저희가 수표를 현금으로 바꿔서 50달러를 귀하의 계좌에 넣어 드리는 걸 선호하세요? 제가 오늘 저녁 6시까지 이곳에 있을 예정이니 그 전에 980-3837로 회신 전화를 주실 수 있으면 감사하겠습니다. 아, 참고로 말씀 드리면, 가장 최근에 하신 주문을 Henry가 귀하의 사무실로 오늘 저녁 5시 경에 가져다 드릴 것입니다. 안녕히 계세요.

표현 정리 **inform** 알리다 **appear** ~인 것 같다 **overpay** 초과 지급하다 **check** 수표 **return** 돌려주다, 반납하다 **remit** 송금하다 **proper** 맞는, 적절한 **simply** 그냥, 그저 **cash** 수표를 현금으로 바꾸다 **add** 추가하다 **account** 계좌, 계정 **appreciate** 고마워하다 **just so you know** 참고로 말하자면; 당신도 알다시피

74. 주제/목적 – 담화 전반부에 집중

해설 화자가 고객에게 남긴 전화 메시지로, Robinson Supplies에서 전화 했다며, 고객이 이번 달에 초과 납부했으며 초과분을 어떻게 돌려받고 싶은지 묻고 있으므로 (B)가 정답이다.

표현 정리 **inquire about** ~에 대해 문의하다 **payment** 지불, 납부 **apologize** 사과하다 **unavailable** 이용할 수 없는

화자는 왜 전화했는가?

(A) 할인을 제공하려고
(B) 지불에 대해 물어보려고
(C) 실수에 대해 사과하려고
(D) 어떤 물품이 이용 불가함을 전하려고　　**정답 (B)**

75. 제의/제안/요청 – 요청 표현에 집중

해설 담화 중후반에 걸쳐 환급을 어떻게 해 주면 좋을지 고객의 의사를 물

으면서, 오후 6시 전에 회신 전화를 주면 좋겠다고 했으므로 (C)가 정답이다.

패러프레이징 return ~ call ▶ give ~ a phone call

표현 정리 in person 직접, 몸소 response 응답, 반응

화자는 Reynolds 씨에게 무엇을 하라고 요청하는가?

(A) 직접 상점을 방문하라고
(B) 답변을 이메일로 보내라고
(C) 자신에게 전화 달라고
(D) 주문을 변경하라고 　　　　　　　　　　　　**정답 (C)**

76. 세부 정보 – Henry를 키워드로 삼아, 언급된 부분에서 특정 직업 관련 표현에 집중

해설 담화 후반부에서 고객이 최근에 한 주문을 Henry가 사무실까지 가져다 준다고 했으므로 그가 배달원임을 유추할 수 있다. 따라서 (D)가 정답이다.

Henry는 누구이겠는가?

(A) 고객
(B) 출납원
(C) 매니저
(D) 배달원 　　　　　　　　　　　　　　　　　**정답 (D)**

문제 77-79번은 다음 일기 예보를 참조하시오. 영W

This is Kimberly Vega with the weather report. **(77) We've had rainy weather for the past three days, but it appears as though that's going to come to an end soon.** You can put your umbrellas away around noon as the clouds will disappear, and the sun will come out. You'll enjoy sunny weather from then until Wednesday. **(78) But on Thursday, expect cloudy skies to arrive along with windy conditions.** The temperature will get lower, too. It looks like there will be highs around twelve degrees Celsius, so be sure to wear a jacket. All right, that's enough for me. **(79) Now, let's hear from Jake with the local business news.** Jake, what's going on around town?

일기 예보의 Kimberly Vega입니다. 지난 3일 동안은 비가 왔는데요, 곧 그칠 것으로 보입니다. 구름이 걷히고 해가 나는 정오 경에는 우산을 치워 두셔도 됩니다. 그때부터 수요일까지는 화창한 날씨를 만끽하게 될 겁니다. 하지만 목요일에는 바람이 불면서 흐린 하늘이 될 것으로 예상됩니다. 기온도 더 떨어질 것입니다. 최고 기온이 섭씨 약 12도가 될 것으로 보이니, 반드시 재킷을 입으셔야겠습니다. 네, 저는 여기까지입니다. 이제, Jake에게 지역 경제 뉴스를 듣겠습니다. Jake, 시내에는 무슨 일이 일어나고 있나요?

표현 정리 rainy weather 우천 as though 마치 ~인 것처럼 come to an end 끝나다 put ~ away ~을 넣다, 치우다 cloudy 흐린, 구름 낀 along with ~와 함께 windy 바람이 부는 temperature 기온, 온도 highs 최고 기온 degree (온도 단위의) 도 Celsius 섭씨 business news 경제 뉴스

77. 화자 의도 파악 – 주어진 발화 문장의 앞뒤 맥락을 토대로 유추

해설 담화 초반에 지난 3일 동안 비가 왔는데, 곧 끝날 거라고 말한 것은 비가 그칠 거라는 의미이므로 (C)가 정답이다.

표현 정리 chance of ~할 가능성

화자가 "곧 끝날 것입니다"라고 말할 때, 그녀가 의미한 것은 무엇이겠는가?

(A) 기온이 떨어질 것이다.
(B) 더 이상 화창한 날이 없을 것이다.

(C) 비가 그칠 것이다.
(D) 눈이 내릴 가능성이 있다. 　　　　　　　　　　**정답 (C)**

78. 세부 정보 – windy를 키워드로 삼아 시간 표현에 집중

해설 담화 중반에 수요일까지는 맑은 날씨가 계속되다가, 목요일부터 바람이 불며, 구름 낀 하늘이 예상된다고 말했으므로 (C)가 정답이다.

언제 바람 부는 날씨가 될 것인가?

(A) 화요일
(B) 수요일
(C) 목요일
(D) 금요일 　　　　　　　　　　　　　　　　　**정답 (C)**

79. 다음 행동 – 담화 후반부에 집중

해설 담화 마지막에 Jake에게서 지역 경제 뉴스를 듣겠다고 말했으므로 (D)가 정답이다.

패러프레이징 business news ▶ A news report

표현 정리 commercial 광고 방송

청자들은 다음에 무엇을 들을 것인가?

(A) 광고 방송
(B) 음악
(C) 인터뷰
(D) 뉴스 보도 　　　　　　　　　　　　　　　　**정답 (D)**

문제 80-82번은 다음 안내방송을 참조하시오. 영W

Attention, all passengers. I'd like to give you an update on what has caused the delay. Apparently, **(80) the subway in front of us suffered a mechanical breakdown at Davidson Station,** which is our next stop. **(81) Until a repair crew can move the subway out of the way, we can't move anywhere.** I just received a call from my supervisor, and he estimates it will take about ten minutes for that to happen. So please be calm during this time. **(82) I'll keep you updated with the progress of the work team every couple of minutes.** We hope to be back on the move no later than six thirty. We regret the inconvenience and apologize for the delay.

승객 여러분, 주목해 주세요. 지연 원인에 대해 업데이트를 해드리고자 합니다. 전언에 따르면, 앞서 가던 지하철이 우리의 다음 정거장인 Davidson 역에서 기계 고장을 일으켰다고 합니다. 수리반이 지하철을 선로 밖으로 옮길 수 있을 때까지, 우리는 어디로도 이동할 수가 없습니다. 상부로부터 방금 전화를 받았는데, 그렇게 되기까지 10분 정도 소요될 것으로 추정하고 있습니다. 따라서 이 시간 동안 침착하게 계시기 바랍니다. 작업 팀의 진행 경과를 2~3분마다 업데이트해 드리겠습니다. 늦어도 6시 30분까지는 다시 움직이기를 바라고 있습니다. 불편을 드린 데 대해 유감스럽게 생각하며 지연에 대해 사과드립니다.

표현 정리 attention (안내 방송에서) 알립니다, 주목해 주세요 cause 일으키다, 야기시키다 apparently 듣자 하니 suffer 겪다 mechanical breakdown 기계적 고장 stop 정거장 repair crew 수리반 supervisor 상사, 관리자 estimate 추정하다 calm 침착한 progress 진행 경과, 진전 no later than 늦어도 ~까지 regret 유감스럽게 여기다 inconvenience 불편(함) apologize 사과하다

80. 세부 정보 – caused, problem을 키워드로 삼아 해당 내용에 집중

해설 담화 초반에 지연 발생 원인에 대해 알려 주겠다며 앞에서 가던 지하철

이 기계 고장을 일으켰다고 했으므로 (B)가 정답이다.

패러프레이징 mechanical breakdown ▶ An equipment failure

문제의 원인이 무엇인가?

(A) 사고
(B) 장비 고장
(C) 늦은 승객
(D) 악천후 　　　　　　　　　　　　　　　 정답 (B)

81. 화자 의도 파악 – 주어진 발화 문장의 앞뒤 맥락을 토대로 유추

해설　담화 중반에 작업반이 고장난 지하철을 선로 밖으로 옮길 때까지 이동을 할 수 없다며 관리자의 말을 빌려 그 작업이 10분 정도 소요될 거라고 말한 것이므로 (A)가 정답이다.

표현 정리　indicate 나타내다　car 차량　rescue 구조하다, 구하다
part 부품

화자는 왜 "그렇게 되기까지 10분 정도 소요될 것입니다"라고 말하는가?

(A) 지하철 차량이 언제 옮겨질 것인지 알려 주려고
(B) 지하철이 역에 언제 도착할 것인지 얘기하려고
(C) 모두가 언제 구조될 것인지 언급하려고
(D) 잃어버린 부품이 언제 도착할 것인지 얘기하려고 　 정답 (A)

82. 세부 정보 – 앞으로의 계획으로 담화 후반부에 집중

해설　담화 후반부에 진행 상황을 매 2~3분 마다 업데이트해 주겠다고 했으므로 (D)가 정답이다.

패러프레이징 keep you updated ~ every couple of minutes ▶ Give regular updates

표현 정리　directions 길 안내　air conditioning 에어컨 (장치)　assure 확인해 주다, 장담하다　regular 정기적인, 규칙적인

화자는 무엇을 하겠다고 말하는가?

(A) 길 안내를 하겠다고
(B) 에어컨을 켜겠다고
(C) 승객들이 안전함을 확인해 주겠다고
(D) 정기적인 업데이트를 해 주겠다고 　　　　　　 정답 (D)

문제 83-85번은 다음 담화문을 참조하시오. 미M

Welcome to the sixth annual Arlington Manufacturing Convention. **(83) I'm Sylvester Hampton, and I'm the president of the Arlington Manufacturing Association.** It looks like we've got the biggest crowd ever, so I'm sure everyone's eager to begin. We have plenty of great workshops, speeches, seminars, and roundtable discussions for you to participate in. **(84) If you require a schedule, you can pick one up at the reception desk** beside the auditorium entrance. I'm sure we'll have a great time here for the next three days. **(85) All right, let's hear from the keynote speaker.** Gregory Thompson has run a local manufacturer for thirty years and intends to tell us how he's managed to be successful for so long.

여섯 번째 연례 Arlington 제조 컨벤션에 오신 것을 환영합니다. 저는 Sylvester Hampton이며, Arlington 제조 협회의 회장입니다. 역대 가장 많은 분들을 모신 것 같으니, 분명 모든 분들이 시작되기를 간절히 바랄 것입니다. 저희는 여러분이 참여하실 수 있는 많은 대규모 워크숍과 연설, 세미나, 그리고 원탁 회의를 엽니다. 일정표가 필요하시면, 강당 입구 옆에 있는 접수처에서 한 부 가져가실 수 있습니다. 앞으로

3일 동안 우리가 여기서 아주 멋진 시간을 보낼 거라 확신합니다. 네, 그럼 기조 연설자의 연설을 듣겠습니다. Gregory Thompson은 30년 동안 지역의 제조업체를 운영해 왔으며, 그렇게 오랜 시간 동안 그가 어떻게 해서 성공을 이뤄왔는지 얘기해 주실 겁니다.

표현 정리　crowd 무리, 군중　eager to ~하기를 간절히 바라다　plenty of 많은, 충분한　participate in ~에 참가하다　reception desk 접수처
auditorium 강당　entrance 출입구　keynote speaker 기조 연설자
intend to ~하려고 생각하다

83. 세부 정보 – Sylvester Hampton을 키워드로 삼아 해당 내용에 집중

해설　담화 초반에 화자가 자신이 Sylvester Hampton이라며 Arlington 제조 협회의 회장이라고 소개하고 있으므로 (B)가 정답이다.

표현 정리　mayor 시장　employer 고용주　decade 10년

Sylvester Hampton에 관하여 사실인 것은?

(A) 곧 은퇴할 계획이다.
(B) 제조업에서 일한다.
(C) Arlington의 시장이다.
(D) 30년 동안 고용주였다. 　　　　　　　　　　 정답 (B)

84. 세부 정보 – reception desk를 키워드로 삼아 해당 내용에 집중

해설　담화 중반에 일정이 필요하면, 접수처에서 하나 가져갈 수 있다고 했으므로 (A)가 정답이다.

표현 정리　registration 등록(서류)　packet 꾸러미

청자들이 접수처에서 받을 수 있는 것은?

(A) 행사 일정표
(B) 등록 서류집
(C) 명찰
(D) 책자 　　　　　　　　　　　　　　　　　 정답 (A)

85. 다음 행동 – 담화 후반부에 집중

해설　행사에 대한 간단한 안내가 이어진 후 이제 기조 연설을 듣겠다고 말했으므로 (A)가 정답이다.

패러프레이징 hear from the keynote speaker ▶ A speech will be given.

표현 정리　speech 연설　announce 발표하다, 알리다

다음에 무슨 일이 일어나겠는가?

(A) 연설이 있을 것이다.
(B) 세미나가 시작될 것이다.
(C) 소개가 있을 것이다.
(D) 변경 사항이 발표될 것이다. 　　　　　　　　 정답 (A)

문제 86-88번은 다음 회의 발췌록을 참조하시오. 영W

Headquarters has decided to proceed with plans to open a branch office in Melbourne, Australia. **(86) The office should open its doors on October 1, so we don't have much time to prepare. But I'm positive that with hard work, we can do it.** I've been instructed by management to tell you that we require two people from our office to work in Melbourne full time. **(87) I know some of you are interested in transferring, so here's your chance to work in a foreign country.** This will be a three-year assignment with the opportunity to stay longer. **(88) I can provide you with more information. Just talk to me once this meeting concludes.**

본사는 호주, Melbourne에 지사를 열 계획을 진행하기로 결정했습니다. 사무소가 10월 1일에 문을 열어야 해서, 준비할 시간이 많지 않습니다. 하지만 저는 각고의 노력으로, 그렇게 할 수 있다고 낙관하고 있습니다. 저는 Melbourne에서 풀타임으로 일할 사람이 우리 사무소에서 두 명 필요하다는 점을 전하라는 경영진의 지시를 받았습니다. 여러분 중 몇 분이 전근에 관심이 있다는 점을 알고 있는데, 여기 해외에서 일할 기회가 생겼습니다. 이번 기회는 3년 파견 예정입니다만 더 오래 머물 수도 있습니다. 제가 더 많은 정보를 제공해 드릴 수 있습니다. 이 회의가 끝나는 대로 제게 얘기해 주시면 됩니다.

표현 정리 headquarters 본사 proceed with ~을 계속하다 branch office 지사 positive 낙관적인, 긍정적인 instruct 지시하다 management 경영진 transferring 전근 assignment 배치, 배정 conclude 끝나다, 마무리되다

86. 화자 의도 파악 – 주어진 발화의 앞뒤 맥락을 토대로 유추
해설 사무실이 10월 1일에 문을 열어야 해서 준비할 시간이 많지 않다고 했지만, 열심히 하면 그렇게 할 수 있다고 말한 것이므로 사무실 오픈을 일정에 맞출 수 있다는 의미를 담고 있다. 따라서 (B)가 정답이다.
표현 정리 profitable 수익성이 있는 on schedule 예정대로 business trip 출장
화자가 "각고의 노력으로, 우리는 그렇게 할 수 있습니다"라고 말할 때, 그녀가 암시한 것은?
(A) 회사가 이윤을 더 낼 수 있다.
(B) 사무소가 예정대로 개점할 수 있다.
(C) 심사를 통과할 수 있다.
(D) 출장이 성공할 수 있다. 정답 (B)

87. 세부 정보 – transfer opportunity를 키워드로 삼아 해당 내용에 집중
해설 담화 중반에 호주 Melbourne에 새로 오픈하는 사무소에서 일할 직원으로 여기서 2명이 필요하다고 하면서, 전근에 관심 있어 하는 사람들이 있다는 걸 알고 있으니, 이번이 해외에서 일할 좋은 기회라고 얘기했으므로 (C)가 정답이다.
패러프레이징 work in a foreign country ▶ work abroad
표현 정리 come with ~이 딸려 있다 individual 개인 abroad 해외에(서)
전근 기회에 관하여 화자가 말한 것은?
(A) 높은 급여가 따를 것이다.
(B) 지원일은 10월 1일이다.
(C) 직원들이 해외에서 일해야 한다.
(D) 매니저들이 지원하도록 요구된다. 정답 (C)

88. 세부 정보 – more information을 키워드로 삼아 해당 내용에 집중
해설 담화 후반에 화자가 더 많은 정보를 제공할 수 있으니 회의가 끝나는 대로 자기에게 얘기하라고 말했으므로 추가 정보를 직접 얘기해 줄 것임을 알 수 있다. 따라서 (B)가 정답이다.
패러프레이징 just talk to me ▶ speaking with her in person
표현 정리 in person 직접, 몸소 text message 문자 메시지 contact 연락하다
청자들은 화자로부터 어떻게 더 많은 정보를 얻을 수 있는가?
(A) 그녀에게 이메일을 보내서
(B) 그녀와 직접 얘기해서
(C) 그녀에게 문자 메시지를 보내서
(D) 그녀에게 전화로 연락해서 정답 (B)

문제 89~91번은 다음 뉴스 보도를 참조하시오. M

In local news, the Springfield Tigers baseball team is playing its final game of the season this evening. Since it's the championship game, a sellout is expected at the stadium. (89) The game starts at 6:30; therefore, people leaving work for the day should be aware that traffic around the stadium is likely to be much heavier than normal starting about 5:00. (90) When the game concludes around 9:30, traffic will once again be congested for approximately an hour. We here at the Channel Four news desk wish the Tigers the best of luck. (91) Let's take a short commercial break, and then we'll be back with some financial news.

지역 소식으로, Springfield Tigers 야구팀은 오늘 저녁, 이번 시즌 결승전을 펼칠 예정입니다. 이번 경기는 챔피언 결정전이기 때문에, 경기장의 좌석 매진이 예상됩니다. 경기는 6시 30분에 시작되오니 퇴근하시는 분들은, 5시 경부터 경기장 주변의 교통량이 평소보다 훨씬 더 많을 거라는 점 염두에 두셔야 합니다. 9시 30분경 경기가 종료되면, 약 1시간 동안 차량들이 다시 붐빌 것입니다. 이곳 채널 4 뉴스데스크 직원들은 Tigers의 행운을 빕니다. 잠시 광고를 들으시고 나서, 저희는 금융 뉴스로 돌아오겠습니다.

표현 정리 final game 결승전 championship game 챔피언 결정전 sellout 좌석 매진 traffic 교통(량) be likely to ~할 것 같다 heavy 많은, 심한 conclude 종료하다, 끝나다 congest 붐비다 approximately 대략 wish ~ the best of luck 행운을 빌다 commercial break 광고 시간

89. 주제/목적 – 담화 전반부 또는 전체 내용을 토대로 유추
해설 담화 초중반에 걸쳐 오늘 저녁, 야구 경기 결승전이 있을 거라고 하면서 경기 시작 시간대와 종료 시간대에 교통량이 평소보다 훨씬 많을 것으로 예상된다는 내용이 주를 이루고 있으므로 (C)가 정답이다.
표현 정리 affect ~에 영향을 미치다 last 지속되다
뉴스 보도는 주로 무엇에 관한 것인가?
(A) 사람들이 어떻게 경기에 갈 수 있는지
(B) 팬들이 어떻게 티켓을 살 수 있는지
(C) 경기가 어떻게 교통에 영향을 미치는지
(D) 경기가 얼마나 지속될 것으로 예상되는지 정답 (C)

90. 세부 정보 – game을 키워드로 삼아 해당 내용에 집중
해설 경기가 언급된 부분을 집중해서 들으면, 경기는 6시 30분에 시작해서 9시 30분경에 끝난다는 사실을 알 수 있으므로 (D)가 정답이다.
패러프레이징 concludes around 9:30 ▶ end about 9:30 P.M.
표현 정리 hold (행사를) 열다, 개최하다
경기에 관하여 화자가 언급한 것은?
(A) 좌석은 매진되지 않을 것이다.
(B) 시내에서 열릴 것이다.
(C) 이번 시즌의 첫 번째 경기이다.
(D) 오후 9시 30분경 종료될 것이다. 정답 (D)

91. 다음 행동 – 담화 후반부에 집중
해설 담화 후반에 광고 시간(commercial break)을 가진 후에, 금융 뉴스(financial news)로 돌아오겠다고 했으므로 청자들이 다음에 들을 내용은 광고임을 알 수 있다. 따라서 (C)가 정답이다.
패러프레이징 commercial break ▶ An advertisement
청자들은 다음에 무엇을 들을 것인가?

(A) 금융 뉴스
(B) 스포츠 뉴스
(C) 광고
(D) 음악   정답 (C)

(A) 요금 청구서에 대해 얘기하려고
(B) 문제를 알리려고
(C) 메시지를 다시 들으려고
(D) 약속 일정을 잡으려고   정답 (B)

문제 92-94번은 다음 녹음 메시지를 참조하시오. 미W

> Thank you for calling Danbury Power. (92) **Unfortunately, we're closed for the national holiday, so there's no one here in the office who can take your call.** (93) **If you are calling to report a downed power line, a lack of electricity somewhere, or some other urgent situation, please press five.** You will be transferred to another office, where you can report the situation. If you are calling regarding a billing or service issue, please press four if you want to leave a voicemail message. (94) **Leave your contact information, and someone will respond to you as soon as the workday commences tomorrow.** To hear this message again, please press seven.
>
> ----
>
> Danbury 전기에 전화해 주셔서 감사합니다. 유감스럽게도, 저희는 국경일로 문을 닫아서, 사무실에 고객님의 전화를 받을 사람이 없습니다. 송전선 고장이나 어딘가의 전력 부족, 또는 그 밖의 다른 긴급한 상황을 알리기 위해 전화 주신 거라면, 5번을 눌러 주세요. 고객님의 전화가 다른 사무소로 연결되면, 그곳에 상황을 알려 주시면 됩니다. 요금 청구서나 서비스 문제에 관하여 전화 주신 경우, 음성 메시지를 남기길 원하시면, 4번을 눌러 주세요. 연락처를 남겨 주시면, 내일 근무가 시작되는 대로 고객님께 연락 드리겠습니다. 이 메시지를 다시 듣고 싶으시면, 7번을 눌러 주세요.

표현 정리 unfortunately 유감스럽게도, 안타깝게도 **national holiday** 공휴일 **downed** 고장난 **power line** 송전선 **a lack of** ~의 부족, 결핍 **urgent** 긴급한 **regarding** ~에 관하여 **billing** 계산서, 청구서 **voicemail message** 음성 메시지 **contact information** 연락처 **workday** 근무 (시간) **commence** 시작하다

92. 이유/방법 – nobody answer the phone을 키워드로 삼아 해당 내용에 집중

해설 담화 초반에 이 업체가 공휴일로 문을 닫아서, 사무실에 전화 받을 수 있는 사람이 아무도 없다고 말했으므로 (D)가 정답이다.

패러프레이징 no one here in the office ▶ No employees are working at the moment.

표현 정리 currently 현재 **at the moment** 지금, 현재

왜 아무도 전화를 받지 않았는가?

(A) 밤 늦게 전화했다.
(B) 현재 모든 전화가 통화 중이다.
(C) 전화에 문제가 있다.
(D) 직원들이 현재 아무도 일하지 않는다.   정답 (D)

93. 이유/방법 – press, number five를 키워드로 삼아 해당 내용에 집중

해설 송전선 고장이나 전기 부족, 긴급한 일이 있을 경우 5번을 누르라고 했으므로 (B)가 정답이다.

패러프레이징 downed ~, a lack of ~, urgent situation ▶ a problem

표현 정리 schedule 일정을 잡다

왜 5번을 누르겠는가?

94. 암시/추론 – Danbury Power를 키워드로 삼아 해당 내용에 집중

해설 담화 후반에 연락처를 남겨주면 내일 근무가 시작되는 대로 연락 드리겠다고 했으므로 이 메시지가 나오는 시점 다음 날이 근무 개시일임을 알 수 있다. 따라서 (A)가 정답이다.

패러프레이징 commences tomorrow ▶ be open the following day

표현 정리 the following day 그 다음 날 **work crew** 작업반 **restore** 복구하다 **charge** 부과하다 **look to** ~을 고려하다

Danbury 전기에 관하여 알 수 있는 것은?

(A) 사무실이 그 다음 날 영업할 것이다.
(B) 작업반이 전선을 복구하려고 노력 중이다.
(C) 시에서 가장 낮은 요금을 부과한다.
(D) 신입 직원 고용을 고려 중이다.   정답 (A)

문제 95-97번은 다음 회의 발췌록과 일기 예보를 참조하시오. 미M

> (95) (96) **I just found out that a big thunderstorm has been forecast for the day of the building dedication.** (95) **Since the event is scheduled to take place outside, I've decided to move it to next Monday.** I would hate for inclement weather to ruin the ceremony. In addition, please note that the schedule for the event has slightly changed. (97) **Ross Tanner, the mayor of our city, has agreed to attend, and he intends to say a few words there.** I've scheduled him to talk for about five minutes at 9:55. That means my speech will be moved to 10:00. Does anyone have any questions?
>
> ----
>
> 제가 방금 건물 헌정식이 있는 날 심한 뇌우가 있을 거라는 예보를 접하게 됐습니다. 행사가 옥외에서 열릴 예정이어서, 다음 주 월요일로 옮기기로 결정했습니다. 악천후가 식을 망치게 하고 싶지는 않아요. 덧붙여, 행사 일정이 조금 변동되었으니 참고 바랍니다. 우리 시의 시장이신 Ross Tanner 씨가 참석하기로 하셨고, 거기서 간단한 연설을 하실 계획입니다. 제가 9시 55분에 그분이 약 5분간 얘기하시는 걸로 예정을 잡았습니다. 그러니 제 연설은 10시로 옮겨지겠죠. 질문 있으신 분 계신가요?

일기 예보

월요일	화요일	수요일	목요일	금요일
맑음	흐림	비	바람	일부 흐림

표현 정리 thunderstorm 뇌우 **forecast** 예상[예측]하다 **building dedication** 건물 헌정식 **take place** 일어나다, 개최되다 **I would hate** ~하고 싶지 않다 **inclement** (날씨가) 궂은, 좋지 않은 **ruin** 망치다 **ceremony** 식 **slightly** 조금, 약간 **mayor** 시장 **intend to** ~할 생각이다 **say a few words** 간단한 연설을 하다

정답 및 해설 ··· 25

95. 주제/목적 – 담화 전반부에 집중

해설 건물 헌정식 당일에 뇌우가 예보되어 있는데, 행사가 밖에서 열릴 예정이어서 행사일을 옮기기로 결정했다고 하며 내용을 전개하고 있으므로 (A)가 정답이다.

패러프레이징 the building dedication ▶ an event

표현 정리 upcoming 다가오는, 곧 있을

화자는 주로 무엇에 대해 얘기하는가?

(A) 다가오는 행사
(B) 일기 예보
(C) 일정이 변경된 회의
(D) 소개의 말   정답 (A)

96. 시각 정보 – When, event, originally scheduled를 키워드로 삼아 그래프를 보며 단서 포착

해설 담화 초반에 행사 당일에 뇌우(thunderstorm)가 예보되어 있다고 했고, 그래프 상에서 뇌우와 관련된 날씨가 예상된 날은 수요일이므로 (C)가 정답이다.

그래픽을 보시오. 행사는 원래 언제 열리기로 했나?

(A) 월요일
(B) 화요일
(C) 수요일
(D) 목요일   정답 (C)

97. 세부 정보 – Who, speak를 키워드로 삼아 해당 내용에 집중

해설 담화 중반에 시장인 Ross Tanner가 행사에 참석해서 간단히 연설할 거라고 말했으므로 (D)가 정답이다.

패러프레이징 say a few words ▶ speak / the mayor of our city ▶ A local politician

표현 정리 celebrity 유명 인사 politician 정치인

행사에서 누가 연설할 예정인가?

(A) 유명 인사
(B) 회사 CEO
(C) 건물 소유주
(D) 지역 정치인   정답 (D)

문제 98-100번은 다음 전화 메시지와 목록을 참조하시오. 호M

Hello, Ms. Brentwood. This is Marvin Harrison from Destiny Realty. I have some excellent news for you. A new house which fulfills the requirements you gave me just came onto the market. **(98) It has four bedrooms and is a five-minute walk from the local school. (99) It even comes with a swimming pool.** Your family will love it. This house is likely to sell quickly, so I'd like you to see it immediately. I've got time tomorrow at around ten A.M. How about meeting me at my office, and then we can drive there together? **(100) Please send me a text message to confirm this schedule.** I hope to hear from you soon.

안녕하세요, Brentwood 씨. Destiny 부동산의 Marvin Harrison입니다. 당신을 위해 아주 좋은 소식이 있어서요. 제게 주셨던 요구 사항들을 충족하는 새 집이 방금 시장에 나왔어요. 방이 네 개이고, 인근 학교가 걸어서 5분 거리에 있어요. 심지어 수영장도 딸려 있네요. 당신의 가족이 매우 좋아할 겁니다. 이 집이 빨리 매매가 될 것 같으니, 바로 보셨으면 좋겠어요. 저는 내일 오전 10시경에 시간이 납니다. 제 사무

실에서 만나 차로 같이 가보는 게 어떨까요? 이 일정 확인을 위해 제게 문자 메시지를 보내 주세요. 신속한 답변 기다리겠습니다.

Destiny 부동산
매매용 주택

주소	방 개수	가격
Winston 가 42번지	3개	160,000달러
Amethyst 대로 99번지	5개	250,000달러
Shamrock 로 181번지	4개	200,000달러
Hunter 로 65번지	2개	115,000달러

표현 정리 realty 부동산 fulfill 충족하다 come with ~이 딸려 오다 be likely to ~할 것 같다 immediately 즉시, 당장 text message 문자 메시지

98. 시각 정보 – Where, house, speaker, discussing을 키워드로 해당 내용에 집중

해설 담화 초중반에 청자가 요구한 조건의 매물이 나왔다며, 방이 4개이고, 학교까지도 가깝다고 했는데, 그래프 상에서 방이 4개인 집의 주소가 Shamrock 로 181번지이므로 (C)가 정답이다.

그래픽을 보시오. 화자가 얘기하고 있는 집은 어디인가?

(A) Winston 가 42번지
(B) Amethyst 대로 99번지
(C) Shamrock 로 181번지
(D) Hunter 로 65번지 ·   정답 (C)

99. 세부 정보 – house를 키워드로 삼아 해당 내용에 집중

해설 담화 중반에 청자가 마음에 들어할 만한 집을 소개하며 그 집이 수영장도 갖추고 있다고 했으므로 (D)가 정답이다.

표현 정리 backyard 뒤뜰 floor 층

집에 관하여 화자가 말한 것은?

(A) 넓은 뒤뜰이 있다.
(B) 학교 길 건너에 있다.
(C) 2층이다.
(D) 수영장이 있다.   정답 (D)

100. 이유/방법 – How, contacted를 키워드로 삼아 요청 표현에 집중

해설 담화 후반에 일정 확인을 위해 문자 메시지를 보내 달라고 했으므로 (Please send me a text message to confirm this schedule.) (B)가 정답이다.

화자는 어떻게 연락을 달라고 요청하는가?

(A) 이메일로
(B) 문자 메시지로
(C) 전화로
(D) 직접   정답 (B)

TEST 02

PART 1

1. 실내 – 여자의 동작 [미M]

(A) A woman is standing and holding a document.
(B) A woman is speaking into a microphone.
(C) People are seated outdoors.
(D) Everyone is looking in the same direction.

해설 파트1 초반에 한 사람이 부각된 사진은 대개 그 사람의 동작이나 상태를 묘사하는 문제로 출제된다. 교실에서 선생님으로 보이는 한 여자가 학생들 앞에 서 있고, 종이를 들고 있으므로 (A)가 정답이다.

🔍 **함정 분석** (B)의 마이크(microphone)는 사진에 보이지 않으며, (C)는 사람들이 실내에(indoors) 앉아 있으므로 장소가 잘못 되었고, (D)는 앞에 서 있는 여자와 나머지 학생들이 마주보고(face each other) 있으므로 오답이다.

표현 정리 hold 잡고 있다, 들고 있다 microphone 마이크 outdoors 밖에, 옥외에 direction 방향

(A) 여자가 서서 서류를 들고 있다.
(B) 여자가 마이크로 얘기하고 있다.
(C) 사람들이 밖에 앉아 있다.
(D) 모든 사람들이 같은 방향을 보고 있다. **정답 (A)**

2. 야외 – 사물의 상태 [영W]

(A) A ship is passing under a bridge.
(B) The surface of the water is calm.
(C) Many vehicles are entering a tunnel.
(D) The buildings are situated on a hillside.

해설 사람이 등장하지 않는 사물/풍경 사진이므로 각 사물들의 상태와 위치를 확인한다. 수로로 배가 지나가고 있으며, 양 옆에는 건물들이 보이는데, 물이 잔잔한 상태이므로 이를 묘사한 (B)가 정답이다.

🔍 **함정 분석** (A)의 다리(bridge)와 (C)의 터널(tunnel)은 사진에 보이지 않으며, (D)는 건물들이 산비탈(hillside)에 위치해 있지 않으므로 오답이다.

표현 정리 pass 지나가다 surface 표면 calm (물이) 잔잔한 vehicle 차량 enter 들어가다 be situated 위치해 있다 hillside 산비탈

(A) 배가 다리 밑을 지나가고 있다.
(B) 수면이 잔잔하다.
(C) 많은 차량들이 터널로 들어가고 있다.
(D) 건물들이 산비탈에 위치해 있다. **정답 (B)**

3. 실내 – 사물의 위치/상태 [미W]

(A) Customers are paying for purchases.
(B) A shopper is trying on a shirt.
(C) A light is hanging from the ceiling.
(D) Clothing is hanging on racks.

해설 사람이 등장하지 않는 사물 중심의 사진에서는 부각된 사물의 위치와 상태를 확인한다. 옷 가게로 보이는 곳에서 옷들이 옷걸이에 걸려 있으므로 (D)가 정답이다.

🔍 **함정 분석** (A)의 손님들(Customers)이나, (B)의 쇼핑객(shopper), (C)의 전등(light)과 천장(ceiling)은 사진에 보이지 않으므로 오답이다.

표현 정리 purchase 구매(품) try on ~을 입어 보다 hang 걸다, 걸리다; 매달다, 매달리다 ceiling 천장 rack 선반, 걸이

(A) 손님들이 구매한 물건값을 치르고 있다.
(B) 쇼핑객이 셔츠를 입어 보고 있다.
(C) 천장에 전등이 매달려 있다.
(D) 옷이 옷걸이에 걸려 있다. **정답 (D)**

4. 야외 – 사물의 상태 [호M]

(A) The terrace is void of people.
(B) Sailboats are on the water.
(C) A railing is being installed outdoors.
(D) Tourists are enjoying the view.

해설 바다를 바라보는 테라스가 보이며, 테라스에 해변용 의자들이 보이지만 사람이 등장하지 않으므로 (A)가 정답이다.

🔍 **함정 분석** (B)의 요트(Sailboats)와 (D)의 관광객들(Tourists)은 사진에 보이지 않으며, (C)는 난간을 설치하고 있다는 의미의 수동 진행형 문장인데, 누군가가 현재 설치하고 있는 모습이 아니므로 오답이다.

표현 정리 terrace (집, 식당의) 테라스 void of ~이 없는 sailboat 요트 railing 난간 install 설치하다 outdoors 밖에, 옥외에 tourist 관광객 view 경치, 경관

(A) 테라스에 사람들이 없다.
(B) 요트들이 물 위에 있다.
(C) 난간이 밖에 설치되고 있다.
(D) 관광객들이 경치를 즐기고 있다. **정답 (A)**

5. 야외 – 사물의 상태 [미M]

(A) The area is deserted.
(B) The rails run above the pipes.
(C) Workers are working at the plant.
(D) The building has several chimneys.

해설 공장으로 보이는 장소로, 큰 파이프들 아래로 레일이 지나가고, 사람은 등장하지 않으므로 (A)가 정답이다.

🔍 **함정 분석** (B)는 레일이 파이프 위(above)가 아닌 아래(under)로 지나고 있으므로 "The rails run under the pipes."라고 하면 답이 될 수 있으며, (C)의 근로자들(workers)과 (D)의 굴뚝(chimneys)은 사진에 보이지 않으므로 오답이다.

표현 정리 deserted 사람이 없는 rail (철도의) 레일 run 잇다, 이어지다 plant 공장 chimney 굴뚝

(A) 그 지역에 사람이 없다.
(B) 레일이 파이프 위로 나 있다.
(C) 근로자들이 공장에서 일하고 있다.
(D) 건물에 몇 개의 굴뚝이 있다. **정답 (A)**

6. 실내 – 인물의 동작 [영W]

(A) A customer is being served a coffee.
(B) He is wearing a T-shirt.
(C) There are flowers on the table.
(D) The man is reading a magazine.

해설 한 사람이 부각된 사진은 먼저 그 사람의 특징적인 행동과 상태를 파악한 후에 주변으로 시선을 돌린다. 식당으로 보이는 곳에서 한 남자가 잡지를 보고 있는 사진이므로 (D)가 정답이다.

🔍 **함정 분석** (A)의 커피(coffee)나, (B)의 티셔츠(T-shirt), (C)의 꽃(flowers)은 사진에 보이지 않으므로 오답이다.

표현 정리 serve (음식을) 제공하다

(A) 손님이 커피를 제공받고 있다.
(B) 남자가 R이 쓰여 있는 셔츠를 입고 있다.
(C) 테이블 위에 꽃이 있다.
(D) 남자가 잡지를 읽고 있다. 정답 (D)

PART 2

7. How much 의문문 – 지불 금액으로 답변 [미M] [미W]

How much are you willing to pay?

(A) I paid in monthly installments.
(B) Yes, I already paid for it.
(C) No more than fifty dollars.

해설 얼마를 지불하겠냐는 질문에 특정 금액대로 답한 (C)가 정답이다.

표현 정리 be willing to 기꺼이 ~하다 monthly 월례의, 월 단위의 installment 할부금, 분할 불입금 no more than ~이내로

얼마를 지불하시겠어요?

(A) 저는 월납으로 지불했어요.
(B) 네, 저는 이미 그 값을 지불했어요.
(C) 50달러 이내로요. 정답 (C)

8. 평서문 – 언급한 말에 추가 정보를 위해 반문하며 답변 [영W] [미M]

I'm interested in acquiring some new property.

(A) For what purpose?
(B) It covers three acres.
(C) He'll probably do that.

해설 새 부지 인수에 관심 있다는 말에 무슨 용도로 쓸 것인지 되물은 (A)가 정답이다.

표현 정리 be interested in ~에 관심이 있다 acquire 인수하다, 획득하다 property 부동산 cover (특정 지역에) 걸쳐 있다 acre 에이커(약 4,050평방미터 크기의 땅)

저는 새로운 부지를 인수하는 데 관심 있어요.

(A) 무슨 용도로요?
(B) 그곳은 3 에이커에 걸쳐 있어요.
(C) 아마도 그분은 그렇게 할 거예요. 정답 (A)

9. 일반 의문문 – 특정 인물의 퇴사 소식을 전하는 질문에 처음 들었다고 답변 [미W] [미M]

Did you hear that Jason Woodruff is resigning?

(A) He's in Accounting.
(B) That's news to me.
(C) Twenty years on the job.

해설 Jason Woodruff의 퇴사 소식을 들었냐는 질문에 처음 듣는 얘기라며 듣지 못했음을 우회적으로 답변한 (B)가 정답이다.

표현 정리 resign 퇴사하다, 사임하다 Accounting 회계(부서) That's news to me. 금시초문이다.

Jason Woodruff가 퇴사할 거란 소식 들으셨어요?

(A) 그는 회계 팀에 있어요.
(B) 처음 듣는 얘기네요.
(C) 20년 근속이요. 정답 (B)

10. 일반 의문문 – 보너스를 받을 수 있는지 묻는 질문에 회의 때 물어보겠다는 답변 [영W] [호M]

Have you asked if we're receiving bonuses this December?

(A) We get paid more for overtime work.
(B) Larger than last year's.
(C) I'll inquire at today's staff meeting.

해설 올 12월에 보너스를 받을지 물어봤냐는 질문에 회의 때 물어보겠다며 아직 안 물어봤음을 우회적으로 나타낸 (C)가 정답이다.

표현 정리 get paid 급여를 받다 overtime work 연장 근무, 잔업 inquire 문의하다

우리가 올 12월에 보너스를 받게 될지 물어보셨나요?

(A) 우리는 연장 근로에 대해 급여를 더 받아요.
(B) 지난해보다 더 많아요.
(C) 오늘 직원회의 때 물어볼게요. 정답 (C)

11. Where 의문문 – 물건을 놓을 장소를 묻는 질문에 특정 장소로 답변 [미M] [영W]

Where should I place the toner cartridges?

(A) In the cabinet by Steve's desk.
(B) No, the copier doesn't need toner.
(C) Right. Ten double-sided copies.

해설 토너 카트리지를 어디에 두어야 하는지 묻는 질문에 구체적인 장소로 응답한 (A)가 정답이다.

표현 정리 copier 복사기 double-sided 양면의 copy 복사본

토너 카트리지를 어디에 두어야 하죠?

(A) Steve 책상 옆 캐비닛 안에요.
(B) 아니요, 그 복사기는 토너가 필요 없어요.
(C) 맞아요. 양면 복사로 10부요. 정답 (A)

12. 평서문 – 언급한 말에 호응하며 답변 [호M] [영W]

There's a package for you in the mailroom.

(A) Thanks for mailing those letters.
(B) Yes, he's going to sign for it.
(C) I wonder who sent me something.

해설 우편물 실에 소포가 와 있다는 말에 누가 보냈는지 궁금하다며, 대화를 전개시킨 (C)가 정답이다.

함정 분석 (A)는 질문의 mailroom과 발음이 유사한 mailing을 이용한 함정이며, (B)는 내용상 질문에 언급한 대상(you)과 서명의 주체(he)가 맞지 않으므로 주어 불일치 함정이다.

표현 정리 package 소포 mailroom 우편물 실 mail 우편물을 보내다 sign 서명하다 wonder 궁금해하다

우편물 실에 당신에게 온 소포가 있어요.

(A) 그 편지들을 우편으로 보내 주셔서 고마워요.
(B) 네, 그분이 그 일로 사인할 거예요.
(C) 누가 저한테 보냈는지 궁금하네요. 　　　　　　　정답 (C)

13. 제안/제공/요청 – 일정 변경 제안에 변경 가능한 요일로 답변 미W 미M

Why don't we reschedule the demonstration?

(A) Many people are demonstrating outside.
(B) Next Monday is fine with me.
(C) No, that's not on the schedule.

해설 시연 일정을 변경하는 게 어떠냐는 제안에 다음 주 월요일이 좋다며 우회적으로 수락한 (B)가 정답이다.

함정 분석 (A)는 질문에 쓰인 demonstration의 파생어(demonstrating)를 이용하여 혼동을 준 함정이며, (C)는 질문의 reschedule과 발음이 유사한 schedule을 이용한 함정이다.

표현 정리 reschedule 일정을 변경하다 demonstration 시연 demonstrate 시연하다; 시위하다

그 시연 일정을 다시 잡는 게 어떨까요?

(A) 많은 사람들이 밖에서 시위하고 있어요.
(B) 저는 다음 주 월요일이 좋아요.
(C) 아니요, 그건 일정에 없어요. 　　　　　　　정답 (B)

14. 평서문 – 언급된 말에 호응하며 답변 미M 영W

More people than expected applied for the job.

(A) At least seventy applicants.
(B) Great. He's perfect for the job.
(C) Let's determine who's qualified.

해설 예상보다 많은 사람들이 지원했다는 말에 누가 자격이 있는 결정하자며, 내용을 전개시킨 (C)가 정답이다.

함정 분석 (A)는 질문에 쓰인 applied의 파생어(applicants)를 이용하여 혼동을 준 함정이며, (B)는 내용상 질문에서 언급한 대상(people)과 그 일에 적합한 주체(he)가 맞지 않으므로 주어 불일치 함정이다.

표현 정리 apply for 지원하다 applicant 지원자 perfect for ~에 아주 적합한 determine 결정하다 qualified 자격이 있는

예상보다 더 많은 사람들이 그 일에 지원했네요.

(A) 적어도 70명의 지원자들이요.
(B) 좋아요. 그분은 그 일에 아주 적합해요.
(C) 누가 자격이 있는지 결정하죠. 　　　　　　　정답 (C)

15. When 의문문 – 배송 받을 시점을 묻는 질문에 시간 표현을 이용하여 답변 호M 미W

When can we expect to receive the shipment?

(A) Down at the harbor.
(B) No later than Thursday.
(C) We'll charge it to your account.

해설 배송을 받을 수 있는 시점을 묻는 질문으로 늦어도 목요일까지라고 답한

(B)가 정답이다.

함정 분석 (A)는 질문의 shipment를 듣고 연상하기 쉬운 harbor를 이용한 응답이며, (C)는 청구 방식을 묻는 How 의문문에 어울리는 응답이다.

표현 정리 expect 예상하다, 기대하다 shipment 배송(품) harbor 항구 no later than 늦어도 ~까지는 charge 청구하다 account 계좌, 계정

우리가 배송을 언제 받을 수 있을까요?

(A) 항구 아래에서요.
(B) 늦어도 목요일까지는요.
(C) 당신의 계좌로 청구할게요. 　　　　　　　정답 (B)

16. Who 의문문 – 인터뷰할 사람을 묻는 질문에 특정 인물로 답변 미M 미W

Who is supposed to interview the next candidate?

(A) She's coming at one thirty.
(B) I didn't see his résumé.
(C) Jennifer, I believe.

해설 다음 후보자를 면접 보기로 한 사람을 묻는 질문으로 Jennifer일 거라며 특정 인물로 답한 (C)가 정답이다.

함정 분석 (A)는 후보자가 언제 올지 묻는 When 의문문에 어울리는 응답이며, (B)는 질문의 interview, candidate를 듣고 연상할 수 있는 résumé를 이용한 함정이다.

표현 정리 be supposed to ~하기로 되어 있다 candidate 후보자, 지원자

다음 후보자를 누가 면접 보기로 했나요?

(A) 그녀가 1시 반에 올 거예요.
(B) 그의 이력서를 못 봤어요.
(C) Jennifer일 거예요. 　　　　　　　정답 (C)

17. How often 의문문 – 유지 보수의 빈도를 묻는 질문에 구체적인 빈도로 답변 미M 영W

How often does the machine require maintenance?

(A) It costs more than $5,000.
(B) Twice a month.
(C) Yes, I require some assistance.

해설 기계 유지 보수를 얼마나 자주 해야 하는지 묻는 질문으로 한 달에 두 번이라며 빈도로 답한 (B)가 정답이다.

함정 분석 (A)는 How much 의문문에 어울리는 응답이며, 의문사 의문문은 Yes/No로 응답할 수 없으므로 (C)도 오답이다.

표현 정리 require 요구하다 maintenance 유지 보수 cost (얼마의) 비용이 들다 assistance 도움, 지원

그 기계는 유지 보수를 얼마나 자주 해야 하나요?

(A) 비용이 5천 달러 이상 들 거예요.
(B) 한 달에 두 번이요.
(C) 네, 도움이 좀 필요해요. 　　　　　　　정답 (B)

18. 평서문 – 언급된 말에 호응하며 답변 영W 미W

I'm heading to the cafeteria in a few minutes.

(A) I'll go with you if you don't mind.
(B) A ham and cheese sandwich, please.
(C) I hope you enjoyed your meal.

해설 몇 분 후에 구내식당으로 갈 거라는 말에 괜찮으면 같이 가겠다고 하며

적절하게 응답한 (A)가 정답이다.

표현 정리 head to ~로 향하다 cafeteria 구내식당, 카페테리아 mind 꺼려 하다, 상관하다 meal 식사

몇 분 후에 구내식당으로 갈 거예요.

(A) 괜찮으시면 당신과 같이 갈게요.
(B) 햄치즈 샌드위치로 주세요.
(C) 맛있게 식사하셨기를 바라요.　　　　　　　　정답 (A)

19. 일반 의문문 – 학회 참석 가능 여부를 묻는 질문에 모르겠다고 우회적으로 답변 영W 미M

Are we being permitted to attend next week's conference?

(A) From the ninth to the eleventh.
(B) You'd better ask Mr. Swan.
(C) That's right. It's in Dallas.

해설 다음 주 학회 참석을 할 수 있는지 묻는 질문으로, Swan 씨에게 물어보는 게 나을 거라며, 자신은 잘 모름을 우회적으로 말한 (B)가 정답이다.

표현 정리 permit 허용하다 attend 참석하다 conference 학회

우리가 다음 주 학회 참석이 허용될까요?

(A) 9일에서 11일까지요.
(B) Swan 씨에게 물어보시는 게 나을 거예요.
(C) 맞아요. 그건 Dallas에서 있어요.　　　　　정답 (B)

20. Which 의문문 – 물품 주문 담당자를 묻는 질문에 특정 직원을 언급하며 답변 영W 미M

Which employee is responsible for ordering supplies?

(A) Dana's party was a big surprise.
(B) We need more paper and folders.
(C) Call Russ at extension 87.

해설 물품 주문을 담당하는 직원이 누구인지 묻는 질문으로, Russ에게 전화하라며 담당 직원을 직접 언급한 (C)가 정답이다.

표현 정리 be responsible for ~을 담당하다 extension 내선 번호

어느 직원이 물품 주문 담당인가요?

(A) Dana의 파티는 너무나 놀라웠어요.
(B) 우리는 종이와 폴더가 더 필요해요.
(C) 내선 87번으로 Russ에게 전화하세요.　　　정답 (C)

21. 평서문 – 언급된 말에 대안을 제시하며 답변 미M 호M

It looks like there's road construction up ahead.

(A) Two blocks ahead on Rose Avenue.
(B) Yes, I rode here on the bus.
(C) I know a detour we can take.

해설 앞에서 도로 공사를 하는 것 같다는 말에 우회로를 알고 있다며, 다른 방법을 제시하여 답한 (C)가 정답이다.

표현 정리 look like ~인 것 같다 road construction 도로 공사 up ahead 앞쪽으로 ahead 앞에, 앞으로 ride 타다 detour 우회로

앞에 도로 공사가 있는 것 같아요.

(A) Rose 대로에서 두 블록 앞이요.
(B) 네, 여기서 버스를 탔어요.
(C) 탈 수 있는 우회로를 제가 알고 있어요.　　정답 (C)

22. 일반 의문문 – 이용 가능한 테이블이 있는지 묻는 질문에 Yes/No로 답변 영W 미M

Is there a table available in the window?

(A) No, but there's one by the kitchen.
(B) Of course, I can open the window.
(C) Four people at around seven thirty.

해설 창가에 이용 가능한 테이블이 있냐고 묻는 질문에 No로 답한 후, 주방 옆에 (쓸 수 있는 게) 있다고 덧붙여 말한 (A)가 정답이다.

표현 정리 available 이용 가능한 by ~옆에 around 약, 대략

창가에 이용 가능한 테이블이 있나요?

(A) 아니요, 하지만 주방 옆에 하나 있어요.
(B) 물론이죠. 제가 창문을 열 수 있어요.
(C) 7시 반쯤에 네 사람이요.　　　　　　　정답 (A)

23. 간접 의문문 – 주차할 수 있는 장소를 묻는 질문으로 "Try ~ (~(로) 가 보세요/해 보세요)" 표현을 이용한 답변 미M 영W

Could you tell me where I can park my vehicle?

(A) I only use public transportation.
(B) Try the public lot on Desmond Avenue.
(C) Yes, we're all meeting in the park.

해설 Could you tell me 뒤의 의문사(where)를 놓치지 않고 들어야 하는 간접 의문문으로 주차할 수 있는 장소를 묻고 있으며, Desmond 대로의 공영 주차장을 이용해 보라고 응답한 (B)가 정답이다.

표현 정리 park 주차하다; 공원 vehicle 차량 public transportation 대중교통 public lot 공영 주차장

제 차를 어디에 주차할 수 있는지 얘기해 주시겠어요?

(A) 저는 대중교통만 이용해요.
(B) Desmond 대로에 있는 공영 주차장에 가 보세요.
(C) 네, 우리 모두 그 공원에서 만날 거예요.　　정답 (B)

24. 부정 의문문 – 회사의 여행 경비 부담 여부를 묻는 질문에 조건적 Yes로 답변 영W 미W

Doesn't the company cover all travel expenses?

(A) So long as you provide receipts.

(B) It's not covered by the warranty.

(C) An upcoming trip to Singapore.

해설 회사가 여행 경비를 모두 부담하지 않느냐는 질문에 영수증을 제출하기만 하면 그렇다고 답한 (A)가 정답이다.

🔍 함정 분석 (B)는 cover의 동어 반복 함정으로, 질문에서는 '(돈을) 대다, 부담하다'의 의미로, 응답에서는 '(보험이나 보증서 등으로) 보장하다'의 의미로 쓰였고, (C)는 질문의 travel을 듣고 연상하기 쉬운, trip을 이용한 함정이다.

표현 정리 cover (돈을) 대다, 부담하다; 보장하다 so long as ~이기만 하면 receipt 영수증 warranty 품질 보증서 upcoming 다가오는, 곧 있을

회사가 모든 여행 경비를 부담하지 않나요?

(A) 영수증을 제출하시기만 하면요.

(B) 그건 보증서로 보장되지 않아요.

(C) 다가오는 싱가포르 여행이요.　　　　　　　정답 (A)

25. 평서문 – 언급된 말에 추가 정보를 요구하는 질문으로 답변 [영W] [미W]

We ran into a problem while analyzing the data.

(A) I haven't completed the analysis.

(B) Would you care to go into more detail?

(C) The date today is June 11.

해설 데이터를 분석하는 동안 문제가 생겼다는 말에 더 자세히 얘기해 주겠냐며 추가 정보를 요구한 (B)가 정답이다.

🔍 함정 분석 (A)는 질문에 쓰인 analyzing의 파생어(analysis)를 이용하여 혼동을 준 함정이며, (C)는 질문의 data와 유사한 발음의 date를 이용하여 혼동을 준 함정이다.

표현 정리 run into (우연히) 마주치다 analyze 분석하다 analysis 분석 Would you care to ~하시겠어요? go into detail 상세히 설명하다 date 날짜

우리가 데이터를 분석하는 동안 문제에 맞닥뜨렸어요.

(A) 저는 그 분석을 완료하지 못했어요.

(B) 더 자세히 설명해 주시겠어요?

(C) 오늘 날짜는 6월 11일이에요.　　　　　　　정답 (B)

26. Who 의문문 – 청소하지 않은 사람을 묻는 질문에 우회적으로 모르겠다고 답변 [영W] [호M]

Who forgot to clean the employee lounge?

(A) Down the hall on the left.

(B) I haven't been there all day.

(C) Employees often eat snacks there.

해설 직원 휴게실 청소를 누가 잊고 안 했냐고 묻는 질문으로, 자신은 하루 종일 그곳에 가지 않았다며 모르겠다고 우회적으로 말한 (B)가 정답이다.

🔍 함정 분석 (A)는 Where 의문문에 어울리는 응답이며, (C)는 질문의 employee를 반복 사용하여 혼동을 준 함정이다.

표현 정리 employee lounge 직원 휴게실 snack 스낵, 간단한 식사

누가 직원 휴게실 청소하는 걸 잊었나요?

(A) 홀을 내려가셔서 왼쪽이요.

(B) 저는 하루 종일 거기에 가지 않았어요.

(C) 직원들이 종종 거기서 간식을 먹어요.　　　　　정답 (B)

27. Why 의문문 – 전근 요청을 한 이유를 묻는 질문에 구체적인 이유로 답변 [영W] [미M]

Why did Mr. Yates request a transfer to Denver?

(A) I used to live there in the past.

(B) Sure, I can transfer your call.

(C) He wants to be near his hometown.

해설 Yates 씨가 덴버로 전근을 요청한 이유를 묻는 질문으로, 그의 고향 부근에서 일하고 싶어한다며 구체적인 이유를 들어 답한 (C)가 정답이다.

🔍 함정 분석 (A)는 질문의 대상(Mr. Yates)과 응답의 주체(I)가 어긋나므로 주어 불일치 함정이며, (B)는 질문의 transfer를 반복 사용한 함정이며, 의문사 의문문에 Yes/No 응답이 불가하다는 점에서 Yes와 같은 Sure로도 응답할 수 없다.

표현 정리 request 요청하다 transfer 전근 used to ~한 적이 있다 in the past 이전에, 과거에 transfer (전화를) 돌려 주다 hometown 고향

Yates 씨가 왜 덴버로 전근을 요청했나요?

(A) 저는 예전에 거기서 산 적이 있어요.

(B) 물론이죠, 당신의 전화를 돌려 드릴게요.

(C) 자신의 고향 가까이에 있고 싶어서요.　　　　정답 (C)

28. 평서문 – 고객을 데리고 오겠다는 말에 동의하며 구체적으로 필요한 사항을 제시한 답변 [미M] [영W]

I can pick up the German clients if you want.

(A) Perfect. Here's their flight schedule.

(B) Sorry, but I've never been to Germany.

(C) We are close to making a deal with them.

해설 상대방이 원한다면 자기가 독일에서 오는 고객을 데리고 오겠다고 하는 말에 좋다고 하면서 구체적으로 도착하는 시간을 확인할 수 있는 스케줄을 추가로 제공해 주는 (A)가 정답이다.

🔍 함정 분석 (B)는 제시문의 German을 이용해 Germany라는 나라 이름을 반복 사용한 함정이며, (C)는 제시문의 clients와 연관된 거래(deal)를 사용해 내용적인 함정을 유도했다.

표현 정리 pick up ~을 태우러 가다 client 고객 be close to ~에 가까워지다 make a deal 거래하다

원하시면 제가 독일 고객 분들을 모시러 갈게요.

(A) 좋아요. 그분들의 비행 일정표가 여기 있어요.

(B) 죄송하지만, 저는 독일에 가본 적이 없어요.

(C) 곧 그들과 거래가 성사될 거예요.　　　　　정답 (A)

29. 부정 의문문 – 내일 광고가 나가는지 여부를 묻는 질문에 Yes로 답변 [호M] [미W]

Isn't the commercial going to air tomorrow night?

(A) It cost a lot of money to produce.

(B) Yes, at nine on the local channel.

(C) How did viewers like it?

해설 광고가 내일 방송되지 않느냐는 질문에 Yes로 답하며, 9시에 지역 채널에서 한다고 덧붙여 말한 (B)가 정답이다.

🔍 함정 분석 (A)와 (C)는 질문의 commercial을 듣고 연상할 수 있는 표현으로 응답한 함정이다.

표현 정리 commercial 광고 (방송) air 방송하다 cost (얼마의) 비용이 들다 viewer (텔레비전) 시청자

그 광고가 내일 밤 방송되지 않나요?

(A) 그걸 제작하는 데 돈이 많이 들었어요.
(B) 네, 지역 채널에서 9시예요.
(C) 시청자들이 그걸 얼마나 좋아했나요?　　　　정답 (B)

30. 평서문 – 언급된 말에 호응하며 답변 [미M] [영W]

Something in this room smells unpleasant.

(A) Actually, it's a really nice day.
(B) Yeah, it is pretty small.
(C) I'll open a couple of windows.

해설　방에서 이상한 냄새가 난다는 말에 창문을 열겠다며 적절하게 응답한 (C)가 정답이다.

🔍 함정 분석　(A)는 질문과 전혀 무관한 응답이며, (B)는 질문의 smells와 유사한 발음의 small을 이용한 함정이다.

표현 정리　**smell** 냄새가 나다　**unpleasant** 불쾌한, 기분 나쁜　**a couple of** 두어 개의

이 방 안에서 뭔가 이상한 냄새가 나네요.

(A) 실은, 정말 좋은 날이에요.
(B) 네, 그건 상당히 작아요.
(C) 창문을 좀 열게요.　　　　정답 (C)

31. 부가 의문문 – 주말에 일할 수 있는지 확인하는 질문에 조건적 Yes로 답변 [미W] [호M]

Mr. Williamson is able to work this weekend, isn't he?

(A) From nine to six every day.
(B) He's employed in the R&D Department.
(C) Only if he gets paid overtime rates.

해설　Williamson 씨가 주말에 일할 수 있냐고 묻는 질문에 초과 근무 수당이 있으면 가능하다고 답한 (C)가 정답이다.

🔍 함정 분석　(A)는 질문의 weekend를 듣고 연상할 수 있는 표현으로 응답한 함정이며, (B)는 근무지를 묻는 Where 의문문에 어울리는 응답이다.

표현 정리　**R&D Department** 연구 개발 부서　**employ** 고용하다　**get paid** 급여를 받다　**overtime rates** 초과 근무 수당

Williamson 씨가 이번 주말에 일할 수 있죠, 그렇지 않나요?

(A) 매일 9시부터 6시까지요.
(B) 그는 연구 개발 부서에서 근무하고 있어요.
(C) 초과 근무 수당을 받으면요.　　　　정답 (C)

PART 3

문제 32~34번은 다음 대화를 참조하시오. [미M] [미W]

M: Excuse me, but I wonder if you could give me a hand, please. (32) **I bought this laptop here two days ago, but it isn't working properly.** (33) **Sometimes, it suddenly shuts off for no reason.**
W: Were you running it on battery power at the time? That could account for the problem.
M: No, every single time it happened, the laptop was plugged in, so it's not a power issue. Is it possible to get this

32

machine repaired?
W: We could do that, but you might not get it back for three or four business days. (34) **Why don't I simply replace the faulty item with a brand-new one?**

남: 실례합니다만, 저를 도와주실 수 있는지 궁금하네요. 이틀 전에 제가 여기서 이 랩톱을 샀는데, 제대로 작동하지 않아요. 가끔 이유 없이 갑자기 꺼지네요.
여: 그럴 때 배터리 전원으로 작동하셨었나요? 그게 문제의 원인이 될 수도 있거든요.
남: 아니요, 그런 일이 일어날 때마다, 랩톱 플러그는 꽂혀 있었으니까 전원 문제는 아니에요. 이게 수리될 수 있을까요?
여: 그렇게 할 수 있지만, 근무일 기준으로 3~4일은 돌려드리지 못할 수도 있어요. 제가 그냥 결함 있는 제품을 아주 신품으로 교체해 드릴까요?

표현 정리　**wonder** 궁금해하다　**give ~ a hand** ~을 돕다　**properly** 제대로, 적절히　**suddenly** 갑자기　**shut off** (기계 등이) 멈추다, 정지하다　**for no reason** 이유 없이　**account for** ~의 이유가 되다　**every single time** 매번 ~할 때마다　**plug ~ in** ~의 플러그를 꽂다　**get ~ back** ~을 되찾다　**simply** 그저, 단순히　**faulty** 결함 있는　**brand-new** 아주 새로운, 신품의

32. 세부 정보 – problem을 키워드로 삼아 남자의 대사에 집중

해설　남자의 첫 대사에서 여기서 랩톱 컴퓨터를 샀는데, 제대로 작동하지 않는다고 말했으므로 (C)가 정답이다.

남자는 무엇에 문제를 겪고 있는가?

(A) 믹서기
(B) 드릴
(C) 랩톱 컴퓨터
(D) 손전등　　　　정답 (C)

33. 세부 정보 – equipment를 키워드로 삼아 남자의 대사에 집중

해설　남자의 첫 대사에서 이곳에서 산 랩톱 컴퓨터가 제대로 작동하지 않는다며, 갑자기 이유 없이 꺼진다고 말했으므로 (B)가 정답이다.

패러프레이징　**laptop ▶ equipment / suddenly shuts off ▶ turns off at certain times**

표현 정리　**drop** 떨어뜨리다　**certain** 특정한　**function** 기능　**properly** 제대로, 적절하게　**crack** 금

그 장비에 관하여 남자가 말한 것은?

(A) 땅에 떨어뜨렸다.
(B) 특정한 시간에 꺼진다.
(C) 일부 기능이 제대로 작동하지 않는다.
(D) 내부에 금이 가 있다.　　　　정답 (B)

34. 제의/제안/요청 – 여자의 대사에서 제안 표현에 집중

해설　여자의 마지막 대사에서 결함 있는 랩톱 컴퓨터를 신품으로 교체해 주겠다(Why don't I simply replace the faulty item with a brand-new one)고 제안하고 있으므로 (D)가 정답이다.

패러프레이징　**replace the faulty item with a brand-new one ▶ Exchanging an item for another one**

표현 정리　**refund** 환불하다　**exchange** 교환하다

여자는 무엇을 하겠다고 제안하는가?

(A) 남자의 돈을 환불해 주겠다고
(B) 물건을 수리하러 보내겠다고
(C) 더 나은 제품으로 업그레이드해 주겠다고
(D) 물건을 다른 것으로 교환해 주겠다고　　　　정답 (D)

문제 35-37번은 다음 대화를 참조하시오. 호M 미W

M: (35) **We've been getting a lot more diners here in the past week.** I'm really happy about the extra business, but our staff is feeling a bit overwhelmed at times.

W: (36) **Why don't we hire a few more employees in that case?** We could take on two or three more people for the wait staff, and we could hire some more people for the kitchen.

M: (36) **I like the sound of that.** Let me talk to Pierre and see what kind of help he thinks he could use. (37) **Then, I'll get you to place an ad in the paper later in the week.**

남: 우리가 지난주에는 여기서 식당 손님들을 훨씬 더 많이 받았어요. 일이 더 있는 것은 정말로 행복한 일이지만, 우리 직원들은 가끔씩 어떻게 해야 할지 모를 때가 있어요.

여: 그런 경우라면 직원들을 좀 더 고용하는 게 어때요? 웨이터 직원들은 두세 명 더, 주방에도 직원들을 좀 더 고용할 수 있어요.

남: 그게 좋을 것 같네요. Pierre와 얘기해서 그가 볼 때 어떤 도움이 필요한지 알아볼게요. 그런 후에, 이번 주 말에 당신에게 신문 광고를 내 달라고 할게요.

표현 정리 extra 추가의 **a bit** 조금, 약간 **overwhelmed** 어쩔 줄 몰라 하는 **at times** 가끔씩 **take on** 고용하다 **wait staff** 웨이터 직원들 **place an ad** 광고를 내다

35. 근무지/대화 장소 - 특정 장소와 관련된 단어/표현에 집중

해설 남자의 첫 대사에서 지난주에 여기서 식당 손님을 훨씬 더 많이 받았다는 내용을 통해 식당에서 일어나는 대화임을 알 수 있으므로 (A)가 정답이다.

어디서 일어나는 대화겠는가?

(A) 식당
(B) 슈퍼마켓
(C) 약국
(D) 주택 개조 용품점 정답 (A)

36. 세부 정보 - 대화에서 화자들이 필요로 하는 것 포착

해설 식당에 손님들이 늘었다는 남자의 말에 여자가 직원들을 좀 더 뽑는 게 어떠냐고(Why don't we hire a few more employees in that case?) 제안했고, 남자가 좋을 것 같다며 응하고 있는 상황을 보면 두 화자 모두 직원을 더 채용하기를 바라고 있다. 따라서 (B)가 정답이다.

패러프레이징 hire a few more employees ▶ Employ more workers

표현 정리 employ 고용하다 **transfer to** ~로 옮기다[전근 가다] **get promoted** 승진하다

화자들은 무엇을 원하는가?

(A) 휴가를 갖는 것
(B) 직원들을 더 고용하는 것
(C) 다른 지점으로 전근 가는 것
(D) 승진하는 것 정답 (B)

37. 세부 정보 - later를 키워드로 삼아 대화 후반부 남자의 대사에 집중

해설 마지막 남자의 대사에서 여자에게 이번 주 말에 신문 광고를 내 하겠다고 말했으므로 (D)가 정답이다.

패러프레이징 place an ad in the paper ▶ Put an advertisement in a newspaper

표현 정리 job candidate 구직자 **additional** 추가적인 **duty** 직무, 의무 **shift** 교대 근무, 교대조 **put an advertisement** 광고를 내다

남자는 여자에게 나중에 무엇을 시킬 것인가?

(A) 구직자들을 인터뷰하게 한다
(B) 교육을 받게 한다
(C) 그녀의 근무 시간 동안 일을 더 준다
(D) 신문에 광고를 내게 한다 정답 (D)

문제 38-40번은 다음 대화를 참조하시오. 영W 미M

W: (38) **Ms. Coleman called to say she's coming by around four in the afternoon today.** (39) **She wants to check out the preparations for tomorrow's conference to make sure that there aren't any problems.**

M: Well, to be honest, (39) **we haven't done much of anything yet.** Julie and Ted are both out today, so I'm the only one here at the moment. She's going to be pretty disappointed if she drops by.

W: (40) **Let me call Eric and John to see if they mind coming in today.** I know it's their day off, but they might be willing to lend a hand.

여: Coleman 씨가 오늘 오후 4시쯤에 들른다는 얘기를 하려고 전화했어요. 내일 있을 학회에 아무 지장이 없도록 하려고 준비 사항들을 점검하고 싶어해요.

남: 음, 솔직히 말하자면, 아직 많이 하지 못했어요. Julie와 Ted 모두 오늘 외근 중이어서, 지금은 이곳에 저 혼자 뿐이네요. 그녀가 들르시면 꽤 실망하시겠는데요.

여: 제가 Eric과 John에게 전화해서 그들이 오늘 올 수 있는지 알아볼게요. 그들이 휴무인 건 알지만, 기꺼이 도움을 주려고 할지도 몰라요.

표현 정리 come by (잠시) 들르다 **around** 약, 대략 **to be honest** 솔직히 말해서 **at the moment** 지금 **disappointed** 실망한 **drop by** (잠시) 들르다 **see if** ~인지 알아보다 **off** 쉬는, 휴가 중인 **lend a hand** 도움을 주다

38. 세부 정보 - Ms. Coleman, this afternoon을 키워드로 삼아 해당 내용에 집중

해설 처음 여자의 대사에서 Coleman 씨에게 전화가 와서 오후 4시쯤에 들르겠다고 말했다는 내용을 토대로 Coleman 씨가 어떤 장소에 방문할 것임을 알 수 있다. 따라서 (B)가 정답이다.

패러프레이징 come by ▶ visit

표현 정리 contract 계약(서) **rehearse** 리허설을 하다, 예행연습을 하다 **attend** 참석하다

Coleman 씨는 오늘 오후에 무엇을 하기를 원하는가?

(A) 계약을 맺기를
(B) 지점에 방문하기를
(C) 연설을 리허설 하기를
(D) 회의에 참석하기를 정답 (B)

39. 화자 의도 파악 - 주어진 발화 문장의 앞뒤 맥락을 토대로 유추

해설 여자가 처음에 Coleman 씨의 방문을 알리며 그녀가 내일 있을 학회 준비를 점검하고 싶어한다고 하자, 남자가 아직 해놓은 게 많지 않다며 그녀가 꽤 실망할 거라고 말한 것이므로 행사 준비가 부족함을 드러낸 것이다. 따라서 (C)가 정답이다.

표현 정리 in need of ~을 필요로 하는 **register for** ~에 등록하다 **charge** 부과하다

남자가 "그녀가 꽤 실망하겠는데요"라고 말할 때 그가 암시한 것은?

(A) 방에 수리가 필요하다.
(B) 그는 학회에 등록하지 않았다.

(C) 몇 가지 준비가 완료되지 않을 것이다.
(D) Coleman 씨가 예상했던 것보다 더 많이 과금될 것이다. 정답 (C)

40. 세부 정보 – 대화 후반부 여자의 대사에 집중

해설 마지막 여자의 대사에서 Eric과 John에게 전화해서 그들이 오늘 올 수 있는지 알아보겠다고 했으므로 (A)가 정답이다.

패러프레이징 call Eric and John ▶ Speak with some of her colleagues

표현 정리 colleague 동료 shift 교대 근무 volunteer 자원하다 work overtime 야근하다

여자는 무엇을 하겠다고 말하는가?

(A) 동료들에게 얘기하겠다고
(B) 근무 시간이 끝난 후 늦게까지 남아 있겠다고
(C) Coleman 씨에게 개인 투어를 해 주겠다고
(D) 자진해서 야근하겠다고 정답 (A)

문제 41-43번은 다음 대화를 참조하시오. 미W 호M

W: I have some great news. (41) The ratings for the first week of our new programming are in, and they're up by more than fifteen percent overall. (42) Two programs even came in the first place in their time slots.
M: That's unbelievable. (41) I'm glad we decided to change the format of our radio station from one that plays music to one that features a variety of shows. Our programming is precisely what the city needs.
W: You can say that again. (43) If our ratings remain this high, we'll be able to charge advertisers more, and that will increase our revenues by a considerable amount.

여: 아주 좋은 소식이 있어요. 우리의 새 방송 프로그램 편성 첫째 주 청취율이 나왔는데, 전체적으로 15퍼센트 이상 올랐어요. 심지어 두 프로그램은 동 시간대에서 1위를 했어요.
남: 믿을 수가 없네요. 라디오 방송국의 구성 방식을 음악을 틀어주는 것에서 다양한 쇼를 특징으로 하는 것으로 바꾸기로 결정하게 돼서 기쁘네요. 우리의 방송 프로그램 편성은 정확히 우리 시가 요구하는 것이에요.
여: 정말 그래요. 우리의 청취율이 계속 높은 수준을 유지한다면, 광고주들에게 더 청구할 수가 있는데, 그렇게 하면 우리 수익이 상당히 높아질 거예요.

표현 정리 ratings (라디오의) 청취율, (텔레비전의) 시청률 programming 방송 프로그램 편성 overall 전체적으로, 종합적으로 come in first place 1등을 하다 time slot 시간대 unbelievable 믿을 수 없는 format 구성 방식 radio station 라디오 방송국 feature ~을 특색으로 삼다 a variety of 다양한 precisely 정확히 You can say that again. 정말 그렇다. 전적으로 동의한다. remain 계속 ~이다 charge 부과하다, 청구하다 revenue 수익, 수입 considerable 상당한, 많은

41. 근무지/대화 장소 – 특정 근무지와 관련된 단어/표현에 집중

해설 여자가 대화 초반에 방송 프로그램의 청취율(ratings ~ new programming)이 올랐다고 했고, 결정적으로 남자가 우리 방송국(our radio station)의 구성 방식을 바꾸기로 해서 기쁘다고 한 내용을 토대로 화자들이 라디오 방송국에서 일한다는 사실을 알 수 있으므로 (D)가 정답이다.

화자들은 어디서 일하는가?

(A) 광고 회사
(B) 채용 대행사

(C) 컴퓨터 제조업체
(D) 라디오 방송국 정답 (D)

42. 세부 정보 – pleased를 키워드로 삼아 해당 내용에 집중

해설 여자의 첫 대사에서 프로그램 청취율이 올랐다고 하면서 두 개의 프로그램이 같은 시간대 1등을 하기도 했다고 말했으므로 (A)가 정답이다.

패러프레이징 Two programs even came in the first place ▶ Some new programs are succeeding.

표현 정리 succeed 성공하다 recruit 모집하다 sponsor 후원 업체 investment 투자 increase in value 가치가 커지다 extra 추가의 funding 자금

화자들은 무엇에 대해 기뻐하는가?

(A) 새 프로그램들이 성공하고 있다.
(B) 몇몇 후원사들을 새로 모집했다.
(C) 투자 가치가 높아졌다.
(D) 추가 자금을 받았다. 정답 (A)

43. 세부 정보 – revenues를 키워드로 삼아 여자의 대사에 집중

해설 마지막 여자의 대사에서 청취율이 계속 높게 유지되면, 광고주들에게 더 많은 비용을 청구해서 수익을 높일 수 있다고 했으므로 (C)가 정답이다.

표현 정리 permit 허용하다 decline 감소하다 be likely to ~할 것 같다

수익에 관하여 여자가 말한 것은?

(A) 너무 낮아서 투자를 더 허용할 수 없다.
(B) 지난 분기에 감소했다.
(C) 늘어날 것 같다.
(D) 예상보다 더 낮다. 정답 (C)

문제 44-46번은 다음 대화를 참조하시오. 호M 미W

M: Hello. (44) Someone from this office called the Maintenance Department to report a problem. Can you show me where the light that needs replacing is?
W: Of course. Follow me to the conference room, please. Thanks for showing up. (45) We were a bit worried you weren't going to make it here on time for the meeting.
M: (46) I was heading here an hour ago when I received a sudden call about a leaking pipe in the basement. I had to go there immediately to stop it from flooding the area.
W: I totally understand. Anyway, if you need a ladder to reach the light, we have one in the closet in the hallway.

남: 안녕하세요. 이 사무실에 계신 분이 유지 관리부로 전화하셔서 문제를 알리셨어요. 교체가 필요한 전등이 어디 있는지 보여 주시겠어요?
여: 그럼요. 회의실로 저를 따라와 주세요. 와 주셔서 감사해요. 회의에 맞춰 제때 못 오실까봐 조금 걱정했었거든요.
남: 한 시간 전에 제가 이곳으로 오고 있었는데, 그때 지하에서 파이프가 샌다는 전화를 갑자기 받았어요. 바로 그리로 가서 침수되는 걸 막아야 했어요.
여: 충분히 이해합니다. 어쨌든, 전등에 닿기 위해 사다리가 필요하시면, 복도에 있는 벽장 안에 하나 있어요.

표현 정리 Maintenance Department 유지 관리부 report 보고하다 replace 교체하다 show up 나타나다, 눈에 띄다 a bit 조금, 약간 make it ~에 도착하다 on time 시간을 어기지 않고, 제때에 head ~로 향하다 sudden 갑작스러운 leaking (액체가) 새는 basement 지하

immediately 즉시, 당장 **flood** 물에 잠기다. 침수시키다 **ladder** 사다리
reach ~에 이르다. ~에 닿다 **closet** 벽장 **hallway** 복도

44. 화자의 정체 – 남자의 대사 중 특정 직업과 관련된 단어/표현에 집중

해설 처음 남자의 대사에서 이 사무실에서 유지 관리 부서(Maintenance Department)로 문제를 보고했다며 교체해야 할 전등이 어디에 있는지 알려 달라고 했으므로 유지 관리 부서에서 전등을 교체하러 온 남자의 직업을 수리공으로 유추할 수 있다. 따라서 (C)가 정답이다.

남자는 누구인가?

(A) 청소부원
(B) 경비원
(C) 수리공
(D) 정원사   정답 (C)

45. 문제점/걱정 거리 – 여자의 대사에서 부정적 표현에 집중

해설 여자가 남자에게 회의 시간에 맞춰 수리하러 오지 않을까봐 걱정했다고 말했으므로 (C)가 정답이다.

패러프레이징 make it ▶ arrive

여자는 무엇에 대해 걱정했는가?

(A) 고객들이 도착할지
(B) 회의가 어떻게 끝날지
(C) 남자가 언제 도착할지
(D) 왜 아무도 그녀에게 전화하지 않았는지   정답 (C)

46. 세부 정보 – an hour ago를 키워드로 삼아 해당 내용에 집중

해설 남자가 한 시간 전에(an hour ago) 사무실로 오고 있었는데, 그때 지하실에 파이프가 샌다는 전화를 받아서 그곳으로 가봐야 했다고 말했으므로 (A)가 정답이다.

패러프레이징 had to go there ~ to stop it from flooding the area ▶ had to assist another person

표현 정리 assist 돕다

남자는 한 시간 전에 무슨 일이 있었다고 말하는가?

(A) 다른 사람을 도와야 했다.
(B) 그 날의 일을 시작했다.
(C) 상자들을 지하로 옮겼다.
(D) 필요한 사다리를 찾았다.   정답 (A)

문제 47-49번은 다음 대화를 참조하시오. [미M] [미W]

M: You know, (47) **several employees have complained about their schedules lately.**
W: What's the matter? I thought they would appreciate the opportunity to earn more money by working overtime.
M: That's not the issue. Now that we've got a night shift, some people with young children have to work it.
W: Oh, I see. (48) **Are they not able to switch shifts with other employees? Why haven't they done that?**
M: (48) **Some people are willing to, but their supervisors won't give them permission.**
W: We can't let that happen. (49) **Send a memo to all supervisors stating** that employees are free to change their shifts with others at once.

남: 몇몇 직원들이 최근에 자신의 일정에 대해서 불평했어요.
여: 무슨 일이죠? 저는 그들이 초과 근무를 해서 돈을 더 벌 기회에 고마워할 거라 생각했는데요.

남: 그게 문제가 아니에요. 우리가 야간 근무가 있는데, 어린 아이들이 있는 몇몇 사람들도 그 일을 해야 할 때가 있거든요.
여: 아, 그렇군요. 그들이 다른 직원들과 근무 조를 바꿀 수 없나요? 왜 그렇게 하지 않았죠?
남: 일부는 흔쾌히 하려고 하는데, 그들의 관리자들이 허가를 내주지 않을 거예요.
여: 그런 일이 일어나게 해서는 안 돼죠. 지금 즉시 모든 관리자들에게 회람을 보내서, 직원들이 자신의 근무 조를 다른 사람들과 자유롭게 바꿀 수 있다고 알려 주세요.

표현 정리 complain 불평하다 **matter** 문제, 사안 **appreciate** 고마워하다 **opportunity** 기회 **earn** (돈을) 벌다 **work overtime** 야근하다. 시간 외 근무를 하다 **switch** 바꾸다 **shift** 교대 근무, 근무 조 **be willing to** 기꺼이 ~하다 **permission** 허가 **memo** 회람 **state** 말하다, 쓰다 **be free to** 자유롭게 ~하다 **at once** 즉시, 당장

47. 주제/대상/목적 – 대화 전반부에 집중

해설 처음에 남자가 몇몇 직원들이 일정에 불만을 제기했다고 하며 대화를 이어가고 있으므로 직원들의 근무 일정이 대화의 중심 내용임을 알 수 있다. 따라서 (A)가 정답이다.

표현 정리 daycare policy 주간 보육 정책 **sign a contract** 계약을 맺다

화자들이 주로 얘기하는 것은?

(A) 직원 근무 일정
(B) 새 관리자
(C) 회사의 주간 보육 정책
(D) 막 체결된 계약   정답 (A)

48. 세부 정보 – supervisors를 키워드로 삼아 남자의 대사에 집중

해설 여자가 사정이 있는 직원들은 다른 직원들과 교대 근무를 바꿀 수 있지 않냐고 묻자, 남자가 관리자들이 이를 허가해 주지 않을 거라고 말했으므로 (B)가 정답이다.

패러프레이징 not give them permission ▶ refuse employees permission to do something

표현 정리 punish 처벌하다 **refuse** 거절하다

관리자들에 관하여 남자가 말한 것은?

(A) 몇몇 직원들의 형편 없는 업무에 대해 징계하고 있다.
(B) 직원들이 무언가를 하도록 허가해 주지 않는다.
(C) 직원들이 교육을 받게 하고 있다.
(D) 상을 받을 직원들을 추천하고 있다.   정답 (B)

49. 세부 정보 – 여자가 남자에게 지시/요청한 표현에 집중

해설 마지막 여자의 대사에서 직원들 간에 근무를 바꾸는 일을 관리자들이 막지 못하게 해야 한다며, 모든 관리자들에게 이를 허가해 주라는 내용의 회람을 보내라고 말했으므로 (C)가 정답이다.

패러프레이징 Send a memo ~ stating ▶ Write a memo

여자는 남자에게 무엇을 하라고 말하는가?

(A) 회의를 소집하라고
(B) 전화를 하라고
(C) 회람을 작성하라고
(D) 이메일을 보내라고   정답 (C)

문제 50-52번은 다음 대화를 참조하시오. [영W] [호M]

W: Greg, (50) **I really need to see the draft of your presentation for Omega Systems.** If we can land this account, we'll turn a profit this year.

M: (50) I e-mailed it to you last night, Ms. Stanton. Didn't you receive it?

W: (50) I checked my inbox five minutes ago, and it wasn't there. I guess our company e-mail system is having problems again.

M: (51) Let me go back to my office and print a hard copy for you. I'll also resend the file to your personal e-mail account.

W: Thanks, Greg. (52) How about visiting my office at three thirty so that we can discuss any changes I think we need?

여: Greg, 당신이 Omega Systems에서 할 발표 초안을 제가 꼭 봐야 해요. 우리가 이 거래처를 차지할 수 있다면, 올해 이익을 낼 거예요.

남: 제가 어젯밤에 이메일로 당신께 보냈어요, Stanton 씨. 받지 못하셨어요?

여: 5분 전에 받은 편지함을 확인했는데, 없었어요. 회사 이메일 시스템에 또 문제가 생긴 것 같아요.

남: 제 사무실로 가서 자료를 출력해 올게요. 당신의 개인 이메일 계정으로도 다시 보내고요.

여: 고마워요, Greg. 제가 필요하다고 느끼는 변경 사항들을 얘기하러 3시 반에 제 사무실로 오시는 게 어떨까요?

표현 정리 **draft** 초안 **land** 차지하다, 획득하다 **account** 거래처, 고객; 계정, 계좌 **turn a profit** 이익을 내다 **inbox** 받은 편지함 **hard copy** 하드 카피, 출력된 자료 **How about ~?** ~하는 건 어떠세요?

50. 문제점/걱정거리 – 대화 전반부에서 부정적 표현에 집중

해설 대화 초반에 여자가 발표 초안을 봐야 한다고 했고, 남자가 어젯밤에 이메일로 보냈는데, 아직 못 받았냐고 묻자, 확인했는데 들어오지 않았다고 했으므로 (D)가 정답이다.

패러프레이징 the draft of your presentation ▶ a document

무엇이 문제인가?

(A) 협상이 완료되지 않았다.
(B) 이메일이 송부되지 않았다.
(C) 복사기가 수리되지 않았다.
(D) 서류를 받지 못했다. 정답 (D)

51. 제의/제안/요청 – 남자의 대사에서 제안 표현에 집중

해설 남자가 사무실로 돌아가서 자료를 인쇄하겠다고 했으므로 (B)가 정답이다.

표현 정리 **rewrite** 다시 쓰다 **information** 안내문, 정보 **fix** 손보다

남자는 무엇을 하겠다고 제의하는가?

(A) 안내문을 다시 쓰겠다고
(B) 발표 자료를 인쇄하겠다고
(C) 여자에게 자신의 사무실을 보여 주겠다고
(D) 여자의 이메일 계정을 손보겠다고 정답 (B)

52. 이유/방법 – 여자의 대사에서 남자를 만나고 싶은 이유에 집중

해설 마지막 여자의 대사에서 바꿔야 할 것들을 얘기할 수 있게 자기 사무실로 오라고 제안하고 있으므로 여자는 발표 초안 수정을 위해 남자를 만나고 싶어한다는 것을 알 수 있다. 따라서 (B)가 정답이다.

패러프레이징 discuss any changes ~ we need ▶ talk about editing a draft

표현 정리 **negotiating strategy** 협상 전략 **edit** 편집하다 **find out** 알아내다, 알게 되다

여자는 왜 남자를 만나고 싶어하는가?

(A) 협상 전략을 논의하려고
(B) 초안 편집에 대해 얘기하려고
(C) 컴퓨터 프로그램 사용 방법을 알아보려고
(D) Omega Systems에 대해 더 알아보려고 정답 (B)

문제 53-55번은 다음의 3자 대화를 참조하시오. 미M 미W 영W

M: (53) We released our newest soft drink three weeks ago, but sales have been poor. How do you believe we should improve them?

W1: (54) We need to spend more money on advertising.

W2: I agree with Sabrina. Lots of people I talk to don't even know about our new product. (54) Why don't we purchase some online ads on popular Web sites?

M: That sounds like a good idea. (55) I'd like both of you to do some research. Find out which Web sites are the most popular with our target market.

W2: All right, (55) but I can't begin until tomorrow. I'm still working on the budget report.

M: (55) That's fine. Sabrina, start without Emily, but work together starting tomorrow.

남: 3주 전에 우리가 최신 청량음료를 출시했는데, 판매량이 저조하네요. 어떻게 개선해야 한다고 생각하세요?

여1: 광고에 돈을 더 들여야 해요.

여2: Sabrina 말에 동의해요. 저와 얘기한 많은 분들은 우리 신제품을 알지도 못해요. 인기 웹사이트들 온라인 광고를 구매하는 게 어떨까요?

남: 좋은 생각인 것 같네요. 두 분 모두 조사를 좀 해주시면 좋겠어요. 어느 웹사이트들이 우리의 목표 시장에서 가장 인기 있는지 알아봐 주세요.

여2: 알겠어요, 그런데 저는 내일까지는 시작할 수 없어요. 아직 예산 보고서 작업 중이라서요.

남: 괜찮아요. Sabrina, Emily 없이 시작하세요. 하지만 내일부터는 같이 일하시고요.

표현 정리 **release** 출시하다 **soft drink** 청량음료 **budget report** 예산 보고서

53. 세부 정보 – product, release를 키워드로 삼아 대화 전반부에 집중

해설 대화 초반에 남자가 3주 전에 최신 청량음료를 출시했다고 말했으므로 (C)가 정답이다.

패러프레이징 soft drink ▶ beverage

표현 정리 **appliance** 기기, 장치 **supplement** 보충물, 보충제

화자들의 회사는 어떤 종류의 제품을 출시했는가?

(A) 가전 제품
(B) 컴퓨터 게임
(C) 음료
(D) 비타민제 정답 (C)

54. 제의/제안/요청 – 여자들의 대사에서 제안 표현에 집중

해설 여자1이 광고에 돈을 더 써야 한다고 말했고, 여자2는 인기 웹사이트에 온라인 광고를 하는 게 어떠냐고 제안했으므로(Why don't we purchase some online ads on popular Web sites?) (D)가 정답이다.

표현 정리 **give away** ~을 선물로 주다 **conduct** 실시하다, 수행하다

36

여자들은 무엇을 제안하는가?

(A) 무료 샘플을 나눠준다
(B) 물건을 할인 판매한다
(C) 고객 설문을 실시한다
(D) 광고 수를 늘린다   정답 (D)

55. 세부 정보 – tomorrow를 키워드로 삼아 해당 내용에 집중

해설 대화 중반에 남자가 여자들에게 조사를 해줬으면 좋겠다고 말했는데, 여자2(Emily)가 내일이나 되어야 시작할 수 있다고 하자, 남자가 여자1(Sabrina)에게 우선 여자2 없이 시작하고 내일부터는 함께 조사해 달라고 한 것이므로 (B)가 정답이다.

여자들은 내일 무엇을 할 것인가?

(A) 상점을 방문한다
(B) 조사를 한다
(C) 보고서를 작성한다
(D) 더 많은 예산을 요청한다   정답 (B)

문제 56-58번은 다음 대화를 참조하시오. 영W 호M

> W: Hello. (56) My car's engine has been making some terrible noises for the past couple of days. Do I need an appointment to bring it to your place?
> M: Not at all. You can drive here anytime. (57) We're open twenty-four hours a day.
> W: I'm glad to hear that. How long do you think I'll have to wait?
> M: Well, we're not too busy now, (58) so if you drop by within the next thirty minutes, someone can look at your vehicle right away.
> W: All right. That won't be a problem. If I get lost on my way there, I'll give you a call for directions.
>
> --
>
> 여: 안녕하세요. 지난 며칠 간 제 자동차 엔진에서 소음이 심하게 나서요. 제가 그곳으로 차를 가져가려면 예약이 필요한가요?
> 남: 전혀요. 언제든 여기로 오시면 됩니다. 저희는 하루 24시간 영업하거든요.
> 여: 그렇다니 다행이네요. 제가 얼마나 기다려야 할 것으로 보세요?
> 남: 음, 저희가 지금 그렇게 많이 바쁘지 않아요. 만약 30분 안에 들르시면, 고객님 차량을 바로 봐드릴 수 있어요.
> 여: 좋아요. 그건 문제가 없겠네요. 그리고 가는 중에 길을 잃으면, 길 안내를 받으러 전화 드릴게요.

표현 정리 terrible 심한 drop by (잠시) 들르다 get lost 길을 잃다 on one's way ~로 가는 길에 directions 길 안내

56. 세부 정보 – wrong with, car를 키워드로 삼아 부정적 표현에 집중

해설 대화 초반에 여자가 자기 차 엔진에서 며칠 동안 심한 소음이 난다고 말했으므로 (C)가 정답이다.

패러프레이징 My car's engine has been making some terrible noises ▶ It has an engine problem.

표현 정리 flat tire 바람 빠진 타이어 leak (액체가) 새다

여자의 차량에 어떤 문제가 있는가?

(A) 타이어에 펑크가 났다.
(B) 가끔씩 시동이 안 걸린다.
(C) 엔진에 문제가 있다.
(D) 오일이 샌다.   정답 (C)

57. 세부 정보 – his business를 키워드로 삼아 남자의 대사에 집중

해설 여자가 차량 수리를 위해 언제 가면 될지 묻자, 아무 때나 오면 된다며, 정비소를 하루 24시간 운영한다고 말했으므로 (A)가 정답이다.

패러프레이징 open twenty-four hours a day ▶ always open

남자가 자신의 영업장에 관하여 말한 것은?

(A) 항상 영업한다.
(B) 할인을 제공한다.
(C) 근로자들 몇 명을 새로 고용했다.
(D) 회원제가 있다.   정답 (A)

58. 화자 의도 파악 – 주어진 발화 문장의 앞뒤 맥락을 토대로 유추

해설 지금 바쁘지 않으니, 30분 안에 오면 여자의 차량을 바로 점검해 줄 수 있다고 한 남자의 말에, 여자가 문제 없을 거라고 한 것이므로 그녀가 30분 안에 도착할 수 있음을 나타낸 것이다. 따라서 (A)가 정답이다.

패러프레이징 drop by within the next thirty minutes ▶ arrive in half an hour

표현 정리 half an hour 반시간, 30분 be willing to 기꺼이 ~하다 wait a while 한동안 기다리다

여자가 "그건 문제가 없겠네요"라고 말할 때, 그녀가 암시한 것은?

(A) 30분 안에 도착할 수 있다.
(B) 가격은 신경쓰지 않는다.
(C) 기꺼이 한동안 기다리겠다.
(D) 위치가 어디인지 알고 있다.   정답 (A)

제 59-61번은 다음의 3자 대화를 참조하시오. 호M 미W 영W

> M: (59) How's the development of our new app going? Will we be able to release it next month?
> W1: That's highly unlikely as the designers have encountered a few problems.
> M: Jennifer, you're on the design team. What's going on?
> W2: (60) Our lead designer discovered several bugs in the coding yesterday, so he and the rest of the team are busy troubleshooting now.
> M: How long should that take?
> W2: At least a couple of days. Once they solve all of the problems, they can return to completing the app.
> M: Okay. (61) Both of you need to keep me updated on the progress. And contact me immediately if any more problems arise.
>
> --
>
> 남: 새 어플 개발은 어떻게 되고 있나요? 다음 달에 출시할 수 있을까요?
> 여1: 디자이너들이 몇 가지 문제에 직면한 상태라, 그럴 가능성은 매우 희박해 보이네요.
> 남: Jennifer, 당신이 디자인 팀에 있죠. 무슨 일이 있는 거예요?
> 여2: 저희 총괄 디자이너가 어제 코딩 상의 몇 가지 오류를 발견해서, 그분과 나머지 팀원들이 지금 그걸 고치느라 바빠요.
> 남: 그게 얼마나 걸릴 것 같아요?
> 여2: 적어도 2~3일이요. 그들이 문제를 해결하는 대로, 어플 제작을 완료하는 일로 돌아올 수 있어요.
> 남: 알겠어요. 두 분 모두 제게 진행 경과를 업데이트해 주세요. 그리고 문제가 더 일어나게 되면, 제게 즉시 연락해 주세요.

표현 정리 app 응용 프로그램(=application) release 출시하다 bug (프로그램상의) 오류 coding (컴퓨터) 코딩 troubleshooting 고장의 수리

at least 적어도, 최소한 solve 해결하다 return to ~로 돌아오다 contact 연락하다 immediately 즉시, 바로

59. 세부 정보 – release, app을 키워드로 삼아 시간 표현에 집중

해설 대화 초반에 남자가 새로운 어플 개발은 어떻게 되어 가냐고 물으면서 다음 달(next month)에는 출시할 수 있겠냐고 묻는 것으로 보아 남자는 다음 달에는 어플 출시가 되기를 바라고 있음을 알 수 있다. 따라서 (C)가 정답이다.

남자는 언제 어플을 출시하기를 원하는가?

(A) 이번 주
(B) 다음 주
(C) 다음 달
(D) 두 달 후　　　　　　　　　　　　　　　　정답 (C)

60. 세부 정보 – problem, app을 키워드로 삼아 부정적 표현에 집중

해설 대화 중반에 여자2가 총괄 디자이너가 어제 코딩에서 몇 가지 오류를 발견했다고 말했으므로 (B)가 정답이다.

패러프레이징 several bugs in the coding ▶ The coding is faulty.

표현 정리 complicated 복잡한 faulty 결함이 있는 poor 형편없는

어플에 어떤 문제가 있는가?

(A) 너무 복잡하다.
(B) 코딩에 결함이 있다.
(C) 아직 테스트되지 않았다.
(D) 그래픽이 형편없다.　　　　　　　　　　　정답 (B)

61. 세부 정보 – 남자의 대사에서 여자들에게 말한 내용에 집중

해설 대화 마지막에 남자가 여자들에게 진행 경과를 계속 알려달라고 말했으므로 (D)가 정답이다.

패러프레이징 keep me updated on the progress ▶ Provide him with progress reports

표현 정리 figure out 알아내다 market (상품을 시장에) 내놓다 progress report 경과 보고

남자는 여자들에게 무엇을 하라고 말하는가?

(A) 어플을 시장에 팔 수 있는 방법을 알아내라고
(B) 디자인팀과 회의 일정을 잡으라고
(C) 총괄 디자이너와 함께 일하라고
(D) 그에게 경과 보고를 하라고　　　　　　　　정답 (D)

문제 62-64번은 다음 대화와 주문서를 참조하시오. ⓜⓜ ⓜⓦ

M: Ms. Campbell, how are the preparations for the seminar going? Do we have everything we need?
W: Well, we were only anticipating having forty people show up, (62) but we've had fifty-eight people pay the registration fee thus far.
M: That's great news. (63) You'd better contact the convention center to let them know we'll need them to set up more chairs. Anything else?
W: I don't think so. (64) Brian and I have finished preparing for our presentations, and we'll be practicing them all day tomorrow.
M: Good. Since this is our first event, we need everything to go well to help spread good word of mouth about our seminars.

　　　　--

남: Campbell 씨, 세미나 준비는 어떻게 되고 있나요? 우리가 필요한 건 모두 있어요?

여: 음, 저희가 40명만 참석할 것으로 예상하고 있었는데, 지금까지 58명이 등록비를 지불했어요.
남: 좋은 소식이네요. 컨벤션 센터에 연락해서 그들에게 의자가 더 필요하다고 알려 주는 게 좋겠는데요. 다른 게 또 있나요?
여: 없는 것 같아요. Brian과 제가 발표 준비를 끝내서, 내일은 온종일 연습하려고요.
남: 좋아요. 그 발표가 첫 번째 행사라니까, 우리 세미나에 대해 좋은 입소문이 퍼지도록 모든 게 잘 되게 해야 돼요.

Kansas City 컨벤션 센터
주문서

필요 장비	개수
랩톱 컴퓨터	3
스크린	1
마이크	5
탁자	10
의자	40

표현 정리 anticipate 기대하다, 예상하다 show up 나타나다, 눈에 띄다 registration fee 등록비, 신청료 practice 연습하다 go well 잘 되어가다 spread 퍼지다 good word 호의적인 말 order form 주문서

62. 세부 정보 – event를 키워드로 삼아 여자의 대사에 집중

해설 대화 초반에 남자가 세미나 준비가 어떻게 되어 가는지 물었고, 여자가 지금까지 58명이 등록비를 지불했다(pay the registration fee)고 말했으므로 행사 참석을 위해 돈을 내야 함을 알 수 있다. 따라서 (B)가 정답이다.

행사에 관해 여자는 무엇을 암시하고 있는가?

(A) 사흘 동안 계속될 것이다.
(B) 참석하는 데 돈이 든다.
(C) 전문가들이 주도하고 있다.
(D) 이전에 열린 적이 있다.　　　　　　　　　정답 (B)

63. 시각 정보 연계 – Which number, changed를 키워드로 삼아 그래픽을 보며 단서 포착

해설 대화 중반에 (참석 인원이 예상보다 많으니) 컨벤션 센터에 연락해서 의자가 더 필요하다고 알려 주는 게 좋겠다고 했고, 그래픽 상에서 현재의 의자 개수가 40개이므로 (D)가 정답이다.

그래픽을 보시오. 어떤 수치가 변경되어야 하는가?

(A) 3
(B) 5
(C) 10
(D) 40　　　　　　　　　　　　　　　　　　정답 (D)

64. 세부 정보 – tomorrow를 키워드로 삼아 여자의 대사에 집중

해설 대화 후반에 여자가 Brian과 발표 준비를 끝내서, 내일 온종일 연습하려고 한다고 말했으므로 (A)가 정답이다.

패러프레이징 practice ▶ go over

표현 정리 go over 검토하다

여자는 내일 무엇을 할 것인가?

(A) 발표를 검토할 것이다.
(B) 컨벤션 센터를 방문할 것이다.
(C) 등록비를 지불할 것이다.
(D) 세미나를 광고할 것이다.　　　　　　　　정답 (A)

문제 65-67번은 다음 대화와 쿠폰을 참조하시오. [호M] [미W]

M: (65) Did you hear that Alice Stone is being transferred to the Cairo branch next week?

W: Yes, she just told me about it. We should have a going-away party for her this Friday after work.

M: That's a great idea. (66) How about going to European Delights? It's a new restaurant located on the corner of Western Avenue and Fourth Street.

W: (66) I'm familiar with that place. Alice will love it since she's a huge fan of German food. I've even got a coupon that we can use for it.

M: Okay. (67) I'll let everyone else in the office know what we're planning to do.

남: Alice Stone이 다음 주에 카이로 지사로 전근 갈 거라는 소식 들었어요?

여: 네, 그녀가 얘기해 줬어요. 이번 주 금요일에 퇴근하고 그녀를 위해 송별 파티를 해 줘야 할텐데요.

남: 좋은 생각이에요. European Delights는 어때요? Western 대로와 4가 코너에 있는 새로 생긴 식당이에요.

여: 제가 그곳을 잘 알아요. Alice가 독일 음식의 광팬이라, 그곳을 아주 좋아할 거예요. 저한테 사용할 수 있는 쿠폰도 있어요.

남: 좋아요. 사무실에 있는 다른 모든 이들에게 우리가 계획하는 걸 알릴게요.

European Delights 할인 쿠폰

프랑스 음식 15퍼센트 할인

독일 음식 20퍼센트 할인

이탈리아 음식 25퍼센트 할인

스페인 음식 30퍼센트 할인

표현 정리 transfer 전근 가다 branch 지사 going-away party 송별 파티 How about ~? ~하는 건 어때요? be familiar with ~을 잘 알고 있다, ~에 익숙하다 huge fan 광팬

65. 세부 정보 – 남자의 대사에서 여자에게 말한 내용에 집중

해설 대화 초반에 남자가 Alice Stone이 다음 주에 카이로 지사로 전근 갈 거라는 소식 들었냐고 물었으므로 (D)가 정답이다.

패러프레이징 Alice Stone ▶ a colleague

표현 정리 application 신청(서) accept 받아들이다 retirement ceremony 은퇴식 hold 열다, 개최하다 sign a contract 계약을 맺다 colleague 동료 transfer 전근 가다

남자는 여자에게 어떤 소식을 전하고 있는가?

(A) 신청서가 방금 접수되었다.

(B) 은퇴식이 열릴 것이다.

(C) 계약이 방금 체결되었다.

(D) 동료가 전근을 갈 것이다. 정답 (D)

66. 시각 정보 연계 – How much, discount, receive를 키워드로 삼아 그래픽을 보며 단서 포착

해설 앞서 전근을 가게될 Alice Stone을 위해 송별 파티를 하자고 했고 남자가 European Delights를 제안하자, 여자가 Alice는 독일 음식을 좋아하고 자신에게 그곳 쿠폰도 있다고 했다. 그래픽 상에서 독일 음식의 할인율은 20%이므로 (B)가 정답이다.

그래픽을 보시오. 화자들은 할인을 얼마나 받을 것인가?

(A) 15퍼센트

(B) 20퍼센트

(C) 25퍼센트

(D) 30퍼센트 정답 (B)

67. 제의/제안/요청 – 남자의 대사에서 제의 표현에 집중

해설 마지막 남자의 대사에서 사무실에 있는 다른 모든 사람들에게 우리가 계획하는 걸 알려 주겠다고 했으므로 (C)가 정답이다.

패러프레이징 let everyone else in the office know ▶ Speak with his coworkers

표현 정리 meal 식사 coworker 동료 book 예약하다

남자는 무엇을 하겠다고 제의하는가?

(A) 음식값을 지불하겠다고

(B) Alice와 약속을 정하겠다고

(C) 그의 동료들에게 얘기하겠다고

(D) 식당에 자리를 예약하겠다고 정답 (C)

문제 68-70번은 다음 대화와 일기 예보를 참조하시오. [미M] [영W]

M: (68) In about ten minutes, our bus will be arriving at the hotel. Once you check in to your room, you are free for the rest of the day.

W: I've never been to Athens before. What do you think I should do here?

M: (69) Well, you're lucky because this is the first day in a long time that there's no chance of rain in the forecast. I suggest walking around the city, enjoying the weather, and seeing some nearby places of historical interest.

W: Okay. (70) Do you know where I can get a map of the city?

M: You can pick one up at the front counter of the hotel for a small fee.

남: 약 10분 후에, 우리 버스가 호텔에 도착할 겁니다. 일단 객실에 체크인을 하시고, 남은 시간은 자유롭게 보내시면 됩니다.

여: 저는 아테네에 처음 와봤어요. 제가 여기서 무얼 하면 좋을까요?

남: 음, 일기 예보상 비 올 확률이 없는 날은 오랜 만에 처음 있는 날이라, 운이 좋으시네요. 날씨를 즐기면서 시 주변을 걷고 근처의 역사적으로 흥미로운 곳들을 보시라고 권해 드려요.

여: 알겠어요. 이 도시의 지도를 어디서 구할 수 있는지 아세요?

남: 호텔 프런트 카운터에서 약간의 돈을 내면 하나 가져가실 수 있어요.

비 올 확률

월요일	화요일	수요일	목요일	금요일
100%	65%	30%	0%	20%

표현 정리 chance 확률, 가능성 forecast 예측, 예보 nearby 근처의 historical interest 역사적 관심[흥미]

68. 근무지/대화 장소 – 특정 장소와 관련된 단어/표현에 집중

해설 대화 초반에 남자가 10분 후에, 우리 버스가 호텔에 도착할 거라고 했으므로 (C)가 정답이다.

화자들은 어디에 있는가?

(A) 호텔
(B) 공항
(C) 버스
(D) 택시

정답 (C)

69. 시각 정보 연계 – which day, conversation, take place를 키워드로 삼아 그래픽을 보며 단서 포착

해설 앞서 여자가 아테네는 처음 와 봤다며 남자에게 무엇을 해야 할지 물었고, 남자가 일기 예보상 비 올 확률이 없는 날은 오랜만에 처음이라 운이 좋다고 했다. 그래픽 상에서 비 올 확률이 없는 날은 목요일(0%)이므로 (D)가 정답이다.

그래픽을 보시오. 대화를 하고 있는 요일은 언제인가?

(A) 월요일
(B) 화요일
(C) 수요일
(D) 목요일

정답 (D)

70. 세부 정보 – acquire를 키워드로 삼아 여자의 대사에 집중

해설 대화 후반에 여자가 시 지도를 얻을 수 있는 곳이 어디인지 물었으므로 (A)가 정답이다.

패러프레이징 get ▶ acquire

여자는 무엇을 얻고 싶어 하는가?

(A) 지도
(B) 교통 카드
(C) 안내서
(D) 기념품

정답 (A)

PART 4

문제 71-73번은 다음 안내 방송을 참조하시오. 호M

Attention, all shoppers at the Teasdale Department Store. (71) The store will be closing approximately half an hour from now. Please start heading to the nearest cash register so that your purchases can be processed before 8:00. We'll be open once again tomorrow beginning at 9:00 A.M. (72) Tomorrow also marks the start of our special summer hours, so we'll be closing at 9:00 P.M. until September 1. Be sure to drop by tomorrow to take advantage of our summer sale. All items in the store will be marked down by at least 20%, and (73) you can enjoy savings of 50% in the children's clothing department. Check out our Web site at www.teasdaleds.com for a full list of discounted items.

Teasdale 백화점의 모든 쇼핑객 분들께 알립니다. 앞으로 약 30분 후에 문을 닫을 예정입니다. 여러분이 구매하신 물건이 8시 전에 처리될 수 있도록, 이제 가장 가까운 계산대로 가시기 바랍니다. 저희는 내일 오전 9시에 다시 문을 엽니다. 내일은 또 여름 특별 영업 시간의 시작을 맞이하게 되어, 9월 1일까지 오후 9시에 문을 닫을 것입니다. 저희 여름 세일을 누리시려면 내일 꼭 들러주세요. 당점의 모든 품목에 최소 20퍼센트의 가격 인하가 적용될 것이며, 아동복 매장에서는 50퍼센트를 절약하실 수 있습니다. 할인 품목의 전체 목록은 저희 웹사이트 www.teasdaleds.com에서 확인하십시오.

표현 정리 attention (안내 방송에서) 알립니다 approximately 약, 대략 head to ~로 향하다 cash register 계산대 process 처리하다 mark 기념[축하]하다 drop by 잠시 들르다 take advantage of ~을 이용하다 mark down ~의 가격을 인하하다 savings 절약; 저축

71. 세부 정보 – What time, announcement를 키워드로 삼아 해당 내용 포착

해설 담화 초반에 백화점 쇼핑객들에게 알린다며, 약 30분 후에 문을 닫을 예정이니, 8시까지 구매가 끝날 수 있도록 계산대로 가기 바란다고 했으므로 안내 방송이 나오는 현재 시간이 약 7시 30분임을 알 수 있다. 따라서 (A)가 정답이다.

안내 방송이 되고 있는 시간은?

(A) 오후 7시 30분
(B) 오후 8시
(C) 오후 8시 30분
(D) 오후 9시

정답 (A)

72. 세부 정보 – tomorrow를 키워드로 삼아 해당 내용 포착

해설 담화 중반에 내일부터 여름 특별 영업 시간이 시작된다며, 9월 1일까지 밤 9시에 문을 닫을 거라고 했으므로 영업 시간이 연장될 거란 사실을 알 수 있다. 따라서 (C)가 정답이다.

표현 정리 seasonal 계절적인, 계절에 따라 다른 extend 연장하다

내일 무슨 일이 있을 것인가?

(A) 새 옷이 들어올 것이다.
(B) 계절 세일이 끝날 것이다.
(C) 영업 시간이 연장될 것이다.
(D) 상점이 문을 닫을 것이다.

정답 (C)

73. 세부 정보 – save, children's clothing을 키워드로 삼아 해당 내용 포착

해설 담화 후반에 아동복 매장에서 50퍼센트를 절약할 수 있다고 했으므로 (D)가 정답이다.

쇼핑객들은 아동복에서 얼마를 절약할 수 있는가?

(A) 20퍼센트
(B) 30퍼센트
(C) 40퍼센트
(D) 50퍼센트

정답 (D)

문제 74-76번은 다음 교통 방송을 참조하시오. 미W

It's seven in the morning, which means it's time to inform commuters about local traffic conditions. (74) If you're heading downtown, be sure to avoid Madison Avenue between First and Fourth streets. There's construction on the road which is causing delays of up to a quarter of an hour for drivers. I recommend taking Maple Road instead. You have nothing to worry about there. (75) If you intend to cross the river, traffic on the Fairmont Bridge is moving at a brisk pace, but it's a bit backed up on the Emerson Bridge. Finally, there was a minor accident at the intersection of Orange Road and Sugarloaf Lane, so be careful there. (76) I'll be back at the bottom of the hour with another update.

지금은 아침 7시, 통근자 분들에게 지역 교통 상황을 알려 드릴 시간입니다. 시내로 향하는 분들이시라면, 1번가와 4번가 사이의 Madison

대로는 꼭 피해 주세요. 운전자 분들에게 최대 15분의 지연이 예상되는 도로 공사가 있습니다. 그 대신 Maple 로 이용을 권해 드립니다. 그 곳은 걱정하실 일이 없습니다. 강을 건널 계획이시라면, Fairmont 다리의 차량 흐름은 빠르지만, Emerson 다리는 조금 밀립니다. 마지막으로, Orange 로와 Sugarloaf 로의 교차 지점에서 경미한 사고가 있었으니, 주의하세요. 저는 30분 후에 다른 소식으로 돌아오겠습니다.

표현 정리 commuter 통근자 traffic conditions 교통 상황 head ~로 향하다 avoid 피하다 cause 일으키다, 야기시키다 up to 최대 ~까지 quarter 1/4 instead 그 대신 intend to ~할 계획이다 cross ~을 건너다 at a brisk pace 빠른 속도로 intersection 교차 지점, 교차로 at the bottom of the hour (한 시간 중) 30분이 지나서

74. 화자 의도 파악 – 주어진 발화 문장의 앞뒤 맥락을 토대로 유추

해설 담화 초중반에 걸쳐 화자는 시내로 갈 때, Madison 대로가 공사 중이라 지연이 있으니 피하라고 했고, 그 대신 Maple 로를 추천하며 그 곳은 걱정할 일이 없다고 말한 것이므로 (D)가 정답이다.

화자가 "그 곳은 걱정하실 일이 없습니다"라고 말할 때, 그녀가 암시한 것은?

(A) 도로가 막 재개통되었다.
(B) 공사가 도로를 막고 있지 않다.
(C) 사고가 곧 정리될 것이다.
(D) 차량들이 빠르게 움직이고 있다.　　　　　　정답 (D)

75. 세부 정보 – traffic, moving well을 키워드로 삼아 해당 내용에 집중

해설 담화 중후반에 강을 건널 계획이라면, Fairmont 다리의 차량 흐름이 빠르다고 했으므로 (A)가 정답이다. Emerson 다리는 조금 막힌다(a bit backed up on the Emerson Bridge)고 했고, Orange 로와 Sugarloaf 로는 두 도로의 교차 지점에 경미한 사고가 있었다(there was a minor accident at the intersection of Orange Road and Sugarloaf Lane)고 말했다.

패러프레이징 moving at a brisk pace ▶ moving well

화자에 따르면, 어디가 차량 흐름이 좋은가?

(A) Fairmont 다리
(B) Emerson 다리
(C) Sugarloaf 로
(D) Orange 로　　　　　　정답 (A)

76. 세부 정보 – next traffic update를 키워드로 삼아 해당 내용에 집중

해설 담화 후반에 30분 후에 다른 소식으로 돌아오겠다고 말했으므로 (B)가 정답이다. '한 시간에서 30분이 지나서'라는 뜻의 'at the bottom of the hour'의 표현을 알고 있어야 쉽게 풀 수 있는 문제이다.

패러프레이징 at the bottom of the hour ▶ In thirty minutes / another update ▶ the next traffic update

다음 교통 정보는 언제 있을 것인가?

(A) 15분 후
(B) 30분 후
(C) 45분 후
(D) 60분 후　　　　　　정답 (B)

문제 77-79번은 다음 담화를 참조하시오. 영W

Good morning. I'm Stephanie Hirsch, the manager of the HR Department here at Grover Tech. **(77) Let me congratulate all of you on successfully passing the test to become our newest workers.** At today's orientation, you'll learn what it means to be a Grover Tech employee and

---

what will be expected of you by your supervisors. But before we get started, **(78) I need everybody to fill out some forms. This paperwork will ensure that you can get paid and receive the benefits promised to you.** It should take roughly half an hour to go over these documents. **(79) Once we complete the first step of today's orientation, then we'll go on a tour of the premises.**

안녕하세요. 저는 이곳 Grover Tech 인사 팀 매니저인 Stephanie Hirsch라고 합니다. 여러분 모두 신입 직원이 되기 위한 테스트를 성공적으로 마치신 데 대해 축하의 말씀 드립니다. 오늘 있을 오리엔테이션에서, 여러분은 Grover Tech 직원이 된 것이 무엇을 의미하며, 여러분의 상사 분들이 여러분에게 무엇을 기대할 것인지 알게 될 것입니다. 하지만 시작하기 전에, 모두가 서식을 작성해 주셔야 합니다. 이 서류는 여러분께 약속된 급여와 혜택이 지급되도록 보장할 것입니다. 이 서류들을 검토하는 데 30분 정도 걸릴 것입니다. 오늘의 오리엔테이션의 첫 번째 단계가 완료되는 대로, 구내 투어가 있을 것입니다.

표현 정리 congratulate 축하하다 fill out 작성하다 paperwork 서류, 문서 ensure 보장하다 roughly 대략 go over 검토하다 premises 구내, 부지

77. 청자의 정체 – 특정 신분과 관련된 단어/표현 포착

해설 담화 초반에 신입 사원이 되기 위한 테스트를 성공적으로 마친 데 대해 축하를 전하고 있으므로 (D)가 정답이다.

패러프레이징 newest workers ▶ new employees

청자들은 누구이겠는가?

(A) 고객들
(B) 지원자들
(C) 인사 팀 직원들
(D) 신입 직원들　　　　　　정답 (D)

78. 세부 정보 – fill out을 키워드로 삼아 화자의 대사에서 청자들에게 요구하는 표현에 집중

해설 담화 중반에 오리엔테이션을 시작하기 전에, 모두가 서식을 작성해야 한다며, 이 서류가 급여와 혜택을 보장할 거라고 했으므로 (B)가 정답이다.

패러프레이징 paperwork ▶ documents

화자는 청자들이 무엇을 작성하기를 원하는가?

(A) 지원서 서식
(B) 급여 서류
(C) 휴가 신청 서류
(D) 세금 서류　　　　　　정답 (B)

79. 세부 정보 – do later를 키워드로 삼아 해당 내용에 집중

해설 담화 후반에 오리엔테이션 일부가 완료되는 대로, 구내 투어가 있을 거라고 했으므로 (C)가 정답이다.

패러프레이징 go on a tour of premises ▶ Look around a facility

표현 정리 look around 둘러보다 take a break 휴식을 취하다

화자는 청자들이 다음에 무엇을 할 거라고 말하는가?

(A) 그들의 상사를 만날 거라고
(B) 역할극 활동을 할 거라고
(C) 시설을 둘러볼 거라고
(D) 점심 시간을 가질 거라고　　　　　　정답 (C)

문제 80-82번은 다음 회의 발췌록을 참조하시오. 미M

Before we conclude today's managers' meeting, there's one more thing about which I have to inform you. **(80) CEO Hanlon has decided to inspect our facility next Monday.** We need to make sure that everything is running perfectly and that the building is perfectly clean and organized. **(81) I've written a schedule for the type of work I'd like to see done in the next few days. I'll e-mail it to everyone once I return to my office.** Please make your employees aware of what's happening and what they should do. In addition, **(82) inform them that should Ms. Hanlon speak with them during her tour, they should be polite and answer her questions as thoroughly as possible.**

오늘의 관리자 회의를 끝내기 전에, 여러분께 알려 드려야 할 게 하나 더 있습니다. CEO Hanlon 씨가 다음 주 월요일에 우리 시설을 점검하기로 하셨어요. 모든 게 완벽히 운영되고 있고, 건물은 완벽히 깨끗하며 정돈되어 있도록 해야 합니다. 제가 다음 며칠 후에 완료 상황을 보고 싶은 업무들의 일정표를 작성했습니다. 제가 사무실로 복귀하는 대로 모두에게 이메일로 보낼게요. 여러분의 직원들에게 무슨 일이 있을 것이고, 무엇을 해야 할지 알려 주시기 바랍니다. 덧붙여, 혹시라도 Hanlon 씨가 투어를 하는 동안 그들에게 말을 건다면, 공손하게 행동하고 그녀의 질문에 가능한 한 자세히 답변하라고 알려 주세요.

표현 정리 **conclude** 끝내다, 마치다 **inspect** 점검하다 **facility** 시설 **run** 운영하다 **return to** ~으로 돌아오다 **aware of** ~을 알고 있는 **in addition** 덧붙여, 게다가 **polite** 공손한, 예의 바른 **thoroughly** 자세히, 철저히

80. 세부 정보 – next week를 키워드로 삼아 해당 내용에 집중
해설 담화 초반에 CEO Hanlon 씨가 다음 주 월요일에 시설 점검을 하기로 했다고 말했으므로 (A)가 정답이다.

패러프레이징 **inspect ▶ An inspection will take place.**

표현 정리 **take place** 일어나다. 발생하다 **sign a contract** 계약을 맺다 **merger** 합병

다음 주에 무슨 일이 있을 것인가?

(A) 점검이 있을 것이다.
(B) 계약이 체결될 것이다.
(C) 합병이 발표될 것이다.
(D) 면접이 있을 것이다. 　　　　　　　　정답 (A)

81. 세부 정보 – e-mail을 키워드로 삼아 청자들에게 보낸 것에 집중
해설 담화 중반에 화자가 확인이 필요한 업무들의 일정표를 작성했으니 이 메일로 보내겠다고 말했으므로 (B)가 정답이다.

패러프레이징 **a schedule for the type of work ▶ A work schedule**

표현 정리 **revised** 수정된 **contract** 계약(서) **itinerary** 여행 일정표

화자는 청자들에게 무엇을 이메일로 보낼 것인가?

(A) 수정된 계약서
(B) 업무 일정표
(C) 여행 일정표
(D) 판매 보고서 　　　　　　　　정답 (B)

82. 제의/제안/요청 – employees를 키워드로 삼아 요청 표현에 집중
해설 담화 후반에는 직원들에게 당부할 사항을 전하고 있는데, CEO가 직원들에게 말을 걸게 되면, 공손하게 행동하라고 말했으므로 (D)가 정답이다.

패러프레이징 **be polite and answer her questions as thoroughly as possible ▶ Speak politely with the CEO**

표현 정리 **get in touch with** ~와 연락하다 **headquarters** 본사 **transfer** 전근 (가다) **register for** ~에 등록하다 **politely** 공손하게

회사 직원들은 무엇을 해야 하는가?

(A) 본사에 연락한다
(B) 다른 사무소로 전근을 신청한다
(C) 연수 과정에 등록한다
(D) CEO에게 공손하게 얘기한다 　　　　　　　　정답 (D)

문제 83-85번은 다음 광고를 참조하시오. 미W

Are you tired of freezing during the cold winter months? Instead of staying home and watching the snow, why not take a trip to Bermuda? **(83) The Oceanside Resort in Bermuda recently opened, and (84) we have a special offer for you. It simply can't be beat. Reserve any room for three or more nights, and we'll take half off your entire stay. (85) In addition, we'll add a complimentary daily breakfast and provide you with a free tour of the island.** The Oceanside Resort offers some of the best amenities on Bermuda, and you'll love our friendly staff. But act quickly because this offer expires on December 31. Visit our Web site for more information.

추운 겨울 시즌의 추위가 지긋지긋하세요? 집에 머물면서 눈을 보고 있는 대신, 버뮤다로 여행을 가시는 건 어떨까요? 버뮤다 Oceanside Resort가 최근에 개장하여, 여러분께 특별 할인을 해 드립니다. 정말 좋은 기회가 아닐 수 없습니다. 3박 이상 객실을 예약하시면 전체 숙박료의 절반을 할인해 드립니다. 게다가, 매일 아침 식사와 함께 섬 투어를 무료로 제공합니다. Oceanside Resort는 버뮤다에서 최상의 편의 시설을 제공하며, 친절한 직원들이 마음에 드실 겁니다. 하지만 이 혜택은 12월 31일에 만료되니 서두르십시오. 웹사이트를 방문하셔서 더 많은 정보를 얻으세요.

표현 정리 **be tired of** ~이 지긋지긋하다 **freezing** 너무나 추운 **instead of** ~하는 대신 **special offer** 특별 할인 판매 **simply** 그저, 단순히 **can't be beat(ten)** 더 나을 수는 없다 **take ~ off** ~을 빼다 **complimentary** 무료의 **amenities** 생활 편의 시설 **friendly** 친절한 **expire** 만료되다

83. 세부 정보 – Oceanside Resort를 키워드로 삼아 해당 내용에 집중
해설 담화 초반에 Oceanside Resort가 최근에 오픈했다고 했으므로 (B)가 정답이다.

패러프레이징 **The Oceanside Resort ~ recently opened ▶ It is a new establishment.**

표현 정리 **renovate** 수리하다 **establishment** 시설 **undergo** 겪다 **ownership** 소유(권)

Oceanside Resort에 관하여 언급된 것은?

(A) 모든 객실을 수리했다.
(B) 새로운 시설이다.
(C) 주인이 바뀌었다.
(D) 추운 지역에 위치해 있다. 　　　　　　　　정답 (B)

84. 화자 의도 파악 – 주어진 발화 문장의 앞뒤 맥락을 토대로 유추
해설 담화 초중반에 걸쳐 화자가 Oceanside Resort에서 특별 할인이 있다고 했는데, 더 없이 좋은 기회라며 구체적인 파격 할인 혜택을 열거하고 있으므로 이 리조트의 할인이 매우 좋다는 점을 강조한 것이다. 따라서 (D)가

정답이다.

표현 정리 treatment 대우, 처우 incredible 믿을 수 없을 정도의

화자가 "정말 좋은 기회가 아닐 수 없습니다"라고 말할 때, 그녀가 의미한 것은?

(A) 식당의 음식이 맛있다.
(B) 직원들이 특별 대우를 해준다.
(C) 바다의 경관이 너무나 멋지다.
(D) 할인 혜택이 매우 좋다.　　　　　　　　　　　　　　**정답** (D)

85. 세부 정보 – free of charge를 키워드로 삼아 해당 내용에 집중

해설　구체적인 할인 혜택을 열거한 담화 중반에 무료 아침 식사와 함께 섬 여행을 무료로 제공한다고 했으므로 (D)가 정답이다.

패러프레이징 free ▶ free of charge / a tour of the island ▶ **A local tour**

표현 정리 free of charge 무료로

손님들은 무엇을 무료로 받을 수 있나?

(A) 낚시 여행
(B) 점심 식사
(C) 인터넷 서비스
(D) 지역 관광　　　　　　　　　　　　　　　　　　**정답** (D)

문제 86–88번은 다음 소개문을 참조하시오. 영W

It's my great pleasure to introduce Simon Palmer to everyone at our firm. (86) (87) **Mr. Palmer comes to us at TPR, Inc. from Davidson Consulting, where he worked for the past seven years.** He specialized in dealing with clients interested in establishing branch offices in Europe and Asia. We expect him to do identical work with us. (87) **Mr. Palmer is new to Houston**, so I hope some of you will take the time to show him around the city and to answer any questions he might have about living here. His office is room 302, (88) **so please be sure to drop by to greet him and to let him know who his new colleagues are.**

자사의 모든 분들께 Simon Palmer 씨를 소개하게 되어 매우 기쁩니다. Palmer 씨는 과거 7년간 일했던 Davidson 컨설팅에서 우리 TPR 사로 오게 되었습니다. 그는 유럽과 아시아에 지사를 설립하는 데 관심 있는 고객들을 응대하는 일을 전문으로 해왔습니다. 우리는 그가 이곳에서 동일한 업무를 할 것으로 기대합니다. Palmer 씨는 휴스턴이 처음이니, 여러분 중에서 시간을 내어 시를 구경시켜 주고, 이곳 생활에 대해 그가 궁금해할 수도 있는 질문들에 대답도 해 주기를 바랍니다. 그의 사무실은 302호이니, 들러서 인사하고, 그의 새 동료들이 누구인지 알게 해 주세요.

표현 정리 specialize in ~을 전문으로 하다 deal with ~을 다루다 establish 설립하다 branch office 지사 identical 동일한, 똑같은 show ~ around ~에게 구경시켜 주다 drop by 잠시 들르다 greet 인사하다

86. 암시/추론 – Simon Palmer를 키워드로 삼아 해당 내용에 집중

해설　담화 초반에 화자가 Simon Palmer를 소개하며, 그가 Davidson 컨설팅 회사에서 7년 동안 일했다고 말했으므로 Palmer 씨가 컨설팅 경력이 있음을 말해 주고 있다. 따라서 (B)가 정답이다.

패러프레이징 Davidson Consulting, where he worked for the past seven years ▶ He has prior consulting experience.

표현 정리 prior 이전의 transfer 전근 가다

Simon Palmer에 관하여 무엇이 사실이겠는가?

(A) 이전에 아시아에서 살았다.
(B) 컨설팅 경력이 있다.
(C) TPR 사의 매니저이다.
(D) 유럽으로 전근 가기를 희망한다.　　　　　　　**정답** (B)

87. 암시/추론 – TPR, Inc.를 키워드로 삼아 해당 내용에 집중

해설　담화 초반에 Palmer 씨가 컨설팅 회사에서 이곳 TPR 사로 오게 되었다고 소개했는데, 담화 중반에 Palmer 씨는 휴스턴이 처음이라고 했으므로 휴스턴에 위치한 TPR 사로 이직했음을 알 수 있다. 따라서 (A)가 정답이다.

TPR 사에 관하여 알 수 있는 것은?

(A) 휴스턴에 사무실이 있다.
(B) 여러 나라에 지점이 있다.
(C) 수년 동안 영업해 왔다.
(D) 300명 이상의 직원들이 있다.　　　　　　　　**정답** (A)

88. 세부 정보 – 담화 후반부에서 화자의 요청 표현에 집중

해설　담화 마지막에 Palmer 씨가 청자들을 알 수 있도록 그의 사무실에 들러서 인사하라고 당부하고 있으므로 (C)가 정답이다.

패러프레이징 greet him and to let ~ colleagues are ▶ Introduce themselves to a new employee / Mr. Palmer ▶ a new employee

표현 정리 volunteer 자원하다

화자는 청자들에게 무엇을 하라고 말하는가?

(A) 승진 요청을 고려해 보라고
(B) 새 프로젝트 참여에 자원하라고
(C) 새로 온 직원에게 자신을 소개하라고
(D) 고객들을 시내로 데려가라고　　　　　　　　**정답** (C)

문제 89–91번은 다음 방송을 참조하시오. 호M

Thank you all for listening to Superstation 102.8. We're broadcasting across the country from coast to coast. I'm Ted McClain, the host of Talking with Ted. (89) (90) **I've got a great show for you tonight as (91) Deanna Wilson, the writer of the bestselling novel The Gordian Knot, will be in the studio with me for the first half hour.** She'll talk about her last work and answer questions from some lucky callers. After that, I'll be speaking with a local professor, Steve Simmons. Professor Simmons has discovered something interesting in his laboratory, and he's decided to break the news on this show. I'll be right back after a few words from our sponsors.

슈퍼스테이션 102.8을 청취해 주셔서 감사합니다. 우리는 국내 전역에 걸쳐 방송하고 있어요. 저는 〈Ted와 얘기해〉의 진행자, Ted McClain 입니다. 제가 오늘밤 여러분들을 위해 멋진 쇼를 준비했는데, 베스트셀러 소설 〈풀기 힘든 매듭〉의 작가, Deanna Wilson 씨를 첫 30분 동안 저희 스튜디오에 모실 거거든요. 그녀는 최근 작품에 관해 얘기하고, 전화 거신 분들 중 당첨되신 분들의 질문에 대답해 드릴 겁니다. 그 후에, 제가 지역 학교 교수인 Steve Simmons 씨와 얘기 나눌 거예요. Simmons 교수님이 연구실에서 뭔가 흥미로운 걸 발견해서 우리 쇼에서 처음으로 그 소식을 전하기로 했습니다. 후원 업체 분들의 몇 마디 광고 후에 바로 돌아올게요.

표현 정리 broadcast 방송하다 across the country 국내 전역에 from coast to coast 전국에 걸쳐 host 진행자, 사회자 gordian 해결하기 힘든

knot 매듭 break the news 소식을 처음 전하다 sponsor 후원 업체

89. **주제/대상/목적 – 담화 전반부 또는 담화 전체의 내용을 토대로 유추**

해설 라디오 방송 프로그램 진행자 Ted McClain이 자신을 소개하며, 오늘 쇼에서 무엇을 진행할 것인지 담화 전반에 걸쳐 순서대로 열거하고 있으므로 (B)가 정답이다.

표현 정리 format 구성 방식 cohost 공동 진행자

화자가 주로 얘기하는 것은?

(A) 쇼 구성 방식의 변화
(B) 프로그램 일정
(C) 쇼의 새 공동 진행자
(D) 프로그램이 끝나는 이유   정답 (B)

90. **암시/추론 – program, Ted McClain, host를 키워드로 삼아 해당 내용에 집중**

해설 Ted McClain이 프로그램 소개에서 처음에는 유명 작가인 Deanna Wilson과 그녀의 최근 작품에 관하여 얘기 나누고, 이어서 지역 학교 교수인 Steve Simmons와 얘기할 거라는 내용을 토대로 그의 쇼가 초대 손님을 중심으로 한 인터뷰 쇼임을 짐작할 수 있다. 따라서 (A)가 정답이다.

Ted McClain은 어떤 종류의 프로그램을 진행하겠는가?

(A) 인터뷰 쇼
(B) 지역 뉴스 쇼
(C) 음악 쇼
(D) 요리 쇼   정답 (A)

91. **세부 정보 – Deanna Wilson을 키워드로 삼아 특정 직업 관련 단어/ 표현에 집중**

해설 담화 중반에 Deanna Wilson을 베스트 셀러 소설 작가로 소개하고 있으므로 (D)가 정답이다.

패러프레이징 writer ▶ author

Deanna Wilson은 누구인가?

(A) 강사
(B) 정치인
(C) 화학자
(D) 작가   정답 (D)

문제 92-94번은 다음 담화와 안내문을 참조하시오. 미W

> (92) I'm well aware of the fact that our new company ID cards aren't working as well as they're supposed to. Several employees have reported that their cards aren't even giving them access to their own offices. As a result, we're reissuing cards to every single employee here. We'll be doing that by department. Tina, your department is scheduled for this Friday. Everyone else will be getting cards issued next Monday and Tuesday. (93) So, Tina, please be sure to inform me immediately if anyone in the Marketing Department encounters any issues with their cards once they receive them. (94) All right, now, let's move on to the weekly sales report.
>
> ---
>
> 저희 회사 새 ID 카드가 의도한 만큼 잘 작동하지 않는다는 사실을 잘 알고 있습니다. 몇몇 직원들은 카드가 자신의 사무실조차도 들어갈 수 없게 한다고 알려 왔습니다. 그 결과로, 우리는 이곳의 모든 직원들에게 카드를 재발급할 것입니다. 그 일은 부서별로 할 것입니다. Tina, 당신의 부서는 금요일로 예정되어 있어요. 다른 모든 부서는 다음 주 월

요일과 화요일에 카드를 발급받게 될 것입니다. 그러니까, Tina, 마케팅부에 있는 분들이 카드를 받고 나서 문제가 생긴다면 제게 즉시 알려 주세요. 네, 그럼 이제, 주간 매출 보고로 넘어가죠.

Davidson 사 안내

부서	전화번호
회계	983-0382
인사	983-0387
마케팅	983-0380
연구 개발	983-0381
영업	983-0385

표현 정리 reissue 재발급하다 every single 단 하나의 ~도
be scheduled for ~로 예정되다 immediately 즉시, 바로
encounter 맞닥뜨리다, 부딪히다

92. **문제점/걱정 거리 – 담화 전반부에서 부정적 표현에 집중**

해설 담화 초반에 ID 카드가 작동하지 않아서 사무실 출입도 안 된다고 말했으므로 (C)가 정답이다.

패러프레이징 aren't working, aren't even giving them access to ~ ▶ are working improperly

표현 정리 improperly 부적절하게 sales 판매량, 매출액 decline 감소하다

화자는 어떤 문제를 언급하는가?

(A) 직원들이 직장에 늦게 오고 있다.
(B) 더 많은 직원들이 고용되어야 한다.
(C) 일부 카드들이 부적절하게 작동하고 있다.
(D) 주간 판매량이 감소하고 있다.   정답 (C)

93. **시각 정보 연계 – Which number, to speak with Tina를 키워드로 삼아 그래프를 보며 단서 포착**

해설 담화 후반부에 Tina를 부르며 마케팅 부서 직원들이 카드 수령 후에 이상이 있으면 즉시 알려 달라고 하여 Tina가 마케팅 부서 책임자임을 알 수 있고, 그래픽에서 마케팅 부서의 연락처는 983-0380이므로 (C)가 정답이다.

그래픽을 보시오. Tina와 얘기하려면 어느 번호로 전화해야 하는가?

(A) 983-0382
(B) 983-0387
(C) 983-0380
(D) 983-0385   정답 (C)

94. **다음 할 일 – 담화 후반부 내용에 집중**

해설 담화 전반에 걸쳐 ID 카드의 문제점 지적과 상응하는 조치에 대해 얘기한 후, 담화 마지막에 주간 매출 보고로 넘어가자고 했으므로 회의가 계속 진행될 것임을 알 수 있다. 따라서 (B)가 정답이다.

표현 정리 hand out 나눠주다, 배포하다 take a break 휴식을 취하다

화자는 다음에 무엇을 하겠는가?

(A) 질문에 답한다
(B) 회의를 계속한다
(C) 서류를 나눠준다
(D) 잠깐 휴식을 취한다   정답 (B)

문제 95-97번은 다음 전화 메시지와 영수증을 참조하시오. 영W

> Hello. My name is Sarah Bright, and I'm calling on account of a purchase I made at your store this morning. I bought

several items, and am happy with all but one. **(95) (96) Unfortunately, when I opened the box containing the set of dinner plates I bought, I noticed that half of them were broken.** I didn't drop the box, so I believe they must have been damaged when I bought them. **(96) I'd like to exchange them for a new set, (97) but I just realized the clerk neglected to give me a receipt when I was checking out.** Will this be a problem when I return there? Please call me at 874-3737 to let me know.

안녕하세요. 제 이름은 Sarah Bright입니다. 제가 오늘 아침에 그곳 가게에서 구매한 것 때문에 전화 드렸어요. 물건을 몇 개 샀는데, 다 괜찮은데, 하나가 문제네요. 안타깝게도 제가 산 정찬용 접시 세트가 들어 있는 상자를 열었을 때, 그들 중 절반이 깨져 있는 걸 알게 됐어요. 제가 그 박스를 떨어뜨리지는 않았으니까, 분명 구매 당시에 파손돼 있었을 거란 생각이 들어요. 그것들을 새 세트로 교환하고 싶지만, 제가 계산할 때 점원이 잊어버리고 제게 영수증을 주지 않은 걸 방금 깨달았어요. 제가 그곳에 반품할 때 이게 문제가 될까요? 874-3737번으로 제게 전화해서 알려 주세요.

물품	물품 번호	가격
와인 잔	TR-594	12.99달러
정찬용 접시 세트	OL-993	99.99달러
샐러드 그릇	WS-112	29.99달러
프라이팬	NN-875	45.99달러

표현 정리 **on account of** ~때문에 **unfortunately** 안타깝게도 **broken** 파손된 **drop** 떨어뜨리다 **damaged** 파손된, 하자가 생긴 **exchange** 교환하다 **neglect to** 잊어버리고 ~하지 않다 **receipt** 영수증 **check out** 계산하다

95. 문제점/걱정 거리 – 담화 전반부에서 부정적 표현에 집중

해설 담화 초반에 구매한 물건 때문에 전화했다고 하면서, 정찬용 접시 세트 중 일부가 깨져 있었다고 하므로 (A)가 정답이다.

패러프레이징 the set of dinner plates ▶ some items

무엇이 문제인가?
(A) 일부 물품이 파손되었다.
(B) 물품이 잘못 배달되었다.
(C) 물품의 크기가 잘못되었다.
(D) 아직 배달이 되지 않았다.   정답 (A)

96. 시각 정보 연계 – Which product, want to exchange를 키워드로 삼아 그래프를 보며 단서 포착

해설 담화 초중반에 걸쳐, 화자가 구매한 물건들 중 정찬용 접시 세트 일부가 깨졌다고 하면서, 그것들을 새 것으로 교환하고 싶다고 했으며, 그래픽에서 정찬용 접시 세트의 물품 번호가 OL-993이므로 (B)가 정답이다.

그래픽을 보시오. 화자는 어느 제품을 교환하고 싶어하는가?
(A) TR-594
(B) OL-993
(C) WS-112
(D) NN-875   정답 (B)

97. 세부 정보 – cashier, fail to give를 키워드로 삼아 해당 내용에 집중

해설 담화 후반에, 계산할 때 점원이 영수증을 잊어버리고 주지 않았다고 말했으므로 (B)가 정답이다.

패러프레이징 clerk ▶ cashier / neglect to give ▶ fail to give

계산원이 화자에게 무엇을 주지 않았는가?

(A) 할인
(B) 영수증
(C) 환불
(D) 쿠폰   정답 (B)

문제 98-100번은 다음 회의 발췌록과 도착 게시판을 참조하시오. 미M

Ms. Zuniga has informed me that the clients who are arriving today should be a bit late. **(99) Their plane was supposed to land at 2:30 but will instead be getting in at 4:00. (98) Apparently, heavy snow caused them to take off late. (100) Dave, I'd like you to meet them at the airport.** Stephanie was supposed to go there, but she can't because she was requested to visit the factory. **(100) Just meet the clients when they come out from the baggage claim area and take them to their hotel.** They're staying at the Lambert Hotel down the street. If they request anything such as food, please assist them as best as you can.

Zuniga 씨가 오늘 도착할 고객들이 조금 늦을 거라고 제게 알려 줬어요. 그분들 비행기가 2시 30분에 도착하기로 되어 있었지만 대신 4시에 올 겁니다. 듣자 하니, 폭설이 이륙을 지연시켰다는군요. Dave, 당신이 공항에서 그분들을 만났으면 좋겠어요. Stephanie가 가기로 되어 있었지만, 공장 방문을 요청 받아서 그럴 수가 없어요. 고객들이 짐 찾는 곳에서 나오면 그분들을 만나서 호텔로 모셔 드리기만 하면 돼요. 그분들은 길 아래 Lambert 호텔에 머무를 거예요. 음식이라든가 요청하는 게 있으시면, 최선을 다해서 도와드리세요.

St. Petersburg 공항
도착 게시판

비행기 번호	출발지	도착 시간
PR41	모스크바	오후 2:00
MR126	오슬로	오후 2:45
SD08	코펜하겐	오후 3:30
MT43	스톡홀름	오후 4:00

표현 정리 **be supposed to** ~하기로 되어 있다 **land** 착륙하다 **apparently** 듣자 하니, 보아 하니 **take off** 이륙하다 **baggage claim area** 수하물 찾는 곳 **such as** ~와 같은 **assist** 돕다, 지원하다 **as best as you can** 최선을 다해

98. 이유/방법 – plane, late를 키워드로 삼아 해당 내용에 집중

해설 담화 초반에 고객들이 탄 비행기가 원래 2시 반 도착 예정이었으나 4시로 늦춰졌다면서, 폭설이 지연을 야기시켰다고 말했으므로 (A)가 정답이다.

패러프레이징 heavy snow ▶ bad weather

표현 정리 **mechanical** 기계와 관련된 **flight crew** 비행기 승무원

고객의 비행기는 왜 늦는가?
(A) 날씨가 안 좋았다.
(B) 비행기에 기계적인 문제가 있었다.
(C) 비행기 승무원이 늦게 도착했다.
(D) 다른 출발 비행편이 너무 많았다.   정답 (A)

99. 시각 정보 연계 – Where, clients, coming from을 키워드로 삼아 그래픽을 보며 단서 포착

해설 담화 초반에 고객들의 비행기가 2시 30분에 도착하기로 되어 있었지

만 4시로 늦춰졌다고 말했고, 그래픽에서 4시에 도착하는 비행기의 출발지는 스톡홀름이므로 (D)가 정답이다.

그래픽을 보시오. 고객들은 어디에서 오는가?

(A) 모스크바
(B) 오슬로
(C) 코펜하겐
(D) 스톡홀름 　　　　　　　　　　　　　　　　　　　　　정답 (D)

100. 제의/제안/요청 – Dave를 키워드로 삼아 요청이나 지시 표현에 집중

해설　담화 중반에 Dave를 부르며 공항에서 고객들을 만났으면 좋겠다고 했고, 짐 찾는 곳에서 그들을 만나서 호텔까지 모시라고 했으므로 (C)가 정답이다.

표현 정리　**make a reservation** 예약하다　**arrange** 일정을 마련하다
book 예약하다

화자는 Dave에게 무엇을 하라고 요구하는가?

(A) 호텔을 예약하라고
(B) 시 투어 일정을 마련하라고
(C) 고객들을 모시고 오라고
(D) 식당을 예약하라고 　　　　　　　　　　　　　　　정답 (C)

1. 야외 – 사물의 상태 　호M

(A) A ship is floating under the bridge.
(B) A train is passing around a tower.
(C) The bridge extends across the water.
(D) A ship is sinking in the water.

해설　물 위로 다리가 나 있고, 열차가 지나가며, 뒤쪽으로 탑과 건물들이 보이는 사진이므로 (C)가 정답이다.

🔍 함정 분석　(A)와 (D)의 배(ship)는 사진에 보이지 않으므로 오답이며, (B)는 열차가 탑을 빙 둘러 지나가는 것이 아니라, 그냥 지나쳐 가는 것이므로 "A train is passing a tower."라고 하면 답이 될 수 있다.

표현 정리　**float** 뜨다, 떠 있다　**pass around** ~을 돌아 지나가다　**extend** 뻗다　**sink** 가라앉다

(A) 배 한 척이 다리 아래에 떠 있다.
(B) 기차가 타워를 빙 돌아 지나고 있다.
(C) 다리가 물을 가로질러 뻗어 있다.
(D) 배 한 척이 물 아래로 가라앉고 있다. 　　　　　　정답 (C)

2. 실내 – 사물의 상태 　미W

(A) The lampposts are on sale.
(B) Some boxes are under the lamps.
(C) Some lamps have been turned off.
(D) The lamps come in different shapes.

해설　천장에 불이 켜진 같은 모양의 등이 여러 개 달려 있으며, 그 아래로 상자들이 쌓여 있으므로 (B)가 정답이다.

🔍 함정 분석　(A)는 사진만으로는 판매 중(on sales)인지 알 수 없고, (C)는 램프의 등이 켜져 있으므로 "Some lamps have been turned on." 이라고 해야 답이 될 수 있으며, (D)는 램프의 모양이 대부분 동일하므로 오답이다.

표현 정리　**lamppost** 가로등 기둥　**on sale** 판매 중인　**turn off** (불 등을) 끄다　**come in** (상품 등이) 들어오다　**different** 다양한　**shape** 모양

(A) 가로등 기둥들이 판매 중이다.
(B) 상자들이 램프 아래에 있다.
(C) 램프들이 꺼져 있다.
(D) 램프들이 다양한 모양들로 나와 있다. 　　　　　　정답 (B)

3. 야외 – 사물의 위치/상태 　미M

(A) A man is observing a machine.
(B) They are transporting the harvest.
(C) A tractor is pulling the machine.
(D) Children are playing on the lawn.

해설　커다란 중장비가 놓여 있고, 한 남자가 이를 보고 있는 사진이므로 (A)가 정답이다.

🔍 함정 분석　(B)의 수확물(harvest)이나 (D)의 아이들(Children)은 사진에 보이지 않으며, (C)는 사진 뒤쪽으로 트랙터가 보이지만 기계를 끄는 모습이 아니므로 오답이다.

표현 정리　**observe** 관찰하다　**transport** 실어 나르다, 수송하다　**harvest** 수확물[량]　**tractor** 트랙터, 견인 차량　**pull** 끌다, 당기다　**lawn** 잔디

(A) 남자가 기계를 관찰하고 있다.
(B) 사람들이 수하물을 실어 나르고 있다.
(C) 트랙터가 기계를 끌고 있다.
(D) 아이들이 잔디 위에서 놀고 있다.　　　　　정답 (A)

4. 야외 – 사물의 상태 [미W]

(A) A seating area is available for guests.
(B) The tables are in the shadows of the plants.
(C) All the tables are on the tiled floor.
(D) Waiters are preparing tables for visitors.

해설　야외에 파라솔이 쳐진 테이블들이 놓여 있고, 비어 있는 의자들이 많이 보이므로 (A)가 정답이다.

🔍 함정 분석　(B)는 식물들이 드리운 그림자에 테이블이 걸쳐 있는 모습이 아니며, (C)는 일부의 테이블은 타일 바닥 위에 놓여 있으나, 일부는 지면 위에 있으므로 모든 테이블들이(all the tables) 타일 바닥 위에 있다고 한 것은 잘못된 묘사이다. (D)는 사진에 웨이터들이(waiters)이 보이지 않으므로 오답이다.

표현 정리　**seating area** 자리, 좌석　**available** 이용 가능한　**guest** 손님　**shadow** 그림자　**plant** 식물　**tiled floor** 타일이 깔린 바닥　**prepare** 준비하다　**visitor** 방문객

(A) 자리들은 손님들이 이용 가능하다.
(B) 식물의 그늘에 탁자들이 있다.
(C) 모든 테이블들이 타일이 깔린 바닥 위에 있다.
(D) 웨이터들이 방문객들을 위해 테이블을 차리고 있다.　정답 (A)

5. 야외 – 인물의 동작 [영W]

(A) The beach is full of tourists.
(B) Water is being poured with a hose.
(C) The horses are drinking water.
(D) There are four riders on horseback.

해설　해변가를 배경으로 네 필의 말을 타고 있는 사람들이 멀리 보이므로 (D)가 정답이다.

🔍 함정 분석　(A)의 관광객들(tourists)이나 (B)의 호스(hose)는 사진에 보이지 않으며, (C)는 말들이 물을 마시는 동작이 보이지 않으므로 오답이다.

표현 정리　**beach** 해변, 바닷가　**be full of** ~으로 가득하다　**tourist** 관광객　**pour** 붓다, 따르다　**hose** 호스　**on horseback** 말을 타고 있는

(A) 해변이 관광객들로 가득하다.
(B) 호스로 물을 붓고 있다.
(C) 말들이 물을 마시고 있다.
(D) 네 사람이 말을 타고 있다.　　　　　정답 (D)

6. 실내 – 인물의 동작 [호M]

(A) A sign is being posted along the roadway.
(B) One of the people is wearing a backpack.
(C) A spectator is climbing the staircase.
(D) A floor is being scrubbed with a brush.

해설　복도에 게시판들이 설치되어 있고, 사람들이 이를 보고 있는 사진. 이들 중 한 여자가 배낭을 매고 있으므로 (B)가 정답이다.

🔍 함정 분석　(A)는 표지판을 게시하고 있는 사람들의 모습이 보이지 않으며, (C)의 계단(staircase)이나 (D)의 솔(brush)은 사진에 보이지 않으므로 오답이다.

표현 정리　**sign** 간판, 표지판　**post** 게시하다　**roadway** 도로, 차도

backpack 배낭　**spectator** 관중　**climb** 오르다, 올라가다　**staircase** 계단　**scrub** 문질러 닦다　**brush** 솔, 브러시

(A) 도로를 따라 표지판이 게시되고 있다.
(B) 사람들 중 한 명이 배낭을 매고 있다.
(C) 관중이 계단을 오르고 있다.
(D) 바닥을 솔로 문질러 닦고 있다.　　　　정답 (B)

PART 2

7. How 의문문 – 새 웹사이트를 평가해 달란 질문에 의견으로 답변 [미W] [호M]

How would you rate the firm's new Web site?

(A) Our ratings are improving.
(B) I gave the hotel four stars.
(C) I'm fairly impressed.

해설　새 웹사이트를 어떻게 평가하는지 묻는 질문으로 꽤 인상 깊었다며 의견으로 답한 (C)가 정답이다.

🔍 함정 분석　(A)는 질문에 쓰인 rate의 파생어(rating)를 이용하여 혼동을 준 함정이며, (B) 역시 질문의 rate를 듣고 연상할 수 있는 별점 4개(four stars)를 이용한 함정이다.

표현 정리　**rate** 평가하다　**firm** 회사　**rating** 순위, 평가　**improve** 개선되다, 나아지다　**fairly** 상당히, 꽤　**impressed** 인상 깊게 생각하는, 감명을 받은

회사의 새 웹사이트를 어떻게 평가하세요?

(A) 저희 순위가 나아지고 있어요.
(B) 그 호텔에 별점 4개를 줬어요.
(C) 꽤 인상 깊었어요.　　　　　　　　정답 (C)

8. 제안/제공/요청 – 길을 알려 달라는 요청에 대안을 들어 답변 [호M] [미W]

Can anyone give me directions to the conference room?

(A) There's a map in this brochure.
(B) It starts ten minutes from now.
(C) I believe they were heading east.

해설　회의실까지 가는 길을 알려 줄 수 있는 사람이 있냐고 묻는 질문에 책자에 지도가 있다며, 지도를 보라고 말한 (A)가 정답이다.

🔍 함정 분석　(B)는 질문의 conference를 듣고 연상할 수 있는 시간 표현으로 응답한 함정이며, (C)는 질문의 directions를 듣고 연상할 수 있는 함정 표현이다.

표현 정리　**directions** 길 안내　**brochure** 소책자　**head** ~로 향하다

회의실까지 가는 길을 누가 좀 알려 주시겠어요?

(A) 이 책자에 지도가 있어요.
(B) 그건 지금부터 10분 후에 시작돼요.
(C) 그들이 동쪽으로 가고 있었던 것 같아요.　정답 (A)

9. How much 의문문 – 점심 식사비를 묻는 질문에 구체적인 비용으로 답변 [영W] [호M]

How much did you pay for lunch?

(A) Just a bagel and coffee.
(B) Around twelve dollars.
(C) Every day at the café.

해설　점심식사로 얼마를 지불했는지 묻는 질문으로, 들인 비용으로 답한 (B)가 정답이다.

현한 (C)가 정답이다.

🔍 **함정 분석** (A)는 building의 동어 반복 함정으로, 질문에서는 명사 '건물'의 의미로, 응답에서는 동사 '구축하다, 만들다'의 의미로 쓰였고, (B)는 질문의 renovations를 듣고 연상할 수 있는 수리 예산으로 답하여 혼동을 준 함정이다.

표현 정리 renovation 수리, 개조 budget 예산 not impressed with ~이 마음에 들지 않는 work crew 작업반

건물 수리는 어떻게 되어 가고 있나요?

(A) 우리는 새로운 작업 팀을 만들고 있어요.
(B) 우리는 150만 달러의 예산이 있어요.
(C) 작업반이 탐탁지 않네요. 　　　　　　　　　**정답 (C)**

13. 평서문 – 언급된 말에 몰랐다고 답변 미M 미W

Sorry, but drinks aren't allowed in here.

(A) Thanks. I'd love a beverage.
(B) I had no idea about that.
(C) Let me order you something then.

해설 이 안에서 음료는 허용되지 않는다는 말에 몰랐다며 적절하게 답한 (B)가 정답이다.

🔍 **함정 분석** (A)는 질문의 drinks와 유사한 의미의 beverage를 이용한 함정이며, (C)는 질문의 drinks를 듣고 연상하기 쉬운 order를 이용한 함정이다.

표현 정리 allow 허용하다 beverage 음료 order 주문하다

죄송하지만, 여기서 음료는 허용되지 않습니다.

(A) 고마워요. 음료를 마시고 싶었거든요.
(B) 그건 몰랐네요.
(C) 그럼 당신에게 주문할게요. 　　　　　　　　　**정답 (B)**

14. 평서문 – 언급된 말에 호응하며 답변 호M 미W

You've been assigned to the Davidson project.

(A) Yes, I received the projections.
(B) That assignment is nearly complete.
(C) I can't wait to work with Mr. Harding.

해설 특정 프로젝트에 배정되었다는 말에 Harding 씨와 같이 일하는 게 기다려진다며 적절히 응답한 (C)가 정답이다.

🔍 **함정 분석** (A)는 질문에 쓰인 project의 파생어(projections)를 이용하여 혼동을 준 함정이며, (B) 역시 질문의 assigned의 파생어 (assignment)를 이용한 함정이다.

표현 정리 assign 배정하다 projection 예상, 추정 assignment 과제

당신이 Davidson 프로젝트에 배정되었어요.

(A) 네, 그 예상치를 받았어요.
(B) 그 과제는 거의 끝났어요.
(C) Harding 씨와 일하는 게 너무 기다려져요. 　　　　**정답 (C)**

15. 평서문 – 언급된 말에 호응하며 답변 미W 호M

You'd better get in touch with our IT specialist.

(A) No, I haven't heard from her yet.
(B) I'll ask Ms. Blair for his number.
(C) That's not my area of specialization.

해설 IT 전문가와 연락하는 게 좋겠다는 말에 Blair 씨에게 그의 연락처를 요

🔍 **함정 분석** (A)는 lunch를 듣고 연상할 수 있는 bagel and coffee를 이용하여 혼동을 준 함정이며, (C)는 질문의 lunch를 듣고 점심식사 장소를 묻는 질문으로 잘못 이해했을 때 선택하기 쉬운 오답이다.

표현 정리 bagel 베이글(도넛같이 생긴 딱딱한 빵) around 약, 대략

점심식사로 얼마를 지불하셨어요?

(A) 베이글과 커피면 돼요.
(B) 약 12달러요.
(C) 카페에서 매일이요. 　　　　　　　　　**정답 (B)**

10. 부정 의문문 – 교육이 두 번 있지 않느냐는 질문에 아닌 것 같다고 대답 미W 미M

Isn't the training session offered twice this week?

(A) Not as far as I know.
(B) It's about the new phone system.
(C) I registered for Friday's class.

해설 이번 주에 교육이 두 번 있지 않느냐고 물어보는 말에 자기 생각엔 아닌 것 같다고 대답한 (A)가 정답이다. as far as는 '~하는 한'이라는 한정의 의미로 쓰이는 표현이다.

🔍 **함정 분석** (B)는 교육 주제와 관련한 내용 함정이다. (C) 역시 교육에 등록했다는 연관성을 이용한 함정이다.

표현 정리 training session 교육 as far as ~하는 한 register for ~에 등록하다[신청하다]

그 교육이 이번 주에 두 번 제공되지 않나요?

(A) 제가 알기론 아니에요.
(B) 그건 새 전화 시스템에 관한 거예요.
(C) 저는 금요일 수업에 등록했어요. 　　　　　　**정답 (A)**

11. 선택 의문문 – 운전을 계속할지 여부를 묻는 질문에 우회적으로 전자를 선택한 답변 영W 호M

Do you want to stop here, or should we keep driving?

(A) We're fifty miles from our destination.
(B) I'd like to get something to eat.
(C) I'm glad we decided to go by train.

해설 여기서 세울지 계속 운전할지 묻는 질문에, 먹을 걸 좀 사고 싶다며 우회적으로 전자를 선택한 (B)가 정답이다.

🔍 **함정 분석** (A)와 (C)는 질문의 keep driving을 듣고 연상할 수 있는 함정이다.

표현 정리 keep ~ing 계속 ~하다 destination 목적지, 도착지

여기서 세우시겠어요, 아니면 계속 운전할까요?

(A) 우리는 목적지에서 50마일 떨어져 있어요.
(B) 먹을 것 좀 사고 싶어요.
(C) 우리가 기차로 가기로 결정해서 기뻐요. 　　　　**정답 (B)**

12. How 의문문 – 수리의 진행 상황을 묻는 질문에 부정적인 표현으로 답변 미W 호M

How are the renovations on the building going?

(A) We're building a new team of workers.
(B) We've got a budget of $1.5 million.
(C) I'm not impressed with the work crew.

해설 건물 수리가 어떻게 진행되고 있는지 묻는 질문으로, 작업반이 하는 일이 마음에 들지 않는다고 하며, 진행 상황이 좋지 못하다는 것을 우회적으로 표

청하겠다며 적절히 응답한 (B)가 정답이다.

🔍 **함정 분석** (A)는 질문과 전혀 무관한 응답이며, (C)는 질문에 쓰인 specialist의 파생어(specialization)을 이용하여 혼동을 준 함정이다.

표현 정리 get in touch with ~에게 연락하다 specialist 전문가 ask ~ for ~에게 …을 요청하다 specialization 전문 분야

저희 IT 전문가와 연락하시는 게 낫겠어요.

(A) 아니요, 그녀에게서 아직 소식이 없어요.
(B) 제가 Blair 씨에게 그 분 번호를 요청할게요.
(C) 그건 제 전문 분야가 아니에요. 　　　　　　　정답 (B)

16. Where 의문문 – 장소를 묻는 질문에 우회적으로 답변 미W 미M

Where can I find Mr. Chapman's office?

(A) He's talking on the phone now.
(B) It's listed in the employee directory.
(C) You're meeting him in twenty minutes.

해설 Chapman 씨의 사무실 위치를 묻는 질문으로, 직원 명부에 있다며 그것을 확인하라고 우회적으로 답한 (B)가 정답이다.

🔍 **함정 분석** (A)와 (C)는 질문이 Chapman 씨의 행방이나 그가 지금 뭘 하는지 물은 게 아닌, Chapman 씨의 사무실 위치를 물었으므로 오답이다.

표현 정리 talking on the phone 통화 중인 list 열거하다. 작성하다 employee directory 직원 명부

Chapman 씨 사무실을 어디서 찾을 수 있나요?

(A) 그분은 지금 통화 중이에요.
(B) 그건 직원 명부에 기재되어 있어요.
(C) 당신은 그를 20분 후에 만날 거예요. 　　　　정답 (B)

17. 평서문 – 언급된 말에 추가 정보로 답변 호M 영W

I'd like access to the company intranet.

(A) First, you need to be issued a username.
(B) It allows employees to talk to one another.
(C) Your access has just been denied.

해설 회사 인트라넷에 접속하고 싶다는 말에, 사용자 이름을 발급받아야 된다며 적절하게 답한 (A)가 정답이다.

🔍 **함정 분석** (B)는 질문의 company intranet을 듣고 연상할 수 있는 표현으로 응답한 함정이며, (C)는 질문의 access를 반복 사용하여 혼동을 준 함정이다.

표현 정리 access to ~로의 접속 intranet 인트라넷. 내부 전산망 issue 발급하다 allow 허용하다 one another 서로 deny 거부하다

회사 인트라넷에 접속하고 싶어요.

(A) 우선, 사용자 이름을 발급받으셔야 돼요.
(B) 직원들이 서로 얘기를 나눌 수 있게 해줍니다.
(C) 당신의 접속이 방금 거부되었어요. 　　　　　정답 (A)

18. What 의문문 – 빌려야 할 차량을 묻는 질문에 구체적인 모델로 답변 영W 미W

What vehicle do you think we should rent?

(A) For the next week.
(B) An SUV would be ideal.
(C) I rent a two-bedroom place.

해설 빌릴 차량에 대해 의견을 묻는 질문으로, SUV가 좋을 거라며 구체적인

차량 모델로 답한 (B)가 정답이다.

🔍 **함정 분석** (A)는 How long 의문문에 어울리는 응답이며, (C)는 질문의 rent를 반복 사용하여 혼동을 준 함정이다.

표현 정리 vehicle 차량 rent 빌리다 ideal 가장 알맞은, 이상적인

우리가 어떤 차량을 렌트해야 할 거라고 생각하세요?

(A) 다음 주 동안이요.
(B) SUV가 가장 알맞을 거예요.
(C) 저는 방 두 개짜리 집을 빌려요. 　　　　　정답 (B)

19. 부가 의문문 – 중국어 구사 여부를 묻는 질문에 조건적 Yes로 답변 미M 호M

You can't speak Chinese, can you?

(A) No, I can't visit China now.
(B) He lived there for five years.
(C) Just a few words and phrases.

해설 중국어를 구사할 수 있냐는 질문에, 몇 마디만 한다고 답한 (C)가 정답이다.

🔍 **함정 분석** (A)는 질문에 쓰인 Chinese의 파생어(China)를 이용하여 혼동을 준 함정이며, (B)는 질문의 Chinese(중국어)를 듣고 연상할 수 있는 표현으로 응답한 함정이다.

표현 정리 phrase 구(절)

중국어 할 줄 모르시죠, 그렇죠?

(A) 아니요, 저는 지금 중국을 방문할 수 없어요.
(B) 그는 그곳에서 5년간 살았어요.
(C) 단어와 구 몇 개 만요. 　　　　　　　　정답 (C)

20. How 의문문 – 비행편의 빈도를 묻는 질문에 구체적인 빈도로 답변 미W 미M

How frequently are there flights to Chicago?

(A) It takes three hours to fly there.
(B) You can go there by bus.
(C) Every two and a half hours.

해설 시카고행 비행편이 얼마나 자주 있는지 묻는 질문으로, 매 2시간 반마다 있다고 답한 (C)가 정답이다.

🔍 **함정 분석** (A)는 질문에 쓰인 flights의 파생어(fly)를 이용하여 혼동을 준 함정이며, (B) 역시 질문의 flights를 듣고 연상할 수 있는 교통수단 (by bus)을 이용한 함정이다.

표현 정리 frequently 자주 flight 항공편 take (시간이) 소요되다 every 매 ~마다

시카고로 가는 비행편이 얼마나 자주 있나요?

(A) 비행기로 그곳까지 가는 데 세 시간 걸려요.
(B) 그곳에 버스로 갈 수 있어요.
(C) 매 2시간 반마다요. 　　　　　　　　　정답 (C)

21. 부정 의문문 – 명찰을 주지 않았냐고 한 질문에 반문하며 답변 호M 영W

Hasn't anyone given you a nametag yet?

(A) My name is Helen Myers.
(B) Was I supposed to get one?
(C) No, I didn't give her anything.

해설 명찰을 드리지 않았냐고 묻는 질문으로, 자신이 받는 걸로 돼 있냐며 반문한 (B)가 정답이다.

표현 정리 **nametag** 명찰, 이름표 **be supposed to** ~하기로 되어 있다

누가 당신께 명찰을 드리지 않았나요?

(A) 제 이름은 Helen Myers예요.
(B) 제가 하나 받는 걸로 돼 있나요?
(C) 아니요, 그녀에게 아무것도 주지 않았어요.   정답 (B)

22. 평서문 – 언급된 말에 추가 정보를 요구한 답변 미M 미W

You'd better bring an umbrella with you.

(A) Is there rain in the forecast?
(B) I really love sunny weather.
(C) He brought everything we need.

해설 우산을 가져오는 게 좋을 거라고 한 말에, 비 소식이 있느냐며 추가 정보를 요구한 (A)가 정답이다.

표현 정리 **forecast** 예보, 예측

우산을 가져오시는 게 좋겠어요.

(A) 일기 예보에 비 소식이 있나요?
(B) 저는 화창한 날씨를 정말 좋아해요.
(C) 그분이 우리가 필요한 걸 다 가져왔어요.   정답 (A)

23. 선택 의문문 – 인턴에게 누가 얘기하면 될지 묻는 질문에 우회적으로 후자를 선택한 답변 미W 호M

Will you speak to the interns, or should I do it?

(A) I interned at Wilson Financial.
(B) One part-timer wants to talk to you.
(C) I don't have time at the moment.

해설 인턴에게 당신이 얘기할 건지, 내가 얘기하면 되는지 묻는 질문으로, 자신은 지금 시간이 없다며 우회적으로 당신이 얘기하라고 말한 (C)가 정답이다.

표현 정리 **intern** 인턴; 인턴으로 근무하다 **part-timer** 파트타임[시간제 근무] 직원 **at the moment** 지금

인턴들에게 당신이 얘기할 건가요, 아니면 제가 할까요?

(A) 저는 Wilson Financial에서 인턴으로 근무했어요.
(B) 파트타임 직원 한 사람이 당신과 얘기하고 싶어해요.
(C) 저는 지금 시간이 없네요.   정답 (C)

24. 제안/제공/요청 – 잠깐 쉬자는 제안에 완곡한 거절 표현으로 답변 영W 미M

What about taking a short break in five minutes?

(A) I'd rather keep working.
(B) He's got a broken arm.
(C) It didn't take too long to do.

해설 5분 간 쉬는 게 어떠냐는 제안에 계속 일하는 편이 좋겠다며 완곡하게 거절한 (A)가 정답이다.

표현 정리 **What about ~?** ~하는 게 어때요? **take a break** 휴식을 취하다 **rather** 오히려, 차라리 **broken** 부러진

5분 후에 잠시 쉬는 게 어때요?

(A) 저는 그냥 계속 일할게요.
(B) 그는 팔이 부러졌어요.
(C) 그걸 하는 데 그리 오래 걸리지 않았어요.   정답 (A)

25. 평서문 – 언급된 말에 호응하며 답변 호M 미W

Eagle Airlines is offering discounted tickets.

(A) Let's book our flight with them.
(B) I can't wait to see the concert.
(C) How much did you pay?

해설 Eagle 항공사가 할인 티켓을 제공하고 있다는 말에, 항공편을 거기서 예약하자며 적절하게 응답한 (A)가 정답이다.

표현 정리 **discounted** 할인된 **book** 예약하다

Eagle 항공사가 할인 티켓을 제공하고 있어요.

(A) 우리 항공편을 거기서 예약하죠.
(B) 콘서트 관람이 너무 기다려지네요.
(C) 얼마를 지불하셨어요?   정답 (A)

26. 제안/제공/요청 – 대안을 고려하자는 제안에 완곡하게 수락한 답변 미M 영W

Why don't we consider other alternatives?

(A) I'm willing to listen.
(B) We always alternate.
(C) He considered it.

해설 다른 대안을 고려해 보자는 제안에 기꺼이 듣겠다 즉, 말씀하시라며 완곡하게 수락 의사를 표현한 (A)가 정답이다.

표현 정리 **alternative** 대안 **be willing to** 기꺼이[적극적으로] ~하다 **alternate** 번갈아 나오다

다른 대안을 고려하는 게 어때요?

(A) 기꺼이 들을게요.
(B) 우리는 계속 번갈아 나와요.
(C) 그가 그것을 고려했어요.   정답 (A)

27. 부정 의문문 – 작업이 지금쯤 완료되어야 하지 않냐는 질문에 완료되지 않은 이유를 들어 답변 호M 미M 미M

Shouldn't the work crew be done by now?

(A) They worked all through the morning.
(B) The ship's crew is manning the decks.
(C) I assigned them some additional tasks.

해설 지금쯤이면 작업반이 일을 끝냈어야 하지 않냐는 질문으로, 그들에게 추가 업무를 배정해서 그렇다며 일이 아직 완료되지 않은 이유를 들어 응답한

(C)가 정답이다.

함정 분석 (A)는 work의 동어 반복 함정으로, 질문의 work는 명사로, 응답의 work는 동사로 쓰였고, (B) 질문의 crew를 반복 사용하여 혼동을 준 함정이다.

표현 정리 **work crew** 작업반 **by now** 지금쯤은 이미 **all through** ~동안 내내[줄곧] **man** ~에서 일하다 **deck** 갑판 **assign** 배정하다 **additional** 추가적인 **task** 일, 과제

지금쯤이면 작업반이 완료했어야 하지 않나요?

(A) 그들은 오전에 줄곧 일했어요.
(B) 그 선박 승무원은 갑판에서 일해요.
(C) 제가 그들에게 추가 업무를 배정했거든요.   **정답 (C)**

28. **Which 의문문** – 서식을 제출하지 않는 직원을 묻는 질문에 특정 대상을 지칭하며 답변 [미W] [호M]

Which staff members haven't submitted their forms?

(A) The special benefits form.
(B) Everyone except Lisa and Tom.
(C) In the Sales Department.

해설 어느 직원이 서식을 제출하지 않았는지 묻는 질문으로, 두 명을 제외한 모두(제출하지 않았다)로 응답한 (B)가 정답이다.

함정 분석 (A)는 질문의 form을 반복 사용하여 혼동을 준 함정이며, (C)는 질문의 staff members를 듣고 연상할 수 있는 부서(Sales Department)를 이용한 함정이다.

표현 정리 **submit** 제출하다 **form** 서식 **except** ~을 제외하고 **Sales Department** 영업부

어느 직원들이 서식을 제출하지 않았나요?

(A) 특별 혜택 서식이요.
(B) Lisa와 Tom을 제외한 모두요.
(C) 영업 부서에서요.   **정답 (B)**

29. **How often 의문문** – 절삭기의 고장 빈도를 묻는 질문에 고장 횟수로 답변 [미M] [영W]

How often does the cutting machine break down?

(A) Only once in the past year.
(B) It's an expensive tool.
(C) We're cutting back on expenses.

해설 절삭기가 얼마나 자주 고장 나는지 묻는 질문에 작년에는 한 번뿐이었다며 경험치로 고장 빈도를 말한 (A)가 정답이다.

함정 분석 (B)는 질문의 cutting machine을 듣고 연상할 수 있는 tool을 이용하여 혼동을 준 함정이며, (C)는 cutting의 동어 반복 함정으로, 질문에서는 '자르다'의 의미로, 응답에서는 '삭감하다'의 의미로 쓰였다.

표현 정리 **cutting machine** 절삭기 **break down** 고장 나다 **cut back on** ~을 줄이다

절삭기는 얼마나 자주 고장 나나요?

(A) 작년에는 딱 한 번이요.
(B) 그건 비싼 도구예요.
(C) 우리는 비용을 줄이고 있어요.   **정답 (A)**

30. **평서문** – 언급된 말에 호응하며 답변 [호M] [미W]

You can't go wrong with the curry here.

(A) I'm about ready to order.

(B) I guess I can order that.
(C) What a delicious meal it was.

해설 이곳 카레는 언제나 좋다는 말에 그걸 주문하면 되겠다고 적절하게 응답한 (B)가 정답이다.

함정 분석 (A)와 (C)는 각각 질문의 curry를 듣고 연상할 수 있는 order와 delicious meal을 이용한 함정이다.

표현 정리 **You can't go wrong with** ~은 잘못되는 법이 없다. ~은 항상 괜찮다 **be about ready to** ~할 준비가 다 되다

이곳 카레는 언제나 괜찮아요.

(A) 저는 막 주문할 참이었어요.
(B) 저는 그걸 주문하면 될 것 같아요.
(C) 정말 맛있는 음식이었어요.   **정답 (B)**

31. **제안/제공/요청** – 창문을 열어도 되겠냐는 요청에 대안을 제시하며 답변 [영W] [미M]

Would you mind opening the window?

(A) Nobody minds what he's doing.
(B) Let me just turn on the air conditioner.
(C) No, we're not going to win the game.

해설 창문을 열어도 괜찮겠냐는 요청으로, 그냥 에어컨을 켜겠다며 다른 방법을 제시한 (B)가 정답이다.

함정 분석 (A)는 질문의 mind를 반복 사용하여 혼동을 준 함정이며, (C)는 질문의 window와 유사한 발음의 'win the'를 이용한 함정이다.

표현 정리 **Would you mind ~?** ~해도 될까요? **mind** 신경 쓰다, 상관하다

창문을 열어도 될까요?

(A) 아무도 그가 하는 일을 신경 쓰지 않아요.
(B) 그냥 제가 에어컨을 켤게요.
(C) 아니요, 우리는 그 경기에서 이기지 못할 거예요.   **정답 (B)**

PART 3

문제 32-34번은 다음 대화를 참조하시오. [호M] [미W]

M: **(33) Can you believe how good the paint job the interior designer did is? (32) (33) I was skeptical about the need to close our coffee shop for a day**, but I'm really glad we did it.
W: You can say that again. **(34) But now we have to move the sofas, tables, and chairs back to their original positions.**
M: You and I can do some, but I think we need assistance if we want to finish in time to open tomorrow.
W: Let me call Bill and Eric. They live close by and should be able to come in so long as you pay them for their time.

남: 그 인테리어 디자이너가 했던 페인트칠 작업이 얼마나 잘 됐는지 믿으시겠어요? 하루 동안 커피숍을 닫아야 한다는 점에 회의적이었는데, 그러길 정말 잘했어요.
여: 동감이에요. 하지만 이제 소파와 테이블, 의자를 원래 자리로 옮겨야 하네요.
남: 당신과 제가 좀 할 수 있지만, 내일 개점에 맞춰 끝내길 원한다면

도움이 필요할 것 같네요.

여: 제가 Bill과 Eric에게 전화할게요. 근처에 살고 있고, 일한 시간 만큼 보수를 지불하면 올 수 있을 거예요.

표현 정리 **skeptical** 회의적인, 의심 많은 **You can say that again.** 정말 그래요, 전적으로 동의해요. **assistance** 지원, 도움 **in time** 시간 맞춰 **so long as** ~이기만 하면

32. 근무지/대화 장소 – 특정 장소와 관련된 단어/표현에 집중

해설 남자의 첫 대사에서 페인트 칠 작업을 위해 커피숍(our coffee shop)을 하루 쉬기를 잘했다는 내용으로 보아 커피숍에서 일한다는 것을 알 수 있으므로 (B)가 정답이다.

화자들은 어느 업종에서 일하는가?

(A) 옷 가게
(B) 커피숍
(C) 드라이클리닝 가게
(D) 빵집 　　　　　　　　　　　　　　　　　　정답 (B)

33. 세부 정보 – temporarily, closed를 키워드로 삼아 해당 내용 포착

해설 남자의 첫 대사에서 인테리어 디자이너가 했던 페인트칠 작업이 얼마나 잘 됐는지 믿기냐고 말하며, 커피숍을 하루 문 닫아야 해서 회의적이었는데 그러길 잘했다고 말했으므로 인테리어 작업을 위해 잠시 문을 닫은 것임을 알 수 있다. 따라서 (D)가 정답이다.

패러프레이징 **coffee shop ▶ establishment / close ~ for a day ▶ temporarily closed / the paint job the interior designer did ▶ Work was being done on the interior.**

표현 정리 **establishment** 시설, 기관 **temporarily** 임시로, 일시적으로 **national holiday** 국경일

그 업체는 왜 잠시 문을 닫았는가?

(A) 국경일이었다.
(B) 주인이 휴가를 떠났다.
(C) 직원들이 악천후로 올 수 없었다.
(D) 인테리어 공사가 있었다. 　　　　　　　정답 (D)

34. 세부 정보 – need to do를 키워드로 삼아 해당 표현 포착

해설 여자가 (페인트 작업이 끝났으니 카페 안의) 가구들을 원래 자리로 옮겨놔야 한다고 했으므로 (A)가 정답이다.

패러프레이징 **have to move the sofas, tables, and chairs back to their original positions ▶ Rearrange some furniture**

표현 정리 **rearrange** 재배치하다 **hire** 고용하다

화자들은 무엇을 해야 하는가?

(A) 가구를 재배치한다.
(B) 직원을 더 고용한다.
(C) 상점의 웹사이트를 업데이트한다.
(D) 컨설턴트의 수수료를 지불한다. 　　　　정답 (A)

문제 35-37번은 다음 대화를 참조하시오. 미M 영W

M: Hello, Lucinda. (35) (36) I've got an update on the property search for your new hair salon. I found a perfect place near the Dayton Mall.

W: (36) I specifically requested a property in the downtown area, but the mall is nowhere near that.

M: (37) Why don't you check it out anyway? It's in a brand-new building, but the rent is cheap. There's also plenty of foot traffic since two universities are located nearby.

You might get good business at that location.

W: (37) **All right, I guess I can take a look at it.** I'll be at your office in fifteen minutes, and then we can go together.

남: 안녕하세요, Lucinda. 당신의 새 미용실을 위한 매물 검색에 대해 업데이트해 드릴 게 있어요. Dayton 몰 근처에 더할 나위 없이 좋은 장소를 찾았어요.

여: 제가 특히 시내에 있는 부지를 요청했었는데, 몰은 그 근처 어디에도 없는데요.

남: 아무튼 그곳을 보시는 게 어떠세요? 완전 새 건물 안에 있으면서도, 임대료는 저렴해요. 또 대학이 두 개나 근처에 있어서 도보 인파가 많죠. 그 곳에선 장사가 잘 될 거예요.

여: 좋아요, 한 번 보도록 하죠. 당신 사무실에 15분 안에 갈게요, 같이 가시죠.

표현 정리 **property** 매물, 대지, 부동산 **specifically** 특별히, 구체적으로 **request** 요청하다 **nowhere near that** ~가까이에 없다 **brand-new** 새 제품, 새것의 **rent** 임차료 **foot traffic** 도보 인파, 도보로 이동하는 사람 수 **be located nearby** ~ 근처에 위치하다

35. 화자의 정체 – 남자의 대사에서 특정 직업과 관련된 단어/표현에 집중

해설 처음 남자의 대사에서 여자의 새 미용실을 위한 매물 검색에 대해 업데이트해 드릴 게 있다며, 좋은 매물을 찾았다고 언급하고 있는 것으로 보아 남자의 직업을 부동산 중개인으로 유추할 수 있으므로 (D)가 정답이다.

남자의 직업은 무엇인가?

(A) 실내 장식가
(B) 대학 교수
(C) 가게 주인
(D) 부동산 중개인 　　　　　　　　　　　정답 (D)

36. 이유/방법 – disappointed를 키워드로 삼아 여자의 대사에서 부정적 표현에 집중

해설 여자의 미용실을 위한 완벽한 장소를 Dayton 몰 근처에서 찾았다는 남자의 말에, 여자는 시내에 있는 부지를 요청했는데, 몰은 시내 근처가 아니라며 불만을 드러내고 있으므로 (C)가 정답이다.

표현 정리 **price range** 가격대 **conduct** 수행하다 **inspection** 점검, 조사 **instruction** 지시

여자는 왜 실망했는가?

(A) 무언가 그녀의 가격대 밖에 있다.
(B) 점검을 할 시간이 없다.
(C) 그녀의 요구대로 따르지 않았다.
(D) 물건이 광고된 만큼 좋지 않았다. 　　　정답 (C)

37. 세부 정보 – agree를 키워드로 삼아 여자의 대사에 집중

해설 여자의 요구 조건에 부합하지 않음에도 불구하고, 남자는 매물을 한 번 보는 게 어떠냐고 권했고, 여자가 좋다며 한 번 보겠다고 말했으므로 (A)가 정답이다.

표현 정리 **renegotiate** 재조정하다

여자는 무엇을 하는 데 동의하는가?

(A) 장소를 보는 데
(B) 고객과 얘기하는 데
(C) 가격을 재조정하는 데
(D) 남자를 그의 사무실에서 만나는 데 　　정답 (A)

문제 38-40번은 다음 대화를 참조하시오. 미W 미M

W: You know, (38) **we're offering some special classes for employees to improve their work skills, but only six people have signed up so far.** The deadline for registration is rapidly approaching as well.
M: It's possible that we haven't done a good job of promoting the classes to the employees. (39) **Let's extend the due date and send out a memo** about the classes to every supervisor.
W: Good thinking. (40) **I'll write the memo and include a description of each class.** We'd really like to have at least thirty people signed up for the program.
M: If you send it out before lunch, we might get some new enrollees by the end of the day.

여: 아시다시피, 우리가 직원들이 업무 기량을 개선할 수 있도록 특별 강좌를 제공하고 있는데, 지금까지 단 6명만 신청을 했어요. 등록 마감일도 빠르게 다가오고 있는데 말이죠.
남: 직원들에게 강좌를 잘 홍보하지 못해서 그런 것 같네요. 기한을 연장하고 모든 관리자들에게 그 강좌에 관한 회람을 발송하죠.
여: 좋은 생각이에요. 제가 회람을 작성하고 각 강좌의 설명을 포함시킬게요. 그 프로그램에 적어도 30명이 신청하면 정말 좋겠어요.
남: 점심식사 전에 그걸 발송하시면, 오늘 퇴근시간 때쯤에 새 등록자들이 생길 수도 있겠죠.

표현 정리 improve 개선하다, 향상시키다 work skill 업무 기량 sign up 등록하다, 신청하다 so far 지금까지 rapidly 빠르게 approach 접근하다 as well 또한, 역시 promote 홍보하다 extend 연장하다 due date 기한, 마감일 send out 발송하다 supervisor 관리자, 감독관 description 설명, 서술 at least 적어도, 최소한 enrollee 등록자, 가입자

38. 주제/대상/목적 – 대화의 전반부에 집중
해설 여자가 처음에 직원들의 업무 기량 개선을 위해 특별 강좌를 제공하는데, 지금까지 6명만 신청했다며 화두를 던지고 있으므로 직원들을 위한 교육이 대화의 주된 화제임을 알 수 있다. 따라서 (A)가 정답이다.

패러프레이징 special classes for employees to improve their work skills ▶ A training course for employees

표현 정리 supervisory 감독의, 관리의 a round of 한 차례의

화자들은 주로 무엇을 논하는가?
(A) 직원들을 위한 교육
(B) 관리직
(C) 그들이 참석할 학회
(D) 새로 실시할 홍보　　　　　　　　　　　　　**정답 (A)**

39. 제의/제안/요청 – 남자의 대사에서 제안 표현에 집중
해설 남자의 대사에서 직원 교육 신청이 저조한 이유가 홍보 부족 때문이라며, 기한을 연장하고 모든 관리자들에게 강좌 관련 회람을 발송하자고 (Let's extend the due date and send out a memo) 했으므로 (D)가 정답이다.

표현 정리 waive 면제하다, 포기하다

남자는 무엇을 하자고 제안하는가?
(A) 휴가 가서 얼마간 쉬자고
(B) 행사 등록비를 면제해 주자고
(C) 직원들에게 이메일로 정보를 제공하자고
(D) 더 오래 신청을 받자고　　　　　　　　　**정답 (D)**

40. 다음 할 일 – 대화 후반부 여자의 대사에 집중
해설 기한을 연장하고 회람을 발송하자고 제안한 남자의 말에, 여자가 좋은 생각이라며 회람을 작성하고 각 강좌의 설명을 포함시키겠다고 말했으므로 (B)가 정답이다.

여자는 다음에 무엇을 하겠는가?
(A) 자신의 상사를 만난다
(B) 회람을 작성한다
(C) 점심 식사하러 간다
(D) 보고서를 끝낸다　　　　　　　　　　　　**정답 (B)**

문제 41-43번은 다음 대화를 참조하시오. 영W 호M

W: Hello. My name is Cynthia Mathers. (41) **I'm here to see Clyde Watson.** I'm supposed to be interviewing with him in about twenty minutes.
M: Okay, Ms. Mathers. (42) **I'll call ahead and let Mr. Watson know that you've arrived** so that he can go downstairs to the lobby to meet you.
W: Thank you very much. (43) **By the way, where should I park my vehicle?** I've never been here before, and there are so many parking lots.
M: Take the first left and go straight about fifty meters. You'll see the visitors' parking lot on the left-hand side of the road.

여: 안녕하세요. 저는 Cynthia Mathers라고 합니다. Clyde Watson 씨를 뵈러 왔는데요. 20분쯤 후에 그 분과 면접을 보기로 해서요.
남: 네, Mathers 씨. 제가 Watson 씨에게 미리 전화 드려서 당신이 만나러 로비로 내려가시도록 당신이 왔다고 말씀 드릴게요.
여: 감사합니다. 그런데, 제 차를 어디에 주차해야 하나요? 제가 전에 여기 와본 적이 없는데, 주차장이 너무 많아서요.
남: 우선 왼쪽으로 가셔서 50미터 쯤 직진하세요. 길 왼쪽으로 방문객 주차장이 보일 거예요.

표현 정리 be supposed to ~하기로 되어 있다 by the way 그런데 park 주차하다 parking lot 주차장 left-hand 왼쪽의, 좌측의

41. 세부 정보 – purpose, woman's visit을 키워드로 삼아 전반부 여자의 대사에 집중
해설 처음에 여자가 자기를 소개하며, Clyde Watson 씨를 보러 왔고, 그와 인터뷰하기로 했다고 말했으므로 여자는 이곳에 입사 지원을 하러 왔음을 알 수 있다. 따라서 (B)가 정답이다.

표현 정리 make a purchase 구매하다 apply for 지원하다, 신청하다

여자의 방문 목적은 무엇인가?
(A) 구매를 하려고
(B) 일자리에 지원하려고
(C) 점검을 수행하려고
(D) 강의를 들으려고　　　　　　　　　　　　**정답 (B)**

42. 세부 정보 – 남자의 대사에서 미래 표현에 집중
해설 Clyde Watson 씨와 면접을 보러 왔다는 여자의 말에, 남자가 Watson 씨에게 전화하겠다고 말했으므로 (C)가 정답이다.

패러프레이징 call ▶ Make a telephone call

표현 정리 parking pass 주차권 hand out 나눠주다, 배포하다 submit 제출하다 request 요청(서)

남자는 무엇을 하겠다고 말하는가?
(A) 여자에게 주차권을 주겠다고

(B) 서식을 나눠주겠다고
(C) 전화를 걸겠다고
(D) 여자의 요청서를 제출하겠다고　　　　정답 (C)

43. 세부 정보 – ask를 키워드로 삼아 여자의 대사에 집중

해설　여자가 차를 어디에 주차할 수 있는지 물었으므로 (C)가 정답이다.

패러프레이징 vehicle ▶ car

여자가 남자에게 물어본 것은?

(A) Watson 씨에게 어떻게 연락할 수 있는지
(B) 로비가 어디에 있는지
(C) 차를 어디에 주차할 수 있는지
(D) 시간이 얼마나 남았는지　　　　정답 (C)

문제 44-46번은 다음 대화를 참조하시오. [호M] [미W]

> M: Carol, you submitted a reimbursement form for your recent trip to Toronto this morning, **(45) but you apparently failed to turn in any receipts. (44) (45) Chris in Accounting just called to inform me about that.**
>
> W: I wasn't aware I was supposed to keep my receipts. I might have a couple, but I threw most of them out after returning home.
>
> M: **(46) I know this was your first business trip and you're new here, so you might not be aware of our policies.** But it's imperative that you keep your receipts. Chris will probably reimburse you all of your expenses this time, but he definitely won't do that on any future trips.

> 남: Carol, 당신이 오늘 아침에 최근 토론토 여행의 경비 상환 서식을 제출하셨는데, 보니까 아무런 영수증도 제출하지 않으셨더라고요. 회계부의 Chris가 방금 전화해서 제게 알려줬거든요.
>
> 여: 제가 영수증을 보관해야 했다는 걸 몰랐네요. 두어 개는 가지고 있을 텐데, 집으로 돌아와서 대부분 버렸어요.
>
> 남: 이번이 당신의 첫 출장인 걸로 알고 있고 여기 새로 오셨으니 그 정책을 몰랐을 거예요. 하지만, 영수증은 반드시 보관해야 해요. Chris가 이번에는 아마 비용 전체를 상환해 줄 건데, 앞으로 있을 여행에서는 분명 그렇게 해 주지 않을 거예요.

표현 정리 reimbursement form 변제 서식　apparently 보아 하니　fail to ~하지 못하다　turn in 제출하다　receipt 영수증　inform 알리다　aware 알고 있는　be supposed to ~하기로 되어 있다　throw ~ out ~을 버리다　policy 정책, 방침　imperative 반드시 해야 하는　reimburse 변제하다, 상환하다　definitely 분명히, 틀림없이

44. 세부 정보 – department, Chris, work를 키워드로 삼아 해당 내용에 집중

해설　남자의 첫 번째 대사에서 회계부의 Chris가 방금 전화했다고 했으므로 그가 회계부에서 근무한다는 사실을 알 수 있다. 따라서 (B)가 정답이다.

Chris는 어느 부서에서 일하는가?

(A) 영업
(B) 회계
(C) 마케팅
(D) 인사　　　　정답 (B)

45. 세부 정보 – Chris, missing을 키워드로 삼아 해당 내용에 집중

해설　남자의 첫 번째 대사에서 여자가 제출한 여행 경비 상환 서식을 가리키며 영수증을 하나도 제출하지 않았다고 말했고, 이를 회계부의 Chris가 전화

로 알려줬다고 했으므로 (A)가 정답이다.

Chris는 무엇이 빠져 있었다고 말했는가?

(A) 영수증
(B) 서명
(C) 여행 일정표
(D) 서류　　　　정답 (A)

46. 암시/추론 – 여자에 관하여 말한 남자의 대사에 집중

해설　마지막 남자의 대사에서 여자에게 첫 번째 출장이고, 이 회사에 새로 왔으니 그 정책을 몰랐을 거라고 하므로, 여자가 이 회사에서 근무한 지 오래 되지 않았음을 짐작할 수 있다. 따라서 (A)가 정답이다.

표현 정리 in line for ~할 가능성이 높은　abroad 해외로　regularly 정기적으로

여자에 관하여 남자는 무엇을 암시하는가?

(A) 회사에서 오래 일하지 않았다.
(B) 승진할 가능성이 높다.
(C) 정기적으로 해외여행을 할 것이다.
(D) 그녀의 직책을 위해 교육이 더 필요하다.　　　　정답 (A)

문제 47-49번은 다음 대화를 참조하시오. [영W] [미M]

> W: Hello, Jeff. **(47) Did you happen to take a look at the poster I e-mailed you this morning?**
>
> M: Yes, I did. **(48) We need to make a few changes to it. The background is pretty dark, so it's hard to make out some of the features.**
>
> W: **(48) Okay, I'll lighten the background.** Are there any other changes? I'm supposed to send this to the printer soon.
>
> M: **(49) Take a look at the lettering. There are two spelling mistakes.**
>
> W: How embarrassing. Let me go back to my office and work on it. I'll return it to you within half an hour.

> 여: 안녕하세요, Jeff. 혹시 제가 오늘 아침에 이메일로 보내 드린 포스터를 보셨어요?
>
> 남: 네, 봤어요. 거기서 몇 가지를 수정해야 해요. 배경이 상당히 어두워서 일부 특징들은 알아보기 힘드네요.
>
> 여: 알겠어요. 배경을 밝게 할게요. 그 밖에 또 바꿀 게 있나요? 제가 이걸 곧 인쇄소로 보내야 해서요.
>
> 남: 글자를 보세요. 철자 오류가 두 개나 있어요.
>
> 여: 아 정말 당황스럽네요. 사무실로 다시 가서 작업할게요. 30분 안에 다시 보내 드릴게요.

표현 정리 Do you happen to ~? 혹시 ~하세요?　take a look at ~을 보다　background 배경　make out 알아보다　feature 특징　be supposed to ~하기로 되어 있다, ~해야 한다　lettering 글자　spelling 철자　embarrassing 당혹스러운

47. 주제/대상/목적 – 대화의 전반부에 집중

해설　처음 여자의 대사에서 남자에게 이메일로 보낸 포스터를 봤냐고 물으며 포스터에 관한 내용으로 대화가 전개되고 있으므로 (D)가 정답이다.

화자들이 주로 논의하는 것은?

(A) 책 표지
(B) 팸플릿
(C) 명함
(D) 포스터　　　　정답 (D)

48. 세부 정보 – change를 키워드로 삼아 남자의 대사에 집중

해설 남자가 포스터에서 수정할 게 있다며, 배경이 상당히 어두워서 몇 가지 특징들을 알아보기 힘들다고 했고, 여자가 배경을 밝게 하겠다고 했으므로 남자가 여자에게 바꾸라고 지시한 건 배경 색상임을 알 수 있다. 따라서 (B)가 정답이다.

남자는 여자에게 무엇을 변경하라고 말하는가?

(A) 회사 모토
(B) 색깔
(C) 전화번호
(D) 주소 　　　　　　　　　　　　　　　　 정답 (B)

49. 화자 의도 파악 – 주어진 발화 문장의 앞뒤 맥락을 토대로 유추

해설 앞서 여자가 바꿀 게 또 있냐고 묻자, 남자가 글자를 보며, 철자 오류가 있다고 한 말에, 정말 당황스럽다고 말한 것이므로 (D)가 정답이다.

여자는 왜 "아 정말 당황스럽네요"라고 말하는가?

(A) 가격 붙이는 걸 잊어버렸다.
(B) 날짜를 추가하지 않았다.
(C) 로고를 잘못 사용했다.
(D) 단어 몇 개의 철자를 잘못 썼다. 　　　　 정답 (D)

문제 50~52번은 다음 대화를 참조하시오. 미W 미M

W: Hello. **(50) I saw your advertisement about getting a subscription for half price** when I was surfing the Internet this morning. **(50) (51) I'd love to renew mine for that rate.**
M: **(50) I'm sorry, but this special offer only applies to new customers.**
W: Oh, that's a shame. I was considering letting my subscription lapse since the price is a bit too high for me.
M: Well, **(52) why don't you consider waiting until next month to renew?** We're going to be running a special discount offer then.
W: That sounds great. Thanks a lot for letting me know about that.

여: 안녕하세요. 오늘 아침에 인터넷 검색을 하면서 구독료를 절반가로 하고 있다는 광고를 보았어요. 제 것을 그 요금으로 갱신하고 싶어서요.
남: 죄송합니다만, 이 특가는 신규 고객들에게만 적용이 됩니다.
여: 유감스럽네요. 가격이 제게는 좀 많이 높아서 구독을 끊을까 생각하고 있었거든요.
남: 음, 다음 달 갱신할 때까지 기다려 보시면 어떠세요? 우리가 그때 특별 할인 혜택을 제공할 계획이라서요.
여: 그게 좋겠네요. 알려 주셔서 정말 감사드려요.

표현 정리 **subscription** 구독(료) **surf** 인터넷을 서핑[검색]하다 **renew** 갱신하다 **rate** 요금 **special offer** 특가 **apply** 적용하다 **That's a shame!** 그거 유감이군요. **lapse** 소멸되다

50. 화자 의도 파악 – 주어진 발화 문장의 앞뒤 맥락을 토대로 유추

해설 대화 초반에 여자가 구독료를 절반가로 하고 있다는 광고를 보았다며, 그 요금으로 구독을 연장하고 싶다는 말에, 남자가 미안하며, 이 특가는 신규 고객들에게만 해당된다고 말한 것이므로 이미 해당 서비스의 구독인 여자는 혜택을 받을 수 없다는 의미를 전달한 것이다. 따라서 (B)가 정답이다.

표현 정리 **make a mistake** 실수하다 **available** 이용할 수 있는 **quote** 견적을 내다

남자는 왜 "죄송합니다"라고 말하는가?

(A) 실수를 했다.
(B) 할인 혜택을 이용할 수 없다.
(C) 견적을 잘못 냈다.
(D) 판매용 물건이 남아 있지 않다. 　　　　 정답 (B)

51. 암시/추론 – her subscription을 키워드로 삼아 여자의 대사에 집중

해설 여자의 첫 대사에서 할인가로 자신의 구독을 갱신하고 싶다고 말한 것으로 미루어 여자는 이 서비스의 구독자이며, 구독 기간이 거의 끝나가고 있음을 짐작할 수 있다. 따라서 (C)가 정답이다.

표현 정리 **expire** 만료되다

자신의 구독에 관하여 그녀가 암시한 것은?

(A) 방금 만료되었다.
(B) 그것을 선물로 받았다.
(C) 거의 끝나간다.
(D) 그렇게 많이 이용하지 않는다. 　　　　 정답 (C)

52. 제의/제안/요청 – 남자의 대사에서 제안 표현에 집중

해설 대화 후반에 남자가 다음 달 갱신할 때까지 기다려 보면 어떻겠냐며, 그때 할인 혜택을 제공할 계획이라고 말했으므로 (A)가 정답이다.

패러프레이징 **waiting until next month to renew ▶ Renew her subscription at a later time**

표현 정리 **renew** 갱신하다 **subscription** 구독 **material** 자료 **newsstand** 신문 가판대

남자는 여자에게 무엇을 하라고 제안하는가?

(A) 구독을 나중에 갱신하라고
(B) 잡지를 도서관에서 보라고
(C) 신문 가판대에서 자료를 구매하라고
(D) 할인을 받기 위해 특별 코드를 이용하라고 　 정답 (A)

문제 53~55번은 다음의 3자 대화를 참조하시오. 미M 미W 호M

M1: **(53) Welcome to the Goodman Furniture Store. How may I help you?**
W: Good afternoon. **(54) I dropped off my antique dining table here last week to have it refinished.** I wonder if the work is done yet.
M1: I believe **(53) David was working on it.** David, how's everything going?
M2: **(53) I finished up about one hour ago, Ms. White.** I believe you'll love its new appearance.
W: Thank you. I'm really looking forward to having it back in my house again.
M1: You know, **(55) if you're satisfied with the work we do, please be sure to let your friends know. We get lots of work from referrals.**
W: I'll do that.

남1: Goodman 가구점에 오신 것을 환영합니다. 어떻게 도와드릴까요?
여: 안녕하세요. 제 골동품 식탁 표면을 다시 손질하려고 지난주에 이곳에 맡기고 갔거든요. 작업이 완료되었는지 궁금해서요.
남1: David가 그 일을 하고 있었을 거예요. David, 어떻게 돼가요?
남2: 한 시간 전쯤 완료했어요, White 씨. 새로운 모습이 아주 마음에 드실 거예요.

여: 감사합니다. 그걸 다시 집에 들여 놓기를 무척이나 고대하고 있거든요.

남1: 저희가 한 일에 만족하시면, 고객님 친구 분들께도 꼭 알려 주세요. 저희는 소개를 통해서 일감을 많이 받거든요.

여: 그러죠.

표현 정리 **drop off** 맡기다 **antique** 골동품(인) **dining table** 식탁 **refinish** (가구 등의) 표면을 다시 끝손질하다 **wonder** 궁금해하다 **appearance** 겉모습, 외관 **look forward to** ~을 고대하다 **referral** 소개

53. 근무지/대화 장소 – 특정 장소와 관련된 단어/표현에 집중

해설 대화 초반에 남자1이 여자에게 Goodman 가구점 방문을 환영한다고 말한 것과, 대화 중반에 남자1이 남자2에게 작업 진행 상황을 묻는 표현을 토대로 두 남자가 가구점에서 일한다는 사실을 알 수 있다. 따라서 (B)가 정답이다.

남자들은 어디서 일하는가?

(A) 전자제품점
(B) 가구점
(C) 병원
(D) 옷 가게 정답 (B)

54. 이유/방법 – visit, store를 키워드로 삼아 여자의 대사에 집중

해설 여자가 골동품 식탁 표면을 다시 손질하려고 지난주에 이 가구점에 맡기고 갔는데, 작업이 완료되었는지 궁금하다고 했으므로 (D)가 정답이다.

패러프레이징 **antique dining table ▶ an item**

표현 정리 **ask for** 요청하다 **refund** 환불(금) **estimate** 견적(서) **check up on** ~을 확인하다

여자는 왜 상점을 방문했는가?

(A) 환불을 요청하려고
(B) 구매에 대해 불평하려고
(C) 견적을 받으려고
(D) 물건을 확인하려고 정답 (D)

55. 제의/제안/요청 – 남자의 대사에서 요청 표현에 집중

해설 대화 후반부에 남자1이 여자에게 작업에 만족하면, 친구들에게도 꼭 알려 달라며, 자신들은 소개를 받아서 일감을 많이 받는다고 말했으므로 (B)가 정답이다.

패러프레이징 **let your friends know ▶ tell her friends**

표현 정리 **in advance** 미리, 사전에

여자는 무엇을 하도록 요구 받았나?

(A) 다음 날 상점으로 돌아오라고
(B) 사업체에 대해 친구들에게 얘기하라고
(C) 온라인 추천을 남기라고
(D) 미리 요금을 지불하라고 정답 (B)

문제 56-58번은 다음 대화를 참조하시오. 미W 호M

W: (56) Mr. Dillon, a new home just came on the market, and I'm positive it would be perfect for you.
M: Is it located in the Spring Lake neighborhood? (57) My wife insists on living there because of the elementary and middle schools.
W: Yes, it's there. It's also got four bedrooms and three bathrooms as well as a spacious backyard with a pool.
M: It sounds perfect. How much is the owner asking for?
W: The price is $165,000, so I think it won't be on the

---

market for long. (58) **How about viewing the property this afternoon at four?**
M: I can do that. I'll bring my wife so that we can view it together.

여: Dillon 씨, 새 집이 방금 시장에 나왔어요. 고객님 마음에 쏙 들 거라고 확신해요.

남: Spring Lake 인근에 있나요? 제 아내가 초등학교와 중학교 때문에 그곳에서 사는 걸 고집해서요.

여: 네, 거기 맞아요. 그 집은 또 방이 네 개, 화장실이 세 개이고, 수영장이 딸린 널찍한 뒷마당이 있어요.

남: 완벽해 보이네요. 주인은 얼마를 요구하고 있어요?

여: 가격이 165,000달러예요. 그래서 시장에 오래 있진 않을 거예요. 오늘 오후 네 시에 집을 보시는 게 어떠세요?

M: 가능합니다. 아내와 같이 보게 그녀를 데려갈게요.

표현 정리 **positive** 확신하는 **insist on** ~을 고집하다 **spacious** 널찍한 **backyard** 뒷마당, 뒤뜰 **view** (세심히 살피며) 보다 **property** 건물, 부동산

56. 화자의 정체 – 여자의 대사 중 특정 직업과 관련된 단어/표현에 집중

해설 처음 여자의 대사에서 새 집이 방금 시장에 나왔다며, 남자의 마음에 쏙 들 거라 확신한다고 했으므로 여자는 집을 거래하는 부동산 중개인으로 유추할 수 있다. 따라서 (C)가 정답이다.

여자는 누구이겠는가?

(A) 학교 선생님
(B) 실내 디자이너
(C) 부동산 중개인
(D) 슈퍼마켓 주인 정답 (C)

57. 암시/추론 – 남자의 대사에 집중

해설 대화 초반에 마음에 들어할 만한 집이 나왔다는 여자의 말에 남자가 Spring Lake 인근에 있냐며, 초등학교와 중학교 때문에 남자의 아내가 그곳에 살기를 고집한다고 한 것으로 보아, 남자에게 아이들이 있음을 알 수 있다. 따라서 (A)가 정답이다.

표현 정리 **outdoor activities** 야외 활동 **employ** 고용하다

남자에 관하여 알 수 있는 것은?

(A) 아이들이 있다.
(B) 야외 활동을 즐긴다.
(C) 최근에 직업을 바꿨다.
(D) 학교에서 근무한다. 정답 (A)

58. 화자 의도 파악 – 주어진 발화 문장의 앞뒤 맥락을 토대로 유추

해설 대화 후반에 여자가 오후 4시에 집을 보시는 게 어떠냐고 하자, 남자가 가능하다며, 아내를 데려가겠다고 말했으므로 그 시간에 여자를 만날 수 있음을 나타낸 것이다. 따라서 (D)가 정답이다.

표현 정리 **be willing to** 기꺼이 ~하다 **sign a contract** 계약을 맺다

남자가 "가능합니다"라고 말할 때, 그가 의미하는 것은?

(A) 이메일을 곧 확인할 것이다.
(B) 기꺼이 가격을 지불할 것이다.
(C) 계약을 할 수 있다.
(D) 여자를 만날 시간이 있다. 정답 (D)

제 59-61번은 다음 대화를 참조하시오. 영W 미M

W: (59) **Our market share has decreased by more than five percent in the past three months.** We need to do something to turn things around.

M: (60) **How about hiring a marketing firm?** It might be time to start advertising our products.

W: I suppose that might work. But Mr. Jenkins will have to approve the extra expenditure.

M: (60) **Why don't I call someone I know at Hooper Marketing?** (61) **I could have him send someone over here to make a presentation about what his company can do for us.**

W: (61) **How soon do you think someone from Hooper could be here?**

M: (61) **I'll have to confirm it with my friend but probably by the end of the week.**

여: 우리의 시장 점유율이 지난 3개월 동안 5퍼센트 이상 감소했어요. 상황을 호전시키기 위해 무언가를 해야 해요.

남: 마케팅 업체를 고용하는 건 어떨까요? 제품 광고를 시작할 시점이 된 것 같은데요.

여: 그게 효과가 있을 것 같네요. 하지만 Jenkins 씨가 추가 비용을 승인해 줘야 할 거예요.

남: Hooper 마케팅의 제가 아는 분께 전화해 볼까요? 그쪽 업체가 사람을 보내서 우리에게 무엇을 해줄 수 있는지에 대한 프레젠테이션을 하도록 할까 봐요.

여: Hooper 사람이 이곳에 얼마나 빨리 올 수 있을까요?

남: 제 친구와 확인해 봐야겠지만 이번 주 말쯤이 될 거예요.

표현 정리 market share 시장 점유율 decrease 감소하다 turn ~ around ~을 호전시키다, ~이 호전되다 approve 승인하다 extra 추가의 expenditure 비용, 경비 send ~ over ~를 …로 파견하다 make a presentation 발표하다 confirm 확인해 주다, 확정하다

59. 문제점/걱정 거리 – 대화 전반부의 부정적 표현에 집중

해설 대화 초반에 여자가 회사의 시장 점유율이 지난 3개월 동안 5퍼센트 이상 감소했다고 말했으므로 판매 부진, 즉 이전보다 물건 판매가 줄어든 사실을 문제로 지적하고 있다. 따라서 (B)가 정답이다.

패러프레이징 our market share has decreased ▶ A company is selling fewer items.

표현 정리 resign 사직하다

무엇이 문제인가?

(A) 몇몇 직원들이 퇴사했다.
(B) 회사 물건이 덜 팔리고 있다.
(C) 신제품에 문제가 있다.
(D) 회사가 작년에 손실을 봤다.　　　　　　　정답 (B)

60. 제의/제안/요청 – 남자의 대사에서 제안 표현에 집중

해설 시장 점유율이 감소했다는 여자의 말에 남자가 마케팅 업체를 고용하는 게 어떠냐며, Hooper 마케팅에 있는 아는 사람에게 전화해 보겠다고 제안했으므로 (C)가 정답이다.

패러프레이징 call ▶ contact

표현 정리 place an advertisement 광고를 내다

남자는 무엇을 하겠다고 제안하는가?

(A) 일을 끝내기 위해 늦게까지 머물겠다고
(B) 온라인 광고를 내겠다고
(C) 마케팅 업체에 연락하겠다고
(D) 고객과의 약속을 취소하겠다고　　　　　정답 (C)

61. 세부 정보 – by the end of the week를 키워드로 삼아 남자의 대사에 집중

해설 남자가 아는 마케팅 업체에 연락을 해보겠다며, 누가 와서 프리젠테이션을 하도록 해야겠다고 말했고, 여자가 언제쯤 올 수 있겠냐고 묻자, 확인해 봐야겠지만 이번 주 말이 될 거라고 한 것이므로 (D)가 정답이다.

표현 정리 make a payment 납부하다 inspect 점검하다 give a presentation 발표하다

남자는 이번 주 말에 무슨 일이 있을 수도 있다고 말하는가?

(A) 고객을 방문할 수 있다.
(B) 대금을 납부할 수 있다.
(C) 공장을 점검할 수 있다.
(D) 발표가 있을 수 있다.　　　　　　　　　정답 (D)

문제 62–64번은 다음의 3자 대화를 참조하시오. ⓜM ⓔW ⓗM

M1: Hello. (62) **We'd like two single rooms, please.**

W: (62) **I'm sorry, sir, but we're completely booked for the entire week.** Unless you already have a reservation, I'm afraid I can't help you.

M1: That's too bad. (63) **We're here in Melbourne for the robotics convention** and will be staying for five days.

M2: I guess we'll have to go somewhere else, Greg. (64) **I think I saw a sign for a place a block away.**

W: (64) **You're welcome to leave your bags here if you'd like to run down there to see if it has any vacancies.**

M1: (64) **Better yet, could you give us the phone number, please?** I'd rather call and see if anything is available.

M2: Good thinking.

남1: 안녕하세요. 1인 실 두 개 부탁합니다.

여: 죄송합니다만, 선생님, 이번 주는 예약이 모두 완료됐어요. 예약을 미리 하지 않으셨으면, 도와드리기 힘들 것 같습니다.

남1: 안타깝네요. 로봇 공학 대회를 위해 저희가 여기 Melbourne에 와 있는데, 5일 동안 머물 거래요.

남2: Greg, 우리가 다른 곳으로 가야 할 것 같은데요. 한 블록 떨어진 곳에서 간판을 본 것 같아요.

여: 그곳에 빈 방이 있는지 보러 다녀 오실 거면 이곳에 가방을 맡겨 두셔도 좋습니다.

남1: 더 좋은 생각이 있는데, 저희에게 그곳 전화번호를 알려 주시겠어요? 전화해서 이용 가능한 게 있는지 알아보는 게 낫겠어요.

남2: 생각 잘했어요.

표현 정리 single room 1인실 book 예약하다 unless 만약 ~하지 않으면 robotics 로봇 공학 vacancy 빈 방 available 이용 가능한

62. 근무지/대화 장소 – 특정 장소와 관련된 단어/표현에 집중

해설 남자1이 1인실(single rooms) 두 개를 달라고 하자, 여자가 이번 주 예약이 모두 완료되었다(we're completely booked for the entire week)고 한 내용을 토대로 현재 호텔에서 대화가 이루어지고 있음을 알 수 있다. 따라서 (C)가 정답이다.

대화는 어디서 일어나는가?

(A) 식당
(B) 관공서
(C) 호텔
(D) 안내소　　　　　　　　　　　　　　　　정답 (C)

TEST 03

63. 이유/방법 – visiting, Melbourne을 키워드로 삼아 남자들의 대사에 집중

해설 남자1이 로봇 공학 대회를 위해 Melbourne에 와 있다고 말했으므로 (A)가 정답이다.

패러프레이징 the robotics convention ▶ a professional event

남자들은 왜 Melbourne을 방문하는가?

(A) 전문가 행사에 참석하려고
(B) 회의를 하려고
(C) 휴가를 보내려고
(D) 연설을 하려고 　　　　　　　　　　　　　　정답 (A)

64. 이유/방법 – want to call an establishment를 키워드로 삼아 남자들의 대사에 집중

해설 대화 중후반에 걸쳐 남자2가 방이 없으니 다른 곳으로 가 봐야겠다며 한 블록 떨어진 곳에서 (호텔) 간판을 본 것 같다고 했고, 여자가 그곳에 빈 방이 있는지(if it has any vacancies) 확인하러 갈 거면 가방을 잠시 두고 가도 된다고 하자, 남자1이 그럴 거 없이 전화번호를 알려 줄 수 있으면 전화해서 알아보는 게 좋겠다고 한 것이므로 (D)가 정답이다.

패러프레이징 vacancies ▶ rooms

표현 정리 establishment 기관, 시설 determine 알아내다, 밝히다

두 남자들은 왜 어떤 시설에 전화하기를 원하는가?

(A) 그곳이 언제 문을 닫는지 알아보려고
(B) 그곳의 가격을 알아보려고
(C) 그곳의 위치를 알아보려고
(D) 그곳에 방이 있는지 물어보려고 　　　　　　　정답 (D)

문제 65–67번은 다음 대화와 일정표를 참조하시오. 호M 영W

> M: Well, I was really impressed with that candidate. What did you think of him?
> W: Steve is clearly qualified for the position. **(65) I like the fact that he has some experience dealing with clients in foreign countries as well.**
> M: That will definitely come in handy if we decide to hire him.
> W: I agree. Oh, Allen, **(66) I'm not able to attend the final interview of the day.** I've got to pick up some clients at the train station. Can you handle it by yourself?
> M: **(67) I'll ask Brian if he minds sitting in with me.** It would be helpful to hear what another person thinks.
>
> ----
>
> 남: 음, 저는 그 지원자에게 아주 깊은 인상을 받았어요. 당신은 그를 어떻게 생각하세요?
> 여: Steve는 분명 그 자리에 적합한 사람이에요. 외국에서 고객을 응대한 경험이 있다는 사실도 마음에 들고요.
> 남: 그를 고용하기로 결정하면 분명 도움이 될 거예요.
> 여: 동의해요. 아, Allen. 제가 그날 마지막 면접에 참석할 수가 없어요. 기차역으로 고객들을 모시러 가야 해서요. 당신 혼자 할 수 있겠어요?
> 남: Brian에게 저와 함께 참석해도 괜찮을지 물어볼게요. 다른 사람이 어떻게 생각하는지 들어보는 것도 도움이 될 거예요.

5월 28일 면접 일정표

시간	지원자
오전 10시	Steve Lawrence
오전 11시	Florence Kettler
오후 1시	Alicia Russell
오후 2시	Benedict Davis

표현 정리 impressed 인상 깊게 생각하는 candidate 지원자, 후보자 qualified 자격이 있는 fact 사실 deal with 다루다, 처리하다 as well 또한, 역시 definitely 분명히, 틀림없이 come in handy 도움이 되다, 쓸모가 있다 handle 다루다, 처리하다

65. 암시/추론 – the job을 키워드로 삼아 해당 내용에 집중

해설 대화 초반에 남자가 어떤 지원자를 아주 인상 깊게 봤다고 했고, 여자도 그 지원자가 그 직책에 아주 적합해 보인다며, 외국에서 고객들을 다뤄본 경험이 마음에 든다고 했으므로 해당 직책이 해외 고객들을 응대하는 일과 관련되어 있음을 짐작할 수 있다. 따라서 (B)가 정답이다.

그 일자리에 관하여 알 수 있는 것은?

(A) 새로 만들어진 자리이다.
(B) 국제 고객들을 응대하는 것이 필수 요건이다.
(C) 이사급 자리이다.
(D) 되도록 빨리 충원되어야만 한다. 　　　　　　정답 (B)

66. 시각 정보 연계 – Which candidate, unable to interview를 키워드로 삼아 그래픽을 보며 여자의 대사에 집중

해설 대화 중반에 여자가 그날 마지막 인터뷰에 참석할 수 없다고 했는데, 그래픽 상에서 마지막 인터뷰는 오후 2시이며, 지원자 이름이 Benedict Davis이므로 (D)가 정답이다.

그래픽을 보시오. 여자는 어느 지원자의 면접에 들어갈 수 없는가?

(A) Steve Lawrence
(B) Florence Kettler
(C) Alicia Russell
(D) Benedict Davis 　　　　　　　　　　　　　정답 (D)

67. 이유/방법 – Brian's assistance를 키워드로 삼아 남자의 대사에 집중

해설 마지막 남자의 대사에서 Brian에게 함께 참석해도 괜찮을지 물어본다며, 다른 사람이 어떻게 생각하는지 들어보는 것도 도움이 될 거라고 말했으므로 (C)가 정답이다.

패러프레이징 to hear what another person thinks ▶ To receive some advice

표현 정리 process 처리하다 form 서식 complete 작성하다 application 지원(서)

남자는 왜 Brian의 도움을 원하는가?

(A) 서식들을 처리하려고
(B) 지원서를 작성하려고
(C) 조언을 받으려고
(D) 면접 진행 요령을 얻으려고 　　　　　　　　정답 (C)

문제 68–70번은 다음 대화와 메뉴를 참조하시오. 미M 영W

> M: Sue, **(68) I just got word from our supplier that we won't be getting any salmon this week.** Apparently, it's becoming harder to acquire these days.
> W: Okay, **(68) (69) I'll come up with a new special of the day.** I'll change our Web site as soon as I do that.
> M: **(69) Check with me first** because I want to make sure I can get the ingredients for whatever you decide to prepare.
> W: Okay. By the way, **(70) I'm really impressed with David.** He works hard and has made the kitchen more efficient.
> M: I'm glad you enjoy working with him. **(70) I had a feeling he'd do well when I brought him on last week.**

남: Sue, 제가 방금 공급업체로부터 들었는데, 우리가 이번 주에 연어를 구하지 못할 거라네요. 듣자 하니, 요즘 들어 그걸 구하기가 더 힘들어 지는군요.
여: 알겠어요. 그 날의 새로운 특별 메뉴를 생각해 봐야겠네요. 그걸 하는 대로 웹사이트에 반영할게요.
남: 당신이 무엇을 준비하기로 하든지 그 재료를 구할 수 있도록 확실히 하고 싶으니, 저랑 먼저 확인해 주세요.
여: 알겠어요. 그런데, David에게 정말 감동 받았어요. 그는 열심히 일하고, 주방을 더 효율적으로 만들었어요.
남: 그와 일하는 게 즐겁다니 기쁘네요. 지난주에 그를 데리고 왔을 때 그가 잘 할 거라는 생각이 들었어요.

금주의 특별 메뉴

요일	특별 메뉴
월요일	씨푸드 라자냐
화요일	램찹
수요일	비프 스튜
목요일	연어 구이
금요일	폭찹

표현 정리 supplier 공급업체 salmon 연어 apparently 듣자 하니, 보아 하니 acquire 얻다 come up with ~을 생각해내다 special 특별 메뉴, 특별 상품 ingredient 재료 impressed 감명 받다 efficient 효율적인

68. 시각 정보 연계 – which day, the special, changed를 키워드로 삼아 그래픽을 보며 단서 포착
해설 대화 초반에 남자가 이번 주에 연어를 구하지 못할 거라고 하자, 여자가 그 날의 새 특별 메뉴를 생각해 봐야겠다고 말했고, 그래픽 상에서 특별 메뉴로 연어가 제공되는 날은 목요일로, 이날 메뉴 변경이 필요한 것이므로 (C)가 정답이다.
그래픽을 보시오. 어느 요일의 특별 메뉴가 변경될 것인가?
(A) 월요일
(B) 수요일
(C) 목요일
(D) 금요일
정답 (C)

69. 세부 정보 – 남자의 대사에 집중
해설 여자가 연어 스페셜 메뉴를 다른 것으로 바꿔야겠다고 하며, 결정하는 대로 웹사이트 상에 바꿔 놓겠다고 하자, 남자가 재료 준비가 가능하도록 먼저 자신에게 확인해 달라고 했으므로 (A)가 정답이다.
패러프레이징 Check with me first ▶ Get approval from him
남자는 여자에게 무엇을 하라고 말하는가?
(A) 자신의 승인을 받으라고
(B) 고객들에게 제공하라고
(C) 디저트 메뉴를 바꾸라고
(D) 재료를 더 주문하라고
정답 (A)

70. 암시/추론 – David를 키워드로 삼아 해당 내용에 집중
해설 대화 후반에 여자가 David를 언급하며, 그에게 깊은 인상을 받았다고 하자, 남자가 지난주에 그를 데려왔을 때 잘 할 거라는 생각이 들었다고 했으므로 David는 고용된 지 얼마 안 된 직원임을 알 수 있다. 따라서 (A)가 정답이다.
패러프레이징 last week ▶ recently
표현 정리 time off 휴가, 휴식
David에 관하여 알 수 있는 것은?

(A) 최근에 고용되었다.
(B) 수석 요리사이다.
(C) 오늘 근무하지 않을 것이다.
(D) 휴가를 신청했다.
정답 (A)

PART 4

문제 71-73번은 다음 광고를 참조하시오. 호M

For twenty-five years, Patterson's has been serving the automobile repair needs of the residents of Richmond. We have five full-time mechanics ready to fix any problems your vehicles may have. **(71) This month, in honor of our twenty-fifth anniversary, we're having a special event. (72) All tune-ups are available at half price, and we're also selling vehicle accessories at discounts of between twenty and forty percent. (73) We're also pleased to announce that we are now open twenty-four hours a day,** so anytime you experience problems with your vehicle, come to 76 Walton Avenue, and let us take care of it for you.

25년 동안, Patterson's는 Richmond 주민들의 자동차 수리 요구를 충족시켜 왔습니다. 저희는 여러분의 차량에 발생할 수 있는 어떠한 문제들이라도 수리할 준비가 되어 있는 다섯 명의 정규직 정비공을 보유하고 있습니다. 이번 달에 25주년을 기념하여, 저희가 특별 행사를 진행하고 있습니다. 모든 엔진 정비를 반값에 이용하실 수 있고, 차량 액세서리는 20에서 40퍼센트를 할인하여 판매하고 있습니다. 또한 저희가 이제 하루 24시간 영업하게 된 것을 알려드리게 되어 기쁩니다. 그러니 언제 고객님의 차량에 문제가 생기든지 Walton 76번 대로로 오셔서 점검을 받으시기 바랍니다.

표현 정리 serve 기여하다, ~의 요구를 충족시키다 resident 주민 full-time 정규직의, 상근직의 mechanic 정비공 in honor of ~을 기념하여 tune-up (엔진의) 정비 accessory 액세서리, 부속품 experience 겪다, 경험하다 take care of ~을 돌보다; ~을 다루다

71. 이유/방법 – store, sale을 키워드로 삼아 해당 내용에 집중
해설 담화 초중반에 걸쳐 이 상점이 이번 달, 25주년을 기념하여 특별 행사를 한다면서 각 서비스의 할인가를 언급하고 있으므로 기념일을 축하하기 위해 세일을 하고 있음을 알 수 있다. 따라서 (C)가 정답이다.
표현 정리 commemorate 기념하다 grand opening 개장, 개점 get rid of ~을 처리하다, ~을 제거하다 overstocked 공급 과잉의, 재고가 넘치는 celebrate 축하하다 anniversary 기념일 encourage 장려하다
상점은 왜 세일을 하고 있는가?
(A) 개장을 기념하기 위해
(B) 넘치는 재고를 처리하기 위해
(C) 기념일을 축하하기 위해
(D) 고객들의 회원 가입을 장려하기 위해
정답 (C)

72. 세부 정보 – save, tune-up을 키워드로 삼아 해당 내용 포착
해설 담화 중반에 모든 엔진 정비(tune-ups)가 절반 가격으로 이용 가능하다고 했으므로 (D)가 정답이다.
패러프레이징 half price ▶ 50%
고객들은 엔진 정비에 얼마나 절약할 수 있는가?

(A) 20퍼센트
(B) 25퍼센트
(C) 40퍼센트
(D) 50퍼센트   정답 (D)

73. 세부 정보 – change를 키워드로 삼아 해당 내용에 집중

해설 담화 후반부에 이제 하루 24시간 영업을 알리게 되어 기쁘다고 말했으므로 (A)가 정답이다.

표현 정리 extend 연장하다 hire 고용하다

화자는 어떤 변화를 언급하는가?

(A) 상점의 운영 시간이 연장되었다.
(B) 상점이 새로운 곳에 문을 열 것이다.
(C) 상점이 더 많은 직원들을 고용했다.
(D) 상점의 규모가 커졌다.   정답 (A)

문제 74-76번은 다음 전화 메시지를 참조하시오. 미M

Hello, Ms. West. This is Jim Hampton from the management office. **(74) I'd like to remind you that your lease with us is set to expire approximately six weeks from now. If you intend to renew it, please be sure to let us know within the next two weeks.** Otherwise, we'll assume you aren't interested in returning, so we'll start advertising for a new tenant to replace you. **(75) In case you plan to renew, your monthly rent will be the same that you are currently paying.** You'll be required to sign a standard two-year lease once again. **(76) Please call me back or visit me in my office as soon as you can.**

안녕하세요, West 씨. 저는 관리 사무소의 Jim Hampton입니다. 당신의 임대차 계약이 앞으로 약 6주 후에 만료될 예정임을 상기시켜 드리려고요. 계약을 갱신할 계획이시라면, 앞으로 2주 이내에 저희에게 꼭 알려 주세요. 그렇지 않으면, 당신이 다시 임차하는 데 관심이 없다고 가정하고, 당신을 대신할 새로운 세입자를 구하는 광고를 시작할 것입니다. 갱신하실 경우, 월세는 현재 지불하고 계신 금액과 같을 겁니다. 2년 표준 임대차 계약서에 다시 한 번 사인하셔야 할 것이고요. 되도록 빠른 시일 내에 제게 회신 전화를 주시거나 방문해 주세요.

표현 정리 management office 관리 사무소 remind 상기시키다 lease 임대차 계약 be set to ~할 예정이다 expire 만료되다 approximately 대략 renew 갱신하다 otherwise 그렇지 않으면 assume 가정하다, 추정하다 return 다시 (~을) 하다 tenant 세입자 monthly rent 월세

74. 주제/대상/목적 – 담화 전반부에서 전화 건 목적 포착

해설 담화 초반에 임대차 계약의 만료 시점이 다가오고 있음을 상기시키며, 갱신할 계획이라면 2주 이내에 알려 달라고 했고, 그렇지 않으면 다른 세입자를 찾겠다고도 말했으므로 West 씨가 계약을 갱신할 것인지 확인하기 위해 전화했음을 알 수 있다. 따라서 (B)가 정답이다.

표현 정리 overdue 연체된, 기한이 지난 determine 알아내다, 밝히다 at once 즉시 지체 없이

화자는 왜 West 씨에게 전화했는가?

(A) 그녀에게 연체된 지불금에 관해 상기시키려고
(B) 계약 갱신에 대한 그녀의 관심을 알아내려고
(C) 그녀가 무슨 문제라도 있는지 물어보려고
(D) 건물을 즉시 떠나야 한다는 암시를 주려고   정답 (B)

75. 세부 정보 – monthly rent를 키워드로 삼아 해당 내용에 집중

해설 담화 중반에 계약을 갱신할 경우, 월세(monthly rent)는 현재 지불하는 금액과 같을 거라고 했으므로 (C)가 정답이다.

패러프레이징 will be the same that you are currently paying ▶ will not change

표현 정리 on time 시간을 어기지 않고

West 씨의 월세에 관하여 화자가 말한 것은?

(A) 인상될 것이다.
(B) 제 때 지불되어야 한다.
(C) 바뀌지 않을 것이다.
(D) 내릴 것이다.   정답 (C)

76. 제의/제안/요청 – 담화 후반부에서 요청 표현에 집중

해설 담화 마지막에 (계약 갱신 여부에 대해) 되도록 빨리 회신 전화를 하거나 방문하라고 말했으므로 (C)가 정답이다.

패러프레이징 call me back or visit me ▶ Get in touch with him

표현 정리 sign a contract 계약을 맺다 get in touch with ~와 연락을 취하다 complete 작성하다

화자는 West 씨에게 무엇을 요청하는가?

(A) 그에게 이메일을 보낼 것을
(B) 계약서에 서명할 것을
(C) 그에게 연락할 것을
(D) 설문을 작성할 것을   정답 (C)

문제 77-79번은 다음 담화를 참조하시오. 영W

Good morning, everyone. **(77) I'd like to express my appreciation for your assistance with this morning's road race. We had the largest number of runners ever, and the race went smoothly thanks to your voluntary efforts.** Now that the race has concluded, we need to make sure the entire course and the area around it are clean. **(78) I'd like you to divide into groups of four individuals each.** Each group should head to a specific area to clean it up. I anticipate this should take about an hour to accomplish. **(79) When you're finished, come back here, please. We're having a special lunch for you.** It's being provided by Wilson's Catering, so I'm sure you're going to love it.

안녕하세요, 여러분. 오늘 아침 도로 경주에 주신 여러분의 도움에 감사를 표하고 싶습니다. 역대 가장 많은 수의 주자들이 참석했고, 여러분의 자발적인 노력 덕분에 경주는 순조롭게 진행되었습니다. 이제 경주가 끝났기 때문에, 우리는 코스 전체와 주변 지역을 청소해야 합니다. 여러분이 각각 네 명씩 그룹을 지어 나뉘었으면 합니다. 각 그룹은 지정 구역으로 가서서 청소해야 합니다. 저는 이 일을 완수하는 데 한 시간 정도 소요될 것으로 예상합니다. 일을 마치면, 이곳으로 돌아와 주시기 바랍니다. 여러분을 위한 특별 점심 식사가 있을 예정입니다. Wilson's Catering이 제공할 예정이므로 분명 좋아하실 겁니다.

표현 정리 express one's appreciation 감사를 표하다 assistance 지원, 도움 go smoothly 순조롭게 진행되다 thanks to ~ 덕분에 voluntary 자발적인 now that ~이므로, ~이기 때문에 conclude 끝나다, 마치다 entire 전체의 divide 구분하다, 나누다

77. 청자의 정체 – 담화 전반부에서 특정 신분과 관련된 단어/표현 포착

해설 담화 초반에 청자들에게 감사를 표하며, 청자들의 자발적인 노력 덕분

에 경주가 순조롭게 진행되었다고 말한 것으로 미루어 자원봉사자들을 대상으로 한 담화임을 알 수 있다. 따라서 (B)가 정답이다.

청자들은 누구겠는가?

(A) 주자들
(B) 자원봉사자들
(C) 경주 주최자들
(D) 팬들

정답 (B)

78. 세부 정보 – 담화 중반부에서 요청/제안 등의 표현에 집중

해설 담화 중반에 네 명씩 그룹을 지어 나뉘었으면 한다고 말했으므로 (A)가 정답이다.

패러프레이징 divide into groups of four individuals each ▶ Form small groups

표현 정리 form 구성하다. 형성하다 register for ~에 등록하다 get ready to ~할 준비를 하다

화자는 청자들에게 무엇을 하라고 말하는가?

(A) 작은 그룹을 구성하라고
(B) 행사에 등록하라고
(C) 관리자와 얘기하라고
(D) 달릴 준비를 하라고

정답 (A)

79. 세부 정보 – after returning to를 키워드로 삼아 해당 내용에 집중

해설 담화 후반에 (청소가) 끝나면, 이곳으로 다시 돌아와 달라고 하면서, 특별 점심식사를 함께할 거라고 했으므로 (D)가 정답이다.

패러프레이징 having a special lunch for you ▶ Have a meal together

청자들은 화자에게 돌아온 후에 무엇을 할 것인가?

(A) 주최자들을 돕는다
(B) 그들이 달성한 일들에 대해 얘기한다
(C) 돈을 받는다
(D) 함께 식사한다

정답 (D)

문제 80-82번은 다음 뉴스 보도를 참조하시오. 호M

(80) In local news, today was election day, and more than 70% of eligible voters in the city cast votes for mayor. Because so many people decided to vote this year, election officials are still busy counting the ballots. (81) According to reports, the race between Lewis Griggs and David Menlo is still too close to call. Nobody knows who's going to be declared the winner. We probably won't find out until tomorrow morning. As for the election for city council, both Alison Bird and Peter Cormack were reelected. (82) But there will be two newcomers. Jasmine Snow and Richard Argyle won their contests by defeating their opponents rather soundly. I'll be back with another update in half an hour.

지역 뉴스입니다. 오늘은 선거일이어서, 자격이 되는 유권자들의 70퍼센트 이상이 시장 선출을 위해 투표했습니다. 올해 참으로 많은 사람들이 투표하기로 결정했기 때문에, 선거 관계자들은 아직 투표용지를 세느라 바쁘게 보내고 있습니다. 보도에 따르면, Lewis Griggs와 David Menlo 간의 경쟁이 박빙이어서 아직 발표할 수가 없다고 합니다. 누가 당선될 것인지는 아무도 모릅니다. 내일 아침이 되어야 알 게 될 것입니다. 시의회 선거에서 Alison Bird와 Peter Cormack은 둘 다 재

선임되었습니다. 하지만 신임 의원도 둘 있습니다. Jasmine Snow와 Richard Argyle이 상대 후보자들에 완승하며 당선되었으니까요. 저는 30분 후에 새로운 소식을 가지고 돌아오겠습니다.

표현 정리 election day 선거일 eligible 자격이 있는 voter 유권자, 투표자 cast a vote 투표하다 ballot 투표 용지 close 막상막하인, 우열을 가리기 힘든 call 발표하다 as for ~에 대해 말하자면 declare 선언하다, 공표하다 city council 시의회 reelect 재선하다 newcomer 신참자 defeat 물리치다, 패배시키다 opponent 상대, 반대자 soundly 확실하게

80. 주제/대상/목적 – 담화 전반부 내용에 집중

해설 담화 초반에 지역 소식이라며 오늘이 선거일이고, 유권자의 70퍼센트 이상이 시장 선거에 투표했다는 소식을 전하며 구체적인 관련 정보를 전하고 있으므로 지방 선거에 관한 보도임을 알 수 있다. 따라서 (A)가 정답이다.

뉴스 보도는 주로 무엇에 관한 것인가?

(A) 지방 선거
(B) 투표의 중요성
(C) 투표 용지의 문제
(D) 시장의 연설

정답 (A)

81. 화자 의도 파악 – 주어진 발화 문장의 앞뒤 맥락을 토대로 유추

해설 담화 중반에 Lewis Griggs와 David Menlo 간의 경쟁이 우열을 가릴 수 없다면서, 아무도 누가 당선될지 모른다고 말하며 내일 아침이나 되어야 알 수 있을 거라고 한 것이므로 둘 간의 선거 결과가 언제 나올지를 알려주기 위해 말한 것임을 알 수 있다. 따라서 (B)가 정답이다.

표현 정리 point out 나타내다, 지적하다 remark 발언하다, 말하다 go into effect 시행되다

화자는 왜 "내일 아침이 되어야 알 게 될 것입니다"라고 말하는가?

(A) 시장이 그의 향후 계획을 언제 발표할 것인지 말하려고
(B) 선거 결과가 언제 나올지 알려 주려고
(C) 투표가 언제 열릴 예정인지 언급하려고
(D) 새로운 법이 언제 시행될지 말하려고

정답 (B)

82. 세부 정보 – Jasmine Snow를 키워드로 삼아 해당 내용에 집중

해설 담화 후반부에서 시의회 선거 결과를 말하며 신임 의원도 둘 있을 거라며, Jasmine Snow와 Richard Argyle을 언급했으므로 (C)가 정답이다.

패러프레이징 newcomers ▶ A newly elected official

Jasmine Snow는 누구인가?

(A) 시장
(B) 시의회 선거의 패자
(C) 새로 선출된 공직자
(D) 지역 선거 관계자

정답 (C)

문제 83-85번은 다음 회의 발췌록을 참조하시오. 미W

Last week, we signed deals with three new companies, each of which wants its products within the next two months. (83) We have the capacity to handle that, but we'll need to operate the assembly lines all day and night seven days a week. We've never done anything like this before. We'll probably have to hire some temporary workers, but before we do that, let's offer current members of our workforce the opportunity to work overtime. (84) Inform everyone on your crews that they can work up to fifteen hours a week in overtime, for which they'll be compensated at special rates. (85) I need a list of employees and how much they're willing to work by the end of the workweek.

지난주에 우리는 세 곳의 새 회사들과 계약을 맺었는데, 각 회사들이 제품을 다음 두 달 이내에 원하고 있어요. 우리가 그걸 처리할 능력이 있긴 합니다만, 조립 라인을 일주일 내내 밤낮없이 가동해야 합니다. 우리는 전에 이렇게 해본 적이 없어요. 아마도 임시 직원들을 고용해야 하겠지만, 그렇게 하기 전에 우리의 현 인력들에게 초과 근무 기회를 제공하죠. 여러분의 팀원들에게 일주일에 최대 15시간의 초과 근무를 할 수 있고, 거기에 대해 특별 임금으로 보상받을 거라고 알려 주세요. 제가 이번 주 말까지 직원들 목록과 그들이 얼마 동안 일하고자 하는지 알아야 합니다.

표현 정리 sign a deal with ~와 계약을 맺다 capacity 수용 능력 handle 처리하다. 다루다 operate 가동하. 작동시키다 assembly line 조립 라인 all day and night 밤낮없이 temporary worker 임시 직원 workforce 직원. 노동자 work overtime 초과 근무하다 crew 팀원 compensate 보상하다 be willing to 기꺼이 ~하다 workweek 근무일

83. 화자 의도 파악 – 주어진 발화 문장의 앞뒤 맥락을 토대로 유추

해설 담화 초중반에 걸쳐 화자는 신규 고객들과 계약을 맺었는데, 납품 일정을 맞추기 위해 조립 라인을 일주일 내내 밤낮없이 돌려야 한다며, 전에 이렇게 해본 적이 없다고 말한 것이므로 (C)가 정답이다.

화자가 "우리는 전에 이렇게 해본 적이 없어요"라고 말할 때 그녀가 의미한 것은?

(A) 외국 회사들과 전에 계약해 본 적이 없다.
(B) 지난 분기 동안 기록적인 수익을 거두었다.
(C) 조립 라인을 계속해서 가동한 적이 없다.
(D) 임시 직원들이 고용되어 교육 받고 있다. **정답 (C)**

84. 암시/추론 – overtime work를 키워드로 삼아 해당 내용에 집중

해설 담화 중반에 화자는 초과 근무를 일주일에 최대 15시간을 할 수 있고, 해당 초과 근무 시간에 대해서는 특별 임금으로 보상될 거라고 말했으므로 정규 근무 시간보다 높은 임금을 지급할 거란 의미를 내포하고 있다. 따라서 (A)가 정답이다.

패러프레이징 special rates ▶ a higher rate than regular working hours

표현 정리 regular working hours 정규 근무 시간 qualify 자격을 얻다 determine 결정하다

초과 근무에 관하여 화자가 암시하는 것은?

(A) 정규 근무 시간보다 더 높은 임금이 지급될 것이다.
(B) 조립 라인의 근로자들만이 그렇게 할 자격이 있다.
(C) 근로자들은 일주일에 최대 10시간까지 할 수 있다.
(D) 어느 직원들이 할 수 있는지 관리자들이 결정할 것이다. **정답 (A)**

85. 세부 정보 – later in the week를 키워드로 삼아 해당 내용에 집중

해설 담화 말미에 이번 주 말까지 직원들의 목록과 그들이 몇 시간이나 일하고 싶어하는지 알고 싶다고 말했으므로 (C)가 정답이다.

패러프레이징 by the end of the workweek ▶ later in the week / a list of employees and how much they're willing to work ▶ The names of employees who want to work overtime

화자는 이번 주 말에 무엇을 원하는가?

(A) 임시 직원들의 구인 광고
(B) 신규 고객들을 위한 배송 일정
(C) 초과 근무를 원하는 직원들의 명단
(D) 구매되어야 하는 제품 목록 **정답 (C)**

문제 86–88번은 다음 담화를 참조하시오. 영W

All right, everyone, now that winter is coming to an end, (86) **it's time to initiate preparations for our amusement park to get busier.** As you know, we typically see an increase in the number of visitors starting in March, and then we get really busy in April. (87) **In fact, last April was our busiest month of the year last year.** That's right, we had more customers in that month than we did in September last year. I found that rather surprising, but it also means that we have to anticipate the same thing happening this year. (88) **So let's hold some special programs for those customers who decide to come to see us in spring this year.**

자 여러분. 겨울이 끝나가고 있으니 우리 놀이 공원이 더 바빠질 때를 위한 대비를 시작할 때입니다. 여러분도 아시다시피, 우리는 보통 3월부터 방문객 수가 증가하고 4월에는 정말로 바빠집니다. 실제로, 작년 4월은 지난해 가장 바쁜 달이었습니다. 그렇습니다. 작년에는 9월보다 그 달에 더 많은 고객들을 받았습니다. 저는 그 사실이 꽤 놀랍기도 했지만, 또한 올해에도 똑같은 일이 일어날 것임을 예상해야 한다는 의미이기도 합니다. 그러니, 올봄에 와 보기로 한 고객들을 위해 몇 가지 특별 프로그램들을 준비합시다.

표현 정리 come to an end 끝나다 initiate 시작하다. 개시하다 amusement park 놀이공원 typically 보통. 전형적으로 rather 꽤. 상당히 anticipate 예상하다

86. 근무지/대화 장소 – 대화 전반부에서 특정 장소와 관련된 단어/표현에 집중

해설 담화 초반에 우리 놀이공원(our amusement park)이 더 바빠질 때를 대비할 때가 왔다고 한 말로 미루어 청자들이 놀이공원 직원임을 알 수 있다. 따라서 (B)가 정답이다.

청자들은 어디에서 일하는가?

(A) 백화점
(B) 놀이공원
(C) 쇼핑센터
(D) 식당 **정답 (B)**

87. 화자 의도 파악 – 주어진 발화 문장의 앞뒤 맥락을 토대로 유추

해설 담화 중반에 작년에는 4월이 연중 가장 바빴는데, 9월보다 고객들이 더 많았다고 하며, 꽤 놀라운 일이었다고 생각한다고 했으므로 보통 연중 가장 바쁜 달은 9월임을 암시한 것으로 판단할 수 있다. 따라서 (D)가 정답이다.

표현 정리 file a complaint 불만을 제기하다 various 다양한 establishment 시설 attendance 참석자 수

화자가 "저는 그 사실이 꽤 놀랍다고 생각했습니다"라고 말할 때, 그녀가 암시한 것은?

(A) 평소보다 더 많은 사람들이 다양한 불만을 제기했다.
(B) 그 곳이 평상시보다 더 늦게까지 문을 열 것이라고 기대하고 있었다.
(C) 그 시설의 수리가 완료되지 않았다.
(D) 9월의 입장객 수가 보통 4월보다 더 높다. **정답 (D)**

88. 세부 정보 – 담화 후반부에서 화자의 요청/제안 표현에 집중

해설 담화 말미에 올봄에 방문하는 고객들을 위해 특별 프로그램들을 준비하자고 말했으므로 (C)가 정답이다.

패러프레이징 hold some special programs ▶ have events

화자는 무엇을 하기를 원하는가?

(A) 방문객들에게 할인을 제공하기를

(B) 주차장의 규모를 늘리기를
(C) 고객들을 위한 행사를 열기를
(D) 더 나은 품질의 음식을 제공하기를 　　　정답 (C)

문제 89-91번은 다음 소개를 참조하시오. [호M]

It gives me great pleasure to introduce **(89) the keynote speaker at this year's conference on international law. Mr. Cedric Turner is one of the most noted attorneys in the city.** He has been practicing law for more than thirty years and somehow also finds the time to teach regularly at the local university. **(90) He recently concluded an important case involving local company Master Tech and the European conglomerate Aegis, Inc. (91) Right now, he's going to tell us exactly what happened and how he managed to emerge victorious in his defense of Master Tech.** Ladies and gentlemen, please give a big hand to Mr. Cedric Turner.

올해 국제법 학회에서 기조 연설자를 소개하게 되어 매우 기쁩니다. Cedric Turner 씨는 시에서 가장 유명한 변호사 중 한 분입니다. 그는 30년 이상 일해 왔고, 어떻게든 시간을 내서 지역 대학교에서 정기적으로 가르치기도 하십니다. 그는 최근에 지역 회사인 Master Tech와 유럽 거대기업인 Aegis 사와 관련된 중요한 사건을 끝냈습니다. 이제, 그가 Master Tech를 변호하면서 정확히 무슨 일이 벌어졌고, 어떻게 그가 승리를 거둘 수 있었는지 우리에게 얘기해 줄 것입니다. 신사 숙녀 여러분, Cedric Turner 씨에게 큰 박수를 보내 주세요.

표현 정리 noted 유명한 **attorney** 변호사 **practice** (변호사나 의사 등으로) 일하다 **somehow** 어떻게든 **regularly** 정기적으로 **conclude** 끝내다 **case** 사건, 사례 **conglomerate** 거대기업, 대기업 **emerge victorious** 승리를 거두다 **defense** 변호 **give a big hand** 큰 박수를 보내다

89. 세부 정보 – Mr. Turner를 키워드로 삼아 해당 내용에 집중

해설　담화 초반에 국제법(international law) 학회의 기조 연설자를 소개한다고 말하며, Cedric Turner 씨는 시에서 가장 유명한 변호사 중 한 사람이라고 말했으므로 (B)가 정답이다.

패러프레이징 attorney ▶ lawyer

Turner 씨는 누구인가?

(A) 회사 CEO
(B) 변호사
(C) 회사 중역
(D) 전문 발표자 　　　정답 (B)

90. 세부 정보 – recently를 키워드로 삼아 해당 내용에 집중

해설　담화 중후반에 걸쳐 Master Tech와 유럽 거대기업 Aegis 사와 관련된 중요한 사건을 끝냈고, 그가 Master Tech를 변호하며 어떻게 승리를 거두었는지 얘기해 줄 거라고 했으므로 (C)가 정답이다.

패러프레이징 managed to emerge victorious ▶ won

표현 정리 sign an agreement 계약서에 서명하다, 계약을 체결하다

Turner 씨는 최근에 무엇을 했는가?

(A) 유럽으로 여행했다.
(B) 계약을 체결했다.
(C) 사건에서 승소했다.
(D) 새 고용주를 찾았다. 　　　정답 (C)

91. 다음에 일어날 일 – 담화 후반부에 집중

해설　담화 후반에 이제 Turner 씨가 자신이 맡았던 사건을 어떻게 승소했는지 얘기해 줄 거라고 하면서 그를 큰 박수로 맞이해 달라고 말했으므로 Turner 씨의 연설이 있을 것임을 짐작할 수 있다. 따라서 (A)가 정답이다.

표현 정리 give a speech 연설하다 **hand out** 배포하다 **demonstration** 시연

다음에 무슨 일이 일어나겠는가?

(A) 연설이 있을 것이다.
(B) 책자가 배포될 것이다.
(C) 일정 변경이 발표될 것이다.
(D) 제품 시연이 시작될 것이다. 　　　정답 (A)

문제 92-94번은 다음 녹음 메시지를 참조하시오. [미M]

Hello and welcome to Dr. Roswell's Clinic. We are currently closed, but you can leave a message for us. To request an appointment, please press one and then follow the instructions you're given. To check the time and date of an existing appointment, please press two. **(92) If you have a question about a prescription, please press three and then leave a message.** Someone will call you back within one hour of your leaving a message. **(93) If you have a problem that requires immediate medical care, please call 874-4847. That will connect you with the emergency room at Hatfield Hospital. (94) If you would like to hear the message again, please stay on the line, and it will automatically repeat.**

안녕하세요, Roswell's 의료원에 오신 것을 환영합니다. 저희는 현재 문을 닫았지만, 저희에게 메시지를 남기실 수 있습니다. 예약을 하시려면, 1번을 누르시고 나서 안내에 따라 주세요. 기존 예약의 시간과 날짜를 확인하시려면, 2번을 눌러 주세요. 처방전에 관한 질문이 있으시면, 3번을 누르시고 나서 메시지를 남겨 주세요. 메시지를 남긴 후 한 시간 이내에 담당자가 답신 전화를 드릴 겁니다. 즉각적인 치료가 필요한 문제를 겪고 계시다면, 874-4847번으로 전화해 주세요. Hatfield 병원 응급실로 연결해 드릴 것입니다. 메시지를 다시 듣고 싶으시면, 수화기를 들고 기다려 주세요. 자동으로 반복됩니다.

표현 정리 existing 기존의 **prescription** 처방전 **immediate** 즉각적인, 즉시의 **emergency room** 응급실 **stay on the line** 수화기를 들고 기다리다 **automatically** 자동으로 **repeat** 반복하다

92. 세부 정보 – press three를 키워드로 삼아 해당 내용에 집중

해설　담화 중반에 처방전에 관하여 질문이 있으면, 3번을 눌러서 메시지를 남겨 달라고 말했으므로 (C)가 정답이다.

패러프레이징 have a question about a prescription ▶ ask about a prescription

청자는 왜 3번을 누르겠는가?

(A) 문제점을 말하려고
(B) 진료 예약을 하려고
(C) 처방전에 관하여 문의하려고
(D) 예약을 취소하려고 　　　정답 (C)

93. 세부 정보 – the number given in the message를 키워드로 삼아 해당 내용에 집중

해설　담화 후반에 즉각적인 치료가 필요한 문제가 있다면 874-4847번으로 전화하면 Hatfield 병원 응급실로 연결될 거라고 했으므로 (A)가 정답이다.

정답 및 해설 ••• 63

패러프레이징 **have a problem that requires immediate medical care ▶ with a medical emergency**

누가 메시지에 주어진 번호로 전화하겠는가?

(A) 응급 치료가 필요한 사람
(B) 예약을 변경하고 싶은 사람
(C) 약이 다 떨어진 사람
(D) 의사에게 질문이 있는 사람　　　　　　　정답 (A)

94. 세부 정보 – hear the message again을 키워드로 삼아 해당 내용에 집중

해설　담화 말미에 메시지를 다시 듣고 싶다면, 끊지 말고 기다리면 자동으로 반복될 거라고 하므로 (C)가 정답이다.

패러프레이징 **stay on the line ▶ remain on the line**

청자는 어떻게 메시지를 다시 들을 수 있나?

(A) 4번을 눌러서
(B) 874-4847번으로 전화해서
(C) 전화를 끊지 않고 기다려서
(D) 1번을 눌러서　　　　　　　　　　　　정답 (C)

문제 95-97번은 다음 회의 발췌록과 주문서를 참조하시오. 미W

Thank you for attending this emergency session, everybody. **(95) (96) I just received a call from Mr. Sykes at Grover Manufacturing.** As you are aware, he's been purchasing products from us for more than two decades. He indicated that the order which he placed two weeks ago failed to arrive. I checked the list, and I realized that he made a sizable order which, for some reason, nobody actually filled for him. **(96) Unfortunately, we don't have the product he wants in inventory at this time. We need to figure out a way to get him everything he ordered in the next few days. (97) If any of you have some ideas, I'd like to hear them now.**

여러분, 이 긴급 회의에 참석해 주셔서 감사합니다. 제가 방금 Grover 제조사의 Sykes 씨로부터 전화를 한 통 받았습니다. 여러분도 아시겠지만, 그분은 20년 넘게 우리 회사 제품을 구매해 왔습니다. 그가 2주 전에 한 주문품이 도착하지 않았다고 알려 줬어요. 제가 목록을 확인했더니 그가 대량 주문을 했는데, 어떤 이유에선지, 실제로 아무도 그 분의 주문에 응하지 않았더군요. 불행히도, 이 시점에 그가 원하는 제품의 재고가 없네요. 향후 며칠 동안 우리는 그분이 주문한 모든 걸 받을 수 있는 방법을 강구해야 합니다. 누구든 어떤 아이디어라도 있으면, 지금 듣고 싶습니다.

업체	주문품	수량
Nano Data	클립 코드	1,500
Sync Systems	공기 압축기	120
Weston 항공우주산업	제어용 센서	450
Grover 제조사	드릴에 끼우는 날	2,000

표현 정리 **emergency session** 긴급 회의 **decade** 10년 **indicate** 나타내다 **fail to** ~하지 못하다 **sizable** 꽤 많은, 상당한 크기의 **for some reason** 어떤 이유에선지 **fill** ~에 응하다 **inventory** 재고 **figure out** ~을 알아내다

---

95. 암시/추론 – Mr. Sykes를 키워드로 삼아 해당 내용에 집중

해설　담화 초반에 화자가 Grover 제조사의 Sykes 씨에게서 전화를 받았는데, 그가 20년 이상 우리 회사와 거래해 왔다는 사실은 알고 있을 거라고 말했으므로 Sykes 씨는 화자 회사의 단골 고객임을 알 수 있다. 따라서 (B)가 정답이다.

패러프레이징 **he's been purchasing products from us for more than two decades ▶ He is a regular customer.**

Sykes 씨에 관하여 알 수 있는 것은?

(A) 회사를 설립했다.
(B) 단골 고객이다.
(C) 새 계약을 맺고 싶어 한다.
(D) 내일 화자를 방문할 것이다.　　　　　정답 (B)

96. 시각 정보 연계 – Which product, need to acquire를 키워드로 삼아 그래프를 보며 단서 포착

해설　담화 초반에 Sykes 씨가 Grover 제조사의 직원이라는 점과, 담화 후반에 안타깝게도 Sykes 씨가 원하는 제품은 현재 재고가 없어서 며칠 안에 그가 주문한 걸 얻을 수 있는 방법을 찾아야 한다고 했다. 그래픽을 보면 Grover 제조사가 주문한 제품이 Drill Bit임을 알 수 있으므로 (D)가 정답이다.

그래픽을 보시오. 화자의 회사는 어느 제품을 구해야 하는가?

(A) 클립 코드
(B) 공기 압축기
(C) 제어용 센서
(D) 드릴에 끼우는 날　　　　　　　　　　정답 (D)

97. 다음 행동 – 담화 후반부에 집중

해설　담화 말미에 Sykes 씨가 주문한 물건을 얻을 수 있는 방법을 며칠 안에 찾아내야 하니, 어떤 아이디어라도 있으면 듣고 싶다고 말했으므로 (B)가 정답이다.

패러프레이징 **hear, some ideas ▶ Listen to suggestions**

화자는 다음에 무엇을 하겠는가?

(A) Sykes 씨에게 전화한다
(B) 제안을 듣는다
(C) 공장 감독과 얘기한다
(D) 송장을 보여 준다　　　　　　　　　　정답 (B)

문제 98-100번은 다음 광고와 안내도를 참조하시오. 미M

Attention, all shoppers. We would like to inform you that the store will be closing thirty minutes from now. **(98) As we do at this time every night, we are going to have a special sale in one of our departments. (99) (100) From now until we close, all items in the furniture department are discounted anywhere from twenty to sixty percent off.** Enjoy great savings on beds, wardrobes, desks, dressers, couches, and more. Salespeople are standing by to assist you right now. You can access that department by taking either the escalator or the elevator there. We thank you for shopping here, and we hope you have a good night.

고객 여러분, 주목하시기 바랍니다. 상점이 30분 후에 문을 닫게 됨을 알려 드리려고 합니다. 저희가 매일 밤 이 시간에 하듯이, 저희 매장 중 한 곳에서 특별 세일을 하겠습니다. 지금부터 문을 닫을 때까지, 가구 매장의 전 품목이 20에서 60퍼센트까지 할인됩니다. 침대, 옷장, 책상,

서랍장, 카우치 등에 엄청난 할인 혜택을 누리세요. 판매원 분들이 지금 여러분을 돕기 위해 대기 중에 있습니다. 에스컬레이터나 엘리베이터 중 하나를 이용해서 해당 매장으로 갈 수 있습니다. 이곳에서 쇼핑해 주셔서 감사 드리며, 좋은 밤 되시기를 바랍니다.

층	매장
1	장신구, 여성 의류
2	남성 의류, 아동복
3	가구, 가정용품
4	장난감, 집 수리 용품

표현 정리 department (백화점·시장 따위의) 매장 savings 할인 혜택, 절약된 금액 access 이용하다, 출입하다

98. 세부 정보 – How often, on sale을 키워드로 삼아 해당 내용에 집중
해설 담화 초반에서 매일 밤 같은 시간에 매장들 중 한 곳에서 특별 세일을 한다는 것을 알 수 있으므로 (A)가 정답이다.
패러프레이징 every night ▶ every day
상점은 얼마나 자주 세일을 하는가?
(A) 매일
(B) 일주일에 한 번
(C) 일주일에 두 번
(D) 한 달에 한 번 　　　　　　　　　　　　　　정답 (A)

99. 시각 정보 연계 – What floor, on sale을 키워드로 삼아 그래픽을 보며 단서 포착
해설 담화 중반에 가구 매장의 전 제품이 할인된다고 말했고, 그래픽에서 가구점은 3층에 위치해 있으므로 (C)가 정답이다.
그래픽을 보시오. 세일 중인 상품은 몇 층에 있는가?
(A) 1층
(B) 2층
(C) 3층
(D) 4층 　　　　　　　　　　　　　　　　　　정답 (C)

100. 세부 정보 – largest discount를 키워드로 삼아 해당 내용에 집중
해설 담화 중반에 가구 매장의 전 제품이 20에서 60퍼센트까지 할인된다고 했으므로 고객들이 받을 수 있는 최대 할인 폭은 60퍼센트이다. 따라서 (C)가 정답이다.
쇼핑객들이 받을 수 있는 가장 큰 할인은 무엇인가?
(A) 20퍼센트
(B) 40퍼센트
(C) 60퍼센트
(D) 80퍼센트 　　　　　　　　　　　　　　　정답 (C)

TEST 04

PART 1

1. 야외 – 사물의 상태/위치 미M
(A) The cars are driving to the shop.
(B) Some of the buildings are under construction.
(C) Water can be seen from a distance.
(D) The tourists are strolling in the garden.

해설 공터에 차들이 주차되어 있고, 그 뒤쪽으로 멀리 해안이 보이는 사진이므로 (C)가 정답이다.

🔍 **함정 분석** (A)는 차가 움직이지(driving) 않고 정차해 있으며, 상점(shop)으로 보이는 건물이 없다. (B)는 공사 중인(under construction) 건물이 등장하지 않으며, (D)는 관광객들(tourists)로 보이는 사람들이 등장하지 않으므로 오답이다.

표현 정리 drive (차량을) 몰다, 운전하다 under construction 공사 중인 from a distance 멀리서 stroll 거닐다, 산책하다
(A) 차들이 상점으로 들어가고 있다.
(B) 일부 건물들이 공사 중이다.
(C) 멀리 물이 보인다.
(D) 관광객들이 정원을 거닐고 있다. 　　　　　　정답 (C)

2. 실내 – 사람들의 공통적인 상태 미W
(A) People are sitting in a row.
(B) People are seated around the table.
(C) One of the people is pointing to the board.
(D) One of the people is sweeping the floor.

해설 회의 중인 사진으로 사람들 모두가 테이블 주위에 앉아 있으므로 (B)가 정답이다.

🔍 **함정 분석** (A)는 사람들이 한 줄로(in a row) 앉아 있는 게 아니라, 둥글게(in a circle) 앉아 있으므로 오답이며, (C)는 게시판을 가리키는 사람이 보이지 않는다. (D) 역시 바닥을 쓸고 있는 동작은 볼 수 없다.

표현 정리 in a row 한 줄로 point to ~을 가리키다 sweep (빗자루로) 쓸다, 청소하다
(A) 사람들이 한 줄로 앉아 있다.
(B) 사람들이 테이블 주위에 앉아 있다.
(C) 사람들 중 한 명이 게시판을 가리키고 있다.
(D) 사람들 중 한 명이 바닥을 쓸고 있다. 　　　　정답 (B)

3. 실내 – 사물과 사람의 상태/위치 호M
(A) People are chatting in the center of the room.
(B) A laptop has been placed on a counter.
(C) A large painting has been hung over a desk.
(D) A man is watering a plant.

해설 카운터 위에 노트북 컴퓨터가 놓여 있고, 한 남자가 이를 이용하는 사진으로 (B)가 정답이다.

🔍 **함정 분석** (A)는 한 명만 등장한 사진에 People로 묘사할 수 없으며, (C)의 그림(painting)은 사진에 등장하지 않는다. (D)는 남자가 식물에 물을 주는 동작이 아니므로 오답이다.

표현 정리 chat 담소를 나누다 hang 걸다, 걸리다 water 물을 주다
(A) 사람들이 방 중앙에서 담소를 나누고 있다.

(B) 랩톱 컴퓨터가 카운터 위에 놓여 있다.
(C) 큰 그림이 책상 위쪽에 걸려 있다.
(D) 남자가 식물에 물을 주고 있다. 정답 (B)

4. 야외 – 사물의 상태/위치 [영W]

(A) The buildings are under construction.
(B) The buildings are overlooking the water.
(C) Some boats are being tied to the pier.
(D) Passengers are rowing the boat toward the ship.

해설 물가 위로 고층 건물들이 위치해 있는 사진이므로 건물들이 물을 내려다보고 있다고 묘사한 (B)가 정답이다.

🔍 **함정 분석** (A)는 공사 중인(under construction) 건물들이 보이지 않으므로 오답이며, (C)는 보트를 묶고 있는 사람이 등장하지 않는다. (D) 역시 승객들(passengers)로 보이는 사람들이 등장하지 않으므로 오답이다.

표현 정리 under construction 공사 중인 overlook 내려다보다 tie 묶다
pier 부두 row a boat 보트의 노를 젓다 toward ~쪽으로

(A) 건물들이 공사 중이다.
(B) 건물들이 물을 내려다보고 있다.
(C) 보트들이 부두에 묶이고 있다.
(D) 승객들이 배쪽으로 노를 젓고 있다. 정답 (B)

5. 실내 – 남자의 외양 [미M]

(A) A man is dusting off an instrument.
(B) A man is wearing gloves.
(C) They are examining some data on a poster.
(D) They are plugging some equipment into a wall outlet.

해설 실험실로 보이는 장소에서 세 명의 사람들이 대화 중인 사진으로, 남자의 장갑 낀 모습을 묘사한 (B)가 정답이다.

🔍 **함정 분석** (A)는 먼지를 털고 있는(dusting off) 동작이 보이지 않으며, (C)의 포스터(poster)나 (D)의 벽 콘센트(wall outlet)는 사진에 등장하지 않으므로 오답이다.

표현 정리 dust off ~의 먼지를 털다 instrument 기구, 계기 examine
조사하다, 검토하다 plug ~ into ~의 플러그를 꽂다 equipment 장비
wall outlet 벽 전기 콘센트

(A) 남자가 기구의 먼지를 털고 있다.
(B) 남자가 장갑을 끼고 있다.
(C) 사람들이 포스터에 있는 데이터를 살펴보고 있다.
(D) 사람들이 벽 전기 콘센트에 장비의 플러그를 꽂고 있다. 정답 (B)

6. 실내 – 사물의 상태/위치 [영W]

(A) A beverage is being poured into a glass.
(B) Food is being weighed on a scale.
(C) Some cakes are being sliced with a knife.
(D) Some cups have been placed on saucers.

해설 식탁 위에 케이크 접시와 커피잔 등이 놓여 있고, 커피잔을 받치는 컵 받침을 묘사한 (D)가 정답이다.

🔍 **함정 분석** (A)는 음료를 붓고 있는 동작이 보이지 않으며, (B)의 저울(scale)이나, (C)의 칼(knife)은 사진에 등장하지 않으므로 오답이다.

표현 정리 beverage 음료 pour 붓다, 따르다 weigh 무게를 재다 scale
저울 slice 썰다, 자르다 saucer (커피 잔 등의) 받침

(A) 음료를 잔에 붓고 있다.

(B) 저울에 음식의 무게를 재고 있다.
(C) 케이크를 칼로 자르고 있다.
(D) 컵들이 컵 받침에 놓여 있다. 정답 (D)

PART 2

7. 평서문 – 언급한 말에 적절히 호응하며 답변 [미M] [미W]

Mr. Pointer would like a word with you.

(A) She pointed that out.
(B) I'll be right there.
(C) Yes, that's correct.

해설 Pointer 씨가 얘기 나누고 싶어한다는 말에 곧 그리로 가겠다고 하며 적절하게 응답한 (B)가 정답이다.

🔍 **함정 분석** (A)의 pointed는 질문의 Pointer와 발음 혼동을 노린 함정이며, (C)는 질문과 전혀 무관한 응답이다.

표현 정리 would like a word with ~와 얘기 나누고 싶어하다 point ~
out ~을 알려 주다 correct 맞는, 정확한

Pointer 씨가 당신과 얘기하고 싶어해요.

(A) 그녀가 그것을 알려 줬어요.
(B) 제가 지금 그리로 갈게요.
(C) 네, 맞아요. 정답 (B)

8. Which 의문문 – 누구와 얘기해야 할지 묻는 질문에 특정 인물을 알려 주며 답변 [미W] [미M]

Which person should I speak with regarding returns?

(A) Sure, you can return that.
(B) How about a refund?
(C) Ms. Jordan handles them.

해설 수익에 관하여 얘기 나눌 수 있는 사람을 묻는 질문에, Jordan 씨가 그 일을 담당한다며 특정 인물로 답한 (C)가 정답이다.

🔍 **함정 분석** (A)는 return의 동어 반복 함정으로, 질문에서는 '수익'의 의미로, 응답에서는 '돌려주다'의 의미로 쓰였다. (B)는 질문의 returns와 유사한 발음의 refund를 이용한 함정이다.

표현 정리 regarding ~에 관하여 returns 수익 return ~을 돌려주다
How about ~? ~하는 게 어때요? handle 다루다, 취급하다

수익에 관하여 어느 분과 얘기해야 하나요?

(A) 물론이죠, 그걸 돌려주셔도 돼요.
(B) 환불하는 게 어때요?
(C) Jordan 씨가 그 일을 맡고 있어요. 정답 (C)

9. 부정 의문문 – 본사와 조정할 사람이 있어야 한다는 질문에 특정 인물로 답변 [호M] [영W]

Shouldn't someone coordinate with headquarters?

(A) I believe that's Deanna's job.
(B) It's located in London.
(C) I don't recall the coordinates.

해설 누군가 본사와(의 업무를) 조정해야 하지 않느냐는 질문에 그 일이 Deanna의 일이라며 적절하게 답한 (A)가 정답이다.

🔍 **함정 분석** (B)는 본사(headquarters)를 듣고 연상할 수 있는 지점의 위치로 응답한 함정이며, (C)는 coordinate의 동어 반복 함정으로, 질문에서는 '조정하다'의 의미로, 응답에서는 '좌표'의 의미로 쓰였다.

표현 정리 **coordinate with** ~와 조정하다 **headquarters** 본사 **recall** 기억나다, 생각나다 **coordinates** 좌표

누가 본사와 조정해야 하지 않나요?

(A) 제가 알기로는 그건 Deanna의 일이에요.
(B) 그곳은 런던에 위치해 있어요.
(C) 그 좌표가 생각나지 않아요.　　　　　　　　　정답 (A)

10. 평서문 – 언급된 말에 추가 정보를 요구한 답변 호M 미W

We ought to hire an expert to assist us.

(A) That's my assistant over there.
(B) Do you have someone in mind?
(C) This isn't my area of expertise.

해설 우리를 도울 전문가를 고용해야 한다는 말에 누구 염두에 둔 사람이 있냐고 반문한 (B)가 정답이다.

🔍 **함정 분석** (A)는 질문의 assist의 파생어인 assistant를, (C)는 질문의 expert의 파생어인 expertise를 사용하여 혼동을 준 함정이다.

표현 정리 **ought to** ~해야 한다 **hire** 고용하다 **expert** 전문가 **assist** 돕다 **assistant** 비서, 보조 **have ~ in mind** ~을 염두에 두다 **area of expertise** 전문 분야

우리를 도와줄 전문가를 고용해야 해요.

(A) 저 사람이 제 비서예요.
(B) 누구 염두에 둔 분이 계세요?
(C) 이건 제 전문 분야가 아니에요.　　　　　　　정답 (B)

11. 평서문 – 언급된 말에 적절히 호응하며 답변 미M 영W

I booked a sedan at a local agency for us.

(A) The library is right down the street.
(B) No, I'm not from around here.
(C) Oh, I was expecting to take taxis.

해설 우리가 탈 세단을 예약했다는 말에 택시를 탈 걸로 생각했다며 질문에 적절히 호응한 (C)가 정답이다.

🔍 **함정 분석** (A)와 (B)는 질문과 전혀 무관한 내용이다.

제가 지역 대리점에 우리가 탈 세단을 예약했어요.

(A) 도서관은 바로 길 아래에요.
(B) 아니요, 저는 여기 살지 않아요.
(C) 아, 저는 택시를 탈 걸로 생각하고 있었어요.　　정답 (C)

12. 일반 의문문 – 아직 사람을 뽑고 있냐는 질문에 No가 생략된 답변 미W 호M

Are you still on the lookout for a new salesperson?

(A) The position was filled on Monday.
(B) He's working out very well.
(C) I can't remember what she looks like.

해설 새 영업 사원을 아직 찾고 있냐는 질문에, 자리가 이미 채워졌다고 하며 이제는 찾고 있지 않다고 돌려 말한 (A)가 정답이다.

🔍 **함정 분석** (B)는 -out의 반복 사용으로 혼동을 준 함정이며, (C) 역시 look을 반복 사용하여 혼동을 주고 있다.

표현 정리 **be on the lookout** (~이 있는지) 살피다 **salesperson** 영업 사원 **position** 자리, 직책 **fill** 채우다 **work out** 잘 진행하다

새 영업 사원을 아직 찾고 계신가요?

(A) 그 자리는 월요일에 채워졌어요.
(B) 그는 아주 잘 하고 있어요.
(C) 그녀가 어떻게 생겼는지 기억나지 않아요.　　정답 (A)

13. 평서문 – 언급된 말에 적절히 호응하며 답변 미M 영W

I'd prefer driving a car to taking public transportation now.

(A) My vehicle is parked right in front.
(B) Sure. We can take the bus then.
(C) The subway station is a short walk from here.

해설 대중 교통을 이용하기보다 차로 가는 게 더 좋다는 말에 자기 차가 앞에 주차되어 있다며, 차를 타고 갈 것임을 우회적으로 말한 (A)가 정답이다.

🔍 **함정 분석** (B)는 take의 동어 반복 함정이며, (C)는 질문의 public transportation을 듣고 연상하기 쉬운 subway station을 이용한 함정이다.

표현 정리 **prefer A to B** B보다 A를 선호하다 **take public transportation** 대중교통을 이용하다 **vehicle** 차량 **park** 주차하다 **right in front** 바로 앞에 **subway station** 지하철역

저는 지금은 대중교통을 타기보다 차로 가는 걸 선호해요.

(A) 제 차가 바로 앞에 주차되어 있어요.
(B) 물론이죠. 그러면 우리가 버스를 타도 돼요.
(C) 지하철역은 여기서 조금만 걸어가면 돼요.　　정답 (A)

14. 평서문 – 언급된 말에 적절히 호응하며 답변 영W 미M

Somebody needs to sign for this package.

(A) Sorry, but I didn't see the signs.
(B) I can do that for you.
(C) A package from China.

해설 소포에 서명할 사람이 필요하다는 말에 자신이 하겠다며 적절히 응답한 (B)가 정답이다.

🔍 **함정 분석** (A)는 sign의 동어 반복 함정인데, 질문에서는 '서명하다'로, 응답에서는 '표지판'의 의미로 쓰였다. (C) 역시 package를 반복 사용하여 혼동을 준 함정이다.

표현 정리 **sign** 서명하다; 표지판 **package** 소포

이 소포를 받으려면 누군가 사인해야 해요.

(A) 죄송하지만, 그 표지판을 못 봤어요.
(B) 제가 할게요.
(C) 중국에서 온 소포요.　　　　　　　　　　정답 (B)

15. When 의문문 – 행사의 종료 시점을 묻는 질문에 특정 시점으로 답변 미M 영W

When is the orientation session supposed to finish?

(A) In room 298, I think.
(B) Last Tuesday.
(C) Sometime before lunch.

해설 오리엔테이션 시간이 언제 끝날 예정이냐는 질문에 점심식사 전이라고 답한 (C)가 정답이다.

함정 분석 (A)는 Where 의문문에 어울리는 응답으로, 질문의 When과 Where의 발음 혼동을 노린 함정이며, (B)는 앞으로 끝날 시점을 묻는 질문에 과거 시점(Last Tuesday)으로 응답했으므로 시제 불일치 함정이다.

표현 정리 be supposed to ~하기로 예정되어 있다

오리엔테이션 시간이 언제 끝나기로 되어 있죠?

(A) 298호실일 거예요.
(B) 지난주 화요일이요.
(C) 점심식사 전에요. 정답 (C)

16. 제안/제공/요청 – 물건 가격을 묻는 요청에 대신 가격표를 보라고 안내한 답변 미W 호M

May I inquire as to the price of this item?

(A) No, I didn't ask about it.
(B) Look at the price tag.
(C) That cashier is available.

해설 물건 가격에 대해 문의해도 되겠냐는 요청에 가격표를 보라며 물어볼 필요가 없음을 우회적으로 말한 (B)가 정답이다.

함정 분석 (A)는 질문의 inquire와 의미가 유사한 ask를 이용한 함정이며, (C)는 질문의 the price of this item을 듣고 연상할 수 있는 cashier를 이용한 함정이다.

표현 정리 inquire 문의하다 as to ~에 대하여 price tag 가격표 cashier 계산원, 출납원 available 시간이 있는

이 물건 가격에 대해 여쭤봐도 될까요?

(A) 아니요, 저는 그것에 대해 물어보지 않았어요.
(B) 가격표를 보세요.
(C) 저 계산원이 시간이 돼요. 정답 (B)

17. How 의문문 – 등록한 사람들의 숫자를 묻는 질문에 특정 인원 수로 답변 호M 미W

How many people registered for the seminar?

(A) Fifty-seven at last count.
(B) All day long this Saturday.
(C) Until the last day of April.

해설 세미나에 등록한 사람들의 수를 묻는 질문에 마지막으로 센 게 57명이라며 구체적인 숫자로 답한 (A)가 정답이다.

함정 분석 (B)는 When 의문문에 어울리는 응답이며, (C)는 How long 의문문에 어울리는 응답이다.

표현 정리 register for ~을 등록하다 all day long 하루 종일

세미나에 사람들이 얼마나 등록했나요?

(A) 마지막으로 센 게 57명이에요.
(B) 이번 주 토요일 내내요.
(C) 4월 말일까지요. 정답 (A)

18. 선택 의문문 – 어느 장소의 키인지 묻는 질문에 제 삼의 장소를 선택한 답변 미M 영W

Is that the key to the storeroom or the garage?

(A) That's where you can find Ned.
(B) I don't need anything from them.
(C) Neither. It's for the basement.

해설 그게 창고 키인지, 차고 키인지 묻는 선택 의문문으로, 둘 다 아니라고 (Neither) 말한 뒤, 지하실 키라며 제 삼의 장소를 선택한 (C)가 정답이다.

함정 분석 (A)는 질문의 storeroom이나 garage를 듣고 연상할 수 있는 표현이며, (B)는 질문과 전혀 무관한 응답이다.

그게 창고 열쇠인가요, 차고 열쇠인가요?

(A) Ned는 거기에 있을 거예요.
(B) 저는 그들에게서 아무것도 필요한 게 없어요.
(C) 둘 다 아니에요. 그건 지하실 용이에요. 정답 (C)

19. 평서문 – 언급된 말에 적절히 호응하며 답변 미W 호M

There's a malfunction on the assembly line.

(A) Send a repair crew there at once.
(B) I'm glad it got fixed in time.
(C) Great news. Thanks for telling me.

해설 조립 라인에 고장이 있다는 말에 즉시 수리반을 보내라며 적절히 응답한 (A)가 정답이다.

함정 분석 (B)는 질문의 malfunction을 듣고 연상할 수 있는 got fixed를 이용하여 혼동을 주고 있으며, (C)의 'Great news.'는 질문의 내용과 상충되므로 오답이다.

표현 정리 malfunction 고장 assembly line 조립 라인 repair crew 작업반 at once 즉시, 당장 in time 시간 맞춰

조립 라인에 고장이 생겼어요.

(A) 즉시 그곳으로 수리반을 보내세요.
(B) 시간 맞춰 수리돼서 기쁘네요.
(C) 아주 좋은 소식이에요. 얘기해 주셔서 감사해요. 정답 (A)

20. 부가 의문문 – 프로젝트의 예산 초과를 확인하는 질문에 Yes가 생략된 답변 영W 미M

Ms. Smith realizes the project is overbudget, doesn't she?

(A) The budget is half a million dollars.
(B) I didn't make any projections.
(C) She indicated she's aware of that.

해설 Smith 씨가 프로젝트의 예산이 초과되었다는 걸 알고 있냐는 질문에 알고 있다 했다고 하며 완곡하게 응답한 (C)가 정답이다.

함정 분석 (A)는 budget을 반복 사용한 함정이며, (B)는 질문의 project의 파생어인 projections를 이용하여 혼동을 준 함정이다.

표현 정리 realize 알아차리다 overbudget 예산을 초과하다 budget 예산 make a projection 예측하다 indicate 내비치다, 시사하다 be aware of ~을 알고 있다

Smith 씨는 그 프로젝트가 예산을 초과했다는 걸 알고 있죠, 그렇죠?

(A) 그 예산은 50만 달러예요.
(B) 어떠한 예측도 하지 못했어요.
(C) 그녀가 그걸 알고 있다고 했어요. 정답 (C)

21. 일반 의문문 – 질문에 반문하며 답변 호M 미W

Have you considered revising the blueprints?

(A) What would you like to change?
(B) We aren't planning to revisit that place.
(C) Sure. I can print some more copies.

해설 설계도 수정을 고려해 봤냐는 질문에 무엇을 바꾸고 싶은지 되물으며 질문에 적절히 응답한 (A)가 정답이다.

표현 정리 revise 수정하다 blueprint 설계도, 청사진 revisit 다시 방문하다 print 인쇄하다, 프린트하다 copy 사본

그 설계도 수정을 고려해 보셨나요?

(A) 무엇을 바꾸고 싶으신데요?
(B) 저희는 그 곳을 다시 방문할 계획이 없어요.
(C) 물론이죠. 사본을 더 인쇄할 수 있어요. **정답 (A)**

22. 평서문 – 언급된 말에 적절히 호응하며 답변 미M 영W

There's an empty office space you may be interested in.

(A) My office is on the third floor.
(B) I'm available all afternoon.
(C) She's no longer interested.

해설 관심이 갈 만한 사무실이 나왔다는 말에 오후 내내 시간이 난다며 보러 갈 수 있음을 우회적으로 표현한 (B)가 정답이다.

표현 정리 empty 빈, 비어 있는 available 시간이 있는 no longer 더 이상 ~하지 않다

당신이 관심 있어 할 수 있는 빈 사무실이 있어요.

(A) 제 사무실은 3층이에요.
(B) 저는 오후 내내 시간이 돼요.
(C) 그녀는 더 이상 관심이 없어요. **정답 (B)**

23. 제공/제안/요청 – 요청에 'Of course.'로 수락한 답변 영W 미M

Can you tell Ms. Cummings I'm waiting for her?

(A) I didn't tell her that.
(B) Around fifteen minutes, I think.
(C) Of course. I'll let her know.

해설 Cummings 씨에게 자신이 기다리고 있다고 얘기해 주겠냐는 요청에 'Of course.'로 수락하고, 그녀에게 알려 주겠다고 답한 (C)가 정답이다.

표현 정리 wait for ~을 기다리다 around 대략, 약

Cummings 씨에게 제가 기다리고 있다고 말씀해 주시겠어요?

(A) 그녀에게 그걸 얘기하지 않았어요.
(B) 15분쯤인 것 같아요.
(C) 그럼요. 그녀에게 얘기할게요. **정답 (C)**

24. 제공/제안/요청 – 요청에 우회적으로 거절한 답변 미W 호M

How about if we buy a cake at the bakery?

(A) Sure. Cupcakes are delicious.
(B) I'd rather bake one at home.
(C) Right across from the gas station.

해설 빵집에서 케이크를 사는 게 어떠냐는 제안에 집에서 만드는 게 낫겠다며 우회적으로 거절한 (B)가 정답이다.

표현 정리 bakery 빵집, 제과점 cupcake 컵 케이크 delicious 맛있는 rather 차라리 bake 굽다 across from ~ 건너편에 gas station 주유소

우리가 빵집에서 케이크를 사는 게 어때요?

(A) 물론이죠. 컵케이크는 맛있어요.
(B) 집에서 만드는 게 낫겠어요.
(C) 주유소 바로 건너편에요. **정답 (B)**

25. What 의문문 – 연설의 주제를 묻는 질문에 확인해 보겠다고 답변 미W 영W

What's the topic of Mr. Kennedy's address to us?

(A) Let me check the handout I got.
(B) He lives at 280 Stratton Road.
(C) Probably an hour or so.

해설 Kennedy 씨의 연설 주제를 묻는 질문에 유인물을 확인해 보겠다며 '모르겠음'을 우회적으로 말한 (A)가 정답이다. 'Let me check/ask/call ~' 등의 응답 표현은 질문자가 요구하는 정보를 잘 알지 못할 때 두루 사용할 수 있는 대표적인 회피성 응답 패턴이므로 정답 후보 1순위이다.

표현 정리 topic 주제, 화제 address 연설 handout 유인물

Kennedy 씨가 우리에게 한 연설의 주제가 뭔가요?

(A) 제가 받은 유인물을 확인해 볼게요.
(B) 그는 Stratton 로 280번지에 살아요.
(C) 아마 한 시간쯤이요. **정답 (A)**

26. 언급된 말에 적절하게 호응하며 답변 미M 호M

There are hardly any seats left here.

(A) Don't turn left. Go to the right.
(B) Yes, this chair is a bit hard.
(C) We'd better hurry and sit down then.

해설 남아 있는 자리가 거의 없다는 말에 서둘러 앉는 게 좋겠다며 적절히 응답한 (C)가 정답이다.

표현 정리 hardly 거의 ~없는 turn left 좌회전하다 a bit 조금, 약간 hard 딱딱한, 굳은 hurry 서두르다, 급히 하다

이곳엔 남아 있는 자리가 거의 없어요.

(A) 좌회전하지 마세요. 오른쪽으로 가세요.
(B) 네, 이 의자는 좀 딱딱해요.
(C) 그럼 우리가 서둘러 앉는 게 좋겠어요. **정답 (C)**

27. 선택을 유도하는 평서문 – 행사를 개최할 시점 선택을 유도하는 말에 후자를 선택한 답변 호M 영W

We can hold this event this Saturday or sometime next month.

(A) Yes, I agree with your opinion.
(B) Okay. Friday is fine with me.
(C) Let's go with the latter option.

해설 행사를 이번 주 토요일이나 다음 달에 열 수 있다는 말에 후자 옵션으로 하자며 다음 달을 선택한 (C)가 정답이다.

🔍 **함정 분석** (A)의 Yes나 (B)의 Okay는 질문의 내용에 호응되는 답변이 아니다.

표현 정리 **hold** 열다, 개최하다 **event** 행사 **agree with** ~에 동의하다 **go with** (계획, 제의 등을) 받아들이다

우리는 이 행사를 이번 주 토요일 아니면 다음 달에 열 수 있어요.

(A) 네, 당신의 의견에 동의해요.
(B) 알겠어요. 저는 금요일이 좋아요.
(C) 후자 옵션으로 하죠.　　　　　　　　　　　　　정답 (C)

28. Where 의문문 – 기다리는 장소를 묻는 질문에 특정 장소로 답변 [미M] [미W]

Where did Ms. Carter say she'd be waiting for us?

(A) She's arriving by train.
(B) No later than two thirty.
(C) Downstairs in the lobby.

해설 Carter 씨가 기다리겠다고 한 장소를 묻는 질문에 아래층 로비라며, 구체적인 장소를 밝힌 (C)가 정답이다.

🔍 **함정 분석** (A)는 질문과 전혀 무관한 응답이고, (B)는 When 의문문에 어울리는 응답으로 Where와 When의 발음 혼동에 주의한다.

표현 정리 **wait for** ~을 기다리다 **no later than** 늦어도 ~까지는 **downstairs** 아래층에서

Carter 씨가 우리를 어디서 기다리겠다고 말했나요?

(A) 그녀는 기차로 도착할 거예요.
(B) 늦어도 2시 30분까지요.
(C) 아래층 로비에서요.　　　　　　　　　　　　　정답 (C)

29. 일반 의문문 – 성과가 개선되었는지 묻는 질문에 우회적으로 답변 [미W] [미M]

Has Mr. Dresden's performance improved this quarter?

(A) He's become one of our top salesmen.
(B) He's performing at the theater tonight.
(C) Sorry. I don't have any change for you.

해설 Dresden 씨의 성과가 개선되었는지 묻는 질문에, 최고의 영업사원 중 한 명이 되었다며, 성과가 개선되었음을 우회적으로 말한 (A)가 정답이다.

🔍 **함정 분석** (B)는 질문의 performance의 파생어인 perform을 이용한 함정이며, (C)는 질문의 improved를 듣고 연상할 수 있는 change를 이용한 함정인데, 여기서는 '변화'의 의미가 아닌 '잔돈'의 의미로 쓰였음에 유의한다.

표현 정리 **performance** 성과, 실적 **improve** 개선되다, 나아지다 **salesman** 영업 사원, 판매원 **perform** 공연하다 **change** 잔돈

Dresden 씨의 성과가 이번 분기에는 개선되었나요?

(A) 그는 최고의 영업 사원 중 한 명이 됐어요.
(B) 그가 오늘밤에 극장에서 공연할 거예요.
(C) 죄송해요. 잔돈이 하나도 없네요.　　　　　　　정답 (A)

30. How 의문문 – 의견을 묻는 질문에 아직 못 읽었다고 응답 [미W] [호M]

How did you like the sales report I submitted?

(A) Yes, I saw the e-mail you sent.
(B) I haven't gotten to read it yet.
(C) Sales are up at most branches.

해설 제출한 영업 보고서가 어땠냐는 질문에 아직 읽지 못했다며 '모르겠음'

을 돌려 말한 (B)가 정답이다.

🔍 **함정 분석** 의문사 의문문은 Yes/No로 응답할 수 없으므로 (A)는 오답이며, (C)는 sales를 반복 사용하여 혼동을 유도한 함정이다.

표현 정리 **How do you like ~?** ~은 어때요? **sales report** 영업 보고서 **submit** 제출하다 **sales** 매출액, 판매량 **branch** 지점, 지사

제가 제출한 영업 보고서는 어땠어요?

(A) 네, 당신이 보낸 이메일을 봤어요.
(B) 그걸 아직 읽지 못했어요.
(C) 대부분의 지점에서 매출이 올랐어요.　　　　　정답 (B)

31. 평서문 – 언급된 말에 적절히 호응하며 답변 [미M] [미W]

I'd like to open a savings account here.

(A) Please fill out this form.
(B) You need your bankbook then.
(C) Here's the money you requested.

해설 계좌 개설을 원한다는 말에 서식을 작성해 달라며 적절히 응답한 (A)가 정답이다.

🔍 **함정 분석** (B)와 (C)는 각각 질문의 savings account를 듣고 연상할 수 있는 bankbook과 money를 이용한 함정이다.

표현 정리 **open** 개설하다, 열다 **savings account** 보통 예금, 저축 예금 **fill out** 작성하다 **form** 서식 **bankbook** 은행 통장 **request** 요청하다

여기서 보통 예금을 개설하고 싶어요.

(A) 이 서식을 작성해 주세요.
(B) 그러면 당신의 은행 통장이 필요해요.
(C) 여기 당신이 요청한 돈이 있어요.　　　　　　　정답 (A)

PART 3

문제 32-34번은 다음 대화를 참조하시오. [미M] [미W]

M: Sabrina, (32) **some of the doctors and nurses are planning to go to lunch together in a few minutes. Would you care to accompany us?**
W: (33) **I'd love to, but I think I need to stay here all day. I'm supposed to finish inputting patient information onto the computer system.**
M: Are you sure it can't wait? We'd really like to go out with you.
W: I wish it could, but my deadline is this afternoon at four. (34) **If I take any time off, Mr. Nelson won't be able to review the work I do before the day ends.** I'll just have a sandwich at my desk instead.

남: Sabrina, 의사들과 간호사들 몇 명이 몇 분 후에 같이 점심 먹으러 갈 거예요. 저희랑 동행하시겠어요?
여: 그러고는 싶은데, 하루 종일 여기 있어야 할 것 같아요. 컴퓨터 시스템에 환자 정보를 입력하는 일을 끝내기로 해서요.
남: 기다릴 수 없는 일인 거죠? 당신과 정말 같이 나가고 싶어서요.
여: 그랬으면 좋겠지만, 오늘 오후 4시가 마감이에요. 제가 시간을 빼게 되면, Nelson 씨가 오늘 퇴근 전까지 제가 한 일을 검토해 주실 수 없을 거예요. 대신 제 자리에서 그냥 샌드위치를 먹을게요.

표현 정리 Would you care to ~? ~하시겠어요? **accompany** 동행하다, 동반하다 **be supposed to** ~하기로 되어 있다 **input** 입력하다 **patient** 환자 **review** 검토하다 **instead** 그 대신

32. 근무지/대화 장소 – 특정 장소와 관련된 단어/표현에 집중

해설 남자의 첫 대사에서 의사들과 간호사들 몇 명이 같이 점심 먹으러 갈 건데, 같이 가겠냐고 묻는 내용을 토대로 두 화자 모두 병원에서 근무하는 직원들로 유추할 수 있다. 따라서 (A)가 정답이다.

화자들은 어디에서 일하겠는가?

(A) 병원
(B) 식당
(C) 학교
(D) 영화관   정답 (A)

33. 이유/방법 – reject를 키워드로 삼아 여자의 대사에서 거절한 이유에 집중

해설 점심 식사하러 같이 가자는 남자의 제의에 여자는 그러고 싶지만 남아 있어야 할 것 같다고 하면서, 환자 정보를 컴퓨터에 입력하는 일을 끝마쳐야 한다고 말했으므로 (C)가 정답이다.

패러프레이징 I'm supposed to finish inputting patient information onto the computer system. ▶ She has to complete some work.

표현 정리 reject 거절하다 **particularly** 특히, 특별히

여자는 왜 남자의 초대를 거절하는가?

(A) 상사가 그녀에게 회의에 참석해 달라고 요청했다.
(B) 그렇게 배가 고프지 않다.
(C) 어떤 업무를 완료해야 한다.
(D) 참석해야 하는 회의가 있다.   정답 (C)

34. 암시/추론 – Mr. Nelson을 키워드로 삼아 여자의 대사에 집중

해설 마지막 여자 대사에서 점심을 먹기 위해 시간을 빼게 되면, Nelson 씨가 자신이 한 일을 퇴근 전까지 검토하지 못할 거라고 했으므로 Nelson 씨가 여자의 직장 동료임을 짐작할 수 있다. 따라서 (A)가 정답이다.

Nelson 씨에 관하여 여자가 암시한 것은?

(A) 그는 그녀의 직장 동료 중 하나이다.
(B) 그는 휴가 중이다.
(C) 그는 점심 식사하러 갈 것이다.
(D) 그는 지금 바쁘지 않다.   정답 (A)

문제 35–37번은 다음 대화를 참조하시오. 영W 미M

W: Hello. My name's Angela Mercer. I purchased a dining table at your establishment this morning, **(35) but I'm a bit concerned. I just realized that the doorway to my dining room isn't very wide, so I don't believe you'll be able to fit the table into the room.**

M: You don't need to worry about that. The table will arrive in parts. **(36) The delivery team will bring it into the room and then assemble it.** It's a process which can be done fairly quickly.

W: That sounds wonderful. Oh, by the way, **(37) could you make sure they call ahead before they arrive tomorrow** since there's a chance I might be out of the house?

여: 안녕하세요. 제 이름은 Angela Mercer입니다. 제가 오늘 오전에 당신 가게에서 식탁을 구매했는데, 고민이 조금 생겼어요. 제 식당의 출입문이 많이 넓지는 않다는 게 방금 생각 나서, 당신이 방 안으로 테

이블을 들일 수 없을 것 같아요.

남: 그 일에 대해서는 걱정 안 하셔도 됩니다. 테이블은 부품들로 도착합니다. 배송팀이 그걸 실내로 갖고 들어가서 조립할 겁니다. 상당히 빨리 할 수 있는 일입니다.

여: 잘됐네요. 아, 그런데, 제가 외출 중일 수도 있어서, 그분들이 내일 도착하기 전에 미리 전화하도록 해 주시겠어요?

표현 정리 establishment 시설 **doorway** 출입문 **fit** 끼워 맞추다, 설치하다 **parts** 부품 **assemble** 조립하다 **process** 과정, 절차 **by the way** 그런데 **make sure** 꼭 ~하다 **ahead** 미리, 앞서 **chance** 가능성

35. 문제점/걱정거리 – 남자의 대사에서 부정적 표현에 집중

해설 여자의 첫 대사에서 남자의 가게에서 식탁을 구매했는데, 걱정이 있다며 자신의 식당 출입문이 작아서 테이블이 들어올 수 없을 것 같다고 말했으므로 여자는 식탁의 크기 문제로 걱정하고 있음을 알 수 있다. 따라서 (B)가 정답이다.

여자는 무엇을 걱정하는가?

(A) 가구의 가격
(B) 물건의 크기
(C) 배달 시간
(D) 물건의 색깔   정답 (B)

36. 세부 정보 – delivery team을 키워드로 삼아 해당 내용에 집중

해설 대화 중반에 남자가 테이블은 부품들로 올 거라면서, 그 부품들을 실내로 갖고 들어가서, 거기서 조립을 할 거라고 말했으므로 (D)가 정답이다.

표현 정리 obstruction 방해물, 장애물

남자는 배송팀이 무엇을 할 거라고 말하는가?

(A) 오후에 도착할 거라고
(B) 본인들의 공구를 가져올 거라고
(C) 방해되는 것들을 옮길 거라고
(D) 제품을 조립할 거라고   정답 (D)

37. 제의/제안/요청 – 여자의 대사에서 요청 표현에 집중

해설 대화 후반부에 여자가 배송팀이 내일 도착하기 전에 미리 전화를 해 주겠냐(could you make sure they call ahead before they arrive tomorrow ~?)고 물었으므로 (B)가 정답이다.

패러프레이징 call ▶ A telephone call

여자는 무엇을 요청하는가?

(A) 송장
(B) 전화 통화
(C) 문자 메시지
(D) 환불   정답 (B)

문제 38–40번은 다음 대화를 참조하시오. 미M 영W

M: Hello. **(38) I was just informed that Flight 47 was canceled because there's a problem with one of the plane's engines.** The gate attendant told me to come here to try to get a seat on another flight. Here are my passport and boarding pass.

W: Thank you, Mr. Jefferson. **(39) Flight 84 is leaving about two hours from now, but it's almost full. Let me see if I can fit you in.** There should be a seat or two left.

M: I really hope you can. **(40) I've got an important meeting with a valued client this evening,** so I need to get to Madrid as quickly as I can.

남: 안녕하세요. 제가 방금 47번 비행편이 기체 엔진에 문제가 있어서 취소되었다고 들었어요. 게이트 안내원이 이곳에 와서 다른 비행편 좌석을 받으라고 얘기해 줬어요. 여기 제 여권과 탑승권이요.

여: 감사합니다, Jefferson 씨. 84번 비행편이 약 2시간 후에 떠날 예정입니다만, 거의 만석이네요. 고객님께서 앉으실 자리가 있는지 알아보겠습니다. 자리가 한 두 개 남아 있을 겁니다.

남: 그렇게 해 주시면 정말 좋겠습니다. 오늘 저녁에 중요한 고객과 회의가 있어서 되도록 빨리 Madrid에 가야 하거든요.

표현 정리 **attendant** 안내원 **boarding pass** 비행기 탑승권 **see if** ~인지 알아보다 **fit ~ in** ~가 들어갈 공간을 만들다 **valued** 귀중한, 소중한 **get to** ~에 도착하다

38. 이유/방법 – flight, canceled를 키워드로 삼아 남자의 대사에 집중

해설 남자의 첫 번째 대사에서 남자가 타려고 했던 비행편이 엔진 문제로 취소되었다고 말했으므로 (C)가 정답이다.

패러프레이징 **a problem with one of the plane's engine ▶ The plane has a mechanical problem.**

표현 정리 **mechanical problem** 기계적 결함

남자의 비행편은 왜 취소되었는가?

(A) 비행기가 다른 공항에서 늦게 왔다.
(B) 날씨가 너무 안 좋다.
(C) 비행기에 기계 결함이 있다.
(D) 승객들이 표를 많이 예약하지 않았다. 정답 (C)

39. 세부 정보 – Flight 84를 키워드로 삼아 여자의 대사에 집중

해설 여자의 대사에서 84번 비행편이 거의 만석이라고 하면서, 한 자리나 두 자리는 남아 있을 테니 확인해 보겠다고 말했으므로 (B)가 정답이다.

패러프레이징 There should be a seat or two left. ▶ It still has seats available.

표현 정리 **depart from** ~에서 출발하다 **take of** 이륙하다 **nonstop** 직항의

84번 비행편에 관하여 여자가 말한 것은?

(A) Madrid에서 출발한다.
(B) 아직 이용 가능한 자리가 있다.
(C) 40분 후에 이륙할 것이다.
(D) 직항편이다. 정답 (B)

40. 세부 정보 – tonight을 키워드로 삼아 후반부 남자의 대사에 집중

해설 대화 마지막에 남자가 오늘 저녁에 중요한 고객과의 회의가 있어서 되도록 빨리 가야 한다고 말했으므로 (A)가 정답이다.

패러프레이징 this evening ▶ tonight

남자는 오늘밤 무엇을 할 예정인가?

(A) 업무 회의를 한다
(B) 호텔에 체크인한다
(C) 상사에게 연락한다
(D) 계약을 체결한다 정답 (A)

문제 41-43번은 다음 대화를 참조하시오. 미W 호M

W: Alex, (41) I just found out about this new frozen pizza made by Elmer's. I tried it at a friend's house, and it was amazing. We should try to stock it here.

M: I don't believe we have any products Elmer's makes. Do you know where that company happens to be located?

W: Its headquarters is in Denver, and it mostly sells its products in the western part of the country. (42) But it's making an effort to sell everywhere in the nation these days.

M: Okay. (43) Why don't you contact the company and see if we can get some samples? We'll give them away to some customers and see how they like them before we decide to place a large order.

여: Alex, 제가 Elmer's에서 만든 이 새 냉동 피자를 알게 됐어요. 그걸 친구네 집에서 먹어 봤는데, 엄청 맛있더라고요. 우리가 그걸 들여오면 어떨까 싶어요.

남: 우리에게 Elmer's가 만든 제품은 없는 것 같네요. 혹시 그 회사가 어디에 위치해 있는지 아세요?

여: 그곳 본사는 Denver에 있고, 제품들을 대부분 서부에서 판매하고 있어요. 하지만, 요즘에는 국내 전역으로 판매하기 위한 노력을 하고 있네요.

남: 알겠어요. 그 회사에 연락해서 샘플을 좀 얻을 수 있는지 알아봐 주시겠어요? 대량 주문을 하기로 결정하기 전에, 몇몇 고객들에게 그것들을 나눠줘서 그들이 얼마나 좋아하는지 알아볼게요.

표현 정리 **frozen pizza** 냉동 피자 **amazing** (감탄스럽도록) 놀라운 **stock** 비축하다 **headquarters** 본사 **make an effort to** ~하려고 노력하다 **see if** ~인지 확인하다 **give ~ away** ~을 (무료로) 나눠주다 **place an order** 주문하다

41. 근무지/대화 장소 – 특정 장소와 관련된 단어/표현에 집중

해설 여자의 첫 대사에서 새로운 냉동 피자를 알게 됐다면서 엄청 맛있으니 그걸 들여오면 어떨까 싶다고 말한 것을 토대로 냉동 피자를 파는 곳은 보기 중 식료품점뿐이므로 (B)가 정답이다.

화자들은 어디서 일하겠는가?

(A) 카페
(B) 식료품점
(C) 빵집
(D) 식당 정답 (B)

42. 세부 정보 – Elmer's를 키워드로 삼아 여자의 대사에 집중

해설 여자가 처음에 Elmer's에서 만든 냉동 피자를 소개하면서 Denver에 본사가 있고, 서부에서 많이 판매하지만, 요즘에는 국내 전역으로 확대하려고 노력하고 있다고 말했으므로 (D)가 정답이다.

패러프레이징 it's making an effort to sell everywhere in the nation ▶ It is trying to expand.

표현 정리 **expand** 확장하다. 확대하다

Elmer's에 관하여 여자가 말한 것은?

(A) 최근에 문을 열었다.
(B) 무료 배송을 제공한다.
(C) 외국 회사이다.
(D) 확장하려고 노력한다. 정답 (D)

43. 세부 정보 – 남자의 대사에 집중

해설 대화 마지막 남자의 대사에서 그 회사에 연락해서 샘플을 좀 얻을 수 있는지 알아봐 달라고 했으므로 (A)가 정답이다.

패러프레이징 contact ▶ get in touch with

표현 정리 **get in touch** ~와 연락하다 **coordinate** 조직하다. 편성하다

남자는 여자에게 무엇을 하라고 말하는가?

(A) 회사와 연락하라고
(B) 제품에 대해 고객들과 얘기하라고

(C) 설문 조사를 준비하라고
(D) 대량 주문을 하라고 　　　　　　　　　　정답 (A)

문제 44-46번은 다음 대화를 참조하시오. 미M 영W

> M: **(44)** I heard that a trade show is going to be coming to the city. Do you think we ought to arrange to have a booth there?
> W: It's not a bad idea. **(45)** Since we're a relatively new business, not many people in the city and surrounding area are aware of us. We could use this event as an opportunity to market ourselves to more customers.
> M: Yeah, then we won't have to rely on referrals so much. **(46)** I'll check with Mr. Werner and see if he minds paying the $1,000 registration fee.
> W: **(46)** If he doesn't want to do that, let me know, and I'll convince him.
>
> ----
> 남: 무역박람회가 시에 올 거라고 들었어요. 우리가 그곳에 부스를 마련해야 할까요?
> 여: 나쁜 생각은 아니네요. 우리가 비교적 신생 기업이라서, 시와 주변 지역의 많은 사람들이 우리를 잘 모르거든요. 이 행사를 더 많은 고객들에게 우리를 광고할 기회로 이용할 수도 있죠.
> 남: 네, 그러면 우리가 위탁 업체에 그렇게 많이 의지할 필요는 없겠네요. 제가 Werner 씨에게 1,000달러의 등록비를 내는 게 괜찮은지 알아볼게요.
> 여: 그 분이 그걸 원하시지 않으면, 제게 알려 주세요. 제가 설득해 볼게요.

표현 정리 **trade show** 무역 박람회 **ought to** ~해야 한다 **relatively** 비교적, 상대적으로 **surrounding** 인근의, 주위의 **be aware of** ~을 알고 있다 **market** 광고하다 **referral** 위탁업체, 소개업체 **check with** ~에게 문의하다 **see if** ~인지 확인하다 **registration fee** 등록비 **convince** 설득하다, 납득시키다

44. 주제/대상/목적 – 대화 전반부에 집중
해설　대화 처음에 남자가 무역 박람회가 이 도시에서 열릴 예정인데, 부스를 마련해야 하는지 물으며 대화를 이어가고 있으므로 무역 박람회 행사가 대화의 주된 내용임을 알 수 있다. 따라서 (B)가 정답이다.

패러프레이징 a trade show ▶ A professional event

표현 정리 **profit** 수익 **lack** 부족 **commercial** 상업적인

화자들은 주로 무엇을 얘기하는가?
(A) 수익을 개선할 필요성
(B) 전문 행사
(C) 고객들의 부족
(D) 상업적 광고 　　　　　　　　　　정답 (B)

45. 세부 정보 – speakers' business를 키워드로 삼아 여자의 대사에 집중
해설　여자의 첫 대사에서 자신이 비교적 신생 기업이어서 많은 사람들이 자신들을 알고 있지 못하니, 더 많은 고객들에게 알리는 기회로 이 행사를 이용할 수 있다고 말했으므로 (A)가 정답이다.

표현 정리 **refer** 주목하게 하다

화자들의 사업에 관하여 여자가 말한 것은?
(A) 다른 사람들이 그들을 알아볼 때 고객들을 얻는다.
(B) 수년 동안 영업해 왔다.
(C) 최근에 그 도시에 새 지점을 열었다.

(D) 최근에 손실을 보고 있다. 　　　　　　　　　　정답 (A)

46. 화자 의도 파악 – 주어진 발화 문장의 앞뒤 맥락을 토대로 유추
해설　남자가 등록비 1,000달러를 내는 것을 Werner 씨가 괜찮아 할지 확인하겠다고 하자, 여자가 그가 그렇게 하는 걸 원하지 않으면, 자기에게 알려 달라며, 자신이 그를 설득하겠다고 말한 것이므로 여자는 1,000달러를 들여서라도 박람회에 참가할 가치가 있음을 내비친 것이다. 따라서 (C)가 정답이다..

표현 정리 **worth the money** 돈을 들일 가치가 있다. 돈이 아깝지 않다

여자가 "제가 그를 설득해 볼게요"라고 말할 때, 그녀가 의미한 것은 무엇이겠는가?
(A) 어떤 제품이 주문되어야 한다고 생각한다.
(B) 고객과 좋은 관계를 맺고 있다.
(C) 1,000달러를 지불하는 일이 가치가 있다.
(D) 광고의 중요성을 알고 있다. 　　　　　　　　　　정답 (C)

문제 47-49번은 다음 대화를 참조하시오. 영W 호M

> W: Hello. I saw you have a room to rent. Is it still available?
> M: Yes, it is. **(47)** Are you a student at the local college?
> W: **(47)** That's right, so it would be great if I could live near the campus. Would you mind if I visited in around an hour to take a look at it?
> M: Not at all. And just so you know, **(48)** the utilities are included in the price of rent. But if you want to park your car, you'll have to pay extra for a city parking pass.
> W: That won't be a problem **(49)** since I only have a bicycle. Okay, I'll see you in a little while. Thank you.
>
> ----
> 여: 안녕하세요. 당신께 세놓을 방이 있다고 하던데요. 아직 이용 가능한가요?
> 남: 네, 그렇습니다. 이곳 대학교 학생이신가요?
> 여: 맞아요, 그래서 캠퍼스 근처에서 살면 좋을 것 같아서요. 한 시간쯤 후에 보러 가도 괜찮을까요?
> 남: 그럼요. 그리고 참고로 공과금이 집세에 포함되어 있어요. 하지만 차량을 주차하기를 원하시면, 시 주차권 비용을 추가로 납부하셔야 할 거예요.
> 여: 저는 자전거만 있어서 그건 문제되지 않을 거예요. 알겠습니다. 잠시 후에 뵐게요. 감사합니다.

표현 정리 **rent** 세놓다. 임대하다 **not at all** 천만에요(Would you mind if ~? 에 대한 대답) **just so you know** 참고로 말하자면: 당신도 알다시피 **utilities** 공공요금 **parking pass** 주차권

47. 화자의 정체 – 특정 직업과 관련된 단어/표현에 집중
해설　대화 초반에 여자가 방을 구하고 있다는 것을 알 수 있고, 남자가 이곳 대학교 학생이냐고 묻자 여자가 그렇다고 대답했으므로 여자는 대학생 신분임을 알 수 있다. 따라서 (D)가 정답이다.

패러프레이징 a student at the local college ▶ A university student

여자는 누구인가?
(A) 부동산 중개업자
(B) 선생님
(C) 시 직원
(D) 대학생 　　　　　　　　　　정답 (D)

48. 세부 정보 – rent를 키워드로 삼아 남자의 대사에 집중
해설　대화 중간에 남자가 공과금이 집세에 포함되어 있다고 말했으므로 (C)

가 정답이다.

집세에 관하여 남자가 말한 것은?

(A) 주차권을 포함한다.
(B) 현금만 받는다.
(C) 공과금이 그 안에 포함되어 있다.
(D) 한 달에 한 번 지불되어야 한다. **정답 (C)**

49. 세부 정보 – transportation, use를 키워드로 삼아 여자의 대사에 집중

해설 대화 후반부에 남자가 주차를 원한다면, 주차증 발급을 위해 추가 비용이 든다고 하자, 여자 자신이 자전거뿐이라, 문제 없을 거라고 말했으므로 (D)가 정답이다.

여자는 어떤 교통수단을 이용하겠는가?

(A) 지하철
(B) 자동차
(C) 버스.
(D) 자전거 **정답 (D)**

문제 50-52번은 다음 대화를 참조하시오. 영W 미M

> W: (50) With me here in the studio is Ray Crawford, a local novelist who has just published his twelfth book. Ray, why don't you tell our listeners here on WMVP radio about it?
> M: Well, the title is *Last Man Standing*, and it's a thriller featuring Ken Dryden, one of my favorite characters.
> W: According to the publisher, (51) the book was released three days ago, and it's already shooting up the bestseller charts. How does that make you feel?
> M: (51) I'm obviously excited about that. It's nice to have loyal fans who support the work I do.
> W: We'll be back to continue talking with Ray (52) after a quick word from our sponsors.
>
> ---
>
> 여: 이곳 스튜디오에 최근 열 두 번째 책을 출간하신 이 지역 소설가, Ray Crawford 씨가 나와 계십니다. Ray, 저희 WMVP 라디오 청취자 분들께 작품에 대해 말씀해 주시겠어요?
> 남: 음, 제목은 *Last Man Standing*이고, 제가 좋아하는 인물 중 하나인 Ken Dryden을 등장시킨 스릴러물입니다.
> 여: 출판사에 따르면, 그 책이 3일 전에 발매되었고, 이미 베스트셀러 차트를 질주하고 있다고 합니다. 기분이 어떠세요?
> 남: 당연히 기분이 좋죠. 저의 작품을 지원해 주시는 열렬한 팬이 있다는 게 좋습니다.
> 여: 저희는 후원사들의 짧은 광고 후에 다시 돌아와서 Ray 씨와 대화를 계속 이어가겠습니다.

표현 정리 novelist 소설가 thriller 스릴러물 character 캐릭터, 등장인물 release 발매하다, 출시하다 shoot up 급등하다 obviously 분명히, 명백히 loyal fan 열렬한 팬 support 지지하다 sponsor 후원 업체

50. 화자의 정체 – 특정 직업과 관련된 단어/표현에 집중

해설 여자의 첫 대사에서 스튜디오에(in the studio) 소설가를 초대했고, 그에게 WMVP 라디오 청취자들(listeners)에게 한 마디 하라고 한 내용을 토대로 여자의 직업이 라디오 진행자임을 알 수 있다. 따라서 (B)가 정답이다.

여자는 누구겠는가?

(A) 팬
(B) 라디오 진행자
(C) 작가

(D) 도서 기획자 **정답 (B)**

51. 이유/방법 – excited를 키워드로 삼아 단서 포착

해설 대화 중반에 여자가 책이 출간된 지 사흘 만에 이미 베스트 셀러 차트로 뛰어 올랐다며, 기분이 어떠냐고 묻자, 남자가 당연히 좋다(excited)고 한 것이므로 (A)가 정답이다.

패러프레이징 shooting up the bestseller charts ▶ selling well

남자는 왜 기분이 좋은가?

(A) 새 발간물이 잘 팔리고 있어서
(B) 새 출판사와 막 계약을 해서
(C) 지난주에 소설을 탈고해서
(D) 그의 책을 원작으로 영화가 제작될 거라서 **정답 (A)**

52. 다음 할 일 – 대화 후반부에 집중

해설 대화 마지막에 여자가 후원사들의 짧은 광고를 듣고 다시 돌아오겠다고 말했으므로 다음에 듣게 될 것은 광고임을 알 수 있다. 따라서 (D)가 정답이다.

패러프레이징 a quick word from our sponsors ▶ Some commercials

청자들은 다음에 무엇을 듣겠는가?

(A) 전화 건 사람의 질문
(B) 새 지역 뉴스
(C) 일기 예보
(D) 광고 방송 **정답 (D)**

문제 53-55번은 다음의 3자 대화를 참조하시오. 미M 미W 영W

> M: (53) I've looked over the list of renovations you want done on your office, and (54) here's what I estimate it will cost.
> W1: Hmm... (54) That's quite a bit more than we had been expecting to spend.
> W2: (54) Yeah, we don't have enough in our budget for that considering how poor the economy is these days.
> M: Well, (55) I could itemize all the work for you. Then, you could tell me what you want to have done.
> W2: We'd appreciate that. We really want to work with your company because you come highly recommended.
> M: (55) I'll e-mail you the information by the end of the day.
>
> ---
>
> 남: 여러분의 사무실에 하고 싶어하시는 수리 목록을 살펴봤고요, 비용 견적을 낸 게 여기 있습니다.
> 여1: 흠… 저희가 예상했었던 지출보다 상당히 많네요.
> 여2: 네, 요즘 경기가 안 좋은 걸 고려하면 저희가 예산이 충분하지 않아요.
> 남: 음, 여러분을 위해 제가 모든 작업들을 항목별로 적어 드릴 수 있습니다. 그런 후에, 여러분이 원하는 작업을 말씀해 주실 수 있어요.
> 여2: 그래 주시면 감사하겠습니다. 귀사를 적극 추천 받아서, 정말로 같이 했으면 하거든요.
> 남: 제가 오늘 퇴근 전까지 그 정보를 이메일로 보내 드리겠습니다.

표현 정리 look over ~을 살펴보다 renovation 수리, 개조 estimate 견적을 내다, 추산하다 cost (얼마의) 비용이 들다 quite a bit 상당히 많은 budget 예산 considering ~을 고려해 볼 때 itemize ~을 항목별로 적다 appreciate 고마워하다 highly recommended 적극 추천 받은

53. 화자의 정체 – 남자의 대사에서 특정 직업과 관련된 단어/표현에 집중

해설 대화 초반에 남자가 여자들의 사무실에 그들이 원하는 수리 목록을 살펴봤고, 비용 견적을 건네고 있는 것으로 미루어 남자의 직업이 인테리어 장식가임을 알 수 있다. 따라서 (C)가 정답이다.

남자는 누구겠는가?

(A) 변호사
(B) 부동산 중개업자
(C) 실내 장식가
(D) 페인트공 　　　　　　　　　　　　　　　　정답 (C)

54. 세부 정보 – both women, agree를 키워드로 삼아 해당 내용에 집중

해설 처음에 남자가 비용 견적서를 건네자, 여자1이 예상보다 너무 많다고 했고, 여자2가 이에 동조하며(Yeah), 그에 대한 예산이 충분치 않다고 말했으므로 (D)가 정답이다.

두 여자들은 무엇에 대해 동의하는가?

(A) 시간이 충분치 않다.
(B) 일이 잘 되지 않았다.
(C) 그들의 상사에게 얘기해야 한다.
(D) 견적액이 너무 높다. 　　　　　　　　　　정답 (D)

55. 세부 정보 – send, by the end of the day를 키워드로 삼아 남자의 대사에 집중

해설 대화 중후반에 걸쳐 남자가 모든 작업들을 항목별로 적어 줄 수 있으니 필요한 수리를 얘기해 달라고 했고, 그 정보를 퇴근 전까지 이메일로 보내 주겠다고 했으므로 (C)가 정답이다.

남자가 퇴근 전까지 보내기로 약속한 것은?

(A) 영수증
(B) 필요한 장비 목록
(C) 항목별로 기재된 목록
(D) 수정된 보고서 　　　　　　　　　　　　정답 (C)

문제 56-58번은 다음 대화를 참조하시오. 미W 호M

> W: Hello, Richard. (56) **I'd like to get together with you sometime to go over the changes that need to be made to my personnel file.**
> M: I already took care of that. I did it this morning.
> W: That's great news. Oh, by the way, (57) **are you planning to attend the seminar in Chicago next week?**
> M: I'm considering going there, but I haven't made a final decision yet.
> W: (57) **Well, in case you go, three of us are planning to drive there together. There's room for one more if you want.**
> M: Count me in then. (58) **I was concerned about how I would get all the way there**, but now I don't have to worry anymore.

> 여: 안녕하세요, Richard 씨. 제 인사 기록에 변경돼야 할 사항들을 검토하러 언제 한 번 당신을 만나고 싶은데요.
> 남: 제가 이미 그걸 처리했어요. 오늘 아침에 했거든요.
> 여: 잘됐네요. 아, 그런데. 다음 주에 Chicago에서 열리는 세미나에 참석할 계획이세요?
> 남: 그곳에 갈까 생각 중이긴 한데, 아직 확실히 결정을 내리진 못했어요.

> 여: 음, 가시게 되면, 저희는 세 명이 차로 그곳에 같이 갈 거라서요. 원하시면 자리가 하나 더 있어요.
> 남: 그럼 저도 끼워 주세요. 그 먼 길을 어떻게 갈지 고민했었는데, 이제 더 이상 걱정할 필요 없겠네요.

표현 정리 **get together with** ~와 만나다 **go over** 검토하다 **personnel file** 인사 서류 **take care of** ~을 처리하다 **in case** ~인 경우에 **Count me in.** 저도 끼워 주세요.

56. 화자 의도 파악 – 주어진 발화 문장의 앞뒤 맥락을 토대로 유추

해설 여자가 자신의 인사 기록에 필요한 변경 사항들의 검토를 위해 남자에게 만나고 싶다고 하자, 남자가 이미 처리했다며 오늘 아침에 했다고 말한 것이므로 남자는 여자를 따로 만날 필요가 없음을 시사한 것이다. 따라서 (B)가 정답이다.

표현 정리 **sign up for** ~을 신청하다 **membership** 회원권, 회원의 자격 **apply for** ~을 신청하다 **transfer** 전근, 이전

남자가 "제가 이미 그걸 처리했어요"라고 말할 때, 그가 암시한 것은?

(A) 방금 회원권을 신청했다.
(B) 여자를 만나지 않아도 된다.
(C) 새 지점으로 전근을 신청했다.
(D) 자신은 성공할 거라고 믿는다. 　　　　　정답 (B)

57. 제의/제안/요청 – 여자의 대사에서 제안 표현에 집중

해설 대화 중후반에 걸쳐 Chicago에서 열릴 세미나 참석에 관한 얘기를 나누면서 여자가 먼저 세미나에 참석할 계획인지 물었고, 남자가 생각 중인데 아직 결정하지 못했다고 하자, 여자가 자기들은 운전해서 함께 가려고 하는데, (같이 가기를) 원한다면 자리 하나가 더 있다고 말했으므로 (C)가 정답이다.

표현 정리 **give a speech** 연설하다

여자는 무엇을 제안하는가?

(A) 행사에서 연설할 것을
(B) 그룹 토론을 이끌 것을
(C) 차로 Chicago에 함께 갈 것을
(D) 남자의 인사 파일을 업데이트할 것을 　　정답 (C)

58. 암시/추론 – seminar를 키워드로 삼아 해당 내용에 집중

해설 대화 중후반에 걸쳐 여자는 남자에게 Chicago에서 열릴 세미나 참석 여부와 같이 가겠냐고 물었고, 남자가 그 먼 길을 어떻게 갈지 고민했는데, 더 이상 걱정하지 않아도 되겠다고 말한 것이므로 세미나 장소가 남자가 있는 곳에서 상당히 멀리 떨어져 있음을 유추할 수 있다. 따라서 (A)가 정답이다.

표현 정리 **present** 현재의 **last** 지속되다 **entire** 전체의

세미나에 관하여 남자가 시사하는 것은?

(A) 현재의 위치에서 멀리 떨어져 있다.
(B) 주말 내내 계속될 것으로 예정되어 있다.
(C) 참석을 위해 등록비를 낼 가치가 없다.
(D) 몇몇 유명인사들이 참석한다. 　　　　　정답 (A)

제 59-61번은 다음의 3자 대화를 참조하시오. 미W 영W 호M

> W1: Lisa, (60) **didn't you move to the Triple Oaks neighborhood?** I thought I heard you mention that.
> W2: Yes, Amy. (60) **My family moved there two weeks ago.**
> M: (60) **That means we're all neighbors now.** (59)(61) **So we were wondering if you'd be interested in carpooling with us to work.**

W2: **(59) How does it work?**

W1: It's simple. There are three of us in the group, but we have room for one more person.

M: Basically, we take turns driving to and from work every day. The driver drops by each person's house in the morning and does the same thing at night.

W2: **(61) I'd like to do that.** But keep in mind that I can't participate some days because I often take business trips.

여1: Lisa, Triple Oaks 지역으로 이사하지 않으셨어요? 당신이 그렇게 얘기한 것 같아서요.

여2: 네, Amy. 우리 가족이 2주 전에 그곳으로 이사했어요.

남: 그러면 이제 우리는 모두 이웃이군요. 회사까지 카풀해서 가는 데 당신이 관심이 있을지 궁금해하던 참이었어요.

여2: 어떻게 하는 건데요?

여1: 간단해요. 그룹에 세 명이 있는데, 한 자리가 더 남았거든요.

남: 기본적으로, 우리는 매일 회사까지 교대로 운전해요. 운전하는 사람이 아침에 각 집에 들르고 저녁에도 똑같이 하고요.

여2: 그렇게 하고 싶어요. 하지만 제가 출장을 자주 가서 어떤 날은 같이 할 수 없다는 점은 알아주세요.

표현 정리 **neighborhood** 지역, 지방 **neighbor** 이웃 **carpool** 카풀(승용차 함께 타기)을 하다 **basically** 기본적으로 **take turns** 교대로 하다 **drop by** ~에 잠시 들르다 **keep in mind** ~을 명심하다 **business trip** 출장

59. 주제/대상/목적 – 대화 전반부에 집중

해설 대화 초중반에 걸쳐 여자1과 남자가 있는 Triple Oaks로 이사 온 여자2에게 남자는 회사까지 카풀하는 데 관심 있는지 궁금하다고 했고, 여자2가 어떻게 하는 거냐고 물으며 대화가 전개되고 있으므로 대화의 중심 내용은 카풀에 관한 것임을 알 수 있다. 따라서 (D)가 정답이다.

화자들은 주로 무엇에 대해 얘기하는가?

(A) 그들 지역의 학교들
(B) 곧 있을 업무 프로젝트
(C) 그들이 곧 참석할 회의
(D) 카풀 기회   정답 (D)

60. 암시/추론 – 남자와 관련된 정보에 집중

해설 대화 처음에 여자1이 여자2에게 Triple Oaks 지역으로 이사하지 않았냐고 물었고, 여자2가 2주 전에 이사했다고 대답하자, 남자가 그러면 이제 우리가 같은 이웃이라고 말한 것이므로 남자 역시 여자1과 마찬가지로 Triple Oaks에 살고 있음을 알 수 있다. 따라서 (B)가 정답이다.

남자에 관하여 알 수 있는 것은?

(A) 새로 온 직원이다.
(B) Triple Oaks에 산다.
(C) 출장을 많이 다닌다.
(D) 여자들의 상사이다.   정답 (B)

61. 세부 정보 – in the future를 키워드로 삼아 해당 내용에 집중

해설 대화 중후반에 걸쳐 남자가 여자2에게 우리와 함께 카풀하는 것에 관심이 있는지 물었고, 카풀에 대한 세부 내용을 알려주자, 여자2가 자기도 하고 싶다고 했으므로 앞으로 화자들이 함께 직장까지 카풀을 할 것임을 알 수 있다. 따라서 (A)가 정답이다.

화자들은 앞으로 무엇을 하겠는가?

(A) 차로 함께 출퇴근 한다
(B) 그들의 가족들을 만나게 해준다
(C) 새로운 곳으로 이사한다
(D) 그들의 직업을 바꾼다   정답 (A)

문제 62-64번은 다음 대화와 조리법 카드를 참조하시오. ᴹM ᴱW

M: Grace, **(62) thanks so much for giving me the recipe for the cookies** which you made for the departmental party last week. I'm going to try making them tonight.

W: Oh, just so you know, **(63) I use half as much butter than the recipe calls for.** I think the cookies taste better that way, so you might want to try that.

M: Ah, great. Thanks for letting me know.

W: No problem, Brian. By the way, **(64) how are the preparations for tomorrow's training session going?**

M: Everything's going smoothly. **(64) I finally managed to get a room booked**, so that was the last problem to solve.

남: Grace, 지난주 부서 파티 때 당신이 만든 쿠키 조리법을 제게 알려주셔서 너무나 감사해요. 오늘밤에 그걸 만들어 보려고요.

여: 아, 참고로, 저는 조리법에서 필요로 하는 버터 양의 반만큼만 사용해요. 그렇게 하면 쿠키가 더 맛있는 것 같은데, 당신도 그렇게 해보기를 원하지 않을까 싶네요.

남: 오, 좋아요. 알려 주셔서 고맙습니다.

여: 뭘요, Brian. 그런데, 내일 교육 시간 준비는 어떻게 돼 가고 있어요?

남: 모든 게 순조롭게 진행되고 있어요. 마침내 가까스로 방을 예약해서 마지막 문제까지 해결되었어요.

설탕 쿠키 조리법

- 밀가루 2½ 컵
- 버터 1컵
- 설탕 1½ 컵
- 바닐라 1티스푼
- 달걀 1개

표현 정리 **recipe** 조리법 **just so you know** 참고로 **call for** ~을 필요로 하다 **manage to** 간신히 ~하다 **solve** 해결하다

62. 이유/방법 – thank를 키워드로 삼아 남자의 대사에 집중

해설 남자의 첫 대사에서 자신에게 쿠키 조리법을 줘서 너무 고맙다고 했으므로 (D)가 정답이다.

표현 정리 **organize** 준비하다, 조직하다

남자는 왜 여자에게 고마워하는가?

(A) 그를 위해 쿠키를 만들었다.
(B) 그가 준비하는 걸 도왔다.
(C) 직장 파티를 준비했다
(D) 그에게 조리법을 주었다.   정답 (D)

63. 시각 정보 연계 – Which amount, reducing을 키워드로 삼아 그래픽을 보며 단서 포착

해설 여자가 버터 양을 조리법에 나온 양의 반만큼만 사용한다고 했고, 조리법 그래픽에서 버터의 양은 1컵이므로 (B)가 정답이다.

그래픽을 보시오. 여자는 어떤 양을 줄일 것을 제안하는가?

(A) 2½컵
(B) 1컵
(C) 1½컵
(D) 1티스푼   정답 (B)

64. 세부 정보 – training session을 키워드로 삼아 남자의 대사에 집중

해설 대화 후반부에 여자가 내일 있을 교육 시간 준비는 어떻게 돼 가고 있느냐고 묻자, 남자가 모든 게 다 순조롭게 진행되고 있다며, 가까스로 방을 예약했다고 말했으므로 (B)가 정답이다.

패러프레이징 get a room booked ▶ reserve a room

표현 정리 postpone 연기하다 reserve 예약하다 lead 이끌다 chance 가능성

교육에 관하여 남자가 말한 것은?

(A) 나중으로 연기되었다.
(B) 가까스로 방을 예약했다.
(C) 여자가 수업을 진행해야 한다.
(D) 아무도 참석하지 않을 수 있다.　　　　　　　　　　정답 (B)

문제 65–67번은 다음 대화와 목록을 참조하시오. 영W 미M

W: Hello. This is Tonya Griggs calling from the Sinclair Public Library. May I please speak with Mr. Potter?
M: This is Eric Potter. How may I be of assistance?
W: (65) (66) I'd like you to know that one of the books you checked out is overdue. It's the book written by Arthur Murray.
M: (66) Oh, I'm so sorry about that. I'll visit the library with the book first thing tomorrow morning. I'll be sure to pay the fine I owe as well.
W: Thank you. (67) And please be aware that you won't be able to renew the books you have now or check out any new ones for two weeks.

여: 안녕하세요. Sinclair 공공 도서관에서 전화 드린 Tonya Griggs입니다. Potter 씨와 얘기할 수 있을까요?
남: 제가 Eric Potter입니다. 어떻게 도와드릴까요?
여: 선생님께서 대출 받으신 책들 중 하나가 기한이 지났음을 알려 드리고 싶어서요. Arthur Murray가 쓴 책입니다.
남: 오, 죄송합니다. 내일 아침에 바로 책을 가지고 도서관에 가겠습니다. 내야 할 벌금도 꼭 낼게요.
여: 감사합니다. 그리고 2주 동안은 지금 가지고 계신 책들의 대출을 갱신하거나 그 밖의 다른 책들을 새로 대출하실 수 없으니 알아 두시기 바랍니다.

대출 받은 책 목록

저자	제목
Cindy Harper	*Taylor's Run*
Daniel West	화법
Arthur Murray	호숫가 사색
Alice Mayfield	아마존 우림

표현 정리 check out (도서관에서 책을) 대출 받다 overdue 기한이 지난 first thing tomorrow morning 내일 아침에 제일 먼저 fine 벌금 owe 빚지다 renew 갱신하다 drawing 그림, 소묘 musing 사색 rainforest (열대) 우림

65. 시각 정보 연계 – Which book, overdue를 키워드로 삼아 그래픽을 보며 단서 포착

해설 여자의 두 번째 대사에서 남자에게, 대출 받은 책들 중 하나의 기한이 만료되었다고 하며, Arthur Murray가 쓴 책이라고 말했고, 그래픽에서 Arthur

Murray가 쓴 책의 제목은 "Musings from beside a Lake"이므로 (C)가 정답이다.

그래픽을 보시오. 어느 책의 만기가 지났는가?

(A) *Taylor's Run*
(B) 화법
(C) 호숫가 사색
(D) 아마존 우림　　　　　　　　　　정답 (C)

66. 세부 정보 – 남자의 대사에서 미래 표현에 집중

해설 대화 중반에 여자가 남자에게 기한이 지난 책이 있다고 하자, 남자가 사과하며, 내일 아침에 바로 책을 가지고 도서관에 가겠다고 말했으므로 (C)가 정답이다.

패러프레이징 visit the library with the book first thing tomorrow morning ▶ Return a book tomorrow

남자는 무엇을 하겠다고 말하는가?

(A) 오늘 도서관을 방문하겠다고
(B) 도서관 카드를 갱신하겠다고
(C) 책을 내일 반납하겠다고
(D) 수표로 벌금을 내겠다고　　　　　　　　　　정답 (C)

67. 세부 정보 – 대화 후반부 여자의 대사에 집중

해설 대화 마지막에 여자가 앞으로 2주 동안은 도서 대출 갱신이나 신규 대출이 불가하다고 말했으므로 (A)가 정답이다.

패러프레이징 you won't be able to renew the books you have now or check out any new ones for two weeks ▶ borrowing privileges have been suspended

표현 정리 borrowing 대출 privilege 특권, 특혜 suspend 중단하다, 유예하다 search for ~을 찾다 at once 즉시, 당장

여자가 남자에게 말한 것은?

(A) 그의 대출 혜택이 잠시 중단되었다.
(B) 그가 필요한 책을 찾는 일을 도울 수 있다.
(C) 그의 책 전부를 즉시 반납해야 한다.
(D) 도서관이 주말 동안 문을 닫을 것이다.　　　　　　　　　　정답 (A)

문제 68–70번은 다음 대화와 안건을 참조하시오. 호M 미W

M: (68) Okay, that was a great presentation we just heard. Do any of you have any questions about the state of our branches in France and Germany?
W: It sounds like we're doing really well. (68) I'd say it was smart of us to open new offices abroad.
M: I don't think anyone here will disagree with you. Shall we get started with the next presentation?
W: (69) (70) Would you mind if we took a break for a bit first? We've all been sitting here for a couple of hours.
M: (70) That's not a problem. Everyone, be back here in a quarter of an hour, and we'll continue the meeting then.

남: 네, 방금 들은 발표는 아주 좋았어요. 프랑스와 독일 지점의 상태에 관하여 질문 있으신 분 계신가요?
여: 우리가 정말 잘 하고 있는 것 같네요. 해외에 새 사무소를 연 것은 현명한 일이었던 것 같습니다.
남: 여기 계신 누구도 당신 말에 반대하지는 않을 거예요. 다음 발표를 시작할까요?
여: 우선 잠시 휴식을 갖는 게 어떨까요? 우리 모두가 여기 두어 시간

동안 계속 앉아 있었잖아요.

남: 전혀 문제 없어요. 그럼 여러분, 15분 후에 이곳으로 돌아와 주시면, 회의를 계속 진행하겠습니다.

발표자	주제
Brian Caldwell	컴퓨터 소프트웨어 교육
Ted Colby	해외 지사
David Propst	채용 문제
Stephen Brooks	자금 요청

표현 정리 state 상태 branch 지점, 지사 smart 영리한 abroad 해외에 [로] disagree 반대하다 in a quarter of an hour 15분 후에

68. 시각 정보 연계 – Who, finished speaking을 키워드로 삼아 그래픽을 보며 단서 포착

해설 대화 초반에 남자가 방금 들은 발표가 좋았다며 프랑스와 독일 지점의 상태(the state of our branches in France and Germany)에 관한 질문이 있는지 물었고, 여자가 잘 하고 있는 것 같다며 해외에 새 사무소를 연 것(to open new offices abroad)이 아주 현명했다고 하므로 방금 한 연설이 해외 지사에 관한 것임을 알 수 있고, 그래픽에서 해외 지사에 관한 발표자는 Ted Colby이므로 (B)가 정답이다.

그래픽을 보시오. 누가 방금 연설을 끝냈는가?

(A) Brian Caldwell
(B) Ted Colby
(C) David Propst
(D) Stephen Brooks   정답 (B)

69. 암시/추론 – 여자의 대사에 집중

해설 대화 후반부에 여자가 잠시 휴식을 갖는 게 어떻겠냐며, 두어 시간 동안 이곳에 앉아 있었다고 한 말을 토대로 회의가 오랜 시간 계속되었음을 짐작할 수 있으므로 (A)가 정답이다.

패러프레이징 We've all been sitting here for a couple of hours.
▶ The meeting has lasted for a long time.

표현 정리 last 지속되다 luncheon 오찬 complete 끝마치다 previous 이전의

여자가 시사한 것은?

(A) 회의가 오랜 시간 계속되었다.
(B) 그녀가 곧 오찬에 참석해야 한다.
(C) 회의를 끝마칠 시간이 없다.
(D) 이전 토픽에 대해 더 듣기를 원한다.   정답 (A)

70. 다음 할 일 – 대화 후반부에 집중

해설 대화 마지막에 여자가 잠시 휴식을 갖는 게 어떻겠냐고 제안하자, 남자가 전혀 문제 없다면서, 15분 후에 회의를 계속할 수 있도록 다시 돌아오라고 했으므로 (C)가 정답이다.

표현 정리 fill out 작성하다 conduct 수행하다 vote 투표

화자들은 다음에 무엇을 하겠는가?

(A) 서식을 작성한다
(B) 질문에 답한다
(C) 휴식을 갖는다
(D) 투표를 실시한다   정답 (C)

PART 4

문제 71-73번은 다음 담화를 참조하시오. 호M

Hello, everybody. My name is Arthur Lansing. I work at Smithson Engineering, and (71) my job today is to show you how this cutting machine works. You must be extremely careful while using it because the slightest mistake could result in an injury to yourself or others. Now, before I actually demonstrate how to use the machine, (72) I'd like to show you some slides. The pictures on them will enable you to see what each individual part of the machine looks like and does. (73) Next, I'll give you some safety tips that should keep you safe while using the machine. Then, I'll show you how it works and let each of you take turns operating it.

안녕하세요, 여러분. 제 이름은 Arthur Lansing입니다. 저는 Smithson Engineering에 근무하고 있으며, 오늘 제가 할 일은 여러분께 이 절삭기 작동법을 보여 드리는 것입니다. 아주 작은 실수라도 여러분 자신이나 다른 사람들에게 부상을 입힐 수 있기 때문에 사용하시는 동안 매우 조심해야 합니다. 이제, 제가 이 기계의 사용법을 실제로 시연하기 전에, 여러분께 몇 가지 슬라이드를 보여 드리고자 합니다. 여기 있는 그림들은 기계의 각 부품이 어떻게 생겼고, 어떤 역할을 하는지 여러분이 알 수 있게 해 줄 것입니다. 다음으로, 기계를 사용하시는 동안 여러분을 안전하게 지켜 줄 안전 팁을 몇 가지 알려 드리겠습니다. 그러고 나서, 어떻게 작동하는지 보여 드리고, 여러분 각자가 교대로 그것을 작동해 보도록 하겠습니다.

표현 정리 cutting machine 절삭기 extremely 극도로 slight 약간의 result in ~을 초래하다 injury 부상 demonstrate 시연하다 enable ~을 가능하게 하다 individual 각각의, 개개의 take turns 교대로 하다

71. 화자의 정체 – 특정 직업과 관련된 단어/표현에 집중

해설 담화 초반에 화자의 소속사를 말하며, 자신이 오늘 할 일이 절삭기의 사용법을 보여 주는 일이라고 했으므로 (A)가 정답이다.

화자는 누구이겠는가?

(A) 강사
(B) 고객
(C) 발명가
(D) 임원   정답 (A)

72. 세부 정보 – slides를 키워드로 삼아 해당 내용에 집중

해설 담화 중반에 화자가 몇 장의 슬라이드를 보여 주겠다며, 그 슬라이드에 있는 그림들(the pictures on them)이라고 말했으므로 (B)가 정답이다.

화자가 가지고 있는 슬라이드에 있는 것은?

(A) 설명서
(B) 그림
(C) 지도
(D) 안전 팁   정답 (B)

73. 다음 할 일 – after looking at the slides를 키워드로 삼아 담화 후반부 내용에 집중

해설 담화 후반부에 슬라이드를 보고 나서, 안전 팁을 알려 주겠다고 말했으므로 (D)가 정답이다.

패러프레이징 some safety tips ▶ a talk on safety

슬라이드를 본 후에 청자들은 무엇을 할 것인가?

(A) 시설을 구경한다
(B) 신제품을 이용한다
(C) 짧은 퀴즈를 푼다
(D) 안전에 대한 얘기를 듣는다 　　　　　　　　정답 (D)

문제 74-76번은 다음 소개를 참조하시오. ⓂⓌ

(74) Thank you for attending the inaugural lecture in this year's North Haven Academic Lecture Series. I'm delighted to see such a big turnout. This evening, we'll hear from (75) **Dr. Addison Monroe, one of the most noted cancer researchers in the country. Dr. Monroe will tell us about the research he's currently doing in his lab** and will also share his thoughts on how he thinks we'll eventually defeat cancer. (76) **At the conclusion of his talk, Dr. Monroe will answer questions from the audience**, so please wait until then to make any inquiries you may have. There will also be a reception following the Q&A session. It will be in the lobby, and everybody here is invited.

올해 North Haven 아카데미 강연 시리즈의 첫 강연에 참석해 주셔서 감사드립니다. 이렇게 많은 참가자 분들을 보게 되어 기쁩니다. 오늘 저녁, 저희는 국내에서 가장 유명한 암 연구원 중 한 분이신 Addison Monroe 씨의 강연을 들을 것입니다. Monroe 박사는 현재 자신의 연구소에서 진행 중인 연구에 관하여 얘기하고, 우리가 결국 암을 어떻게 이겨낼 것인가에 대한 자신의 생각도 공유할 것입니다. 담화가 끝나는 시점에, Monroe 박사가 청중들의 질문에 답변을 할 것이니, 질문이 있으시다면 그때까지 기다려 주시기 바랍니다. 질의 응답 시간 이후에는 축하 연회도 있을 것입니다. 그 행사는 로비에서 열릴 예정이며, 여기 계신 모든 분들을 초대하겠습니다.

표현 정리 inaugural 첫 delighted 아주 기뻐하는 turnout 참가자의 수 noted 유명한, 잘 알려져 있는 cancer 암 share 공유하다 thought 생각, 사고 eventually 결국, 궁극적으로 defeat 이겨내다, 물리치다 at the conclusion of ~의 끝부분에 audience 청중 inquiry 문의 reception 축하 연회 following ~ 이후에

74. 세부 정보 – lecture series를 키워드로 삼아 해당 내용에 집중

해설 담화 초반에 올해 강연 시리즈의 첫 강연(inaugural lecture)에 참석해 준 데 대해 감사를 표하고 있으므로 (B)가 정답이다.

패러프레이징 the inaugural lecture in this year ▶ the first lecture of the year

표현 정리 attendance 참석자 수, 참석률 normally 보통

강연회에 관하여 화자가 말한 것은?

(A) 대학생들만 참석할 수 있다.
(B) 올해 첫 강연이다.
(C) 약간의 참가비가 필요하다.
(D) 참석률이 보통 저조하다. 　　　　　　　　정답 (B)

75. 세부 정보 – Dr. Addison Monroe를 키워드로 삼아 해당 내용에 집중

해설 담화 초중반에 걸쳐, Addison Monroe 박사를 국내에서 가장 유명한 암 연구원으로 소개하며, 그가 자신이 현재 하고 있는 연구에 관하여 얘기할 거라고 말했으므로 (D)가 정답이다.

패러프레이징 cancer ▶ medical

Addison Monroe 박사는 무엇에 관하여 말할 것인가?

(A) 그의 최근 저서
(B) 그가 한 발견

(C) 그가 쓴 논문
(D) 의학 연구 　　　　　　　　정답 (D)

76. 세부 정보 – at the end of Dr. Addison Monroe's speech를 키워드로 삼아 해당 내용에 집중

해설 담화 후반에 Monroe 박사의 연설 끝부분에 청중들의 질문에 답변을 해 줄 거라고 했으므로 (A)가 정답이다.

패러프레이징 at the conclusion of his talk ▶ at the end of ~ speech

Addison Monroe의 연설 끝에 무엇이 있을 것인가?

(A) 질문에 답할 것이다.
(B) 그의 책에 사인할 것이다.
(C) 단편 영화를 보여 줄 것이다.
(D) 몇몇 사람들과 저녁 식사를 할 것이다. 　　　　정답 (A)

문제 77-79번은 다음 일기 예보를 참조하시오. ⓂⓂ

And now for a brief update on the weather. If you're like me, (77) **you're tired of the rainy weather we've been seeing for the past ten days.** Fortunately, it appears as though we're going to have sunny skies as soon as tomorrow morning. In fact, it looks like there's no rain in the forecast for the next week. This is good news since most nearby rivers, streams, and lakes are near their flood levels. In fact, according to one report, (78) **Coldwater Creek overran its banks in the area on Route 18 heading toward Florence.** (79) **In the next few days, water levels should decline,** so we'll no longer be in any danger of flooding.

이제 날씨 소식을 잠깐 전해 드립니다. 여러분이 저와 같다면, 지난 열흘 동안 보아 왔던 비 오는 날씨에 싫증이 나셨을 겁니다. 다행히, 내일 아침이 밝는 대로 맑은 하늘을 볼 것으로 예상됩니다. 사실, 다음 주에는 비 예보가 없어 보입니다. 이는 인근 대부분의 강과 시내, 호수가 홍수 수위에 다다랐기 때문에 좋은 소식입니다. 실제로, 한 보도에 따르면, Coldwater Creek이 Florence로 향하는 18번 도로 지역의 둑을 범람했습니다. 앞으로 며칠 동안, 수위가 줄어들 것이므로, 범람의 위험은 더 이상 없을 것입니다.

표현 정리 brief 짧은, 잠시 동안의 be tired of ~에 싫증나다 fortunately 다행히, 운 좋게도 appear ~인 것 같다 as though (마치) ~인 것처럼 forecast 예보 nearby 인근의, 가까운 곳의 stream 시내, 개울 flood 홍수 overrun 넘치다, 초과하다 bank 둑, 제방 head ~로 향하다 water level 수위 decline 감소하다, 하락하다 no longer 더 이상 ~않는 flooding 홍수, 범람

77. 암시/추론 – weather를 키워드로 삼아 해당 내용에 집중

해설 담화 초반에 화자가 지난 열흘 동안 봐온 비 오는 날씨에 지긋지긋해졌을 거라고 한 말을 토대로 최근에 계속 비가 내렸음을 알 수 있다. 따라서 (B)가 정답이다.

패러프레이징 the rainy weather we've been seeing for the past ten days ▶ It has been raining constantly.

표현 정리 unusual 드문, 흔치 않은 constantly 끊임없이, 거듭 possibility 가능성

날씨에 관하여 화자가 암시하는 것은?

(A) 그 계절에는 서늘한 날씨가 드물다.
(B) 계속 비가 내렸다.
(C) 다음 날 비가 올 것이다.

(D) 예보상 눈이 올 가능성이 있다.   정답 (B)

78. 이유/방법 – Coldwater Creek를 키워드로 삼아 해당 내용에 집중

해설 담화 후반에 Coldwater Creek이 Florence로 향하는 18번 도로 지역의 둑을 범람했다고 말했으므로 (A)가 정답이다.

패러프레이징 Coldwater Creek overran its banks in the area on Route 18 ▶ it flooded in one place

표현 정리 flood 범람하다[시키다] encourage 권하다, 격려하다

화자는 왜 Coldwater Creek을 언급하는가?

(A) 어떤 장소에서 범람했다고 말하려고
(B) 청자들에게 그곳에서 떨어져 있도록 경고하려고
(C) 평상시 수위를 언급하려고
(D) 청자들에게 그 안에서 수영하기를 권하려고   정답 (A)

79. 세부 정보 – happen, soon을 키워드로 삼아 해당 내용에 집중

해설 담화 끝에 앞으로 며칠 동안 수위가 줄어들어 더 이상 범람의 위험은 없을 거라고 말했으므로 (D)가 정답이다.

패러프레이징 in the next few days ▶ soon

표현 정리 emergency aid 응급 구호

화자는 곧 무엇이 일어날 거라고 말하는가?

(A) 응급 구호가 있을 것이다.
(B) 강의 범람이 더 발생할 것이다.
(C) 도로 보수가 시작될 것이다.
(D) 지역 수위가 줄어들 것이다.   정답 (D)

문제 80-82번은 다음 발표를 참조하시오. 호M

Your attention, please. (80) **This weekend, Garner Tower is undergoing a thorough inspection by the city.** While most services will be unaffected during this time, the elevators will be shut down while maintenance checks are performed on them. This process will require several hours to complete. Only one elevator at a time will be unavailable. However, to avoid congestion, (81) **we encourage any individuals who are only going up or down a single floor to use the stairwells located in the northeastern and southwestern corners of the building.** (82) **A complete schedule of when each of the four elevators will be shut down will be posted beside the elevators. Please be sure not to miss it.**

안내 말씀 드립니다. 이번 주말, Garner Tower는 시의 철저한 검사를 받을 예정입니다. 그러는 동안 대부분의 서비스에는 영향이 없을 것이지만, 엘리베이터는 유지 보수 점검을 하는 동안 중단될 것입니다. 이 과정은 완료되는 데 몇 시간이 소요될 것입니다. 한 번에 엘리베이터 한 대씩 이용이 불가합니다. 하지만, 혼잡을 피하기 위해, 단 한 층만 올라가거나 내려가시는 분들은 건물의 북동쪽과 남서쪽 코너에 있는 계단을 이용하실 것을 권해 드립니다. 네 대의 엘리베이터가 각각 언제 중단될 것인지에 대한 전체 일정은 엘리베이터 옆에 게시될 것입니다. 그것을 놓치지 않기를 당부 드립니다.

표현 정리 undergo 겪다, 받다 thorough 철저한 inspection 점검, 검사 unaffected 영향을 받지 않는 shut down 중단하다 maintenance 유지 보수 perform 수행하다 avoid 피하다 congestion 혼잡 stairwell 계단(이 있는 구역) post 게시하다

80. 주제/대상/목적 – 담화 전반부에 집중

해설 담화 초반에 이번 주말에, Garner Tower가 시의 철저한 검사를 받을 예정이라고 말하며, 발표를 이어가고 있으므로 곧 있을 점검에 관한 담화임을 알 수 있다. 따라서 (B)가 정답이다.

패러프레이징 This weekend, Garner Tower is undergoing ~ inspection ▶ An upcoming inspection

표현 정리 upcoming 다가오는, 곧 있을 closure 폐쇄 tenant 세입자

안내방송은 주로 무엇에 관한 것인가?

(A) 건물 개조
(B) 다가오는 점검
(C) 일부 사무실의 폐쇄
(D) 이사 들어올 새 세입자들   정답 (B)

81. 제의/제안/요청 – 제안/요청 표현에 집중

해설 담화 중후반에 걸쳐, 단 한 층만 올라가거나 내려가는 사람들은 건물의 북동쪽과 남서쪽 코너에 있는 계단을 이용하라고 권하고 있으므로 (C)가 정답이다.

패러프레이징 stairwells ▶ stairs

표현 정리 remove 치우다, 제거하다 obstruction 방해물, 장애물

화자는 청자들에게 무엇을 하라고 권하는가?

(A) 주말에는 건물을 피하라고
(B) 임차료를 제 시간에 지불하라고
(C) 계단을 이용하라고
(D) 홀에 있는 방해물들을 치우라고   정답 (C)

82. 화자 의도 파악 – 주어진 발화 문장의 앞뒤 맥락을 토대로 유추

해설 담화 후반에 네 대의 엘리베이터가 각각 언제 중단될 것인지에 대한 최종 일정을 엘리베이터 옆에 게시하겠다고 말하면서, 그걸 놓치지 말라고 당부한 것이므로 게시할 내용을 꼭 보라고 말한 것이다. 따라서 (A)가 정답이다.

화자가 "그것을 놓치지 않기길 당부 드립니다"라고 말할 때, 그가 의미한 것은 무엇이겠는가?

(A) 청자들이 공고문을 읽어야 한다.
(B) 청자들이 웹사이트를 방문해야 한다.
(C) 청자들이 프로그램을 시청해야 한다.
(D) 청자들이 설문지를 받아야 한다.   정답 (A)

문제 83-85번은 다음 회의 발췌록을 참조하시오. 영W

Tom Merriweather called me from Greenbrier Hospital. Apparently, (83) **both individuals who were hurt in the factory only suffered minor injuries**, so they should be fine. They'll remain hospitalized overnight as a precautionary measure though. (83) **It has been determined that some equipment malfunctioned and caused the injuries.** (84) **I want the assembly line to remain shut down until every piece of equipment has been inspected and deemed safe.** Cost is nothing to worry about. (84) **Spend as much as you must to make sure nothing like this happens again.** (85) **I've decided to bring in an outside consultant to teach proper safety methods to everyone from the new interns to the CEO next Tuesday.** We absolutely must make safety our top priority.

Greenbrier 병원의 Tom Merriweather가 제게 전화를 걸어왔습니다.

듣자 하니, 공장에서 다쳤던 두 분 모두 약간의 부상만 입은 거여서, 괜찮을 것 같습니다. 예방 조치로 하룻밤 병원에 계속 입원해 있을 테지만 말이죠. 일부 장비가 제대로 작동하지 않아서 부상을 일으킨 것으로 결론이 났죠. 저는 모든 장비가 점검되어서 안전하다고 판단될 때까지 조립 라인을 중지시키고 싶습니다. 비용은 전혀 걱정하지 않으셔도 됩니다. 이런 일이 다시는 발생하지 않도록 필요한 만큼 지출하세요. 다음 주 화요일에 새로 온 인턴에서부터 CEO까지 모든 분들께 적절한 안전 조치들을 알려 드리기 위해 외부 컨설턴트를 모시기로 결정했습니다. 우리는 당연히 안전을 최우선 순위에 두어야 합니다.

표현 정리 **apparently** 듣자 하니, 보아 하니 **hurt** 다치게 하다 **suffer** 고통을 겪다 **injury** 부상 **hospitalize** (병원에) 입원시키다 **overnight** 밤 사이에, 하룻밤 동안 **precautionary measure** 예방 조치 **malfunction** 제대로 작동하지 않다 **assembly line** 조립 라인 **deem** ~로 여기다 **proper** 적절한 **absolutely** 틀림없이, 전적으로 **top priority** 최우선 순위

83. 세부 정보 – caused, get hurt를 키워드로 삼아 해당 내용에 집중

해설 담화 초반에 두 사람이 공장에서 가벼운 부상을 당했다고 하면서, 장비 고장으로 인한 부상이라고 말했으므로 (D)가 정답이다.

패러프레이징 **injuries ▶ get hurts / some equipment malfunctioned ▶ faulty equipment**

표현 정리 **get hurt** 부상당하다 **error** 실수 **faulty** 결함 있는, 흠이 있는

무엇이 작업자들을 부상당하게 했는가?

(A) 작업자의 실수
(B) 시설 안의 화재
(C) 운전 사고
(D) 결함 있는 장비 　　　　　　　　　　　　정답 (D)

84. 화자 의도 파악 – 주어진 발화 문장의 앞뒤 맥락을 토대로 유추

해설 담화 중반에 모든 장비가 점검되어서 안전하다고 판단될 때까지 조립 라인을 중지시키고 싶다면서, 비용은 전혀 걱정하지 않아도 된다며, 이런 일이 다시는 발생하지 않도록 필요한 만큼 지출하라고 말한 것이므로 화자는 안전의 중요성을 강조하기 위해 비용은 걱정하지 말라고 한 것이다. 따라서 (B)가 정답이다.

표현 정리 **point out** 강조하다 **emphasize** 강조하다 **approve** 승인하다 **additional funds** 추가 자금

화자는 왜 "비용은 전혀 걱정하지 않으셔도 됩니다"라고 말하는가?

(A) 지출이 매우 많다는 것을 강조하려고
(B) 안전의 중요성을 강조하려고
(C) 청자들에게 장비를 더 구매하도록 권하려고
(D) 추가 자금 요청을 승인하려고 　　　　　정답 (B)

85. 세부 정보 – next week를 키워드로 삼아 해당 내용에 집중

해설 담화 말미에 다음 주 화요일에 새로 온 인턴에서부터 CEO까지 모든 사람들에게 적절한 안전 조치를 가르쳐 주기 위해 외부 컨설턴트를 데려오기로 결정했다고 하므로 (C)가 정답이다.

패러프레이징 **next Tuesday ▶ next week / bring in an outside consultant to teach proper safety methods ▶ A special course will be held.**

표현 정리 **give a speech** 연설하다 **budget** 예산 **introduce** 들여오다: 도입하다

다음 주에 무슨 일이 있을 것인가?

(A) CEO가 연설을 할 것이다.
(B) 예산이 들어올 것이다.
(C) 특별 강좌가 있을 것이다.
(D) 공장이 점검을 받을 것이다. 　　　　　정답 (C)

(86) **Drive Away Rentals is the newest rental car agency in the city. Located at the airport,** we have a wide variety of vehicles for you to choose from. If you want something sporty, something for the whole family to feel comfortable in, or something to transport a large group of people, we've got the vehicle for you. To celebrate our recent opening, (87) **customers can get a forty-percent discount on rentals of three days or more.** Just mention this advertisement when you are getting your vehicle, and the discount will be immediately applied. (88) **Check out our Web site at www. driveawayrentals.com to see some of our other special offers as well as to make a booking.**

Drive Away 렌탈은 이 시에서 가장 최근에 문을 연 차량 대여 업체입니다. 저희는 공항에 위치해 있으며, 여러분이 선택할 수 있는 다양한 종류의 차량들을 많이 보유하고 있습니다. 스포티한 것을 원하시거나, 가족 전체가 편안함을 느낄 수 있는 것을 원하시거나, 단체 인원을 실어 나를 것을 원하신다면, 저희에게 여러분을 위한 차량이 있습니다. 최근의 개장을 기념하기 위해, 고객 분들께서는 사흘 이상의 대여에 대해 40퍼센트 할인을 받으실 수 있습니다. 차량을 구하려고 하실 때, 이 광고를 언급해 주시기만 하면, 할인이 즉시 적용됩니다. 저희 웹사이트, www.driveawayrentals.com을 확인하시어 예약뿐만 아니라 다른 특별 혜택들도 찾아보세요.

표현 정리 **newest** 최근의 **rental car agency** 차량 대여 업체 **a wide variety of** 아주 다양한 **feel comfortable** 편하게 느끼다 **transport** 실어 나르다 **celebrate** 기념하다, 축하하다 **immediately** 즉시, 당장 **apply** 적용하다 **special offer** 특별 혜택 **make a booking** 예약하다

86. 세부 정보 – Drive Away Rentals를 키워드로 삼아 해당 내용에 집중

해설 담화 초반에 Drive Away 렌탈을 가장 최근에 문을 연 업체로 소개하며, 공항에 위치해 있다고 말했으므로 현재 이 회사는 지점이 한 곳임을 알 수 있다. 따라서 (B)가 정답이다.

표현 정리 **charge** 부과하다 **rate** 요금

Drive Away 렌탈에 관하여 화자가 언급한 것은?

(A) 지난주에 문을 열었다.
(B) 지점이 한 곳뿐이다.
(C) 시에서 요금이 가장 저렴하다.
(D) 대형 차량들만을 가지고 있다. 　　　　정답 (B)

87. 이유/방법 – discount를 키워드로 삼아 해당 내용에 집중

해설 담화 중반에 개장 기념으로, 3일 이상 대여를 하면 40퍼센트를 할인 받을 수 있다고 말했으므로 (C)가 정답이다.

고객은 어떻게 할인 받을 수 있는가?

(A) 온라인 예약을 해서
(B) 직접 차량을 예약해서
(C) 차량을 사흘간 대여해서
(D) 스포츠카 예약을 선택해서 　　　　　정답 (C)

88. 제의/제안/요청 – visiting, Web site를 키워드로 삼아 담화 후반부에 집중

해설 담화 말미에 웹사이트, www.driveawayrentals.com에 와서 예약 및 다른 특별 혜택들도 확인하라고 말했으므로 (A)가 정답이다.

패러프레이징 **to see some of our other special offers as well as to make a booking ▶ to learn about various opportunities**

표현 정리 various 다양한 opportunity 기회 inquire 문의하다 rate 요금 feature 기능, 특징

화자는 왜 웹사이트 방문을 권하는가?

(A) 다양한 기회에 관하여 알도록
(B) 차량 요금에 관하여 문의하도록
(C) 회사에 관한 코멘트를 보도록
(D) 차량들의 안전상의 기능들에 관하여 알도록   정답 (A)

문제 89~91번은 다음 담화를 참조하시오. 영W

> Good morning, everybody. You should have already received your work assignments for the day. Before you go out, (90) let me remind everyone that we've gotten a few complaints about substandard work from clients in the past two weeks. (89) Please be sure that you do your best when cutting grass and planting trees and flowers. In addition, (91) Terry, your crew should be finished with your assignment by noon. After lunch, please head over to 59 Lancaster Street to help out Marvin. He's got lots of fruit trees to plant and needs to be finished by today. Oh, if any of you want to work overtime this weekend, let me know at once. As usual, we'll pay time and a half.
>
> ---
>
> 안녕하세요, 여러분. 여러분은 이미 오늘의 업무 할당을 받았을 것입니다. 가시기 전에, 지난 2주 동안 수준 이하의 작업에 대해 고객들에게서 받은 몇 가지 불만 사항들을 모든 분들께 상기시켜 드리겠습니다. 잔디를 깎거나 나무와 꽃들을 심을 때 반드시 최선을 다해 주시기 바랍니다. 그리고, Terry, 당신의 작업 팀은 정오까지 맡은 일을 끝내야 합니다. 점심식사가 끝나면, Lancaster 가 59번지로 가셔서 Marvin을 도와주시기 바랍니다. 심어야 할 과일 나무들이 많은데, 오늘까지 끝내야 하거든요. 아, 여러분들 중에서 이번 주 주말에 초과 근무를 원하는 분이 있으면, 제게 바로 알려 주세요. 여느 때와 마찬가지로, 1.5배의 근무 수당을 드리겠습니다.

표현 정리 work assignment 업무 할당, 작업 배당 remind 상기시키다 complaint 불만 substandard 수준 이하의 do one's best 최선을 다하다 in addition 덧붙여, 더욱이 crew 작업반 work overtime 잔업하다, 초과 근무하다 at once 즉시, 당장 as usual 늘 그렇듯이 time and a half 1.5배의 근무 수당

89. 근무지/대화 장소 – 특정 장소와 관련된 단어/표현에 집중

해설 담화 중반에 잔디를 깎거나 나무와 꽃들을 심을 때 최선을 다해 달라고 당부한 내용을 토대로 청자들이 조경 회사의 직원들임을 유추할 수 있다. 따라서 (D)가 정답이다.

청자들은 어디에서 일하겠는가?

(A) 건설 회사
(B) 국립 공원
(C) 관공서
(D) 조경 회사   정답 (D)

90. 세부 정보 – clients를 키워드로 삼아 해당 내용에 집중

해설 담화 초반에 지난 2주 동안 수준 이하의 작업에 대해 고객들에게서 받은 몇 가지 불만 사항들을 알려 주겠다고 말했으므로 (A)가 정답이다.

표현 정리 sign a contract 계약을 맺다 personally 직접, 개인적으로

고객에 관하여 화자가 말한 것은?

(A) 그들이 받은 서비스에 대해 불평했다.
(B) 회사와 새로운 계약을 맺었다.

(C) 그들의 일을 다른 회사들로 옮겨갔다.
(D) 작업자들에게 직접 얘기해 달라고 요청했다.   정답 (A)

91. 세부 정보 – Terry를 키워드로 삼아 해당 내용에 집중

해설 담화 중반에 Terry를 부르며 그의 작업 팀이 정오까지 맡은 일을 끝내고, 점심식사 후에는 Lancaster 가 59번지로 가서 Marvin을 도우라고 말했으므로 (A)가 정답이다.

패러프레이징 help out Marvin ▶ assist one of his colleagues

화자는 Terry에게 무엇을 하라고 말하는가?

(A) 동료들 중 한 명을 도우라고
(B) Marvin과 할당 업무를 바꾸라고
(C) 오늘 퇴근 전까지 일을 마무리하라고
(D) 주말에 일하러 나오라고   정답 (A)

문제 92~94번은 다음 전화 메시지와 목록을 참조하시오. 미M

> Hello, Mr. Pierce. This is David Comer, one of your delivery personnel. (92) (93) I've got a package which I'm supposed to deliver to the person living at 65 Livingstone Lane. According to my list, somebody is supposed to be home right now. However, I've knocked on the door for the past couple of minutes, and nobody has responded. I don't have the recipient's phone number either, so I can't call to see what's going on. I'm going to leave here and continue dropping off packages. (94) But if the recipient calls the office, please let him know what I just told you. If I have time, I'll return to this address in around two hours to see if anyone's home.
>
> ---
>
> 안녕하세요, Pierce 씨. 배달 직원인 David Comer라고 합니다. 제가 Livingstone 로 65번지에 살고 계신 분께 배달해야 할 소포가 있습니다. 제 명단을 보면, 지금 누가 집에 있기로 되어 있는데요. 몇 분 동안 문을 두드렸지만, 아무 대답이 없어요. 제가 받는 분의 전화번호도 가지고 있지 않아서, 무슨 일인지 확인하러 전화도 할 수 없네요. 저는 이 곳을 떠나서 소포 배달을 계속하려고 합니다. 하지만 수령하시는 분이 사무실에 전화하시면, 제가 얘기했던 걸 그분께 알려 주세요. 제가 시간이 되면, 누가 집에 있는지 확인하러 두 시간쯤 뒤에 이 주소로 돌아오겠습니다.

수령인	주소
Albert Watson	Brookline 대로 88번지
David Arthur	Livingstone 로 65번지
Mattew Roth	Quartermaster 로 901번지
Percy Chapman	Anderson 가 58번지

표현 정리 personnel 인원, 직원들 package 소포 be supposed to ~하기로 되어 있다 according to ~에 따르면 knock (문을) 두드리다, 노크하다 recipient 받는 사람, 수령인 drop off 배달하다, 내려 주다 return to ~로 돌아오다 see if ~인지 확인하다

92. 문제점/걱정 거리 – 부정적 표현에 집중

해설 담화 초중반에 걸쳐 Livingstone 로 65번지에 살고 있는 사람에게 배달할 소포가 있다며, 지금 소포를 받을 사람이 집에 있어야 하는데, 문을 두드려 봐도 아무런 반응이 없다고 하므로 물건을 배송할 수 없는 상황을 말하고 있다. 따라서 (A)가 정답이다.

표현 정리 accept 수락하다 incorrect 잘못된, 틀린

무엇이 문제인가?

(A) 어떤 물건이 배달될 수 없다.
(B) 어떤 사람이 배달을 수락하지 않을 것이다.
(C) 주소가 잘못되었다.
(D) 어떤 고객이 주문한 물건값을 지불하지 않았다. 정답 (A)

93. 시각 정보 연계 – Whose home, speaker, now를 키워드로 삼아 그래픽을 보며 단서 포착

해설 담화 초반에 Livingstone 로 65번지에 살고 있는 사람에게 배달할 소포가 있어서, 문을 두드려 봤는데도 아무 반응이 없다고 했으니 현재 화자가 Livingstone 로 65번지에 있다는 것을 알 수 있고, 그래픽 상에서 해당 주소의 수령인이 David Arthur이므로 (B)가 정답이다.

그래픽을 보시오. 화자는 지금 누구의 집에 있는가?

(A) Albert Watson의 집
(B) David Arthur의 집
(C) Mattew Roth의 집
(D) Percy Chapman의 집 정답 (B)

94. 제의/제안/요청 – 담화 후반에서 요청 표현에 집중

해설 담화 말미에 수령인이 사무실로 전화를 하면, 화자가 얘기한 것을 알려 주라고 말했으므로 (C)가 정답이다.

패러프레이징 let him know what I just told you ▶ provide someone with information

화자는 Pierce 씨에게 무엇을 요청하는가?

(A) 그를 위해 물건을 배달하라고
(B) 전화해 달라고
(C) 누군가에게 정보를 알려 주라고
(D) 상사와 얘기하라고 정답 (C)

문제 95-97번은 다음 안내방송과 안건을 참조하시오. 호M

(95) Welcome to this month's special conference on marketing techniques. I see there are a few familiar faces in attendance. We're glad to have you back. We also hope our new attendees find today's conference useful. The next three hours until we break for lunch will be rather busy, so I want to get started soon. However, I'd like to inform you that there's a slight change in the schedule. (96) Roger Morris is unable to be here because of a personal reason, so he's being replaced by Linda Peterson. But don't worry because (96) Ms. Peterson will be covering the same topic, (97) and she's been working with us for several years. All right, let's get started.

마케팅 기법에 대한 이달의 특별 학회에 오신 것을 환영합니다. 친숙한 얼굴도 몇 분 자리해 계시네요. 다시 와 주셔서 기쁩니다. 처음 참석하신 분들에게도 오늘의 학회가 유용하기를 바랍니다. 점심식사를 위해 휴식을 취할 때까지 세 시간 동안은 다소 바쁠 거라서, 곧 시작되기를 바랍니다. 그런데, 여러분께 일정상 약간의 변동이 있음을 알려 드리고 싶습니다. Roger Morris 씨가 개인적인 이유로 이곳에 함께 하실 수 없어서, Linda Peterson 씨가 대신하게 될 것입니다. 하지만 Peterson 씨가 같은 주제를 다룰 것이기 때문에 걱정하지 않으셔도 되며, 그분은 수년간 저희와 함께 일해 오고 있습니다. 좋습니다, 시작하죠.

발표자	시간	주제
Alicia Stewart	오전 9시 – 10시	소셜 미디어와 당신
Roger Morris	오전 10시 – 10시 40분	마케팅에 신문 이용하기
Clyde Struthurs	오전 10시 40분 – 11시 30분	당신의 예산 대부분을 만들기
Peter Lee	오전 11시 30분 – 오후 12시	입소문 광고 만들기

표현 정리 technique 기법 familiar 친숙한, 익숙한 in attendance 참석한 attendee 참석자 useful 유용한 rather 다소, 꽤 slight 약간의, 조금의 replace 대신하다, 교체하다 cover 다루다 viral ad (바이러스처럼 퍼지는) 입소문 광고

95. 암시/추론 – conference를 키워드로 삼아 해당 내용에 집중

해설 담화를 시작할 때 이번 달(this month) 마케팅 기법 특별 학회에 와 준 것을 환영한다고 한 말을 토대로 이 학회가 매월 열리는 행사임을 짐작할 수 있으므로 (C)가 정답이다.

표현 정리 permit 허용하다 repeat customer 다시 찾는 고객 on a regular basis 정기적으로 a series of 일련의

학회에 관하여 화자가 암시하는 것은?

(A) 단체 할인을 제공한다.
(B) 다시 찾는 고객을 허용하지 않는다.
(C) 정기적으로 열린다.
(D) 일련의 행사들 중 두 번째이다. 정답 (C)

96. 시각 정보 연계 – title, Linda Peterson's talk를 키워드로 삼아 해당 내용에 집중

해설 담화 중반에 일정상 약간의 변동이 있다며, Roger Morris 씨가 개인적인 이유로 함께 할 수 없어서, Linda Peterson 씨가 대신하여 같은 토픽을 다룰 거라고 말했고, 그래픽 상에서 Roger Morris 씨의 발표 주제가 Using Newspapers for Marketing임을 확인할 수 있으므로 (B)가 정답이다.

그래픽을 보시오. Linda Peterson 씨의 담화 제목은 무엇인가?

(A) 소셜 미디어와 당신
(B) 마케팅에 신문 이용하기
(C) 당신의 예산 대부분을 만들기
(D) 입소문 광고 만들기 정답 (B)

97. 세부 정보 – Linda Peterson을 키워드로 삼아 해당 내용에 집중

해설 담화 후반에 Roger Morris 씨를 대신하게 된 Linda Peterson 씨가 Morris 씨와 같은 주제를 다룰 것이기 때문에 걱정하지 않아도 되며, 그녀가 수년간 우리와 함께 일해 오고 있다고 말했으므로 (D)가 정답이다.

Linda Peterson 씨에 관하여 화자가 말한 것은?

(A) 지역 여성 사업가이다.
(B) 연설 데뷔를 할 것이다.
(C) 마케팅 분야에 수년간의 경험이 있다.
(D) 그의 회사와 전에 일한 적이 있다. 정답 (D)

문제 98-100번은 다음 전화 메시지와 지도를 참조하시오. 미W

Good afternoon, Marcus. (98) I'm looking forward to seeing you again to conclude our negotiations regarding the equipment your company requires from mine. (98) I'm sure we'll be able to come to an agreement this afternoon. Just so you know, (99) my office suffered some water damage during the recent storm, so I'm no longer in the place you met me the last time. (100) To find my temporary office, take the elevator to the fifth floor and go straight as soon as the doors open. Walk past the employee lounge, which will be on the right. My office is the second door past it on the same side of the hall. My name is posted on the door.

안녕하세요, Marcus 씨. 귀사가 저희 회사에 요청하신 장비에 관한 협의를 매듭짓기 위해 당신을 다시 뵙기를 고대합니다. 오늘 오후에는 우리가 분명 합의에 이를 수 있을 것입니다. 참고로, 최근 폭풍우가 있던 동안, 제 사무실이 수해를 입어서, 지난 번 당신이 저를 만났던 장소에 제가 없습니다. 제 임시 사무실을 찾으시려면, 엘리베이터를 타고 5층으로 오셔서 문이 열리는 대로 직진하세요. 오른쪽에 있는 직원 휴게실을 지나가세요. 제 사무실은 그 복도의 같은 편 두 번째 문입니다. 제 이름이 문에 게시되어 있습니다.

표현 정리 **look forward to** ~하기를 고대하다 **conclude** 끝내다, 마무리 짓다 **negotiation** 협의, 협상 **regarding** ~에 관하여 **come to an agreement** 합의에 이르다 **just so you know** 참고로 **suffer** 피해를 입다 **no longer** 더 이상 ~않은 **temporary** 임시의 **employee lounge** 직원 휴게실

98. 이유/방법 – meeting, later today를 키워드로 삼아 해당 내용에 집중
해설 담화 초반에 장비에 관한 협의를 마무리 짓기 위해 다시 만나고 싶다며, 오늘 오후에는 분명 합의에 이를 수 있을 거라고 말했으므로 (C)가 정답이다.

패러프레이징 **this afternoon ▶ later today / come to an agreement ▶ reach an agreement / negotiation ▶ deal**

표현 정리 **budget report** 예산 보고서 **product demonstration** 제품 시연 **reach an agreement** 합의에 이르다 **deal** 거래 **compensation** 보상

화자는 왜 오늘 늦게 회의를 할 것인가?
(A) 예산 보고서에 대해 논의하려고
(B) 제품 시연을 보려고
(C) 어떤 거래의 합의를 보려고
(D) 실수에 대한 보상에 대해 논의하려고   정답 (C)

99. 이유/방법 – change, offices를 키워드로 삼아 해당 내용에 집중
해설 담화 중반에 최근의 폭풍우 기간 동안 수해를 입어서 지금은 전에 있던 곳에 있지 않다고 말했으므로 (A)가 정답이다.

패러프레이징 **the place you met me the last time ▶ her old one**

표현 정리 **receive a promotion** 승진하다 **transfer to** ~로 전근 가다

화자는 왜 사무실을 바꿨는가?
(A) 그녀의 전 사무실이 피해를 입었다.
(B) 최근에 승진했다.
(C) 매니저가 그녀에게 옮길 것을 요청했다.
(D) 다른 사무실로 전근 갔다.   정답 (A)

---

100. 시각 정보 연계 – speaker's office를 키워드로 삼아 그래픽을 보며 단서 포착
해설 그래픽을 보며 담화 후반부의 내용을 맞춰 보면, 화자의 임시 사무실은 엘리베이터를 타고 5층에서 내려서 직진한 다음, 오른쪽 직원 휴게실을 지나서 같은 편 복도의 두 번째 문이라고 말했으므로 화자의 사무실이 Room 1임을 알 수 있다. 따라서 (A)가 정답이다.

그래픽을 보시오. 화자의 사무실은 어디에 있는가?
(A) 1번 방
(B) 2번 방
(C) 3번 방
(D) 4번 방   정답 (A)

TEST 05

PART 1

1. 실내 – 사람들의 동작과 장소 미W

(A) They are running on the trail.
(B) They are exercising indoors.
(C) They are fixing some wires.
(D) They are securing some equipment to a post.

해설 헬스장에서 사람들이 운동하고 있는 사진이므로 (B)가 정답이다.

🔍 **함정 분석** (A)는 달리고 있는 사람들도 없을뿐더러, 산길(trail)은 보이지 않으므로 장소 묘사 오류이며, (C)의 전선(wires)이나 (D)의 기둥(post)은 사진에 등장하지 않으므로 오답이다.

표현 정리 trail 산길, 시골길 **exercise** 운동하다 **indoors** 실내에서 **fix** 고치다, 수리하다 **wire** 전선 **secure** 고정시키다 **equipment** 장비 **post** 기둥

(A) 사람들이 산길을 달리고 있다.
(B) 사람들이 실내에서 운동하고 있다.
(C) 사람들이 전선을 고치고 있다.
(D) 사람들이 장비를 기둥에 고정시키고 있다. 정답 (B)

2. 야외 – 거리의 상태 미M

(A) Customers are lined up in front of a store.
(B) The street is not filled with cars.
(C) All of the windows are wide open.
(D) Some tall buildings are located near the shoreline.

해설 건물들 사이로 길이 나 있는데, 차량들이 지나다니지 않는 한산한 모습이므로 (B)가 정답이다.

🔍 **함정 분석** (A)는 고객들(customers)로 명시할 수 있는 사람들이 없으며, (C)는 창문들이 활짝 열려 있는 모습이 보이지 않는다. (D)의 해안가(shoreline)도 사진에 등장하지 않으므로 오답이다.

표현 정리 be lined up 한 줄로 서 있다 **in front of** ~ 앞에 **be filled with** ~로 가득 차 있다 **wide open** 활짝 열려 있는 **shoreline** 해안가

(A) 고객들이 가게 앞에 줄 서 있다.
(B) 거리가 차들로 가득 차 있지 않다.
(C) 모든 창문들이 활짝 열려 있다.
(D) 몇몇 높은 건물들이 해안 가까이에 위치해 있다. 정답 (B)

3. 실내 – 일부 인물의 착용 상태 영W

(A) Some of them are wearing glasses.
(B) One of them is wiping the window shade.
(C) One of them is putting on a hat.
(D) All of them are applauding the speaker.

해설 강의실 안에 많은 학생들이 있으며, 몇몇 사람들이 안경을 끼고 있으므로 (A)가 정답이다.

🔍 **함정 분석** (B)는 블라인드를 닦고 있는 사람은 보이지 않으며, (C)는 오른쪽의 한 남자가 이미 모자를 쓰고 있지(wearing), 쓰는 중인(putting on) 동작은 아니므로 오답이다. (D)는 사진에 발표자(speaker)가 보이지 않으며, 사람들 일부만이 박수를 치고 있으므로 오답이다.

표현 정리 wipe (먼지나 물기 등을 없애기 위해) 닦다, 훔치다 **window shade** 블라인드 **applaud** 박수 치다 **speaker** 발표자

(A) 사람들 중 일부가 안경을 쓰고 있다.
(B) 사람들 중 한 명이 블라인드를 닦고 있다.
(C) 사람들 중 한 명이 모자를 쓰는 중이다.
(D) 사람들 모두가 발표자에게 박수 치고 있다. 정답 (A)

4. 야외 – 사물의 상태 호M

(A) The swimmers are diving from the board.
(B) A metal post is being repaired.
(C) Lampposts are being installed near a street.
(D) One of the pools is vacant.

해설 야외에 두 개의 큰 수영장이 있고, 한쪽은 많은 사람들이 이용하고 있지만, 나머지 한쪽은 사용되고 있지 않는 모습이므로 (D)가 정답이다.

🔍 **함정 분석** 다이빙을 하고 있는 사람들이나, 철기둥을 수리하고 있는 사람, 가로등 기둥을 설치하고 있는 사람은 사진에 보이지 않으므로 (A), (B), (C)는 모두 오답이다.

표현 정리 dive 다이빙하다 **board** 판자, 널 **metal post** 철기둥 **repair** 수리하다 **lamppost** 가로등 기둥 **install** 설치하다 **vacant** 비어 있는, 사람이 없는

(A) 수영 선수들이 다이빙 보드에서 다이빙하고 있다.
(B) 철기둥이 수리되고 있다.
(C) 가로등 기둥이 길가에 설치되고 있다.
(D) 수영장들 중 한 곳이 비어 있다. 정답 (D)

5. 실내 – 한 사람의 동작과 주변 상황 미M

(A) Passengers are handing their tickets to the driver.
(B) A man is exiting through the door.
(C) A card is being used to access public transit.
(D) Some suitcases are being loaded onto a bus.

해설 대중 교통 이용을 위해 카드 단말기에 카드를 대고 있는 사진이므로 (C)가 정답이다.

🔍 **함정 분석** (A)의 티켓(tickets)이나 (D)의 여행 가방(suitcases)은 사진에 등장하지 않는 사물이며, (B)는 문을 나서는(exiting) 남자가 보이지 않으므로 오답이다.

표현 정리 passenger 승객 **hand** 건네다 **exit** 나가다, 떠나다 **access** 이용하다, 접근하다 **public transit** 대중 교통 **suitcase** 여행 가방 **load** 싣다, 적재하다

(A) 승객들이 운전수에게 표를 건네고 있다.
(B) 남자가 문을 통해 나가고 있다.
(C) 대중 교통을 이용하기 위해 카드가 사용되고 있다.
(D) 여행 가방들이 버스 위에 실리고 있다. 정답 (C)

6. 야외 – 등장 인물의 동작과 주변 상황 미W

(A) Some pedestrians are walking on a busy road.
(B) Some umbrellas are being sold on the street.
(C) Columns line a walkway.
(D) Some movers are loading a vehicle with furniture.

해설 차량들로 가득한 거리를 담은 사진으로 도로 사이를 걷는 몇몇 행인들이 보이므로 (A)가 정답이다.

🔍 **함정 분석** (B)는 우산을 판매하는 동작을 볼 수 없으며 (C)의 기둥(columns)이나 (D)의 가구(furniture)는 사진에 등장하지 않는 사물이다.

표현 정리 pedestrian 보행자 **umbrella** 우산, 파라솔 **column** 기둥 **line** ~을 따라 늘어서다 **walkway** 보도 **mover** (특히 가구를) 옮기는 사람

load 싣다, 적재하다 **vehicle** 차량

(A) 몇몇 보행자들이 분주한 도로 위를 걷고 있다.
(B) 길가에서 우산이 판매되고 있다
(C) 기둥이 보도를 따라 늘어서 있다.
(D) 물건 나르는 사람들이 차량에 가구를 싣고 있다.　　　정답 (A)

PART 2

7. 평서문 – 언급된 말에 호응하며 답변 미W 호M

There's a Mr. Landers on the line for you.

(A) There's no one here by that name.
(B) I've been standing in line for a while.
(C) I'll have to call him back later.

해설　Landers 씨가 전화 연결되어 있다는 말에 나중에 따로 연락드려야 겠다며 지금은 통화할 수 없다는 의사를 표시한 (C)가 정답이다.

🔍 **함정 분석**　(A)는 There's를 반복 사용한 함정이며, (B) 역시 line을 반복 사용하여 혼동을 주고 있다.

표현 정리　**stand in line** 줄 서 있다 **for a while** 잠깐, 잠시 동안 **call ~ back** ~에게 회신 전화하다

Landers 씨가 전화 연결되어 있어요.

(A) 여기에 그런 이름은 없는데요.
(B) 제가 잠시 줄 서 있었어요.
(C) 그에게 나중에 다시 전화해야 되요.　　　정답 (C)

8. 일반 의문문 – 식료품 구매 장소를 묻는 질문에 There's를 이용한 답변 호M 영W

Is there somewhere we can purchase groceries nearby?

(A) There's a supermarket down the street.
(B) No, thanks. I already had breakfast.
(C) I always shop for groceries on Fridays.

해설　근처에 식료품을 구매할 수 있는 곳이 있냐는 질문에 길 아래에 슈퍼가 있다고 응답한 (A)가 정답이다.

🔍 **함정 분석**　(B)는 질문의 groceries를 듣고 연상하기 쉬운 breakfast를 이용한 함정이며, (C)는 groceries를 반복 사용하여 혼동을 주고 있다.

표현 정리　**groceries** 식료품 **nearby** 인근에 **shop for** ~을 사다

근처에 식료품을 구매할 수 있는 곳이 있나요?

(A) 길 아래에 슈퍼마켓이 있어요.
(B) 아닙니다. 괜찮아요. 벌써 아침을 먹었어요.
(C) 저는 항상 금요일에 식료품을 사요.　　　정답 (A)

9. Who 의문문 – 출장에서 만난 사람을 묻는 질문에 직업 명사로 답변 미M 미W

Who did you meet on your recent business trip?

(A) Last Wednesday and Thursday.
(B) Some engineers from Tiger Electronics.
(C) A trip to both Tokyo and Taipei.

해설　출장 갔을 때 누구를 만났는지 묻는 질문에 Tiger 전자의 엔지니어들을 만났다고 하며 구체적인 정체를 밝힌 (B)가 정답이다.

🔍 **함정 분석**　(A)는 When 의문문에 어울리는 응답이며, (C)는 trip을 반복 사용하여 혼동을 준 함정이다.

최근 출장에서 누구를 만나셨나요?

(A) 지난주 수요일과 목요일이요.
(B) Tiger 전자의 엔지니어들이요.
(C) Tokyo와 Taipei 두 곳 모두로의 여행이요.　　　정답 (B)

10. 부가 의문문 – 해외 여행 계획이 없는지 묻는 질문에 조건적 답변 미M 영W

You're not planning to travel abroad soon, are you?

(A) Not until next month.
(B) Last week, actually.
(C) Yes, I planned everything.

해설　조만간 해외로 여행할 계획은 없는지 확인하는 질문에 다음 달까지는 없을 거라고 응답한 (A)가 정답이다.

🔍 **함정 분석**　(B)는 앞으로의 계획을 묻는 질문에 과거의 정확한 시점을 언급하는 응답은 시제 불일치 함정으로 볼 수 있으며, (C)는 질문의 plan을 반복 사용하여 혼동을 준 함정이다.

표현 정리　**plan to** ~할 계획이다 **travel** 여행하다 **abroad** 해외로

조만간 해외로 여행할 계획은 없으시죠, 그렇죠?

(A) 다음 달 이후에나요.
(B) 실은, 지난주요.
(C) 네, 제가 모든 걸 계획했어요.　　　정답 (A)

11. 일반 의문문 – 지칭한 여자를 아는지 묻는 질문에 모르는 것 같다고 답변 미W 호M

Do you know that woman standing over there?

(A) No, that's the woman.
(B) You don't need to stand up.
(C) I'm afraid not.

해설　저기 서 있는 여자를 아는지 묻는 질문으로 'No'의 완곡한 의미인 I'm afraid not.을 사용하여 모르는 것 같다고 답한 (C)가 정답이다.

🔍 **함정 분석**　(A)는 No로 답하여 모른다는 의사 표시를 했는데, 그 뒤에 저 분이 그 여자분이라고 말한 것은 Yes/No 응답과 부연 설명이 일치하지 않는 경우이다. (B)는 질문의 stand를 반복 사용한 함정이다.

표현 정리　**stand up** 일어서다 **I'm afraid ~.** (유감이지만) ~인 것 같다.

저쪽에 서 있는 여자를 아세요?

(A) 아니요, 저 분이 그 여자분이에요.
(B) 일어설 필요 없어요.
(C) 아닌 것 같아요.　　　정답 (C)

12. 제공/제안/요청 – 다른 의사의 진단을 받아보라는 제안에 수락의 표현으로 답변 호M 미M

Why don't you get a second opinion from another doctor?

(A) At the local hospital.
(B) He's pretty opinionated.
(C) I'll probably do that.

해설　다른 의사에게 다시 진단을 받는 게 어떠냐는 제안문으로, 그렇게 해보겠다고 답한 (C)가 정답이다.

🔍 **함정 분석** (A)는 질문의 doctor를 듣고 연상하기 쉬운 hospital을 이용한 함정이며, (B)는 질문의 opinion의 파생어인 opinionated를 이용한 유사 발음 함정이다.

표현 정리 **second opinion** 다른 의사의 진단[의견] **pretty** 꽤, 상당히 **opinionated** 자기 의견을 고집하는, 독선적인 **probably** 아마도

다른 의사 분의 진단을 받는 게 어때요?

(A) 지역 병원에서요.
(B) 그는 상당히 독선적이에요.
(C) 그렇게 해보려고요. 정답 (C)

13. When 의문문 – 날씨가 맑아지는 시점을 묻는 질문에 확인해 보겠다는 답변 [미W] [호M]

When is the weather supposed to improve?

(A) It rained all day yesterday.
(B) I'll have to check the forecast.
(C) Sunny skies and warm weather.

해설 날씨가 언제 좋아지겠냐는 질문에 일기 예보를 확인해 봐야겠다며 모르겠다는 것을 우회적으로 나타낸 (B)가 정답이다.

🔍 **함정 분석** (A)는 각각 질문의 When과 weather를 듣고 연상하기 쉬운 yesterday와 rained를 이용하여 혼동을 준 함정이며, (C)는 weather의 반복 사용과 함께 연상하기 쉬운 sunny skies, warm을 이용한 함정이다.

표현 정리 **be supposed to** ~하기로 예정되어 있다 **improve** 개선하다, 나아지다 **forecast** 일기 예보

날씨가 언제 좋아질 건가요?

(A) 어제 하루 종일 비가 왔어요.
(B) 일기 예보를 확인해 봐야겠어요.
(C) 맑은 하늘과 따뜻한 날씨요. 정답 (B)

14. 부정 의문문 – 차량 예약을 해야 하지 않냐는 질문에 구체적으로 답변 [미M] [영W]

Shouldn't we arrange transportation from the airport?

(A) We're flying to Miami nonstop.
(B) James said he'll call a taxi service.
(C) On the morning of the tenth.

해설 공항에서 탈 차량을 마련해야 하지 않냐는 질문으로, James가 택시를 부를 거라고 답한 (B)가 정답이다.

🔍 **함정 분석** (A)는 질문의 airport를 듣고 연상할 수 있는 flying, nonstop을 이용한 함정이며, (C)는 질문과 무관한 응답이다.

표현 정리 **arrange** 마련하다 **nonstop** 직항으로

공항에서 출발하는 차량을 예약해야 하지 않나요?

(A) 우리는 Miami 직항으로 갈 거예요.
(B) James가 택시 서비스를 부를 거라고 말했어요.
(C) 10일 아침에요. 정답 (B)

15. 평서문 – 언급된 말에 호응하며 답변 [호M] [미W]

Your payment is overdue by three weeks.

(A) Just pay me when you can.
(B) Yes, we ordered three items.
(C) I'll transfer the funds right away.

해설 지불 기한이 3주나 지났다는 말에, 바로 이체하겠다고 말한 (C)가 정답이다.

🔍 **함정 분석** (A)는 질문의 명사 payment의 파생어인 동사 pay를 이용하여 발음 혼동을 노린 함정이며, (B)는 three의 반복 사용과 함께 질문의 overdue와 발음이 유사한 ordered를 이용하여 혼동을 준 함정이다.

표현 정리 **payment** 지급, 납부 **overdue** 기한이 지난 **transfer** 이체하다 **fund** (이용 가능한) 돈, 자금 **right away** 지금, 당장

당신의 지불 기한이 3주나 지났어요.

(A) 가능하실 때 내주시면 돼요.
(B) 네, 우리가 물건 세 개를 주문했어요.
(C) 돈을 바로 이체할게요. 정답 (C)

16. What time 의문문 – 이사회 시작 시점을 묻는 질문에 구체적인 시점으로 답변 [영W] [미M]

What time is the board meeting set to begin?

(A) In the conference room on the top floor.
(B) Mr. Whittaker will be in attendance.
(C) A quarter of an hour from now.

해설 이사회가 몇 시에 시작할 예정인지 묻는 질문에 15분 후라며 구체적인 시점으로 응답한 (C)가 정답이다.

🔍 **함정 분석** (A)는 Where 의문에 어울리는 응답이며, (B)는 질문의 meeting을 듣고 연상할 수 있는 attendance를 이용한 함정이다.

표현 정리 **board meeting** 이사회 **set to** ~하기로 예정된 **be in attendance** 참석하다

이사회는 몇 시에 시작하기로 예정되었나요?

(A) 최상층 회의실에서요.
(B) Whittaker 씨가 참석할 거예요.
(C) 지금부터 15분 후에요. 정답 (C)

17. What 의문문 – 수리의 유형을 묻는 질문에 전체 수리로 답변 [미W] [호M]

What kinds of repairs do we need to make?

(A) Complete renovations, I'd say.
(B) It doesn't look good to me.
(C) No, I didn't fix anything at all.

해설 필요한 수리의 종류를 묻는 질문에 전체 수리를 해야 할 것 같다고 응답한 (A)가 정답이다.

🔍 **함정 분석** (B)는 질문을 듣고 연상할 수 있는 표현 (It doesn't look good)을 이용하여 혼동을 주고 있으며, 의문사 의문문은 Yes/No로 응답할 수 없다는 점에서 (C)는 오답이다.

표현 정리 **make a repair** 수리하다 **complete** 완전한 **renovation** 수선, 수리 **I'd say** 제가 생각하기에는 **fix** 고치다, 수리하다

어떤 수리를 해야 하죠?

(A) 제 생각에는 전체 수리요.
(B) 좋아 보이진 않아요.
(C) 아니요, 아무것도 수리하지 않았어요. 정답 (A)

18. How 의문문 – 식 준비 상황을 묻는 질문에 진행 상태의 정도로 답변 [미M] [영W]

How are the preparations for the ceremony going?

(A) This coming Friday night.
(B) Tom and Jennifer's wedding.
(C) Everything's nearly done.

해설 식 준비가 어떻게 되어가고 있는지 묻는 질문으로, 모든 게 거의 끝났다

며 진행 상태로 답한 (C)가 정답이다.

표현 정리 preparation 준비, 대비 ceremony 식, 의식 wedding 결혼

식 준비는 어떻게 되어가고 있나요?

(A) 이번 돌아오는 금요일 밤이요.
(B) Tom과 Jennifer의 결혼식이요.
(C) 모든 게 거의 끝났어요. 정답 (C)

19. 평서문 – 언급된 말에 호응하며 답변 호M 미W

Apparently, nobody locked the office last night.

(A) That should never happen again.
(B) Yes, I lock the door every day.
(C) I'm really pleased to hear that.

해설 어젯밤, 아무도 사무실 문을 잠그지 않았다는 말에, 다시는 그런 일이 일어나면 안된다고 적절하게 응답한 (A)가 정답이다.

표현 정리 apparently 보아 하니 lock 잠그다 pleased 기뻐하는

보아 하니, 어젯밤에 아무도 사무실 문을 잠그지 않았어요.

(A) 그런 일이 다시는 일어나선 안돼요.
(B) 네, 저는 매일 문을 잠궈요.
(C) 그걸 듣게 되어 정말 기뻐요. 정답 (A)

20. Which 의문문 – 고용할 음식 공급 업체를 묻는 질문에 회피성 응답으로 답변 호M 영W

Which caterer are we planning to hire?

(A) A sandwich platter, most likely.
(B) That's up to Ms. Jenkins.
(C) He caters to our every need.

해설 어느 음식 공급 업체를 고용할 계획인지 묻는 질문에 Jenkins 씨에게 달려 있다며, 즉답을 피한 (B)가 정답이다. 관용표현 〈It's[That's] up to + 사람(~에게 달려 있다)〉은 계획/방법 등을 묻는 질문에 자주 등장하는 정답 표현이므로 기억해 두자.

표현 정리 caterer 음식 공급 업체 plan to ~할 계획이다 hire 고용하다 platter (큰 서빙용) 접시 up to ~에게 달려 있다 cater to ~을 충족시키다, ~의 구미에 맞추다

어느 음식 공급 업체를 고용할 계획인가요?

(A) 샌드위치 접시일 거예요.
(B) 그건 Jenkins 씨에게 달려 있어요.
(C) 그는 우리의 모든 요구를 충족시켜요. 정답 (B)

21. 평서문 – 언급된 말에 우회적으로 거절한 답변 미W 미M

We'd better consider staying late in the office tonight.

(A) I'm so sorry that I arrived here late.
(B) I've got dinner plans with Mr. Leonard.
(C) The office has been busy lately.

해설 사무실에 늦게까지 있는 게 좋겠다며 같이 있는 사람들의 동의를 구하려는 표현에 Leonard 씨와 저녁 약속이 있다며 완곡하게 거절 의사를 표시한 (B)가 정답이다.

표현 정리 consider 고려하다 stay late 늦게 머무르다 lately 최근에

우리는 오늘 밤 늦게까지 사무실에 있어야겠어요.

(A) 늦게 도착해서 너무 미안해요.
(B) 저는 Leonard 씨와 저녁 식사 계획이 있어서요.
(C) 최근에 사무실이 바빴어요. 정답 (B)

22. 일반 의문문 – 특정 시점에 자리에 있을 거냐는 질문에 'No'의 완곡한 답변 영W 호M

Will you be at the factory when I return from lunch?

(A) One of my clients is arriving at one.
(B) The factory has two assembly lines.
(C) I hope you enjoy your lunch.

해설 점심 식사에서 돌아올 시간에 공장에 있을 건지 묻는 질문으로, 고객들 중 한 명이 한 시에 오기로 했다고 하며 자리에 없을 것임을 우회적으로 말한 (A)가 정답이다.

표현 정리 return from ~에서 돌아오다 client 고객 assembly line 조립 라인

제가 점심 식사를 하고 돌아올 시간에 공장에 계실 건가요?

(A) 제 고객들 중 한 분이 한 시에 올 거예요.
(B) 공장에 두 개의 조립 라인이 있어요.
(C) 점심 식사를 즐기시기를 바라요. 정답 (A)

23. 평서문 – 언급된 말에 추가 정보를 요구하는 답변 호M 미W

You ought to assign some tasks to your intern.

(A) Finishing the assignment will take a while.
(B) We should take turns doing the work.
(C) What do you think she's capable of doing?

해설 인턴에게 임무를 배정해야 한다는 말에, 그 인턴이 무엇을 할 수 있다고 생각하냐며 반문한 (C)가 정답이다.

표현 정리 ought to ~해야 한다 assign 배정하다 task 임무 assignment 과제, 임무 take a while 시간이 걸리다 take turns 교대로 하다 be capable of ~을 할 수 있다

당신이 인턴에게 임무를 배정해야 돼요.

(A) 그 과제를 끝내려면 시간이 필요할 거예요.
(B) 우리는 그 일을 교대로 해야 돼요.
(C) 그녀가 할 수 있는 일이 뭐라고 생각하세요? 정답 (C)

24. 부가 의문문 – 업체의 연락을 확인하는 질문에 Yes가 생략된 구체적인 답변 영W 미M

Our supplier didn't contact you, did he?

(A) I received an e-mail from him this morning.

(B) His number is 865-9383.
(C) The contract needs to be signed.

해설 공급업자가 연락하지 않았냐고 묻는 질문에 오전에 그에게서 연락을 받았다며 구체적으로 응답한 (A)가 정답이다.

🔍 함정 분석 (B)는 질문의 contact를 듣고 연상할 수 있는 표현으로 혼동을 준 함정이며, (C)는 질문의 contact와 발음이 비슷한 contract를 이용한 함정이다.

표현 정리 supplier 공급업자[업체] contact 연락하다 contract 계약(서) sign 서명하다
우리 공급업자가 당신에게 연락하지 않았죠, 그렇죠?
(A) 제가 오늘 아침에 그에게서 이메일을 받았어요.
(B) 그의 번호는 865-9383이에요.
(C) 그 계약서에 서명을 해야 돼요.　　　　　　정답 (A)

25. 일반 의문문 – 서류 복사를 상기시키는 질문에 Yes가 생략된 답변 〔미W〕〔호M〕
Did you remember to photocopy the documents?
(A) My camera is right here.
(B) They're sitting on your desk.
(C) Watching a documentary now.

해설 서류 복사를 잊지 않았냐고 묻는 질문에 책상 위에 있다며 (이미) 복사를 끝냈음을 의미한 (B)가 정답이다.

🔍 함정 분석 (A)는 질문의 photocopy를 듣고 연상할 수 있는 camera를 이용하여 혼동을 주고 있으며, (C)는 질문의 documents와 발음이 비슷한 documentary를 이용하여 발음 혼동을 노린 함정이다.

표현 정리 photocopy 복사하다 document 서류, 문서 documentary 다큐멘터리
서류 복사하시는 거 잊지 않으셨죠?
(A) 제 카메라는 바로 여기 있어요.
(B) 그것들은 당신 책상에 있어요.
(C) 지금 다큐멘터리를 보면서요.　　　　　　정답 (B)

26. What(What + 명사) 의문문 – 어떤 결론에 이르렀는지 묻는 질문에 구체적인 답변 〔미M〕〔영W〕
What conclusions did the brainstorming session attendees reach?
(A) No, I wasn't in attendance today.
(B) The next session will take place tomorrow.
(C) We decided to spend more on advertising.

해설 브레인스토밍 시간에 참석자들이 어떤 결론에 이르렀는지 묻는 질문에 광고에 더 많은 돈을 쓰기로 결정했다고 답한 (C)가 정답이다.

🔍 함정 분석 의문사 의문문은 Yes/No로 응답할 수 없으므로 (A)는 오답이며, (B)는 session을 반복 사용한 함정이다.

표현 정리 brainstorming 브레인스토밍(여러 사람들이 동시에 자유롭게 자기 생각을 공유하는 것) attendee 참석자 reach a conclusion 결론에 이르다
브레인스토밍 시간에 참석자들은 어떤 결론에 이르렀나요?
(A) 아니요, 저는 오늘 참석하지 않았어요.
(B) 다음 시간은 내일 있을 거예요.
(C) 광고에 더 많은 돈을 쓰기로 결정했어요.　　정답 (C)

27. 부정 의문문 – Anderson 씨의 등록비 지불 여부를 묻는 질문에 동조하는 답변 〔미W〕〔호M〕
Didn't Mr. Anderson already pay the registration fee?
(A) That's what he said.
(B) It's due this Friday.
(C) $100 for a member.

해설 Anderson 씨가 이미 등록비를 내지 않았냐는 질문에 그가 얘기한 것도 그렇다며 Yes의 의미로 답한 (A)가 정답이다.

🔍 함정 분석 (B)는 질문의 pay, fee를 듣고 연상할 수 있는 due를 이용한 함정이며, (C) 역시 pay, fee를 듣고 연상할 수 있는 $100을 이용한 함정이다.

표현 정리 registration fee 등록비 due ~할 예정인
Anderson 씨가 이미 등록비를 지불하지 않았나요?
(A) 그분도 그렇게 얘기했어요.
(B) 이번 주 금요일로 예정되어 있어요.
(C) 회원 당 100달러요.　　　　　　　　　정답 (A)

28. 평서문 – 언급된 말에 추가 정보를 요구한 답변 〔호M〕〔미M〕
I advise exchanging currency at the bank.
(A) Can I get a better rate there?
(B) American dollars for euros.
(C) That's a fair exchange.

해설 은행의 환전 이용을 권한다는 말에 거기서 더 나은 환율을 적용받을 수 있는지 되물은 (A)가 정답이다.

🔍 함정 분석 (B)는 질문의 exchanging currency를 듣고 연상하기 쉬운 American dollars, euros를 이용한 함정이며, (C)는 질문의 exchange를 반복 사용한 함정이다.

표현 정리 advise 권고하다, 조언하다 exchange currency 환전하다 rate 요금; 비율 fair 공정한, 타당한
은행에서 환전하실 것을 권해 드려요.
(A) 거기서 더 나은 환율을 적용받을 수 있나요?
(B) 유로당 미국 달러요.
(C) 그건 공정한 교환이에요.　　　　　　　정답 (A)

29. 평서문 – 언급된 말에 호응하며 답변 〔호M〕〔미W〕
The speech has been moved to the auditorium.
(A) Just about ready for it to start.
(B) I guess attendance will be bigger than expected.
(C) I really loved the speech that he gave.

해설 연설이 강당으로 옮겨졌다는 말에 참석자 수가 예상보다 더 많을 것 같다며 적절하게 응답한 (B)가 정답이다.

🔍 함정 분석 (A)는 질문과 무관한 응답이며, (C)는 질문의 speech를 반복 사용한 함정이다.

표현 정리 speech 연설, 담화 auditorium 강당 about ready to ~할 준비가 다 되어 가다 attendance 참석자 수
연설이 강당으로 옮겨졌어요.
(A) 시작할 준비가 방금 다 됐어요.
(B) 참석자 수가 예상보다 더 많을 것 같아요.
(C) 그가 했던 연설이 정말로 마음에 들었어요..　정답 (B)

hours again.

여: 늦은 교대 근무에 지쳐가고 있어요. Anderson 씨가 이건 일시적인 조치일 거라고 약속하지 않았던가요?

남: 정문 옆 게시판에 게시된 메모를 보지 못하셨어요? 이번 주가 늦게 와야 하는 마지막 주예요. 다음 주 월요일에는 평상시 일정으로 돌아갈 거고요.

여: 하루 종일 들었던 소식 중에 제일 좋네요. 그들이 왜 변경하려는지 아세요?

남: 그건 메모에 적혀 있지 않았는데, 몇몇 직원들이 그만두겠다고 으름장을 놓았다는 소문을 들었어요. 그래서 그들이 약속을 지키기로 결정하고 다시 원래의 시간에 일하게 하는 거죠.

표현 정리 **get tired of** 지쳐 가다 **shift** 교대 근무, 교대조 **promise** 약속하다 **temporary** 일시적인, 임시의 **measure** 조치 **post** 게시하다 **bulletin board** 게시판 **front door** 정문 **regular** 평상시의, 보통의 **all day long** 하루 종일 **rumor** 소문 **threaten** 위협하다 **quit** 그만두다

32. 이유/방법 – unhappy를 키워드로 삼아 여자의 대사에 집중

해설 여자의 첫 대사에서 늦은 교대 근무에 지쳐가고 있다면서, 이 시간대의 근무가 일시적인 조치라고 하지 않았냐고 한 내용을 통해 여자가 현재의 근무 시간에 불만스러워하고 있다는 점을 알 수 있다. 따라서 (B)가 정답이다.

여자는 왜 기분이 안 좋은가?

(A) 전근을 가지 못할 것이다.
(B) 근무 시간이 마음에 들지 않는다.
(C) 휴가를 갈 수 없다.
(D) 급여를 충분히 못 받고 있다. 정답 (B)

33. 세부 정보 – where, information을 키워드로 삼아 남자의 대사에 집중

해설 남자의 대사에서 정문 옆 게시판에 게시된 메모를 보지 못했냐고 물으며, 이번 주가 늦게 와야 하는 마지막 주라고 알려 주고 있으므로 (A)가 정답이다.

남자의 말에 따르면, 그는 정보를 어디에서 얻었는가?

(A) 게시판
(B) 문자 메시지
(C) 웹사이트
(D) 그의 매니저 정답 (A)

34. 암시/추론 – 남자의 대사에 집중

해설 대화 후반부에 남자가 몇몇 직원들이 그만두겠다고 으름장을 놓았다는 소문이 있다며, 그래서 경영진이 약속을 지켜 원래의 시간으로 되돌리기로 한 거라고 말한 내용을 토대로 여러 직원이 현재의 근무 환경에 불만이 있다는 사실을 알 수 있다. 따라서 (C)가 정답이다.

표현 정리 **expand** 확장하다, 확대하다 **displeased** 불만스러워하는, 화난 **working conditions** 근무 환경 **get fired** 해고되다

남자가 암시하는 것은 무엇인가?

(A) 그의 일을 다음 달쯤 그만둘 것이다.
(B) 회사가 곧 다른 나라로 확장할 것이다.
(C) 많은 직원들이 근무 환경에 불만스러워 한다.
(D) 몇몇 직원들이 다음 주에 해고될 것이다. 정답 (C)

문제 35-37번은 다음 대화를 참조하시오. 호M 미W

M: **(35) The city will be releasing its report on how it intends to use the block of land which it acquired east of the park soon.**

W: I have a friend who works at city hall, and she told me

---

30. 선택 의문문 – 직항으로 갈지, 경유해서 갈지를 묻는 질문에 전자를 선택한 답변 영W 미M

Shall we fly nonstop, or would you prefer a stopover in Japan?

(A) I'd rather travel straight there.
(B) We're leaving in three days.
(C) I haven't stopped there yet.

해설 직항을 타고 갈지, 일본을 경유해서 갈지를 묻는 선택 의문문으로, 바로 가는 게 낫겠다며 전자를 선택한 (A)가 정답이다.

🔍 **함정 분석** (B)는 When 의문문에 어울리는 응답이며, (C)는 질문의 nonstop과 stopover의 stop을 반복 사용함으로써 혼동을 준 함정이다.

표현 정리 **fly nonstop** 직항으로 가다 **stopover** 경유, 잠시 머뭄 **straight** 바로, 곧장

직항을 타고 갈까요, 아니면 일본을 경유해서 가는 걸 선호하세요?

(A) 거기로 바로 가는 게 낫겠어요.
(B) 우리는 3일 후에 떠날 거예요.
(C) 그 곳에 아직 정차하지 않았어요. 정답 (A)

31. When 의문문 – 마지막 지원 시점을 묻는 질문에 특정 시점으로 답변 미W 호M

When is the last day we're accepting applications?

(A) A position in Marketing.
(B) Next Friday at noon.
(C) More than fifteen people.

해설 지원서를 받는 마지막 날짜를 묻는 질문으로 다음 주 금요일 정오라며 구체적인 시점으로 응답한 (B)가 정답이다.

🔍 **함정 분석** (A)는 질문의 applications를 듣고 연상할 수 있는 position을 이용한 함정이며, (C)는 How many 의문문에 어울리는 응답이다.

표현 정리 **accept** 받다, 받아들이다 **application** 지원(서) **position** 자리, 직책

우리가 지원서를 받는 마지막 날짜가 언제인가요?

(A) 마케팅 자리요.
(B) 다음 주 금요일 정오요.
(C) 15명 이상이요. 정답 (B)

PART 3

문제 32-34번은 다음 대화를 참조하시오. 영W 미M

W: **(32) I'm getting tired of having to work the late shift. Didn't Mr. Anderson promise us that this would be a temporary measure?**

M: **(33) Didn't you read the memo that was posted on the bulletin board by the front door? This is the last week we have to come in so late.** We'll go back to our regular schedule next Monday.

W: That's the best news I've heard all day long. Do you know why they are making the change?

M: It wasn't written in the memo, **(34) but I heard a rumor that several employees were threatening to quit, so they decided to keep their promise and let us work normal** that the mayor is going to suggest transforming the land into a business park. Tax breaks will be used to lure companies there.

M: If that happens, **(36) we should strongly consider relocating there.** If enough businesses move there, we'd be in the perfect position to provide our consulting services to them.

W: I couldn't agree more. **(37) But let's wait until the announcement is official before we decide on anything.**

남: 시가 공원 동쪽에 인수했던 부지를 어떻게 사용할 계획인지에 대해 보도문을 곧 낼 거라고 하네요.

여: 시청에서 일하는 친구가 있는데, 시장이 그 부지를 상업 지구로 탈바꿈시킬 것을 제안할 거라고 얘기해 줬어요. 그곳으로 회사들을 유인하기 위해 세금 우대 조치를 할 것이고요.

남: 그렇게 된다면, 우리가 그곳으로 이전하는 것을 진지하게 고려해봐야 해요. 많은 업체들이 그곳으로 옮기게 되면, 그들에게 우리의 컨설팅 서비스를 제공하기 위한 완벽한 입지가 될 거예요.

여: 전적으로 동의해요. 하지만 어떤 걸 결정하기 전에 공식 발표가 날 때까지 기다려 보죠.

표현 정리 **release** 발표하다, 공개하다 **intend to** ~하려고 생각하다 **acquire** 인수하다 **city hall** 시청 **mayor** 시장 **transform** 탈바꿈시키다 **business park** 상업 지구 **lure** 꾀다, 유인하다 **relocate** 이전하다 **I couldn't agree more.** 전적으로 동의합니다. **official** 공식적인

35. 주제/대상/목적 – 대화 전반부에 집중

해설 남자의 첫 대사에서 시가 공원 동쪽에 인수한 부지를 어떻게 사용할 것인지에 대해 발표할 거라고 말하며 관련 대화가 이어지고 있어, 앞으로 있을 시의 부지 활용 프로젝트에 대한 내용임을 알 수 있으므로 (C)가 정답이다.

표현 정리 **profits** 수익 **potential** 잠재적인, 가능성이 있는 **currently** 현재

화자들은 주로 무엇을 의논하는가?

(A) 수익을 개선할 필요성
(B) 그들이 제공할 새로운 서비스
(C) 시의 잠재적 프로젝트
(D) 그들이 현재 대여 중인 사무실   정답 (C)

36. 세부 정보 – 남자의 대사에 집중

해설 대화 중반에 먼저 여자가 해당 부지를 상업 지구로 탈바꿈시키려는 계획이 있다며, 회사들을 유치하기 위해 세금 우대 조치도 취해질 거라고 하자, 남자가 그렇다면 그곳으로 이전하는 것을 진지하게 고려해야 할 거라고 말했으므로 (D)가 정답이다.

패러프레이징 **relocate ▶ move the business to another location**

표현 정리 **schedule** 일정을 잡다, 예정하다 **professional** 전문가 **recruit** 모집하다 **investor** 투자자

남자는 무엇을 하기를 원하는가?

(A) 회의 일정을 잡기를
(B) 전문가가 그의 세금을 다루기를
(C) 해외 투자자들을 모집하기를
(D) 회사를 다른 장소로 옮기기를   정답 (D)

37. 암시/추론 – 여자의 대사에 집중

해설 대화 후반부에 남자가 회사 이전에 대한 긍정적인 측면을 주장한 데 대해, 여자가 전적으로 동의한다면서도 발표가 공식화될 때까지는 기다려 보자고 했으므로 (B)가 정답이다.

표현 정리 **acquire** 얻다, 획득하다; 인수하다 **funding** 자금 **immediate** 즉각적인

여자가 암시하는 것은 무엇인가?

(A) 필요한 자금을 구할 수 있다.
(B) 즉각적인 결정을 내리지 않을 것이다.
(C) 다른 회사의 인수를 고려할 것이다.
(D) 시장과의 회의를 잡을 것이다.   정답 (B)

문제 38~40번은 다음 대화를 참조하시오. 영W 미M

W: **(38) Dave, you did a great job with the article you wrote for this month's edition.** It's so good that I wouldn't be surprised if it gets nominated for an award.

M: I enjoyed writing it. **(39) But it was thanks to the help of the staff at the Bertrand Foundation that I got it done. Their assistance with my research was invaluable.**

W: Oh, **(40) the president of the foundation called and asked if you could visit and give a talk there this week.** The staff wants to hear your conclusions.

M: **(40) I'm flying to Dallas to interview someone for my next article.** But I'd be glad to drop by next Monday.

여: Dave, 이번 달 호에 당신이 썼던 기사가 아주 좋았어요. 그 기사가 수상 후보로 지명되어도 놀랍지 않을 만큼 아주 훌륭해요.

남: 그걸 즐겁게 썼어요. 하지만 그 기사의 배경이 된 Bertrand 재단 직원들의 도움 덕분이었죠. 제 연구에 대한 그들의 지원은 너무나 소중했어요.

여: 아, 그 재단 대표님이 전화하셔서 이번 주에 당신이 와서 강연을 해 줄 수 있는지 물어보셨어요. 직원들이 당신이 내린 결론을 듣고 싶어 하나 봐요.

남: 제가 다음 기사를 위해 누구를 좀 인터뷰하러 Dallas로 갈 예정이에요. 하지만, 다음 주 월요일에 기꺼이 들르죠.

표현 정리 **nominate** 지명하다, 추천하다 **thanks to** ~덕분에 **assistance** 지원, 도움 **invaluable** 귀중한, 매우 유용한 **give a talk** 강연하다 **conclusion** 결론 **drop by** 잠시 들르다

38. 이유/방법 – congratulate를 키워드로 삼아 여자의 대사에 집중

해설 여자의 첫 대사에서 남자를 부르며, 이번 달에 실린 기사가 아주 좋았다며 칭찬을 이어가고 있으므로 (A)가 정답이다.

여자는 왜 남자를 축하하는가?

(A) 좋은 기사를 썼다.
(B) 상의 후보로 지명되었다.
(C) 승진을 했다.
(D) 상을 받았다.   정답 (A)

39. 세부 정보 – Bertrand Foundation을 키워드로 삼아 남자의 대사에 집중

해설 기사를 잘 썼다는 여자의 말에 남자는 Bertrand 재단 직원들의 도움 덕분에 즐겁게 썼고, 연구할 때 그들의 도움이 너무나 컸다고 말했으므로 (C)가 정답이다.

패러프레이징 **assistance ▶ help**

남자에 따르면, Bertrand 재단은 무엇을 했는가?

(A) 그의 여행 경비를 지불했다
(B) 자금을 제공했다
(C) 연구를 도왔다
(D) 논문을 편집했다   정답 (C)

40. 세부 정보 – unavailable, this week를 키워드로 삼아 남자의 대사에 집중

해설 대화 후반에 여자가 Bertrand 재단 대표가 남자에게 강의 요청을 했다고 하자, 남자는 다음 기사를 위해 인터뷰 차 Dallas에 간다며, 다음 주 월요일에는 갈 수 있다고 말했으므로 (C)가 정답이다.

패러프레이징 **I'm flying to Dallas to interview someone for my next article ▶ He is going on a business trip.**

남자는 왜 이번 주에 시간이 없는가?

(A) 얼마간 쉬기로 했다.
(B) 사무실에 있어야 한다.
(C) 출장을 갈 것이다.
(D) 새 집으로 이사할 것이다. 　　　　　　정답 (C)

문제 41–43번은 다음 대화를 참조하시오. 호M 미W

M: You know, (41) **we've been getting tons of calls from employees reporting problems connecting to the Internet. I've already had to help four employees log on today,** and my shift just started ninety minutes ago.
W: (42) **There must be a problem somewhere in the system. How about conducting a thorough inspection right now?**
M: I'd love to do that, but (43) **I've got to run a training course for employees on how to use some software.** Do you think you can handle it by yourself? If not, I can help you out after one.
W: I can start, but I could definitely use some assistance. How about coming back here after lunch ends?

남: 직원들에게서 인터넷 접속 문제를 보고하는 전화를 엄청나게 받고 있어요. 제가 벌써 오늘 네 명의 직원들이 로그인하는 걸 도왔는데, 제 근무 시작한 지 90분밖에 안 됐거든요.
여: 분명 시스템상에 문제가 있을 거예요. 지금 정밀 검사를 하는 게 어떨까요?
남: 저도 그러고 싶은데, 직원들에게 소프트웨어 사용법에 대한 교육을 진행해야 해서요. 당신이 혼자 할 수 있겠어요? 안 그러면, 제가 1시 이후에 도와드릴 수 있고요.
여: 제가 시작해도 되지만, 당연히 지원해 주셔도 됩니다. 점심 시간이 끝나면 이곳으로 다시 오시겠어요?

표현 정리 **tons of** 다수의 **log on** 로그인하다 **shift** 교대 근무, 교대조 **conduct** 수행하다 **thorough inspection** 정밀 검사 **handle** 다루다, 처리하다 **definitely** 확실히, 틀림없이

41. 근무지/대화 장소 – 특정 장소와 관련된 단어/표현에 집중

해설 남자의 첫 대사에서 자신들이 인터넷 접속 문제를 보고하는 전화를 많이 받고 있고, 벌써 네 명의 직원들이 로그인하는 걸 도왔다며 대화를 이어가고 있으므로 화자들은 정보 통신 기술 관련 부서에서 일하고 있음을 짐작할 수 있으므로 (A)가 정답이다.

화자들은 어느 부서에서 일하겠는가?

(A) 정보 통신 기술
(B) 회계
(C) 연구 개발
(D) 마케팅 　　　　　　정답 (A)

42. 제의/제안/요청 – 여자의 대사에서 제안 표현에 집중

해설 인터넷 접속 문제가 있다는 남자의 말에 여자가 시스템상의 문제인 것

같다며 정밀 검사를 하는 게 어떠냐고(How about conducting a thorough inspection right now?) 제안하고 있으므로 (A)가 정답이다.

패러프레이징 **conducting ~ inspection ▶ inspecting / system ▶ machinery**

표현 정리 **machinery** 기계류 **expert** 전문가 **supervisor** 감독관, 관리자

여자는 무엇을 하자고 제안하는가?

(A) 기계 장치를 점검하자고
(B) 전문가를 부르자고
(C) 관리자와 얘기하자고
(D) 소프트웨어를 다운로드하자고 　　　　　　정답 (A)

43. 이유/방법 – unable to help, now를 키워드로 삼아 남자의 대사에 집중

해설 대화 중반에 여자가 시스템의 정밀 검사를 해보자는 제안에, 남자가 그러고 싶지만, 직원들을 대상으로 소프트웨어 사용법에 대한 교육을 진행해야 한다고 말했으므로 (B)가 정답이다.

패러프레이징 **run a training course ▶ teach a class**

남자는 왜 지금 여자를 도울 수 없는가?

(A) 점심식사 하러 가야 한다.
(B) 수업을 할 것이다.
(C) 고객을 만날 것이다.
(D) 장비를 고쳐야 한다. 　　　　　　정답 (B)

문제 44–46번은 다음 대화를 참조하시오. 미M 미W

M: (44) **Do you remember the office we decorated for Mr. Carter three weeks ago? Apparently, he loved it so much that he told some of his friends about it. We just received three new requests to work on other offices.**
W: That's wonderful news. (45) **We should be sure to thank Mr. Carter sometime soon.**
M: I'll take care of that. But do you know what? (46) **If we want to finish all of these projects on time, we should take on a few new workers.**
W: (46) **I don't know if we can hire anyone full time, but bringing on a few temporary workers will be no problem at all.**

남: 3주 전에 Carter 씨를 위해 우리가 꾸민 사무실 기억하세요? 듣자 하니, 그 분이 너무나 좋아하셔서 몇몇 친구분들에게 얘기했다고 해요. 방금 다른 사무실을 작업해 달라는 세 건의 요청을 새로 받았어요.
여: 좋은 소식이군요. 언제고 한번 Carter 씨에게 감사하다고 해야겠어요.
남: 그건 제가 할게요. 근데 그거 아세요? 우리가 이 공사들을 제 시간에 끝내려면, 작업자 몇 명을 새로 채용해야 해요.
여: 우리가 상근으로 고용할 수 있을지 모르겠지만, 임시 작업자들을 데려오는 덴 전혀 문제가 없을 거예요.

표현 정리 **decorate** 장식하다, 꾸미다 **apparently** 듣자 하니, 보아 하니 **take care of** ~을 처리하다 **on time** 시간을 어기지 않고 **take on** ~을 채용하다 **temporary worker** 임시 근로자

44. 세부 정보 – Mr. Carter를 키워드로 삼아 남자의 대사에 집중

해설 남자의 첫 대사에서 화자들이 Carter 씨의 사무실을 꾸며 줬는데, 그가 너무나 마음에 들어 해서 그의 친구들에게 얘기해서 일이 새로 들어왔다고 말했으므로 (A)가 정답이다.

표현 정리 **in person** 직접, 몸소

Carter 씨에 관하여 남자가 말한 것은?

(A) 다른 사람들에게 화자들의 회사를 추천했다.
(B) 그가 했던 장식품 주문을 취소했다.
(C) 자신의 사무실에 추가 업무를 요청했다.
(D) 직접 만나러 사무실을 방문할 계획이다.   정답 (A)

45. 화자 의도 파악 – 주어진 발화 문장의 앞뒤 맥락을 토대로 유추

해설 Carter 씨가 친구들에게 소개해 주는 바람에 일이 새로 들어왔다는 남자의 말에 여자가 Carter 씨에게 감사를 표시해야겠다고 하자, 남자가 그건 자기가 하겠다고 말한 것이므로 남자가 Carter 씨에게 고맙다고 얘기하겠다는 의미이다. 따라서 (C)가 정답이다.

남자가 "그건 제가 할게요"라고 말할 때, 그가 의미한 것은 무엇이겠는가?

(A) 새 고객과 얘기할 것이다.
(B) 서류에 사인할 것이다.
(C) Carter 씨에게 감사할 것이다.
(D) 인터뷰 일정을 잡을 것이다.   정답 (C)

46. 제의/제안/요청 – 여자의 대사에서 제안 표현에 집중

해설 대화 후반에 남자가 공사를 제때 끝내기 위해서는 작업자들을 채용해야 한다고 하자, 여자는 상근으로 고용할 수 있는지는 모르겠지만, 임시로 데려오는 건 전혀 문제가 안될 거라고 했으므로 임시 작업자들을 채용하자고 제안한 것임을 알 수 있다. 따라서 (A)가 정답이다.

패러프레이징 **bringing on a few temporary workers ▶ Hiring some workers**

표현 정리 **reject** 거절하다 **raise** 올리다

여자는 무엇을 하자고 제안하는가?

(A) 작업자들을 고용하자고
(B) 제의를 거절하자고
(C) 가격을 올리자고
(D) 다른 지점을 열자고   정답 (A)

문제 47-49번은 다음 대화를 참조하시오. 영W 호M

> W: Mr. Fried, I wonder if you've given any consideration to the request that I made to you a week ago.
> M: (47) **You're referring to the promotion you wanted, right?**
> W: (47) **Yes, that's correct. I feel that I've got the experience and the ability to excel at a higher position** if you would just give me a chance.
> M: I agree, Alice, but there aren't any openings in this department. (48) **However, I spoke with the head of Marketing, and he's willing to let you transfer there.**
> W: (48) **You talked to Mr. Albertson about me?** Thank you very much.
> M: (49) **Why don't you speak to him about the work you'd be doing?**
> ···
> 여: Fried 씨, 제가 일주일 전에 당신께 한 요청을 고려해 보셨는지 궁금합니다.
> 남: 당신이 원하는 승진에 대해 얘기하시는 거 맞죠?
> 여: 네, 맞아요. 제게 기회를 주신다면 제가 더 높은 직책에서 뛰어난 경험과 능력을 가지고 있다고 생각합니다.
> 남: 그렇긴 한데요, Alice, 이 부서에는 공석이 없어요. 하지만, 제가 마케팅 부장님과 얘기해 봤는데, 그가 흔쾌히 당신을 그곳으로 옮겨 주겠

다고 하시네요.

여: 저에 대해 Albertson 씨와 얘기 나누셨다고요? 정말 감사합니다.
남: 당신이 하게 될 업무에 대해서 그와 얘기해 보시는 게 어때요?

표현 정리 **wonder** 궁금해하다 **refer to** ~을 언급하다 **promotion** 승진 **excel** 뛰어나다 **opening** 공석 **be willing to** 흔쾌히 ~하다

47. 세부 정보 – want를 키워드로 삼아 해당 내용에 집중

해설 대화 초반에 여자가 자신이 한 요청을 고려해 봤는지 물었고, 남자가 승진에 관한 내용이 맞는지 확인하자, 여자가 맞다며 자신이 승진할 자격이 충분하다고 강조했으므로 (A)가 정답이다.

패러프레이징 **promotion ▶ a better position**

여자는 무엇을 원하는가?

(A) 더 나은 직책
(B) 더 오랜 휴가
(C) 더 많은 혜택
(D) 더 많은 돈   정답 (A)

48. 세부 정보 – Mr. Albertson을 키워드로 삼아 해당 내용에 집중

해설 여자의 승진 요구에 남자가 현재 이 부서에는 공석이 없지만 마케팅 부서장과 얘기해 보니 그가 수용하기로 했다고 전하자, Albertson 씨와 얘기를 나눈 거냐고 되물으며 감사의 인사를 한 점을 토대로 Albertson 씨가 바로 마케팅 부서장임을 알 수 있다. 따라서 (B)가 정답이다.

표현 정리 **direct supervisor** 직속 상관

Albertson 씨는 누구이겠는가?

(A) 화자들 회사의 CEO
(B) 마케팅 부서장
(C) 여자의 직속 상관
(D) 화자들의 고객   정답 (B)

49. 제의/제안/요청 – 남자의 대사에서 제안 표현에 집중

해설 대화 마지막에 남자가 여자에게, 하게 될 업무에 대해 Albertson 씨와 얘기를 나눠 보는 게 어떠냐고(Why don't you speak to him about the work you'd be doing?) 제안했으므로 (A)가 정답이다.

패러프레이징 **speak to him(Mr. Albertson) ▶ talk to another person**

표현 정리 **apply for** ~에 지원하다 **abroad** 해외에, 해외로 **accept** 수락하다, 받아들이다

남자는 여자에게 무엇을 하라고 제안하는가?

(A) 다른 사람과 얘기해 보라고
(B) 해외의 일자리에 지원하라고
(C) 그의 승진 제의를 수락하라고
(D) 그녀의 학력을 향상시키라고   정답 (A)

문제 50-52번은 다음 대화를 참조하시오. 미M 영W

> M: (50) **Are you ready for the upcoming talk on company security** you're going to be giving?
> W: I've got everything ready. I just hope everybody listens closely to what I tell them. (50) **We've had several people be careless about information security these days**, so we've lost important stuff to our competitors.
> M: I know what you're saying. (51) **Just be sure to stress some of the most important steps they need to take.**
> W: (51) **Yeah, that's what I'm planning to do.** (52) **Oh, do you have time to listen to me give my speech?** I'd like to

hear your opinion.

M: (52) **My office is available if you like.**

남: 회사 보안에 대해 하기로 한 강연 준비는 다 되셨나요?

여: 다 준비됐어요. 제가 얘기하는 걸 모두가 경청해 주기를 바랄 뿐입니다. 요즘 여러 사람들이 정보 보안에 부주의해서, 경쟁업체들에게 중요한 것들을 잃었죠.

남: 무슨 말씀이신지 알겠어요. 그들이 취해야 하는 가장 중요한 조치들 몇 가지를 잊지 말고 강조해 주세요.

여: 네, 그렇게 하려고 해요. 아, 제가 연설하는 걸 들을 시간이 되시나요? 당신의 의견을 듣고 싶어서요.

남: 괜찮으시면 제 사무실에서 하시면 됩니다.

표현 정리 upcoming 곧 있을, 다가오는 **closely** 열심히, 주의해서 **careless** 부주의한 **stuff** 것(들) **competitor** 경쟁사 **stress** 강조하다 **available** 이용 가능한

50. 세부 정보 – subject, talk를 키워드로 삼아 여자의 대사에 집중

해설 대화 초반에 남자가 회사 보안에 대한 강연 준비가 다 됐냐고 물었고, 여자는 다 준비되었다며 요즘 사람들이 정보 보안에 부주의해서 사람들이 잘 들어줬으면 좋겠다고 말한 내용을 토대로 정보 보안이 여자의 담화 주제임을 알 수 있다. 따라서 (C)가 정답이다.

패러프레이징 Information security ▶ Protecting valuable information

표현 정리 protect 보호하다 valuable 소중한, 가치 있는 compete 경쟁하다 marketplace 시장

여자의 담화 주제는 무엇인가?

(A) 컴퓨터 소프트웨어 이용하기
(B) 새 고객 만나기
(C) 중요한 정보 보호하기
(D) 시장에서 경쟁하기   정답 (C)

51. 세부 정보 – agree를 키워드로 삼아 두 화자의 공통 의견에 집중

해설 대화 중반에 정보 보안에 대해 발표할 여자에게 직원들이 취해야 하는 중요한 조치들을 강조해 달라고 했고, 여자가 그럴 계획이라고 말했으므로 (D)가 정답이다.

패러프레이징 stress some of the most important steps they need to take ▶ should discuss certain actions

표현 정리 certain 어떤, 무슨 action 조치, 행동

화자들은 무엇에 동의하는가?

(A) 남자가 직원들을 인터뷰해야 하는 것
(B) 남자가 교육 과정을 들어야 하는 것
(C) 여자가 더 열심히 일해야 하는 것
(D) 여자가 어떤 조치들에 대해 논해야 하는 것   정답 (D)

52. 화자 의도 파악 – 주어진 발화 문장의 앞뒤 맥락을 토대로 유추

해설 대화 후반에 여자가 남자의 의견을 듣고 싶다며 자신의 연설을 들을 시간이 있는지 묻자, 괜찮으면 자기 사무실에서 하면 된다고 한 것이므로 남자는 여자의 연설을 들을 용의가 있음을 밝힌 것이다. 따라서 (B)가 정답이다.

표현 정리 available 이용할 수 있는 speech 연설 currently 현재 be free to 자유롭게 ~하다

남자가 "괜찮으시면 제 사무실에서 하시면 됩니다"라고 말할 때 그가 의미하는 것은 무엇이겠는가?

(A) 여자가 그의 사무실에서 회의를 할 수 있다.
(B) 여자의 연설을 들을 수 있다.
(C) 그의 사무실이 현재 비어 있다.
(D) 누구든 그의 사무실을 자유롭게 이용할 수 있다.   정답 (B)

문제 53-55번은 다음 대화를 참조하시오. 호M 미W

M: Hello, Ms. Winthrop. You said on the phone that you had some sort of a problem.

W: That's correct. (53) **My car was driving fine for the first week after I bought it here,** (54) **but it's started making some strange noises in the past couple of days.**

M: When does that happen?

W: They start happening as soon as I begin driving more than sixty kilometers per hour.

M: That's really strange. Why don't you leave the vehicle with us, and I'll have a couple of my mechanics look at it?

W: All right. I'll be shopping next door, (55) **so please call me when you're done.**

남: 안녕하세요, Winthrop 씨. 전화로 문제가 좀 있다고 말씀하셨죠.

여: 맞아요. 제가 여기서 차를 사고 나서 첫 주에는 운전할 때 괜찮았는데, 지난 며칠 동안 이상한 소리가 좀 나기 시작했어요.

남: 그게 언제 발생하나요?

여: 시속 60킬로미터 이상으로 주행하기 시작하면 나기 시작해요.

남: 정말 이상한 일이네요. 이곳에 차량을 놔두고 가셔서, 정비공 몇 사람이 점검하도록 하면 어떨까요?

여: 좋아요. 옆 건물에서 쇼핑하고 있을 테니, 완료되면 전화해 주세요.

표현 정리 a couple of 몇 사람의 mechanic 정비공 next door 옆 건물 [집]

53. 근무지/대화 장소 – 특정 장소와 관련된 단어/표현에 집중

해설 대화 초반에 여자가 이곳에서 차를 사고 나서(My car ~ after I bought it here) 일주일은 괜찮았다는 말을 듣고 대화 장소가 차량을 판매하는 곳임을 알 수 있으므로 (A)가 정답이다.

대화는 어디서 일어나겠는가?

(A) 자동차 영업소
(B) 쇼핑 센터
(C) 주유소
(D) 고속도로 휴게소   정답 (A)

54. 문제점/걱정 거리 – 여자의 대사에서 부정적 표현에 집중

해설 대화 초반에 여자가 차량에 문제가 있다고 말하며, 지난 며칠 간 이상한 소리가 나기 시작했다고 했으므로 (B)가 정답이다.

여자는 어떤 문제를 언급하는가?

(A) 그녀의 차가 아주 빨리 달릴 수 없다.
(B) 그녀의 차에서 소리가 난다.
(C) 그녀 차의 연비가 낮다.
(D) 그녀의 차 브레이크에 결함이 있다.   정답 (B)

55. 세부 정보 – 대화 후반부 여자의 대사에 집중

해설 대화 후반에 남자가 차량을 두고 가시면 정비공이 확인하도록 하겠다고 여자에게 말하자, 여자는 근처에서 쇼핑을 하고 있을 테니 다 되면 전화해 달라고 말했으므로 (D)가 정답이다.

패러프레이징 call ▶ contact her on the telephone

여자는 남자에게 무엇을 하라고 말하는가?

(A) 운전할 다른 차를 빌려달라고
(B) 그녀를 정비공에게 소개해 달라고
(C) 가격 견적서를 달라고
(D) 그녀에게 전화로 연락하라고   정답 (D)

문제 56-58번은 다음의 3자 대화를 참조하시오. [미M] [영W] [호M]

> M1: Jasmine, (56) I reserved the conference room for 2:30 today, but there's a big group in there now.
> W: (56) Oh, I guess the staff meeting is still going on. That's strange. It normally finishes by 2:00.
> M1: What should I do? Ms. Phillips from Echo Systems is coming, so I need a room to meet her in.
> W: (57) I wish I could check the schedule on the computer, but the computer system isn't working at the moment.
> M2: (58) Russ, why don't you use my office? I'm heading to the train station, so I won't be back for the rest of the day.
> M1: I really appreciate it, Mark.
> M2: Be sure to lock up when you're done.

> ---
> 남1: Jasmine, 오늘 2시 30분으로 회의실을 예약했는데, 지금 그 안에 사람들이 많네요.
> 여: 아, 직원 회의가 아직 계속되고 있나 보네요. 그거 좀 이상하군요. 보통 2시면 끝나는데요.
> 남1: 제가 어떻게 해야 되죠? Echo Systems에서 Phillips 씨가 올 거라서, 그녀를 만날 방이 필요해요.
> 여: 컴퓨터에서 일정을 확인해 보면 좋겠는데, 컴퓨터 시스템이 지금 작동하지 않네요.
> 남2: Russ, 제 사무실을 이용하는 건 어때요? 저는 기차역으로 갈 건데, 오늘 다시 오지 않을 거거든요.
> 남1: 정말 고마워요, Mark.
> 남2: 일이 끝나면 문을 꼭 잠가주세요.

표현 정리 **reserve** 예약하다 **conference room** 회의실 **normally** 보통은 **at the moment** 지금 **head** ~로 가다 **appreciate** 고마워하다 **lock up** 문을 잠그다, 문단속을 하다

56. 암시/추론 – staff meeting을 키워드로 삼아 여자의 대사에 집중

해설 대화 초반에 남자1이 회의실을 예약한 2시 30분 현재 다른 사람들이 있다고 하자, 여자가 직원 회의가 계속되고 있는 것 같다며 보통 2시에는 끝난다고 말한 것으로 미루어 종료 시간을 넘겨 회의가 계속되고 있음을 나타내고 있으므로 (A)가 정답이다.

직원 회의에 관하여 여자가 시사한 것은?
(A) 이미 끝났어야 한다.
(B) 그녀는 초대되지 않았다.
(C) 이사들만 참석해 있다.
(D) 한 달에 두 번 열린다. **정답 (A)**

57. 이유/방법 – unable to check, schedule을 키워드로 삼아 여자의 대사에 집중

해설 대화 중간에 여자가 회의 일정을 확인해 보고 싶은데, 컴퓨터가 지금 작동하지 않고 있다고 말했으므로 (C)가 정답이다.

패러프레이징 **computer system isn't working ▶ computers are offline**

표현 정리 **release** 공개하다 **offline** 오프라인 상태의, 인터넷에 연결되어 있지 않은

여자는 왜 일정을 확인할 수 없는가?
(A) 비밀번호를 잊어버렸다.
(B) 아직 공개되지 않았다.
(C) 사무실 컴퓨터가 오프라인 상태이다.
(D) 그것을 어디에 두었는지 모른다. **정답 (C)**

58. 화자 의도 파악 – 주어진 발화 문장의 앞뒤 맥락을 토대로 유추

해설 남자2(Mark)가 남자1(Russ)에게 회의실이 필요하니, 자신의 사무실을 이용하면 어떻겠냐고 제의한 데 대해 남자1이 정말 고맙다고 말한 것이므로 남자1은 남자2의 제의를 수락한 것으로 판단할 수 있다. 따라서 (D)가 정답이다.

표현 정리 **glad** 기쁜, 반가운 **be willing to** 흔쾌히 ~하다

남자가 "정말 고마워요, Mark"라고 말할 때, 그가 암시한 것은?
(A) Mark가 컴퓨터를 고치게 되어 기쁘다.
(B) Mark가 그에게 해준 조언에 동의한다.
(C) Mark가 흔쾌히 고객을 만나게 해줄 것이다.
(D) Mark의 사무실을 사용하라는 제의를 수락한다. **정답 (D)**

제 59-61번은 다음 대화를 참조하시오. [영W] [호M]

> W: Duncan, can you come here for a moment, please? (59) I'd like you to take a look at these blueprints.
> M: Sure. (59) How do you like the way I designed the house for Mr. Granger?
> W: Well, it's a very creative design, (60) but you didn't do exactly what he wanted. He requested a home with four bedrooms, but you only put in three.
> M: (60) Oh, I can't believe I did that. What should I do?
> W: (61) Unfortunately, it looks like you have to redesign everything. That's the only way you can add an extra room without increasing the overall size.
> M: (61) All right. I'll need three days to do that.
> W: (61) You've got until Thursday morning.

> ---
> 여: Duncan, 잠시 이리로 와 줄래요? 당신이 이 설계도들을 한 번 보셨으면 해서요.
> 남: 그럼요. Granger 씨를 위해 제가 집을 설계한 방식이 마음에 드세요?
> 여: 음, 매우 창의적인 디자인입니다만, 그가 원했던 것을 정확히 하지는 않았어요. 그가 침실이 네 개 있는 집을 부탁했는데, 세 개만 들어가 있네요.
> 남: 아, 제가 그랬다니 믿어지지 않아요. 어떻게 해야 되죠?
> 여: 유감이지만, 모든 걸 다시 설계해야 할 것 같아요. 그게 전체 크기를 늘리지 않고 방을 추가할 수 있는 유일한 방법이잖아요.
> 남: 알겠습니다. 그 일을 하는 데 사흘이 필요할 거예요.
> 여: 목요일 오전까지 시간이 있어요.

표현 정리 **blueprint** 설계도, 청사진 **unfortunately** 유감스럽게도 **redesign** 다시 디자인하다 **add** 추가하다 **overall** 전체적인

59. 근무지/대화 장소 – 특정 장소와 관련된 단어/표현에 집중

해설 대화 초반에 여자가 이 설계도(blueprints)를 한 번 봤으면 좋겠다고 남자에게 말했고, 남자가 자신이 집을 설계한 방식(the way I designed the house)이 어떤지 묻고 있는 상황을 고려해 볼 때 두 화자 모두 건축업에 종사하고 있음을 알 수 있으므로 (C)가 정답이다.

화자들은 어디서 일하겠는가?
(A) 부동산 중개업소
(B) 조경 회사
(C) 건축 회사
(D) 정부 기관 **정답 (C)**

60. 문제점/걱정거리 – 부정적 대화 내용에 집중

해설 대화 중반에 여자가 Granger 씨의 집을 설계한 남자의 설계도를 보

며, Granger 씨는 침실이 네 개인 집을 부탁했는데, 세 개만 들어가 있다고 하자 남자가 자신이 그렇게 한 것에 대해 믿을 수 없다고 표현했으므로 남자는 고객인 Granger 씨가 요청한 대로 하지 않았음을 알 수 있다. 따라서 (A)가 정답이다.

표현 정리 instructions 지시 in person 직접, 몸소 calculation 계산

남자의 문제는 무엇인가?

(A) 어떤 지시를 따르지 않았다.
(B) 공사를 끝내는 데 너무 오래 걸렸다.
(C) 고객을 직접 만나지 못했다.
(D) 계산을 잘못했다. 　　　　　　　　　　　　　　정답 (A)

61. 세부 정보 – Thursday를 키워드로 삼아 여자의 대사에 집중

해설 대화 중후반에 걸쳐 여자가 설계를 다시 해야 할 거라고 말했고, 남자가 다시 하는 데 사흘이 필요하다고 하자, 여자가 목요일 오전까지는 시간이 있다고 말했으므로 목요일은 남자가 업무를 완료해야 하는 시점임을 알 수 있다. 따라서 (D)가 정답이다.

표현 정리 acquire 얻다, 획득하다 material 자재, 재료 assist 돕다, 지원하다 complete 완료하다 assignment 과제, 임무

여자가 목요일까지 요청한 것은?

(A) 남자가 자재를 획득할 것
(B) 남자가 Granger 씨에게 전화할 것
(C) 남자가 프로젝트에서 그녀를 도울 것
(D) 남자가 임무를 완료할 것 　　　　　　　　　　정답 (D)

문제 62~64번은 다음의 3자 대화를 참조하시오. ⓜM ⓜW ⓔW

M: (62) **Employee morale hasn't been very high lately.** We need to find out what our employees think we can do to improve the working conditions here.
W1: (63) **Why don't we put a suggestion box by the front door?**
W2: (63) **I really like that idea, Ruth.**
M: Well, some people might be afraid it's not completely anonymous because someone might recognize their handwriting.
W2: Oh... That's a valid point. (64) **Then what about a computer survey?**
W1: (64) **That would work, but we'd have to hire an outside company to conduct it.**
M: (64) **Search for a company that can do that and give me the information by tomorrow.**

───────────────────────────────

남: 최근 들어 직원들의 사기가 매우 높지 않네요. 우리 직원들이 이곳의 근무 환경을 개선하기 위해 무엇을 할 수 있다고 생각하는지 알 필요가 있어요.
여1: 정문 옆에 건의함을 두는 게 어떨까요?
여2: 그 아이디어 정말 좋네요, Ruth.
남: 글쎄요, 어떤 사람들은 누군가 자신의 필체를 알아볼 수 있어서 그게 완전히 익명은 아닐 거라고 걱정할 수도 있어요.
여2: 오… 그거 일리가 있네요. 그러면 컴퓨터 설문을 하면 어때요?
여1: 그것도 괜찮을 테지만, 그러기 위해선 외주 업체를 고용해야 할 거예요.
남: 그 일을 할 수 있는 회사를 찾아보고 내일까지 제게 정보를 알려 주세요.

표현 정리 employee morale 직원들의 사기 lately 최근에 find out

~을 알아내다 working conditions 근무 환경 anonymous 익명의 recognize 알아보다, 인지하다 handwriting 필체 valid 타당한, 근거가 있는

62. 세부 정보 – company를 키워드로 삼아 남자의 대사에 집중

해설 남자의 첫 대사에서 직원들의 사기가 매우 높지 않다고 말했으므로 (B)가 정답이다.

패러프레이징 Employee morale hasn't been very high lately. ▶ Morale is poor.

회사에 관하여 남자가 말한 것은?

(A) 곧 직원들을 채용할 것이다.
(B) 사기가 떨어져 있다.
(C) 실적이 저조하다.
(D) 수익이 높다. 　　　　　　　　　　　　　　　정답 (B)

63. 제의/제안/요청 – 여자들의 대사에서 제안 표현에 집중

해설 대화 초반에 남자가 직원들의 사기가 떨어져서 근무 환경 개선을 위한 방법을 찾아야 한다고 하자, 여자1이 정문 옆에 건의함을 두는 게 어떠냐고(Why don't we put a suggestion box by the front door?) 제안했고, 여자2가 여자1의 아이디어가 정말 괜찮다고 했으므로 두 여자 모두 직원들의 건의 사항들을 취합하기 위한 방법에 동조하고 있음을 알 수 있다. 따라서 (C)가 정답이다.

표현 정리 award 수여하다 make a suggestion 제안하다 conduct 수행하다 inspection 점검, 조사

여자들은 무엇을 하라고 권하는가?

(A) 우수 고과 직원들 일부를 만나라고
(B) 현금 보너스를 수여하라고
(C) 건의하기 위한 방법을 찾으라고
(D) 기술 점검을 하라고 　　　　　　　　　　　정답 (C)

64. 암시·추론 – 후반부 대화에 집중

해설 대화 중후반에 걸쳐 남자는 손으로 직접 써서 내는 건의함은 필체를 알아볼 수도 있다는 점에서 일부 직원들이 꺼려할 수도 있다고 했는데, 여자2가 컴퓨터 설문을 제안했고, 여자1이 그렇게 하려면 외주 업체를 고용해야 한다고 하자, 남자가 그 일을 할 수 있는 업체를 찾아보고 알려 달라고 한 것이므로 남자는 여자2의 제안에 동조한 것으로 판단할 수 있다. 따라서 (D)가 정답이다.

표현 정리 raise 임금 인상 support 지지하다

남자에 관하여 알 수 있는 것은?

(A) 컴퓨터 업계에서 일한다.
(B) 최근에 그 회사에서 일하기 시작했다.
(C) 여자들에게 임금 인상을 해 주고 싶어한다.
(D) 여자들의 아이디어를 지지한다. 　　　　　　　정답 (D)

문제 65~67번은 다음 대화와 서비스 목록을 참조하시오. ⓔW ⓜM

W: (65) **James, the executive team from headquarters will be here to inspect the premises tomorrow.**
M: (65) **I just heard that. What should I do?**
W: (66) **I'll be leading the tour of the facility in the morning.** So I'll handle everything associated with it. I need you to arrange for the food we'll serve for lunch.
M: (67) **Should I use Claude's Fine Dining like we did the last time?** The food was great, and the price was low.
W: (67) **Find a place that serves some meatless options.** A couple of executives don't eat meat.
M: (67) **All right.** When I finish doing that, I'll check if there's

anything else you need me to do.

여: James, 본사 경영진이 내일 회사 구내를 점검하러 이곳에 올 거예요.

남: 방금 들었습니다. 제가 무엇을 하면 되죠?

여: 오전에 제가 시설 투어를 이끌 예정이에요. 그래서 저는 그것과 관련된 걸 모두 처리할 거예요. 당신은 점심 식사로 우리가 제공할 음식을 마련해 줘요.

남: 지난번에 이용했던 Claude's Fine Dining으로 할까요? 음식이 아주 좋았고, 가격은 저렴했어요.

여: 고기가 없는 옵션을 제공하는 곳을 찾아보세요. 임원 몇 분이 고기를 드시지 않아서요.

남: 알겠습니다. 그 일을 끝내면, 제가 또 해야 할 게 있는지 확인하겠습니다.

이름	특징
Tompson Gourmet Food	가장 저렴한 가격
Claude's Fine Dining	신선한 재료
Anderson Catering	채식주의자 요리
Top Market	전통 요리법

표현 정리 executive team 경영진, 임원진 headquarters 본사 premises 구내, 부지 gourmet 미식가 fine dining 고급 식당 catering 음식 공급 ingredient 재료 vegetarian 채식주의자 dish 요리 ethnic 민족 전통의 cuisine 요리법

65. 세부 정보 – preparing for를 키워드로 삼아 대화 전반부 집중

해설 대화 처음에 여자가 본사 경영진이 부지 점검을 위해 내일 온다고 말했고, 남자가 자기도 들었다면서 무엇을 하면 될지 물으며 대화를 이어가고 있으므로 화자들은 본사 경영진 방문을 준비하고 있다는 사실을 알 수 있다. 따라서 (B)가 정답이다.

패러프레이징 the executive team from headquarters will be here ▶ A visit by upper-level employees

표현 정리 stockholder 주주

화자들은 무엇을 준비하고 있는가?

(A) 정부에 의한 조사
(B) 고위 직원들의 방문
(C) 주주들이 함께하는 회의
(D) 그들이 참석할 학회 　　　　　　　　　　　　정답 (B)

66. 세부 정보 – arrange를 키워드로 삼아 여자의 대사에 집중

해설 여자가 오전에는 자신이 시설 투어를 주재할 거라고 말했으므로 (A)가 정답이다.

여자는 무엇을 처리할 것인가?

(A) 투어
(B) 시연
(C) 계약 체결
(D) 강의 　　　　　　　　　　　　　　　　　정답 (A)

67. 시각 정보 연계 – Which service, man, contact를 키워드로 삼아 그래픽을 보며 단서 포착

해설 대화 중후반에 걸쳐 남자가 처음에는 지난번 이용했던 Claude's Fine Dining을 제안했으나, 여자가 경영진 중에 고기를 먹지 않는 사람이 있다며, 고기가 없는 옵션을 제공하는 곳에서 찾으라고 말했고, 남자가 알겠다고 했으므로 그래픽 상에서 채식주의자 요리를 제공하는 Anderson Catering이 선택될 가능성이 높다. 따라서 (C)가 정답이다.

그래픽을 보시오. 남자는 어느 업체에 연락하겠는가?

(A) Tompson Gourmet Food
(B) Claude's Fine Dining
(C) Anderson Catering
(D) Top Market 　　　　　　　　　　　　정답 (C)

문제 68-70번은 다음 대화와 보증서 카드를 참조하시오. 영M 미W

M: Good afternoon. Is there something I can help you with?

W: Yes, please. (68) **I bought this stereo system here a year ago.** It was working fine until last week, and then it suddenly stopped playing my CDs.

M: (69) **Did you do anything to try to fix it?**

W: (69) **Yes, I had one of my friends take it apart, but he wasn't able to do anything.** That's why I'm bringing it in here.

M: I see. Well, (70) **unfortunately, any repairs we make won't be covered by the warranty. However, I'm pretty sure that one of our engineers can fix it.**

W: (70) **That's fine. I just want to be able to listen to tunes again.**

남: 안녕하세요. 제가 도와드릴 게 있나요?

여: 네, 부탁합니다. 제가 1년 전에 여기서 이 오디오 장치를 샀어요. 지난주까지는 잘 작동했는데, 갑자기 CD 재생이 안 되더라고요.

남: 고치려고 시도해 보셨어요?

여: 네, 제 친구한테 그걸 분해해 보라고 했는데, 그가 아무것도 못했어요. 그래서 여기로 가져온 거예요.

남: 알겠습니다. 음, 유감스럽지만, 저희가 하는 수리가 보증서로 다 보장되지는 않을 것입니다. 하지만, 저희 기술자 분들 중에서 그걸 고칠 수 있는 분이 분명 있을 겁니다.

여: 괜찮습니다. 곡을 다시 들을 수 있길 바랄 뿐이에요.

보증서 제한

다음은 이 보증서로 보장되지 않습니다.

1) 구매한 지 2년이 넘은 제품
2) 인가 받지 않은 개인이 수리한 제품
3) Felton 사 제품이 아닌 배터리를 사용한 제품
4) 사용자가 임의로 변경한 제품

표현 정리 stereo system 오디오 suddenly 갑자기 take ~ apart ~을 분해하다 unfortunately 유감스럽게도 cover 보장하다 warranty 보증서 tune 곡, 곡조 restriction 제한, 규제 unauthorized 승인되지 않은 modify 변경하다, 수정하다 in any way 어떻게든, 어찌 됐든

68. 세부 정보 – woman, have를 키워드로 삼아 여자의 대사에 집중

해설 여자의 첫 대사에서 1년 전에 이곳에서 오디오 장치를 구매했다고 말했으므로 (C)가 정답이다.

여자는 어떤 종류의 제품을 가지고 있는가?

(A) 랩톱 컴퓨터
(B) 주방 용품
(C) 오디오 장치
(D) 영상 녹화 장치 　　　　　　　　　　　정답 (C)

69. 시각 정보 연계 - Why, not covered, warranty를 키워드로 삼아 그래픽을 보며 단서 포착

해설 대화 중반에 남자가 오디오 장치를 고치려는 시도를 했냐고 묻자, 여자가 그렇다며, 자기 친구가 그것을 분해해 봤지만 아무것도 못 했다고 말했고, 보증서 제한 항목 2번에 인가 받지 않은 개인이 수리한 제품이 기재되어 있으므로 여자는 2번 제한 항목에 해당된다. 따라서 (B)가 정답이다.

그래픽을 보시오. 여자의 제품은 왜 보증서로 보장되지 않는가?

(A) 1번 제한
(B) 2번 제한
(C) 3번 제한
(D) 4번 제한   정답 (B)

70. 암시/추론 - 대화 후반부 여자의 대사에 집중

해설 대화 후반에 남자가 해당 수리가 보증서로 보장되지는 않지만, 수리할 수 있는 기술자가 있을 거라고 하자, 여자가 괜찮다며, 다시 사용하기만을 바랄 뿐이라고 말했으므로 여자는 돈을 지불하더라도 수리를 받으려고 한다는 사실을 알 수 있다. 따라서 (D)가 정답이다.

표현 정리 rather 차라리, 다소 mind 상관하다

여자에 관하여 알 수 있는 것은?

(A) 물건을 그녀가 직접 수리할 수 있다.
(B) 보증서를 구매하고 싶어한다.
(C) 차라리 새 제품을 구매할 것이다.
(D) 수리 비용을 지불하는 것에 개의치 않는다.   정답 (D)

PART 4

문제 71-73번은 다음 광고를 참조하시오. 호M

> Anderson Gardening Supplies' **(71) annual spring sale** starts this Saturday. **(71) Get great deals on everything you need** for your fruit, vegetable, or flower garden. Seeds, seedlings, shrubs, trees, and flowers **(71) are on sale.** We have a wide variety of plants, including exotic and tropical trees and flowers. **(72) For those new to gardening, register for one of our classes. Each Sunday evening in April, we'll provide instruction on how to get the most out of your garden.** The class costs nothing to attend, but please make a reservation since seating is limited to twenty people. **(73) Call 984-9483 to make a booking.** Visit us at 67 Market Street each day of the week between 9 A.M. and 7 P.M.
>
> --
>
> Anderson 원예 용품의 연례 봄 세일이 이번 주 토요일에 시작됩니다. 여러분의 과일, 채소, 또는 화원을 위해 필요하신 모든 것에 대해 많은 혜택을 누리세요. 씨앗, 묘목, 관목, 나무, 꽃들이 할인 판매 중입니다. 저희는 이국적인, 열대 나무와 꽃들을 포함하여 매우 다양한 식물들을 가지고 있습니다. 정원 가꾸기가 처음이신 분들을 위해, 저희가 마련한 수업을 신청하세요. 4월 매주 일요일 저녁에, 여러분의 정원을 최대한 활용하기 위한 방법에 대해 자세히 설명해 드릴 것입니다. 수업 참가 비용은 들지 않지만, 자리가 20명으로 제한되어 있으니 예약을 해 주세요. 예약을 위해 984-9483으로 전화하세요. 매일 오전 9시에서 오후 7시 사이에 Market 가 67번지로 저희를 방문하세요.

표현 정리 gardening supplies 원예 용품 annual 연례의 flower

---

garden 화원 seed 씨앗 seedling 묘목 shrub 관목 on sale 할인 판매 중인 a wide variety of 매우 다양한 including ~을 포함하여 exotic 이국적인 tropical 열대 지방의 register for ~을 신청하다, ~에 등록하다 get the most out of ~을 최대한 활용하다

71. 세부 정보 - items the store sells를 키워드로 삼아 해당 내용 포착

해설 담화 초반에 Anderson 원예 용품점이 연례 봄 세일(annual spring sale)을 한다고 말하며, 필요한 모든 제품에 대해 많은 혜택을 누리라고 한 점 (Get great deals on everything you need), 그리고 열거한 물건들이 할인 판매 중(on sale)이라고 한 점 등을 토대로 현재 이 상점의 물건들이 할인 판매 중임을 알 수 있다. 따라서 (A)가 정답이다.

상점이 파는 물건들에 관하여 화자가 말한 것은?

(A) 할인된 가격으로 이용할 수 있다.
(B) 다른 상점들에서 찾기 힘들다.
(C) 처음으로 판매되고 있다.
(D) 상점의 웹사이트 상에서 판매되는 것이다.   정답 (A)

72. 세부 정보 - how long, class, offered를 키워드로 삼아 해당 내용에 집중

해설 담화 중반에 정원 가꾸기가 처음인 사람들을 위해 수업을 마련했다며, 4월 한 달 간 매주 일요일 저녁에 진행할 거라고 말했으므로 (B)가 정답이다.

패러프레이징 Each Sunday evening in April ▶ One month

수업은 얼마 동안 제공되는가?

(A) 일주일
(B) 한 달
(C) 두 달
(D) 봄 내내   정답 (B)

73. 세부 정보 - enroll in a class를 키워드로 삼아 해당 내용에 집중

해설 담화 후반에 수업 참가비는 없지만 자리가 제한되어 있다며, 예약을 위해 전화하라고 했으므로 (C)가 정답이다.

사람들이 수업에 등록하려면 무엇을 해야 하는가?

(A) 물건을 구매한다
(B) 이메일을 보낸다
(C) 상점에 전화한다
(D) 요금을 지불한다   정답 (C)

문제 74-76번은 다음 담화를 참조하시오. 미W

> My name is Sylvia Johnson, and I'm an IT specialist from Drummond Tech. **(74) Your company has just installed our newest accounting software, so I'm going to show you the basics of how to use it.** Today's training session is scheduled to last roughly an hour and a half. By the time it concludes, you should be able to use the most basic functions of the software. **(75) I'll return next week to conduct a more advanced course for you. (76) Please feel free to interrupt with questions anytime.** That's the best way to learn. Now, would everyone please turn to page 3 of the user's manual so that we can get started?
>
> --
>
> 제 이름은 Sylvia Johnson이며, Drummond Tech의 IT 전문가입니다. 귀사가 방금 최신 회계 소프트웨어를 설치하여, 여러분께 그 기본적인 사용법을 알려 드리려고 합니다. 오늘의 교육은 약 1시간 반 동안 진행될 예정입니다. 끝날 무렵이면, 여러분은 소프트웨어의 가장 기본적인 기능들을 사용할 수 있을 것입니다. 저는 다음 주에 다시 와서 여

러분을 위한 고급 과정을 진행하겠습니다. 질문은 언제든 중간중간에 편하게 하시면 됩니다. 그것이 배우는 데는 최선의 방법이죠. 이제, 시작을 위해 모두들 사용 설명서의 3페이지를 펴주시겠습니까?

표현 정리 specialist 전문가 **basics** 기본, 기초 **last** 지속되다 **roughly** 대략 **conclude** 끝내다, 마치다 **function** 기능 **conduct** 수행하다 **advanced** 고급의; 진보된 **feel free to** 편하게 ~하다 **interrupt** (중간에) 중단시키다; 가로막다 **user's manual** 사용 설명서 **so that** ~할 수 있도록 **get started** (어떤 일을 하기) 시작하다

74. 근무지/대화 장소 – 특정 장소와 관련된 단어/표현에 집중

해설 담화 초반에 화자가 자신을 IT 전문가로 소개하며, 방금 최신 회계 소프트웨어를 설치했으니 기본적인 사용법을 청자들에게 설명해 주겠다고 말했으므로 청자들은 회계 팀에서 일하는 직원들로 짐작할 수 있다. 따라서 (D)가 정답이다.

청자들은 어느 부서에서 일하겠는가?

(A) 영업
(B) 마케팅
(C) 인사
(D) 회계 　　　　　　　　　　　　　　　　　정답 (D)

75. 세부 정보 – next week을 키워드로 삼아 해당 내용에 집중

해설 담화 중반에 화자가 다음 주에 다시 돌아와서 고급 과정을 진행하겠다고 말했으므로 (B)가 정답이다.

화자는 다음 주에 무엇을 할 것인가?

(A) 소프트웨어를 업데이트한다
(B) 회사로 돌아온다
(C) 계약을 맺는다
(D) 해외로 여행을 간다 　　　　　　　　　　　정답 (B)

76. 화자 의도 파악 – 주어진 발화 문장의 앞뒤 맥락을 토대로 유추

해설 담화 후반에 질문은 언제든 중간중간에 편하게 하면 된다고 하면서, 그것이 배우는 데는 최선의 방법이라고 말한 것이므로 화자는 청자들의 질문에 흔쾌히 답변해 줄 것임을 알 수 있다. 따라서 (A)가 정답이다.

표현 정리 be willing to 흔쾌히 ~하다 **practice** 연습하다, 실습하다 **demonstration** 시연

화자가 "그것이 배우는 데는 최선의 방법이죠"라고 말할 때 그녀가 의미하는 것은?

(A) 청자들의 질문에 흔쾌히 대답할 것이다.
(B) 청자들은 모든 게 잘 되도록 연습해야 한다.
(C) 화자의 말을 경청하는 것이 중요하다.
(D) 시연은 가장 효과적인 학습 방법이다. 　　　정답 (A)

문제 77-79번은 다음 회의 발췌록을 참조하시오. 영W

According to the most recent comments we've received from customers, we must drastically improve our customer service. Apparently, **(78) several employees have gotten customers' orders wrong, and when customers have complained, our workers have responded in inappropriate ways.** We pride ourselves on our customer service, so we cannot tolerate this kind of behavior. You managers need to keep a close eye on employees. **(79) If you notice any of our workers behaving improperly, intercede immediately.** **(77) In such a situation, apologize to the customer, provide that person with a free meal, and then correct the employee's behavior.** **(79) Finally, report any such instances to me at once.**

우리가 고객들에게서 받은 가장 최근의 지적에 따르면, 우리는 고객 서비스를 과감하게 개선해야만 합니다. 듣자 하니, 몇몇 직원들이 고객들의 주문을 잘못 받았고, 고객들이 불평했을 때, 직원들이 적절치 못한 방법으로 대응했다고 합니다. 우리는 고객 서비스를 우리의 자랑으로 삼기에, 이러한 행동은 용인할 수 없습니다. 매니저인 여러분들은 직원들을 잘 지켜봐야 합니다. 직원들 중 누구라도 부적절하게 행동하는 것을 보신다면, 즉시 중재에 나서 주세요. 그런 상황에서는, 고객에게 사과하고 무료 음식을 제공하고 나서 해당 직원의 행동을 바로잡으세요. 마지막으로, 그러한 사례들은 어떤 것이든 제게 바로 보고하세요.

표현 정리 according to ~에 따라 **comment** (잘못의) 지적, 비판 **drastically** 과감하게 **apparently** 듣자 하니, 보아 하니 **inappropriate** 부적절한 **pride oneself on** ~에 대해 자랑스럽게 여기다 **tolerate** 용인하다, 참다 **keep a close eye on** ~을 잘 지켜보다 **improperly** 부적절하게 **intercede** 사이에 들어 중재하다; ~을 탄원하다 **correct** 바로잡다, 수정하다 **instance** 사례, 경우 **at once** 즉시, 당장

77. 근무지/대화 장소 – 특정 장소와 관련된 단어/표현에 집중

해설 해당 지문의 첫 번째 문제였으나 결정적인 단서는 담화 끝에 언급되어 있다. 대화 전체에 걸쳐 고객을 상대하는 직원들의 잘못된 행동을 지적하고, 앞으로 어떻게 대처해야 할지에 대해 언급하며, 고객들에게 불편을 준 경우, 먼저 사과하고 무료 식사(a fee meal)를 제공하라고 한 내용을 토대로 청자들이 식당 직원들임을 짐작할 수 있다. 따라서 (A)가 정답이다.

청자들은 어디서 일하겠는가?

(A) 식당에서
(B) 옷 가게에서
(C) 문구점에서
(D) 슈퍼마켓에서 　　　　　　　　　　　　　정답 (A)

78. 문제점/걱정거리 – 부정적 표현에 집중

해설 담화 초반에 몇몇 직원들이 고객들의 주문을 잘못 받았는데, 고객들이 불평했을 때, 직원들이 적절치 못하게 대응했다는 말을 토대로 직원들의 잘못된 행동을 지적한 내용임을 알 수 있다. 따라서 (D)가 정답이다.

패러프레이징 our workers have responded in inappropriate ways ▶ Employees are doing their jobs poorly.

표현 정리 decline 감소하다, 줄어들다

무엇이 문제인가?

(A) 그 업체가 돈을 벌지 못하고 있다.
(B) 몇몇 직원들이 최근에 일을 그만두었다.
(C) 제품의 품질이 떨어지고 있다.
(D) 직원들이 일을 제대로 못하고 있다. 　　　정답 (D)

79. 세부 정보 – want to be informed를 키워드로 삼아 해당 내용에 집중

해설 담화 중반에 직원들 중 누구라도 부적절하게 행동하는 것을 본다면, 즉시 중재를 해서 고객에게 사과하고, 무료 식사를 제공하며 직원의 행동을 바로잡고 마지막으로 보고를 해달라고 말했으므로 (B)가 정답이다.

패러프레이징 workers behaving improperly ▶ Employee mistakes

화자는 무엇에 관하여 듣기를 원하는가?

(A) 반송된 상품
(B) 직원의 실수
(C) 고객의 불만
(D) 고장 난 기계 　　　　　　　　　　　　　정답 (B)

문제 80-82번은 다음 안내방송을 참조하시오. [호M]

Hello, shoppers. Thank you for shopping with us here at Grand Dominion. We'd like to fill you in on a special opportunity. Are you a member of our frequent shoppers' club? **(80) Club members get access to lower prices every day of the year.** If you're not a member, sign up to become one today and get a 10% discount on every purchase you make today no matter how big or small. **(81) If you're already a member, check your e-mail.** You'll find a special code you can use to get the same discount. But you need to act fast **(82) because this offer is only valid until we close our doors at 6:30 this evening.**

안녕하세요, 쇼핑객 여러분. 저희 Grand Dominion에서 쇼핑해 주셔서 감사합니다. 저희가 특별한 기회에 대해 여러분에게 알려드리고자 합니다. 단골 고객 클럽의 회원이신가요? 클럽 회원 분들은 연중 매일 더 저렴한 가격으로 이용할 수 있습니다. 회원이 아니시라면, 오늘 회원 등록을 하시고, 크든 작든 오늘 구매하신 모든 물건들에 대해 10퍼센트 할인을 받으세요. 이미 회원이시라면, 이메일을 확인하세요. 동일한 할인을 받을 수 있는 특별 코드번호가 있을 겁니다. 하지만 이 혜택은 오늘 저녁 6시 30분에 저희 매장의 문을 닫을 때까지만 유효하기 때문에 서두르셔야 합니다.

표현 정리 fill ~ in ~에게 정보를 주다[알리다] **frequent shopper** 단골 고객 **get access to** ~을 이용하다, ~에 접근하다 **sign up** 등록하다 **no matter how** 아무리 ~하더라도 **act fast** 서두르다 **valid** 유효한

80. 주제/대상/목적 – 담화 전반부에 집중

해설 담화 초중반에 걸쳐 클럽 회원들은 더 저렴한 가격으로 이용할 수 있다고 강조하며, 회원이 아니면, 회원 등록을 하여 할인을 받으라는 등 할인에 대한 내용이 주를 이루고 있으므로 (B)가 정답이다.

안내방송은 주로 무엇에 관한 것인가?

(A) 계절 세일
(B) 할인 혜택
(C) 신제품 라인
(D) 고객 설문 　　　　　　　　　　　정답 (B)

81. 이유/방법 – check, e-mail을 키워드로 삼아 해당 내용에 집중

해설 담화 후반에 이미 클럽 회원이라면 이메일을 확인하라고 하면서, 할인을 받을 수 있는 특별 코드번호가 있을 거라고 말했으므로 (D)가 정답이다.

패러프레이징 find a special code ▶ obtain a special code

화자는 왜 회원들에게 이메일을 확인하라고 말하는가?

(A) 신청서를 찾으려고
(B) 회원권 업그레이드 방법을 알리고
(C) 온라인 쿠폰을 받으려고
(D) 특별 코드번호를 받으려고 　　　　　정답 (D)

82. 화자 의도 파악 – 주어진 발화 문장의 앞뒤 맥락을 토대로 유추

해설 담화 후반에 청자들에게 서두를 필요가 있다고 했는데, 이 혜택이 오늘 저녁 6시 30분에 매장 문을 닫을 때까지만 유효해서 그렇다고 말했으므로 (C)가 정답이다.

패러프레이징 this offer is only valid until we close our doors at 6:30 this evening ▶ An offer will end soon.

화자는 왜 "서두르셔야 합니다"라고 말하는가?

(A) 제품의 공급이 제한적이어서

(B) 일부 고객들만 더 낮은 가격으로 살 수 있어서
(C) 혜택이 곧 끝날 거라서
(D) 이용할 수 있는 무료 제품이 거의 없어서 　　정답 (C)

문제 83-85번은 다음 녹음 메시지를 참조하시오. [미W]

Hello. You have reached the voicemail of Catherine Bell. I regret to inform you that **(83) I am currently out of the country and will not be returning until January 19.** I will be unable to access my voicemail until January 18, **(84) so if you have anything important to discuss, please e-mail me.** I'll be going online twice a day and should be able to respond quickly. **(85) If you have an urgent matter, please dial 987-1927 and ask to speak with Cindy,** my secretary. Explain the issue to her, and she will transfer you to one of my colleagues who is handling my workload during my absence. Thank you very much. Goodbye.

안녕하세요. Catherine Bell의 음성 메시지입니다. 제가 현재 국내에 없으며, 1월 19일 이후에 돌아올 거란 점을 알려 드리게 되어 유감스럽게 생각합니다. 1월 18일까지는 제 음성 메시지에 접속할 수 없으니, 논의할 중요한 사항이 있으시면, 제게 이메일을 주시기 바랍니다. 저는 하루에 두 번 온라인을 이용하니 빨리 대답해 드릴 수 있을 겁니다. 긴급한 사안이 있으시면, 987-1927로 전화하셔서 제 비서인 Cindy와 통화를 요청하세요. 문제를 그녀에게 설명하시면, 제가 부재 중인 동안 제 업무를 처리하는 동료들 중 한 분께 그녀가 당신의 전화를 연결해 드릴 겁니다. 감사합니다. 안녕히 계세요.

표현 정리 reach ~에 이르다 **voicemail** 음성 메시지 **regret** 유감스럽게 생각하다 **access** 접속하다 **urgent** 긴급한 **matter** 사안, 문제 **secretary** 비서 **issue** 문제점, 사안 **transfer** (전화를) 연결해 주다 **colleague** 동료 **handle** 다루다, 처리하다 **absence** 결근; 부재

83. 이유/방법 – unable to check, voicemail을 키워드로 삼아 해당 내용 포착

해설 담화 초반에 화자가 현재 국내에 없고, 1월 19일 이후에 돌아올 거라고 하면서 1월 18일까지는 음성 메시지를 확인할 수 없다고 말했으므로 화자가 해외에 있어서 음성 메시지 확인이 불가함을 알 수 있다. 따라서 (C)가 정답이다.

패러프레이징 currently out of the country ▶ traveling abroad

Catherine Bell은 왜 그녀의 음성 메시지를 확인할 수 없는가?

(A) 휴가 중이어서
(B) 회의에 참석 중이어서
(C) 해외 여행 중이어서
(D) 교육을 진행하고 있어서 　　　　　　정답 (C)

84. 이유/방법 – request, contact를 키워드로 삼아 해당 내용에 집중

해설 담화 중반에 논의할 중요한 사항이 있으면, 이메일을 보내라고(please e-mail me) 말했으므로 (A)가 정답이다.

Catherine Bell은 사람들이 그녀에게 어떻게 연락하라고 요구하는가?

(A) 이메일로
(B) 전화로
(C) 문자 메시지로
(D) 직접 　　　　　　　　　　　　　　정답 (A)

85. 이유/방법 – Cindy를 키워드로 삼아 해당 내용에 집중

해설 담화 후반에 긴급한 사안이 있으면, 987-1927로 전화해서 자신의 비서인 Cindy와 통화를 요청하라고 말했으므로 (D)가 정답이다.

패러프레이징 urgent matter ▶ something important

청자는 왜 Cindy에게 얘기하겠는가?

(A) 개인적인 회의를 잡으려고
(B) Catherine Bell의 개인 번호를 받으려고
(C) 전화 회의 일정을 마련하려고
(D) 중요한 내용을 논의하려고   정답 (D)

문제 86-88번은 다음 방송을 참조하시오. 미M

> (86) **The hot topic on everyone's mind this week is the poor condition of the city's roads.** This winter was one of the snowiest in recent memory, and along with a rainy spring, one result is streets full of potholes and in dire need of repair. (87) **Motorists are reporting problems throughout the city, and some cars and motorcycles have even suffered damage after hitting potholes and encountering other road problems.** This cannot be tolerated any longer. The mayor and city council need to authorize funding to repair our roads immediately. (88) **The phone lines are open, so I want to hear from you. Let's listen to what one local resident has to say now.**

이번 주 모든 분들의 마음 속에 관심의 초점이 되는 주제는 시 도로의 열악한 상태입니다. 올 겨울은 최근 기억으로 가장 눈이 많이 온 겨울 중 하나였던 데다 봄비까지 더해진 결과로, 도로가 움푹 패인 구멍으로 가득해서 보수가 절실히 필요합니다. 운전자들이 시 곳곳의 문제들을 보고하고 있으며, 자동차와 오토바이들이 움푹 패인 곳에 부딪히거나, 그 밖의 다른 도로 문제들에 맞닥뜨리면서 피해를 입고 있습니다. 이것은 더 이상 용인될 수 없습니다. 시장과 시 의회는 우리 도로를 즉시 보수하기 위한 자금을 재가할 필요가 있습니다. 전화가 연결되어 있으니, 얘기를 듣고 싶네요. 이제 지역 주민 한 분의 이야기를 들어보시죠.

표현 정리 along with ~와 함께 full of ~으로 가득한 pothole 움푹 패인 곳 in dire need of ~이 절실히 필요한 suffer (고통)을 겪다 encounter 맞닥뜨리다, 직면하다 tolerate 용인하다 not ~ any longer 더 이상 ~않다 mayor 시장 city council 시 의회 authorize 재가하다, 인가하다 immediately 즉시 resident 주민

86. 주제/대상/목적 – 담화 전반부에 집중

해설 담화 초반에 이번 주 관심의 초점이 되는 주제가 시 도로의 열악한 상태라고 밝히며, 관련 내용을 이어가고 있으므로 (D)가 정답이다.

표현 정리 motorist 운전자

방송은 주로 무엇에 관한 것인가?

(A) 시장의 답변 부족
(B) 시내 교통 상황
(C) 지역 운전자들이 운전하는 방식
(D) 시의 도로 상태   정답 (D)

87. 화자 의도 파악 – 주어진 발화 문장의 앞뒤 맥락을 토대로 유추

해설 담화 초중반에 걸쳐 도로의 열악한 상태를 구체적으로 기술하면서, 운전자들의 잇따른 피해가 보고되고 있는데, 이는 더 이상 용인될 수 없다며 시장과 시 의회가 도로 보수를 위한 자금을 즉시 재가해야 한다고 말한 것이므로 도로 보수의 긴급성을 강조하고 있다. 따라서 (C)가 정답이다.

표현 정리 at once 즉시, 당장 budget 예산을 세우다

화자가 "이것은 더 이상 용인될 수 없습니다"라고 말할 때, 그가 의미한 것은?

(A) 시장이 즉시 답변을 해야 한다.
(B) 이제 더 많은 돈이 예산으로 책정되어야 한다.
(C) 즉시 보수되어야 한다.
(D) 나쁜 운전자들을 통제하기 위한 법이 통과되어야 한다.   정답 (C)

88. 다음에 일어날 일 – 담화 후반부에 집중

해설 담화 후반에 전화가 연결되어 있으니 지역 주민의 얘기를 같이 듣자고 말했으므로 (A)가 정답이다.

표현 정리 make a comment 발언하다

다음에 무슨 일이 있겠는가?

(A) 청자들이 발언할 것이다.
(B) 시장이 인터뷰를 할 것이다.
(C) 음악이 연주될 것이다.
(D) 뉴스가 업데이트될 것이다.   정답 (A)

문제 89-91번은 다음 소개를 참조하시오. 영W

> (89) **It's my pleasure to see such a large crowd here today for the groundbreaking ceremony for Aberdeen Hospital.** Plans for the hospital have been around for the past five years, but due to a lack of money, construction was unable to begin. Fortunately, (90) **thanks to the generosity of Darlene Wilkinson, the project is now entirely funded.** As a result, approximately eighteen months from now, the city of Cloverdale will have its own hospital complete with an emergency room and 200 beds. (91) **I'd like to ask Ms. Wilkinson to come up to the podium to say a few words about what inspired her generous donation. Ms. Wilkinson, the stage is all yours.**

Aberdeen 병원 기공식을 위해 오늘 이렇게나 많은 분들을 이곳에서 뵙게 되어 기쁩니다. 병원을 위한 계획들이 지난 5년 동안 있어 왔지만, 자금 부족으로 공사가 시작될 수 없었습니다. 다행히도, Darlene Wilkinson 씨의 관대함 덕분에 이제 공사 자금이 완전히 조달되었습니다. 그 결과, 앞으로 약 18개월 후에, Cloverdale 시는 응급실과 200개의 병상을 완비한 자체 병원을 갖게 될 것입니다. 무엇이 Wilkinson 씨의 후한 기부를 고무시켰는지에 대해 몇 말씀하시도록 그녀를 연단으로 모시고자 합니다. Wilkinson 씨, 이제 당신 차례입니다.

표현 정리 groundbreaking ceremony 기공식 lack 부족 generosity 관대함, 너그러움 entirely 완전히 fund 자금을 제공하다 approximately 대략, 약 complete with ~이 완비된 emergency room 응급실 podium 연단 inspire 고무하다, 고취시키다 generous 후한, 관대한 donation 기부(금)

89. 주제/대상/목적 – 담화 전반부에 집중

해설 담화 처음에 Aberdeen 병원 기공식을 위해 많은 분들을 뵙게 되어 기쁘다고 말한 내용을 토대로 병원의 신축 공사를 축하하는 내용임을 알 수 있으므로 (B)가 정답이다.

패러프레이징 groundbreaking ceremony ▶ A new construction project

어떤 행사가 축하되고 있는가?

(A) 기념일
(B) 새로운 공사 프로젝트
(C) 대규모 개점
(D) 매출액 달성   정답 (B)

90. 세부 정보 – Ms. Wilkinson을 키워드로 삼아 해당 내용에 집중

해설 담화 중간에 Wilkinson 씨의 관대함으로 공사 자금이 모두 조달되었다고 말했으므로 그가 병원 건물 공사를 위한 자금을 댄 인물임을 알 수 있다. 따라서 (D)가 정답이다.

패러프레이징 fund ▶ finance / Aberdeen Hospital ▶ a building

Wilkinson 씨는 무엇을 했는가?

(A) 병원을 디자인했다
(B) 의사들을 고용했다
(C) 행사를 준비했다
(D) 건축 자금을 댔다　　　　　　　　　　　　　정답 (D)

91. 제의/제안/요청 – 담화 후반부 화자의 요청 표현에 집중

해설 담화 끝에서 화자는 Wilkinson 씨가 왜 그렇게 많은 기부를 할 수 있었는지에 대해 몇 마디 듣고 싶다며 연단으로 올라오라고 요청하고 있으므로 (A)가 정답이다.

패러프레이징 say a few words ▶ speak to the audience

표현 정리 audience 청중 wave to ~에게 손을 흔들다 reconsider 재고하다 actions 조치, 행동

화자는 Wilkinson 씨에게 무엇을 하라고 요청하는가?

(A) 청중에게 얘기하라고
(B) 계약을 맺으라고
(C) 사람들에게 손을 흔들라고
(D) 그녀의 조치를 재고하라고　　　　　　　　　정답 (A)

문제 92-94번은 다음 회의 발췌록을 참조하시오. 미W

As you can see from the handout you received at the start of the meeting, nearly every department managed not to exceed its budget during the second quarter. (93) **Only Sales went past its target. Louis, please stress to your employees how important it is not to overspend,** especially since their annual bonuses partially depend upon staying under budget. As for this quarter's budget for each department, pretty much everything remains unchanged. (94) **The only major adjustment is for the Marketing Department, which has seen its funding increase by 20%.** (92)(94) **That's due to the ad campaign the department will be running for our newest line of sneakers.** All right, before I move on, are there any questions?

회의 시작 때 여러분이 받으신 유인물에서 볼 수 있듯이, 2/4분기 동안 거의 모든 부서가 예산을 간신히 초과하지 않았습니다. 영업부만이 목표치를 넘어섰어요. Louis, 당신의 직원들에게 초과 지출하지 않는 게 얼마나 중요한 일인지 강조하세요, 특히 그들의 연례 보너스가 부분적으로 예산을 맞추었는지에 달려 있어서 말이죠. 각 부서의 이번 분기 예산으로 말하면 거의 바뀐 게 없습니다. 한 가지 주된 변경 사항은 마케팅부에 관한 것인데, 재정 지원이 20퍼센트 늘었습니다. 그건 우리의 최신 스니커즈 라인을 위해 그 부서가 할 광고 캠페인 때문이죠. 좋습니다. 다음 주제로 넘어가기 전에, 질문 있으신가요?

표현 정리 handout 유인물 exceed 초과하다 budget 예산 go past 한도를 넘다 target 목표: (목표로 하는) 대상 stress 강조하다 overspend 초과 지출하다 partially 부분적으로 as for ~에 관하여 pretty much 거의 adjustment 수정, 조정 move on (새로운 주제로) 옮기다, 넘어가다

92. 근무지/대화 장소 – 특정 장소와 관련된 단어/표현에 집중

해설 해당 지문의 첫 번째 문제이지만 결정적인 단서는 담화 끝에 언급되어 있다. 담화 전체에 걸쳐 부서장들을 대상으로 예산 사용 결과와 이번 분기의 부서별 예산 계획에 관하여 얘기하고 있는데, 담화 후반에 이번 분기에 예산이 늘어난 마케팅 부서를 언급하며, 최신 스니커즈 라인을 위해 그 부서에서 할 광고 캠페인 때문에 그렇다는 내용을 토대로 이 회사가 신발 제조업체임을 알 수 있다. 따라서 (B)가 정답이다.

패러프레이징 sneakers ▶ shoe

청자들은 어디서 일하겠는가?

(A) 물류 회사
(B) 신발 제조업체
(C) 슈퍼마켓
(D) 법률 사무소　　　　　　　　　　　　　　　정답 (B)

93. 암시/추론 – Louis를 키워드로 삼아 해당 내용에 집중

해설 담화 초반에 2/4분기의 부서별 예산 사용 결과를 얘기하면서 영업부만이 예산을 넘겼다고 말하며, Louis에게 그의 직원들에게 초과 지출을 하지 말 것을 강조하라고 말한 것으로 보아 Louis가 영업부의 책임자임을 짐작할 수 있다. 따라서 (A)가 정답이다.

Louis에 관하여 화자가 암시하는 것은?

(A) 영업부를 운영한다.
(B) 부서의 예산을 결정한다.
(C) 더 많은 돈을 써야 한다.
(D) 새로운 캠페인을 이끌 것이다.　　　　　　　정답 (A)

94. 이유/방법 – budget, get increased를 키워드로 삼아 해당 내용에 집중

해설 담화 후반에 각 부서의 이번 분기 예산을 얘기하며, 거의 바뀐 게 없지만 마케팅부의 재정 지원이 20퍼센트 증가했는데, 이는 그 부서가 진행할 광고 캠페인 때문이라고 말했으므로 (D)가 정답이다.

패러프레이징 ad campaign ▶ advertisements

한 부서의 예산은 왜 늘었는가?

(A) 직원들을 더 고용할 것이어서
(B) 영업 출장에 직원들을 보낼 것이어서
(C) 연구 개발 업무를 할 것이어서
(D) 광고를 낼 것이어서　　　　　　　　　　　정답 (D)

문제 95-97번은 다음 담화와 고객 설문 결과를 참조하시오. 호M

Randolph Research forwarded the initial results of last month's customer satisfaction survey. In case you don't recall, (95) **we mailed 10,000 surveys to customers** who have shopped with us at either our physical or online store. (95) **More than 7,500 individuals completed the survey and returned it to us.** I'm pleased we scored so well with regard to our prices and selection. It was not so nice, of course, to see we were given relatively low marks on the store's appearance. (96) **However, what was really disappointing was our second-lowest rating. I had expected it to be much higher, so let me discuss it in detail now.** (97) **I'll start by reading some comments our customers left.**

Randolph Research가 지난달 고객 만족도 설문의 첫 결과를 보내왔습니다. 기억 나실지 모르겠지만, 자사의 오프라인이나 온라인 상점에

서 쇼핑한 고객 분들을 대상으로 10,000개의 설문지를 우편으로 보냈었는데, 7,500명 이상이 설문지를 작성하여 저희에게 보내 주었죠. 우리의 가격과 상품 선택 폭에 대해 너무나 좋은 점수를 받아서 기쁩니다. 물론 상점의 외관에 대해 비교적 낮은 점수를 받은 걸 보고 그렇게 좋지는 않았습니다. 하지만 정말 실망스러웠던 것은 두 번째로 낮은 순위를 기록한 부문이었습니다. 저는 그 항목을 훨씬 더 높게 예상을 해서, 이제 그 부분을 자세히 얘기해 볼까 합니다. 우리 고객들이 남긴 지적 사항들을 읽으면서 시작하겠습니다.

고객 설문 결과

항목	1 (가장 낮음)	2	3	4	5 (가장 높음)
가격					X
고객 서비스				X	
상점 외관		X			
상품 선택 폭					X
반품 정책			X		

표현 정리 **forward** 보내다, 전달하다 **initial** 처음의 **recall** 상기하다, 기억해 내다 **mail** 우편으로 보내다 **physical** 물리적인 **score** 득점을 올리다 **with regard to** ~에 관하여 **selection** 선택 가능한 것들 **appearance** 외관, 외형 **disappointing** 실망스러운, 기대에 못 미치는 **rating** 순위, 등급 **in detail** 세부적으로, 자세하게

95. 이유/방법 – survey forms, submitted를 키워드로 삼아 해당 내용에 집중

해설 담화 초반에 화자는 10,000개의 설문지를 고객에게 우편으로 보냈고 (mail), 7,500명 이상에서 작성된 설문을 돌려받았다고 말했으므로 (B)가 정답이다.

설문 양식이 회사에 어떻게 제출되었나?

(A) 이메일로
(B) 우편으로
(C) 인편으로
(D) 팩스로 　　　　　　　　　　　　　　　정답 (B)

96. 시각 정보 연계 – Which category, want to discuss를 키워드로 삼아 그래픽을 보며 단서 포착

해설 담화 후반에 설문 결과에 대해 정말 실망스러웠던 것은 두 번째로 낮은 순위를 기록한 것이었다며, 그 항목이 기대에 훨씬 못 미쳐, 그 부분을 자세히 얘기해 볼까 한다고 했는데, 그래픽 상에서 두 번째로 낮은 점수를 받은 항목은 반품 정책이므로 (D)가 정답이다.

그래픽을 보시오. 화자는 어느 항목을 논의하기를 원하는가?

(A) 고객 서비스
(B) 상점 외관
(C) 상품 선택 폭
(D) 반품 정책 　　　　　　　　　　　　　정답 (D)

97. 다음 할 일 – 담화 후반부에 집중

해설 담화 말미에 고객들이 남겨 준 지적 사항들을 읽으면서 시작하겠다고 말했으므로 (B)가 정답이다.

패러프레이징 **reading some comments our customers left ▶ Read some printed material out loud**

화자는 다음에 무엇을 하겠는가?

(A) 청자들에게 의견을 구한다
(B) 인쇄된 자료를 크게 읽는다

(C) 설문에 있는 어떤 번호들을 보여 준다
(D) 청자들에게 초청 연사를 소개한다 　　　　정답 (B)

문제 98-100번은 다음 전화 메시지와 일정을 참조하시오. 미W

Hello, Mr. Cartwright. This is Betty Sullivan from the Shiny Teeth Dental Clinic. **(98)(100) I'd like to remind you that you have an appointment scheduled for this Thursday at ten in the morning.** Please arrive fifteen minutes early since you need to fill out some insurance information for us. In addition, I should inform you that **(99) Dr. Patterson will be attending a seminar out of the city on that day, so you'll be seeing a different dentist than him.** If you would prefer to see Dr. Patterson, please call me back at 857-1272, and I'll schedule a time for you to meet with him next week.

안녕하세요, Cartwright 씨. 저는 빛나는 이 치과의 Betty Sullivan입니다. 이번 주 목요일 오전 10시에 진료 예약이 있음을 알려 드립니다. 몇 가지 보험 정보를 작성하셔야 하니, 15분 일찍 도착해 주세요. 그리고, Patterson 박사님이 그날 시외에서 열리는 세미나에 참석하시게 되어, 그 대신 다른 선생님께서 진료를 보실 겁니다. Patterson 박사님께 진료 받기를 원하시면, 857-1272번으로 다시 전화 주시면, 다음 주에 그 분을 만나실 수 있도록 시간을 잡아 드리겠습니다.

빛나는 이 치과 일정

요일	시간	치과의
목요일	오전 9시 – 오후 1시	Rose 박사
목요일	오후 1시– 오후 6시	Adler 박사
금요일	오전 9시 – 오후 1시	Stewart 박사
금요일	오후 1시 – 오후 6시	Price 박사

표현 정리 **dental clinic** 치과 **fill out** 작성하다 **insurance** 보험 **in addition** 게다가, 덧붙여 **prefer to** ~하기를 원하다[선호하다]

98. 주제/대상/목적 – 담화 전반부에 집중

해설 담화 처음에 화자가 자신을 Betty Sullivan이라고 소개한 뒤, 이번 주 목요일 오전 10시에 진료 예약이 있다고 알려 주고 있으므로 (B)가 정답이다.

Betty Sullivan은 왜 청자에게 전화했는가?

(A) 그에게 몇 가지 개인 정보를 요청하려고
(B) 그에게 예약 사항을 상기시키려고
(C) 그에게 보험 카드를 가져오라고 말하려고
(D) 그에게 현금으로 지불해야 한다고 알려 주려고 　정답 (B)

99. 세부 정보 – Dr. Patterson, unavailable을 키워드로 삼아 해당 내용에 집중

해설 담화 중반에 청자의 주치의로 보이는 Dr. Patterson을 얘기하며 그가 시외에서 열리는 세미나에 참석하게 되어, 대신 다른 의사가 진료를 보게 될 거라고 말했으므로 (D)가 정답이다.

패러프레이징 **a seminar ▶ a professional event**

Patterson 박사는 왜 시간이 안 되는가?

(A) 개인적인 문제가 있다.
(B) 휴가 중이다.
(C) 다른 도시에서 수업을 듣는다.
(D) 전문 행사에 참석한다. 　　　　　　　정답 (D)

정답 및 해설 ••• 103

100. 시각 정보 연계 – Which dentist, scheduled to see를
키워드로 삼아 그래픽을 보며 단서 포착

해설 담화 초반에 Betty Sullivan이 상기시켜 준 진료 예약 시간을 토대로 청자가 이번 주 목요일 오전 10시에 진료 예약이 되어 있음을 알 수 있고, 그래픽 상에서 해당 시간에 진료를 보는 치과의는 목요일, 오전 9시~오후 1시에 근무하는 Rose 박사이므로 (A)가 정답이다.

그래픽을 보시오. 청자는 어느 치과의를 볼 예정인가?

(A) Rose 박사
(B) Adler 박사
(C) Stewart 박사
(D) Price 박사   정답 (A)

TEST 02

LISTENING (Part I ~ IV)

NO.	ANSWER	NO.	ANSWER	NO.	ANSWER	NO.	ANSWER
	A B C D		A B C D		A B C D		A B C D
1	a b c d	21	a b c d	41	a b c	81	a b c d
2	a b c d	22	a b c d	42	a b c	82	a b c d
3	a b c d	23	a b c d	43	a b c	83	a b c d
4	a b c d	24	a b c d	44	a b c	84	a b c d
5	a b c d	25	a b c d	45	a b c	85	a b c d
6	a b c d	26	a b c d	46	a b c	86	a b c d
7	a b c d	27	a b c	47	a b c	87	a b c d
8	a b c d	28	a b c	48	a b c	88	a b c d
9	a b c d	29	a b c	49	a b c	89	a b c d
10	a b c d	30	a b c	50	a b c d	90	a b c d
11	a b c d	31	a b c	51	a b c d	91	a b c d
12	a b c d	32	a b c	52	a b c d	92	a b c d
13	a b c d	33	a b c	53	a b c d	93	a b c d
14	a b c	34	a b c	54	a b c d	94	a b c d
15	a b c	35	a b c	55	a b c d	95	a b c d
16	a b c	36	a b c	56	a b c d	96	a b c d
17	a b c	37	a b c	57	a b c d	97	a b c d
18	a b c	38	a b c	58	a b c d	98	a b c d
19	a b c	39	a b c	59	a b c d	99	a b c d
20	a b c	40	a b c	60	a b c d	100	a b c d

TEST 01

LISTENING (Part I ~ IV)

NO.	ANSWER	NO.	ANSWER	NO.	ANSWER	NO.	ANSWER
	A B C D		A B C D		A B C D		A B C D
1	a b c d	21	a b c d	41	a b c	81	a b c d
2	a b c d	22	a b c d	42	a b c	82	a b c d
3	a b c d	23	a b c d	43	a b c	83	a b c d
4	a b c d	24	a b c d	44	a b c	84	a b c d
5	a b c d	25	a b c d	45	a b c	85	a b c d
6	a b c d	26	a b c d	46	a b c	86	a b c d
7	a b c d	27	a b c	47	a b c	87	a b c d
8	a b c d	28	a b c	48	a b c	88	a b c d
9	a b c d	29	a b c	49	a b c	89	a b c d
10	a b c d	30	a b c	50	a b c d	90	a b c d
11	a b c d	31	a b c	51	a b c d	91	a b c d
12	a b c d	32	a b c	52	a b c d	92	a b c d
13	a b c d	33	a b c	53	a b c d	93	a b c d
14	a b c	34	a b c	54	a b c d	94	a b c d
15	a b c	35	a b c	55	a b c d	95	a b c d
16	a b c	36	a b c	56	a b c d	96	a b c d
17	a b c	37	a b c	57	a b c d	97	a b c d
18	a b c	38	a b c	58	a b c d	98	a b c d
19	a b c	39	a b c	59	a b c d	99	a b c d
20	a b c	40	a b c	60	a b c d	100	a b c d

TEST 04

LISTENING (Part I ~ IV)

NO.	ANSWER A B C D	NO.	ANSWER A B C D	NO.	ANSWER A B C D	NO.	ANSWER A B C D	NO.	ANSWER A B C D
1	ⓐ ⓑ ⓒ ⓓ	21	ⓐ ⓑ ⓒ ⓓ	41	ⓐ ⓑ ⓒ ⓓ	61	ⓐ ⓑ ⓒ ⓓ	81	ⓐ ⓑ ⓒ ⓓ
2	ⓐ ⓑ ⓒ ⓓ	22	ⓐ ⓑ ⓒ ⓓ	42	ⓐ ⓑ ⓒ ⓓ	62	ⓐ ⓑ ⓒ ⓓ	82	ⓐ ⓑ ⓒ ⓓ
3	ⓐ ⓑ ⓒ ⓓ	23	ⓐ ⓑ ⓒ ⓓ	43	ⓐ ⓑ ⓒ ⓓ	63	ⓐ ⓑ ⓒ ⓓ	83	ⓐ ⓑ ⓒ ⓓ
4	ⓐ ⓑ ⓒ ⓓ	24	ⓐ ⓑ ⓒ ⓓ	44	ⓐ ⓑ ⓒ ⓓ	64	ⓐ ⓑ ⓒ ⓓ	84	ⓐ ⓑ ⓒ ⓓ
5	ⓐ ⓑ ⓒ ⓓ	25	ⓐ ⓑ ⓒ ⓓ	45	ⓐ ⓑ ⓒ ⓓ	65	ⓐ ⓑ ⓒ ⓓ	85	ⓐ ⓑ ⓒ ⓓ
6	ⓐ ⓑ ⓒ ⓓ	26	ⓐ ⓑ ⓒ ⓓ	46	ⓐ ⓑ ⓒ ⓓ	66	ⓐ ⓑ ⓒ ⓓ	86	ⓐ ⓑ ⓒ ⓓ
7	ⓐ ⓑ ⓒ	27	ⓐ ⓑ ⓒ	47	ⓐ ⓑ ⓒ ⓓ	67	ⓐ ⓑ ⓒ ⓓ	87	ⓐ ⓑ ⓒ ⓓ
8	ⓐ ⓑ ⓒ	28	ⓐ ⓑ ⓒ	48	ⓐ ⓑ ⓒ ⓓ	68	ⓐ ⓑ ⓒ ⓓ	88	ⓐ ⓑ ⓒ ⓓ
9	ⓐ ⓑ ⓒ	29	ⓐ ⓑ ⓒ	49	ⓐ ⓑ ⓒ ⓓ	69	ⓐ ⓑ ⓒ ⓓ	89	ⓐ ⓑ ⓒ ⓓ
10	ⓐ ⓑ ⓒ	30	ⓐ ⓑ ⓒ ⓓ	50	ⓐ ⓑ ⓒ ⓓ	70	ⓐ ⓑ ⓒ ⓓ	90	ⓐ ⓑ ⓒ ⓓ
11	ⓐ ⓑ ⓒ	31	ⓐ ⓑ ⓒ ⓓ	51	ⓐ ⓑ ⓒ ⓓ	71	ⓐ ⓑ ⓒ ⓓ	91	ⓐ ⓑ ⓒ ⓓ
12	ⓐ ⓑ ⓒ	32	ⓐ ⓑ ⓒ ⓓ	52	ⓐ ⓑ ⓒ ⓓ	72	ⓐ ⓑ ⓒ ⓓ	92	ⓐ ⓑ ⓒ ⓓ
13	ⓐ ⓑ ⓒ	33	ⓐ ⓑ ⓒ ⓓ	53	ⓐ ⓑ ⓒ ⓓ	73	ⓐ ⓑ ⓒ ⓓ	93	ⓐ ⓑ ⓒ ⓓ
14	ⓐ ⓑ ⓒ	34	ⓐ ⓑ ⓒ ⓓ	54	ⓐ ⓑ ⓒ ⓓ	74	ⓐ ⓑ ⓒ ⓓ	94	ⓐ ⓑ ⓒ ⓓ
15	ⓐ ⓑ ⓒ	35	ⓐ ⓑ ⓒ ⓓ	55	ⓐ ⓑ ⓒ ⓓ	75	ⓐ ⓑ ⓒ ⓓ	95	ⓐ ⓑ ⓒ ⓓ
16	ⓐ ⓑ ⓒ	36	ⓐ ⓑ ⓒ ⓓ	56	ⓐ ⓑ ⓒ ⓓ	76	ⓐ ⓑ ⓒ ⓓ	96	ⓐ ⓑ ⓒ ⓓ
17	ⓐ ⓑ ⓒ	37	ⓐ ⓑ ⓒ ⓓ	57	ⓐ ⓑ ⓒ ⓓ	77	ⓐ ⓑ ⓒ ⓓ	97	ⓐ ⓑ ⓒ ⓓ
18	ⓐ ⓑ ⓒ	38	ⓐ ⓑ ⓒ ⓓ	58	ⓐ ⓑ ⓒ ⓓ	78	ⓐ ⓑ ⓒ ⓓ	98	ⓐ ⓑ ⓒ ⓓ
19	ⓐ ⓑ ⓒ	39	ⓐ ⓑ ⓒ ⓓ	59	ⓐ ⓑ ⓒ ⓓ	79	ⓐ ⓑ ⓒ ⓓ	99	ⓐ ⓑ ⓒ ⓓ
20	ⓐ ⓑ ⓒ	40	ⓐ ⓑ ⓒ ⓓ	60	ⓐ ⓑ ⓒ ⓓ	80	ⓐ ⓑ ⓒ ⓓ	100	ⓐ ⓑ ⓒ ⓓ

TEST 03

LISTENING (Part I ~ IV)

NO.	ANSWER A B C D	NO.	ANSWER A B C D	NO.	ANSWER A B C D	NO.	ANSWER A B C D	NO.	ANSWER A B C D
1	ⓐ ⓑ ⓒ ⓓ	21	ⓐ ⓑ ⓒ ⓓ	41	ⓐ ⓑ ⓒ ⓓ	61	ⓐ ⓑ ⓒ ⓓ	81	ⓐ ⓑ ⓒ ⓓ
2	ⓐ ⓑ ⓒ ⓓ	22	ⓐ ⓑ ⓒ ⓓ	42	ⓐ ⓑ ⓒ ⓓ	62	ⓐ ⓑ ⓒ ⓓ	82	ⓐ ⓑ ⓒ ⓓ
3	ⓐ ⓑ ⓒ ⓓ	23	ⓐ ⓑ ⓒ ⓓ	43	ⓐ ⓑ ⓒ ⓓ	63	ⓐ ⓑ ⓒ ⓓ	83	ⓐ ⓑ ⓒ ⓓ
4	ⓐ ⓑ ⓒ ⓓ	24	ⓐ ⓑ ⓒ ⓓ	44	ⓐ ⓑ ⓒ ⓓ	64	ⓐ ⓑ ⓒ ⓓ	84	ⓐ ⓑ ⓒ ⓓ
5	ⓐ ⓑ ⓒ ⓓ	25	ⓐ ⓑ ⓒ ⓓ	45	ⓐ ⓑ ⓒ ⓓ	65	ⓐ ⓑ ⓒ ⓓ	85	ⓐ ⓑ ⓒ ⓓ
6	ⓐ ⓑ ⓒ ⓓ	26	ⓐ ⓑ ⓒ ⓓ	46	ⓐ ⓑ ⓒ ⓓ	66	ⓐ ⓑ ⓒ ⓓ	86	ⓐ ⓑ ⓒ ⓓ
7	ⓐ ⓑ ⓒ	27	ⓐ ⓑ ⓒ	47	ⓐ ⓑ ⓒ ⓓ	67	ⓐ ⓑ ⓒ ⓓ	87	ⓐ ⓑ ⓒ ⓓ
8	ⓐ ⓑ ⓒ	28	ⓐ ⓑ ⓒ	48	ⓐ ⓑ ⓒ ⓓ	68	ⓐ ⓑ ⓒ ⓓ	88	ⓐ ⓑ ⓒ ⓓ
9	ⓐ ⓑ ⓒ	29	ⓐ ⓑ ⓒ	49	ⓐ ⓑ ⓒ ⓓ	69	ⓐ ⓑ ⓒ ⓓ	89	ⓐ ⓑ ⓒ ⓓ
10	ⓐ ⓑ ⓒ	30	ⓐ ⓑ ⓒ ⓓ	50	ⓐ ⓑ ⓒ ⓓ	70	ⓐ ⓑ ⓒ ⓓ	90	ⓐ ⓑ ⓒ ⓓ
11	ⓐ ⓑ ⓒ	31	ⓐ ⓑ ⓒ ⓓ	51	ⓐ ⓑ ⓒ ⓓ	71	ⓐ ⓑ ⓒ ⓓ	91	ⓐ ⓑ ⓒ ⓓ
12	ⓐ ⓑ ⓒ	32	ⓐ ⓑ ⓒ ⓓ	52	ⓐ ⓑ ⓒ ⓓ	72	ⓐ ⓑ ⓒ ⓓ	92	ⓐ ⓑ ⓒ ⓓ
13	ⓐ ⓑ ⓒ	33	ⓐ ⓑ ⓒ ⓓ	53	ⓐ ⓑ ⓒ ⓓ	73	ⓐ ⓑ ⓒ ⓓ	93	ⓐ ⓑ ⓒ ⓓ
14	ⓐ ⓑ ⓒ	34	ⓐ ⓑ ⓒ ⓓ	54	ⓐ ⓑ ⓒ ⓓ	74	ⓐ ⓑ ⓒ ⓓ	94	ⓐ ⓑ ⓒ ⓓ
15	ⓐ ⓑ ⓒ	35	ⓐ ⓑ ⓒ ⓓ	55	ⓐ ⓑ ⓒ ⓓ	75	ⓐ ⓑ ⓒ ⓓ	95	ⓐ ⓑ ⓒ ⓓ
16	ⓐ ⓑ ⓒ	36	ⓐ ⓑ ⓒ ⓓ	56	ⓐ ⓑ ⓒ ⓓ	76	ⓐ ⓑ ⓒ ⓓ	96	ⓐ ⓑ ⓒ ⓓ
17	ⓐ ⓑ ⓒ	37	ⓐ ⓑ ⓒ ⓓ	57	ⓐ ⓑ ⓒ ⓓ	77	ⓐ ⓑ ⓒ ⓓ	97	ⓐ ⓑ ⓒ ⓓ
18	ⓐ ⓑ ⓒ	38	ⓐ ⓑ ⓒ ⓓ	58	ⓐ ⓑ ⓒ ⓓ	78	ⓐ ⓑ ⓒ ⓓ	98	ⓐ ⓑ ⓒ ⓓ
19	ⓐ ⓑ ⓒ	39	ⓐ ⓑ ⓒ ⓓ	59	ⓐ ⓑ ⓒ ⓓ	79	ⓐ ⓑ ⓒ ⓓ	99	ⓐ ⓑ ⓒ ⓓ
20	ⓐ ⓑ ⓒ	40	ⓐ ⓑ ⓒ ⓓ	60	ⓐ ⓑ ⓒ ⓓ	80	ⓐ ⓑ ⓒ ⓓ	100	ⓐ ⓑ ⓒ ⓓ

TEST 05

LISTENING (Part I ~ IV)

NO.	ANSWER	NO.	ANSWER	NO.	ANSWER	NO.	ANSWER	NO.	ANSWER
1–20	A B C D	21–40	A B C D	41–60	A B C D	61–80	A B C D	81–100	A B C D

TEST 05

LISTENING (Part I ~ IV)

NO.	ANSWER	NO.	ANSWER	NO.	ANSWER	NO.	ANSWER	NO.	ANSWER
1–20	A B C D	21–40	A B C D	41–60	A B C D	61–80	A B C D	81–100	A B C D

점수 환산표

자신의 정답 개수를 기준으로 본인의 점수를 개략적으로 환산해 볼 수 있는 자료입니다.
정확한 계산법이 아닌 추정치임을 참고하시기 바랍니다.

Listening Comprehension		Reading Comprehension	
정답 개수	환산점수	정답 개수	환산점수
96-100	470-495	96-100	460-495
91-95	430-495	91-95	420-490
86-90	400-475	86-90	390-460
81-85	360-450	81-85	370-440
76-80	340-410	76-80	330-410
71-75	320-390	71-75	310-380
66-70	280-360	66-70	270-360
61-65	260-330	61-65	240-330
56-60	230-300	56-60	220-300
51-55	200-270	51-55	190-260
46-50	180-250	46-50	150-240
41-45	150-230	41-45	140-210
36-40	120-200	36-40	100-180
31-35	100-170	31-35	90-140
26-30	80-140	26-30	70-120
21-25	60-110	21-25	60-90
16-20	30-90	16-20	40-70
11-15	10-70	11-15	30-55
6-10	5-50	6-10	10-40
1-5	5-40	1-5	5-30
0	5-30	0	5-15